KB071425

초보자를 위한
인지행동치료

Deborah Roth Ledley · Brian P. Marx · Richard G. Heimberg 공저
김정모 · 전미애 공역

Making Cognitive—Behavioral Therapy Work

학지사

　　심리치료 및 상담을 배우는 초보 치료자가 처음으로 내담자를 만날 때 느끼는 가장 큰 어려움은 치료에 대한 막막함이다. 치료를 어떻게 시작하고, 전체 회기를 어떻게 진행하며, 언제, 어떻게 끝내야 하는가? 또 경험이 많은 전문가라 할지라도 예기치 못한 어려움 때문에 낙담하기도 한다. 나는 최선을 다하고 있는데, 왜 내담자는 치료과정에 함께하지 않는가? 내가 지금 무엇을 잘못하고 있는가?

　　인지행동치료는 많은 전문가의 임상 경험과 연구결과가 통합되면서 발전해 왔기 때문에 이 분야의 입문자는 이론 및 기초적인 치료 기법은 물론 치료과정을 이해하는 것이 중요하다. 이 책은 저자들의 탁월한 임상 경험을 토대로 치료의 시작과 종결, 치료적 관계 그리고 수련과 지도감독의 역할을 실제적으로 설명하였으므로 인지행동치료의 치료적 과정에 대한 교본이라 할 수 있다. 그러므로 이 책은 치료과정에 입문하는 초보 임상가뿐만 아니라 지금까지의 치료적 경험을 다시 한 번 정리하고자 하는 전문가들에게도 도움이 될 것이다.

　　심리치료는 문제 해결뿐만 아니라 삶의 의미와 가치를 함께 논의하는 과정이기 때문에 치료적 형식이 중요한 것은 아니다. 그러나 초보 입문자가 자신의 전문적 치료 및 상담의 태도를 발전시켜 나가기 위해서는 치료적 과정을 체계적으로 이해할 필요가 있다. 많은 인지행동치료자가 치료적 교본을 숙달한 후에는 이 형식적인 틀을 넘어 내담자의 건강과 성장을 돕는 전문가로 발전해 나간다. 이 책의 독자도 내담자의 고통과 희망의 삶을 함께하는 심리치료 및 상담 전문가로서 성장해 가는 과정에서 이 책을 치료적 안내서로 활용할 수 있기를 기대한다.

이 책을 번역하기까지 오랜 시간 인내심 있게 지원해 주신 학지사 출판사의 김진환 사장님과 편집을 책임져 준 박혜미, 김연재 님께 감사 드리며, 교정에 힘 써 준 권영주 전문 상담교사, 엄지원 임상심리전문가, 황수현 정신보건 임상심리사에게 고마운 마음을 전한다.

2014년 1월
역자 김정모, 전미애

  이 책은 인지행동치료의 산실이라 할 수 있는 미국 펜실베이니
아 주의 필라델피아에서 쓰였다. Aaron T. Beck 박사는 우울증
치료를 위해 1960년대에 펜실베이니아 대학교에서 인지치료를
개발하였다. 또 Joseph Wolpe 박사도 1960년대에 펜실베이니아
의 템플 대학교에서 행동치료의 핵심 요소인 체계적 둔감법에 대
한 선구자였다. 이 두 명의 선구자가 그 당시의 정신분석적 사고
에 대해 큰 변혁을 가져다주었다.

  이 시기의 정신건강전문가들은 신경증의 기원으로써 아동기에
초점을 맞추고 있었는데, 대부분은 의식 수준 이면에 있는 것들이
었다. Beck과 Wolpe는 문제가 되는 사고와 행동은 환경에서 학
습되는 것이며 그러므로 이것은 새로운 적응적 사고와 행동으로
대치될 수 있다고 믿었다. 그들의 선도적 업적 이후 수십 년 동안,
인지행동치료는 많은 정신과적 장애와 '삶의 문제' 에 대한 가장
효과적인 심리사회적 치료임이 검증되었다.

  필라델피아는 인지행동치료의 온상으로 계속 유지되고 있다.
이곳은 아직도 인지행동적 관점으로 장애를 이해하고 치료하는 많
은 정신건강전문가들의 고향이다. 우리 대부분의 수련은 Beck과
Wolpe로부터 그 역사적 흔적을 찾을 수 있다. 그러나 인지행동치

료는 이 도시로부터 북미와 전 세계의 여러 지역에 전파될 때만이 효율적인 치료로 간주할 수 있다.

　우리는 이 책이 한국어로 번역되는 것을 기쁘게 생각한다. 한국에 인지행동치료의 문화가 있음을 알고 있으며, 이 책이 초심 임상가와 인지행동치료에 낯선 숙련된 임상가에게도 새로운 도구로써 상용될 수 있을 것이다. 이 책의 2판은 10년이 넘는 시간 동안 전 세계적으로 임상훈련 교재로 사용되었다. 이 책이 인지행동치료에 접근하는 근거중심 치료의 훌륭한 도구가 되어 모든 환자에게 이득이 되기를 기대한다.

2014년 1월
필라델피아에서
Deborah Roth Ledley, PhD

차 례

제1장 인지행동적 과정 소개

❖ 치료자로서 자신감을 갖는 방법

모든 전문가에게는 '처음'이 있다. 예를 들어, 건축가들에게는 처음 설계한 건물이 있고, 교사들에게는 처음 가르치는 학생들이 있고, 외과의사들에게는 처음 실시하는 수술이 있듯이, 초보 인지행동치료자들에게도 처음 대하는 내담자가 있다. 이처럼 새로운 기법을 배우고 자신이 선택한 전문분야에서 발전하기 시작하는 것은 매우 흥미진진하지만, 동시에 심한 불안이 있을 수도 있다. 이런 불안은 치료과정 중 많은 부분이 예측하기 어렵기 때문에 발생한다. 치료 초기에는 내담자가 도움을 받게 될지 알 수 없다. 많은 요인이 치료의 결과에 영향을 미치기 때문에 긍정적 결과를 보장하는 그 모든 요인을 조작하기는 불가능하다. 그러나 이러한 불확실성에 대처할 방법들이 있다.

이 책의 주된 목적은 초보 치료자가 내담자와 치료작업을 할 때, 더 큰 통제감을 가지며 자신감을 향상시킬 수 있도록 돕는 것이다. 이를 위해 책 전반에 걸쳐 '준비 작업, 인지행동치료 과정과 효율적 방법 이해하기, 발생 가능한 어려움에 유념하기, 지도감독 잘 활용하기'라는 네 가지 방법을 제시하고자 한다.

준비 작업

초보 치료자가 내담자와의 작업에 더 큰 자신감을 가지기 위해 처음 할 일은 적절하게 준비를 하는 것이다. 어떤 의미에서 '적절한 준비'는 수련과정에서 정해지고, 이 과정에서 수련생은 내담자와 상호작용하기 전에 특별한 요건을 달성해야 한다. 그러나 수련과정마다 필요요건이 매우 다양하다. 즉, 어떤 수련과정에서는 수련생들이 입문하자마자 내담자들과 작업하는 것을 허용하지만, 다른 과정에서는 치료를 시작하기 전에 더 집중적인 교과학습과 임상적 훈련을 요구한다. 가끔 운영상의 문제(logistical issues) 때문에 수련생의 이상적인 준비 기간이 방해를 받기도 한다. 예를 들어, 윤리수업이 교과과정의 뒷부분에 편성되어 있다는 단순한 이유 때문에 수련생은 윤리과정을 이수하기 전에 내담자와 작업을 시작하게 될 수도 있다. 심지어 어떤 수련생들은 자신이 속해 있는 기관의 수련과정에 없는 임상적 경험을 원할 수 있다. 예를 들어, 정신분석 수련과정을 받고 있는 사람이 인지행동치료 수련을 받고자 할 수 있다. 이런 사람은 인지행동치료에 초점을 둔 수련과정의 다른 수련생들보다 이론적 배경이 부족할지라도 내담자를 치료하기 시작할 것이다. 이러한 문제를 해결하기 위해 이 장의 '인지행동치료 수행 준비하기'에서는 초보 인지행동치료자에게 교과과정을 넘는 추가적인 내용을 제공한다. 여기에는 평가와 치료 회기 관찰, 인지행동치료 분야의 폭넓은 이해 그리고 심리적 문제를 인지행동적 방식으로 사례개념화하고 치료하는 데 숙달할 수 있도록 경험을 쌓아 가는 것(국내 학회의 참석과 같은)의 내용을 포함하고 있다.

인지행동치료 과정과 효율적 방법 이해하기

초보 치료자에게 전체 치료과정은 수행하기 힘든 것처럼 보일 수 있다. 치료

를 통해 달성되어야 하는 것은 무엇인가? 어떤 일정을 따라야 하는가? 내담자
와의 작업이 계획대로 진행될 것이라는 것을 어떻게 확신할 수 있는가?

이 책에서 우리는 시작부터 종결까지의 치료과정을 도식화함으로써 이러한
불확실성을 줄이기 위해 노력했다. 특히 내담자와의 작업은 다음과 같은 표준
적인 과정을 따른다. 첫째, 심리평가와 치료과정을 내담자에게 소개하기, 둘
째, 심리평가 실시와 문제정의, 셋째, 치료계획 세우기, 넷째, 치료 프로그램
실시하기, 다섯째, 적절한 시기에 치료 종결하기다. 이 책에서 우리는 필요한
목표달성 방법뿐만 아니라 각 단계에서 발생될 수 있는 어려움을 다루는 전체
치료과정을 기술할 것이다.

다섯 단계를 각각 구분해서 생각하면 어려운 것처럼 보일지도 모른다. 그러
나 인지행동치료자가 심리적 문제의 이해와 치료방법을 제시하는 매우 중요한
이론적 틀을 가지고 있다는 것은 큰 행운이다. 인지행동적 접근은 그 명칭이
함축하듯이, 문제가 되는 신념과 행동이 심리적 어려움의 진행에 어떤 역할을
하는지에 초점을 두고 있다. 특히 더 중요한 점은 시간이 지나면서 심리적 어
려움이 어떻게 유지되는가에 초점을 둔다. 치료는 문제가 되는 이 신념과 행동
의 변화를 수반한다. 인지행동치료 연구자와 치료자들은 특정 장애와 어려움
에 대한 이론적 모델을 발전시켜 왔으며, 이 모델들은 치료과정에 대한 지침을
제공한다(초보 치료자를 위한 유용한 자료들이 부록 A에 있다). 이 이론적 모델을
통해 치료자와 내담자는 다양한 증상이 맞물려 있는 방식과 증상 감소를 위해
요구되는 변화들을 구체적으로 이해하게 된다. 인지행동치료는 치료과정을 잘
모르는 상태에서 맹목적으로 진행되지 않는다. 인지행동치료 모델에 친숙하게
되고 심리평가와 치료의 준거틀로 인지행동치료 모델을 활용함으로써 당신은
치료과정에 더 편안함을 느끼게 될 것이다. 더 나아가 치료모델을 습득함으로써
내담자는 자신의 문제에 대한 이론적인 이해와 해결방법을 알게 된다.

우리는 이 책 전반에 걸쳐 치료자와 내담자가 인지행동치료를 수행하는 방

법을 논의할 것이다. 치료과정의 효율을 높여 줄 두 가지 핵심적인 과정 기법 (process skills)이 있다. 즉, 내담자와 강력한 치료적 동맹의 수립과 유지 그리고 내담자의 문제와 치료방법의 이해를 위해 지속적으로 작업하는 '사례개념화' 다. 이 두 가지 기술을 여기에 간략하게 소개한다. 이 기술을 숙달하는 방법이 이 책의 전반에 걸쳐 통합되어 있다.

▣ 치료적 동맹 수립과 유지

Hardy와 Cahill, Barkham(2007)에 따르면, "내담자와 치료자 간의 좋은 관계 란, 모든 치료적 작업에서 최소한의 기초로 간주된다"(p. 24). 사실 다양한 치료 적 접근을 망라해서 치료적 관계의 질과 치료효과의 관계가 유의미한 것으로 나타났고(Lambert & Bergin, 1994), 특히 치료자나 다른 평가자보다 내담자가 치 료적 관계의 질을 평가했을 때 이 효과가 더 유의미한 것으로 나타났다(Hardy et al., 2007 참조). 흥미롭게도 치료적 동맹과 효과 간의 관계는 특정 치료 기법과 치료효과 간의 관계보다 더 큰 경향이 있었다(Hardy et al., 2007). Norcross(2002) 는 치료적 관계가 심리치료 효과의 약 30%를 설명한다고 추정했다.

인지행동치료에서 치료적 관계는 전문지식의 여러 영역과 동일하게 한 영역 으로 간주된다. 치료자가 심리적 문제를 이해하고 다루는 전문가가 되기 위해 훈련을 받는 데 반해, 내담자들은 본인이 경험하고 있는 특정 문제의 '전문가' 로 간주된다. 내담자들 자체는 '아프거나' '비정상적'인 것은 아니다. 오히려 그들의 문제는 학습된 역기능적인 신념과 행동의 맥락 안에서 큰 의미가 있다. 인지행동치료는 이런 신념과 행동들이 어떻게 '재학습'될 수 있는지 그리고 더 효율적인 생각과 행동들이 어떻게 학습될 수 있는지를 보여 주기 때문에 희 망을 갖게 한다.

심리평가와 치료를 진행하면서 내담자의 어려움을 분명하게 이해하는 것은 치료자의 임무다. 그렇지만 이것은 치료자와 내담자가 기꺼이 함께 작업할 때만 실현 가능한 것이다. 그러므로 치료자는 치료과정에 내담자를 반드시 포함시켜야 한다. 이것은 아동과 청소년, 성인, 부모와 함께 인지행동치료 작업을 할 때도 마찬가지다. 치료자는 이들을 현재 문제를 다루기 위해 함께 작업하는 팀으로 여기는 것이 가장 좋다. 치료자의 주 업무는 치료계획을 수립하고 그것을 실행하는 것이지만, 내담자는 치료자에게 정확한 정보를 제공하고, 함께 활동계획을 수립하기 위해 밀접하게 작업하며, 이 계획을 실행하고, 필요한 경우에는 수정을 요청하면서 각각의 치료단계에 참여하게 된다. 치료가 진행되면서 내담자는 점차 계획의 실행에 대한 책임을 담당하게 된다. 성공적인 치료의 목표는 내담자가 스스로 자신의 치료자가 될 수 있도록 필요한 기술을 가르치는 것이다. 강력한 협력적 치료 동맹은 이 목표를 위해 필수적이다.

유감스럽게도 좋은 치료적 관계수립을 위한 원칙이나 지침은 없다. 그러나 Rogers(1957)의 저서는 많은 도움이 된다. 그는 공감(내담자의 관점으로 그들의 세상을 보는 능력), 진실성(말하고 행동하는 것을 생각하고 느끼는 것과 일치되게 하는 것) 그리고 무소유의 온정(non-possessive warmth, 내담자를 보살피고 존중하며 치료하는 것)을 강조하였다. 또 Rogers는 무조건적인 긍정적 존중의 태도를 중시하였다. 내담자는 그 안에서 있는 그대로 수용 받고 존중 받는다. 무조건적인 긍정적 존중은 인지행동치료자의 자세와 잘 부합되며, 우리는 증상 때문에 내담자를 비난하지 않는다. 증상은 게으름이나 동기부족이나 약점에 의한 것이 아니라, 인지행동적 과정을 통해 유지되는 것이라고 간주된다. 이런 Rogers식 특성들을 함께 갖추는 것은 인지행동치료를 포함한 많은 치료 기법의 긍정적 치료효과를 잘 예견하게 해 준다(Keijsers, Schaap, & Hoogduin, 2000).

공감적이고 따뜻하고 진실한 태도로 치료활동을 하는 것이 어려울 것 같지는 않지만, 주의가 흐트러지면 잊어버리기 쉬운 것들이다. 초보 치료자들은 내담자에게 접근하는 방식(예, 내가 너무 어려 보이는 건 아닐까? 또는 내가 초보자로 보이는 건 아닐까?)이나 정확하고 효율적인 업무 수행[예, 모든 영역을 포함하는 평가를 수행하기, 치료계획서(protocol) 준수하기]을 걱정하기 때문에 지나치게 자기 초점적으로 되기 쉽다. 이러한 과도한 자기 초점화 때문에 치료자는 자기 본연의 긍정적 특성들을 발휘하지 못하게 된다. 따라서 이런 문제를 개선하기 위해 초보 치료자는 주의를 내담자에게 두기 위해 모든 노력을 아끼지 않아야 한다. 당신의 말에 대해 내담자가 어떤 말을 하고, 어떻게 반응하는지 주의를 기울여라. 당신이 내담자의 어려움에 주의를 집중할수록 내담자는 더 편안함을 느끼고 지지받고 이해받는다고 느낄 것이다.

▣ 사례개념화

사례개념화는 기본적으로 내담자의 특정 문제가 어떻게 인지행동적 모델로 이해될 수 있는지에 대한 가설을 만드는 것이다. 이것은 모든 치료자가 배워야 하는 가장 중요한 기법 중의 하나다. 관계 형성 및 유지의 경우와 마찬가지로, 사례개념화는 모든 내담자에게 평가와 치료의 전 과정에 걸쳐 사용되는 기법이다. 내담자는 처음 치료자를 만났을 때 자신의 정서적 문제와 문제행동, 문제사고에 대해 이야기한다. 또한 자신의 가족사, 스트레스 사건과 외상 사건, 그리고 문제의 현재 상태에 대한 중요한 정보들을 제공한다. 과거에 시도했던 것과 하지 않았던 것에 대해 말하면서 치료하기 전의 노력에 대해 치료자와 이야기하게 될 것이다.

초보 치료자들은 많은 정보에 압도되어 이것을 정리하는 것이 어려울 수 있다. 그러나 인지행동적 이론을 통해서 우리는 이런 정보를 체계적으로 검토하고, 내담자의 심리적 문제를 유지되게 하는 요인들에 대한 가설을 발전시키며, 치료계획을 세우게 된다. 바꾸어 말하면, 내담자를 단지 증상의 집합체로 보는 것이 아니라, 개념화 과정을 통하여 증상의 원인과 증상들 간의 관계를 명확하게 생각할 수 있다. 그렇게 함으로써 언뜻 보기에 복잡한 내담자의 정서적·행동적 문제들이 치료 가능한 수준으로 정리된다. 이 책의 제3~5장에서 우리는 내담자의 많은 정보를 의미 있게 수집하고 조직화하는 방법과 이 정보들에 기초해서 적절한 가설을 개발하는 방법을 설명할 것이다. 사례개념화 과정은 여러 조각으로 된 퍼즐을 잘 맞도록 합리적으로 맞추어 가는 것과 비슷하다. 치료자는 내담자의 문제를 논리적으로 이해할 뿐만 아니라, 해결방안도 계획해 나갈 수 있어야 한다. 뿐만 아니라 초기 사례개념화와 치료계획을 수립한 이후에도 사례개념화는 여전히 성공적인 치료의 핵심 요소다. 이 책의 전반에 걸쳐 설명하겠지만, 내담자의 심리적 문제의 특성을 이해하는 것은 회기가 진행되면서 추가되는 새로운 정보에 따라 변경될 수 있기 때문에 심리평가와 사례개념화는 지속적으로 진행되는 과정이다.

인지행동치료의 모든 측면과 마찬가지로, 사례개념화는 치료자와 내담자가 협력적으로 작업해야 한다. 초기 심리평가 이후, 치료자는 사례개념화를 내담자와 공유해야 하고, 이때 내담자와 공유하는 방식이 매우 중요하다. 치료자가 내담자에게 일방적으로 제시하기보다는 사례를 이해하는 방식을 하나의 가설로써 제시하고, 내담자에게 그것을 수정할 기회를 주어야 한다. 이런 태도는 치료과정의 전반에 걸쳐 유지되어야 한다.

발생 가능한 어려움에 유념하기

인지행동치료 과정에서 발생될 수 있는 어려움을 미리 아는 것은 많은 도움이 된다. 이상적으로는 강력한 치료적 관계를 수립하는 것이 쉽고, 내담자는 항상 치료에 잘 순응하며, 치료자가 의도하는 대로 잘 변화해 나갈 것이다. 그러나 실제로는 치료가 좀처럼 순조롭게 진행되지 않는다. 이러한 어려움은 치료를 어렵게 만들 수도 있지만, 자극과 활력이 되기도 한다.

경험이 많지 않은 초보 치료자들은 인지행동치료에서 어떤 문제가 언제 발생될지 예측하기 어렵다. 그러나 전형적으로 어떤 문제가 발생하고 또 그 문제를 다루는 다양한 방법을 아는 것은 많은 도움이 된다. 책 전반에서, 특히 제7장과 제9장에서 이 문제들을 보다 구체적으로 설명할 것이다.

지도감독 잘 활용하기

초보 치료자들은 지도감독을 잘 활용함으로써 자신의 불안을 다룰 수 있다. 이 주제는 이 책의 마지막 장인 제11장에서 다룬다. 초보 치료자는 내담자를 만나기 시작할 때, 혼자라고 느낄 수 있지만 사실은 그렇지 않다. 오히려 수련생들은 많은 내담자를 치료한 경험이 있는 치료자들에게 지도감독을 받음으로써 도움을 받을 수 있다. 제11장에서 우리는 지도감독을 가장 잘 받는 방법과 지도감독자와의 관계에서 발생할 수 있는 문제를 다루는 방법을 설명할 것이다.

치료자가 되는 것은 흥미진진한 직업을 선택한 것이다. 우리는 대부분 다른 사람들을 돕고자 하는 마음 때문에 이 일을 시작한다. 타인을 돕는 과정은 결코 지루하지 않다. 우리가 만나는 내담자들은 어려움을 호소하는 방식이나 관계를 형성하는 방식에 있어서 각각 독특하다. 심지어 매우 빨리 치료가 호전되고 있는 내담자들조차도 치료자를 고민하게 하는 흥미로운 문제들을 드러낸다. 치료자가 되는 것은 사실상 스트레스이기도 하지만, 기대를 가지고 이 일에 착수하기를 바란다. 이제 심리평가와 치료를 준비하는 방법을 제시할 것이다.

❖ 내담자를 만날 준비하기

초보 치료자는 내담자를 만나기 위해 어떻게 준비하는 것이 최선인지를 자주 묻는다. 내담자를 만나기 전에 준비를 적절하게 하는 것은 불안 감소를 위해 좋은 방법이다. 내담자가 있는 방에 들어가기 전에 앞으로 생길 수 있는 일을 예상해 보면, 분명히 자신감이 향상된다. 게다가 치료자가 자신의 불안에 초점을 덜 두었을 때, 내담자에게 더 나은 서비스를 제공할 수 있다.

여기서 잠깐 짚고 넘어가야 할 한 가지가 있다. 어떤 초보 치료자들은 자신이 아직 충분히 준비되지 않았다고 생각해서 첫 내담자와의 만남을 미룬다. 그러나 임상 활동에 관해 확실히 이해하고, 다른 전문가의 치료나 심리평가를 관찰하며, 역할시연을 통해 이 활동들을 실습했다 할지라도, 심리평가와 치료를 배우는 가장 좋은 방법은 실제로 치료활동에 참여하는 것이다. 간단히 말하면 많은 연습을 통해서만 더 숙련될 수 있다. 이 장에서 우리는 다음에 설명할 실제 임상작업의 기초가 될 이론적 지식과 기법의 틀을 수립하는 방법에 관해 몇 가지 정보를 제공할 것이다.

정서적으로 준비하기

초보 치료자는 가끔 자신의 능력이 충분하지 않다는 불안감 때문에 괴로워한다. 이런 불안을 완화시켜 줄 두 가지 전략이 있다. 첫 번째 전략은 내담자를 만나기 전인 준비시간에 활용되고, 두 번째 전략은 내담자와 함께 있는 치료실에서 활용된다.

내담자를 만나기 전에 초보 치료자들이 자주 경험하는 불안의 기저에 있는 신념을 살펴보는 것은 도움이 된다. 잘못된 신념 중 하나는 "나는 무능하다." 다. 비록 치료자의 능력이 경험을 통해서만 발전되는 것이기는 하지만, 단순히 초보자이기 때문에 실패할 것이라고 생각하는 것은 비현실적이다. 사실 치료자의 경험과 치료효과 간의 관계에 대한 연구는 피험자 내 단일 연구에서 조차도(예, Huppert et al., 2001) 일치되지 않은 결과를 보여 준다. 몇몇 연구에서는 정적 상관이 나타났지만(예, Crits-Christoph et al., 1991; Driscoll et al., 2003; Smith & Glass, 1977), 일반적으로 이 상관의 크기는 낮았다. 또 다른 연구들에서는 치료자의 경험과 치료효과(예, Shapiro & Shapiro, 1982), 치료 중 중단 비율 (Wierzbicki & Pekarik, 1993) 간의 상관이 유의하지 않은 것으로 나타났다.

이 결과에 비추어 볼 때, 초보 치료자들은 자신의 경험 부족이 내담자에게 부정적인 영향을 미칠 것이라는 신념에 계속 얽매일 필요가 없다. 치료자라는 직업을 선택한 대부분의 사람은 자신의 선택이 적절했다는 것을 보여 주는 기술을 지니고 있다. 이것은 Rogers가 말한 공감, 진실성, 무소유의 온정과 일치하는 것 같다. 종합해 보면, 이것은 초보 치료자들도 강력한 치료적 유대, 연구와 지침서(manual) 활용(이 장의 뒷부분에 설명됨), 충분한 준비, 수준 높은 지도감독(제11장 참고)을 통해 좋은 치료효과를 낼 수 있다는 증거를 보여 준다.

초보 치료자들이 보편적으로 갖는 또 다른 잘못된 신념은 "나는 내담자를 치료해 주어야만 한다." 또는 "나는 나의 내담자의 모든 문제를 해결해야만 한다."라는 것이다. 이런 생각은 가끔 "…… 나는 내담자를 빨리 치료해야 한다." 와 같은 시간 압박에 대한 잘못된 신념을 초래한다. 시간에 대한 압박은 인지행동치료가 시간제한적 치료라는 보편적 인식 때문에 악화될 수 있다. 이런 신념들은 치료자와 내담자 모두에게 적절하지 않다. 많은 경우, 내담자들은 우리가 기대하는 만큼 많이 개선되지 않는다. 그러므로 내담자의 모든 문제를 완벽하게 해결하려는 목표는 비현실적이고, 초보 치료자를 실패자로 만들 수 있다. 더 나아가 우리는 인지행동치료를 시작한 후 내담자의 증상이 즉각적으로 개선되기를 기대하지만, 증상이 완벽하게 사라지는 것은 매우 어렵다. "내 목표는 특정 문제를 이해하고, 이를 다루기 위해 내담자가 인지행동적 접근을 이해하도록 돕는 것이다. 나는 그 문제를 다루는 데 효율적이면서도 검증된 인지행동적 기법들을 가르칠 것이다."라고 하는 것이 더 합리적이다. 이 목표는 합리적이고 측정하기 용이하며, 특히 치료자가 영향을 미치기 어려운 내담자의 여러 가지 변인에 의해 좌우되지 않는다.

인지행동치료의 이론적 배경 이해하기

인지행동치료의 이론적 배경을 깊이 있게 다루는 것은 이 책의 범위를 넘어서는 것이지만, 이론적 기초를 간략하게 살펴볼 것이다. 초보 인지행동치료자들은 교과학습과 더 많은 공부를 통해서(부록 A 참조) 치료의 기초가 되는 이론적 지식을 확고하게 다져야 한다.

인지행동치료는 심리장애의 이해와 치료에 대해 근본적으로 서로 다른 두 이론, 행동적 접근과 인지적 접근이 최근에 통합된 것이다. 엄격한 행동적 접근은 단지 관찰 가능하고 측정 가능한 행동에만 초점을 두고, 모든 정신적 사건을 무시한다. 마음과 뇌는 쉽게 알 수도 없고 그러므로 행동 변화에 적절하지 않은 '블랙박스'라는 관점이다. 즉, 행동적 접근은 환경과 행동의 상호작용에 초점을 둔다. 그러나 인지적 접근은 마음의 역할에 초점을 두고, 특히 감정과 행동의 결정요인으로서 인지에 초점을 둔다.

▣ 행동적 접근

'행동주의의 아버지'로 불리는 J. B. Watson은 행동과 행동 변화를 고전적 조건형성을 통한 학습의 함수(function)로서 간주하였다. 그는 복잡한 행동도 단순한 학습과정을 통해 획득된 행동요소들로 분리할 수 있다고 가정했다. 고전적 조건화에는 무조건 자극, 무조건 반응, 조건 자극, 조건 반응이라는 네 가지 핵심 요소들이 있다. '무조건 자극'은 특정한 반사적 반응을 일으킬 수 있는 자극이다. 무조건 자극의 한 예로는 음식이 있다. 이것은 자연적으로 타액을 분비(무조건적 반응)하게 한다. '조건 자극'은 무조건적 자극과 짝이 되기 전에는 중립적이다. 예를 들어, 아기가 초록 불빛을 보면 특별한 반응을 보이지 않는다. 그러나 어머니가 젖을 주기 직전에 반복해서 초록 불빛을 보게 되었다면, 아기는 초록 불빛만 보고도 실제적으로 침을 분비하기 시작할 것이다. 침은 이제 반복적인 연합을 통해 조건 반응이 되고, 조건 자극(초록 불빛)은 무조건 자극(음식)이 유발하던 반응과 같은 반응(침)을 유도한다. Watson은 모든 학습(모든 행동 변화)은 이 같이 단순히 짝지어진 자극-반응의 형태를 통해 일어난다고 믿었다.

인지행동치료자들이 흥미를 가지는 문제행동에 대한 고전적 조건형성을 분명하게 보여 주는 몇 가지 예가 더 있다. Watson과 그의 동료 Rayner는 유명한 알버트(Albert) 소년의 실험을 수행했다. 알버트는 흰쥐를 한 번도 본적이 없었고, 쥐에게 반응하는 것을 학습한 적이 없었다. 달리 말하면, 흰쥐는 알버트에게는 '중립 자극'이었다. Watson과 Rayner는 큰 소음(무조건 자극)과 쥐를 짝을 지어 함께 알버트에게 보여 주었다. 큰 소음은 알버트에게 놀람 또는 공포 반응(무조건 반응)을 일으키게 되었다. 이러한 큰 소음과 흰쥐를 짝지어 일곱 번을 제시한 후의 결과, 알버트는 흰쥐(조건 자극)만 제시해도 공포 반응(조건 반응)을 나타내게 되었다. 알버트는 쥐에 대한 공포를 '학습'한 것이다. 그 후 알버트는 산타클로스의 얼굴과 토끼 같은 흰 털이 있는 많은 것에 대해 공포 반응을 보이게 되었다. 행동적 관점에서 알버트의 공포는 흰 털이 있는 다른 대상에 '일반화'된 것이었다. 소년 피터(Peter)의 사례(Jones, 1924)로 알려져 있는 다른 연구에서는 공포를 어떻게 '탈학습'하는지를 보여 준다. 토끼에 대한 공포(공포의 근원은 알려지지 않았다)를 나타내는 소년 피터는 며칠 동안 점심을 먹을 때마다 우리 속의 토끼에 노출되었다. 토끼에 대한 피터의 공포는 점차 사라지게 되었는데, 이것은 토끼와 공포 간의 연합이 아니라, 토끼와 점심식사의 즐거움 간에 새로운 연합이 발전되었기 때문이라고 간주되었다. 학습과 탈학습에 관한 이 초기 실험을 통해 사람들이 공포를 획득하는 방식과 이 공포를 제거하는 방법을 이해하게 된다.

Skinner는 행동주의의 발전에서 또 다른 핵심적 인물이었다. 조건화에 대한 Skinner의 이론은 Watson의 이론보다 더 정교해졌다. 이 이론은 고전적 조건

화보다 조작(operant)에 초점을 두었다. 조작적 조건에서 자극은 반응을 유발하는 것으로 간주되지 않는다. 그 대신 유기체는 환경과 상호작용을 할 때 모든 종류의 반응을 일으키게 된다(조작이라 명명됨). 유기체가 특정 반응에 대해 보상을 받게 되면, 아마 그 반응이 더 자주 나타나게 될 것이다. 행동주의 용어로 '강화'되었다고 말한다. 치료자로서 우리가 다루는 문제들에서 조작적 조건화의 예를 살펴보자. 학교 앞에서 우는 아동이 어머니를 따라 집에 가도 된다는 허락을 받은 경우를 생각해 보자. 이 아동은 TV를 보고 비디오 게임을 하면서 어머니와 단둘(평소에는 어머니를 다른 형제와 공유해야 한다)이 시간을 보내며 집에서 아주 즐겁게 보냈다. 이 아동은 자신의 우는 행동이 원하는 결과를 산출한다는 것을 학습한 이후에 매일 아침마다 학교 앞에서 우는 행동을 지속할 것이다. 이후에 만약 어머니가 부모 교육에 대한 책을 읽고 아이의 울음에 무관심해하면서 학교에 가도록 한다면, 아동은 울음이 더 이상 원하는 결과를 산출하지 못한다는 것을 배울 것이고, 결국 학교 앞에서 우는 행동은 사라질 것이다. 다시 말하면, 아이는 울음과 집에 있어도 된다는 허락 사이의 연합을 탈학습하게 될 것이다.

순수한 행동주의 접근은 우리가 인지행동치료자로서 알고 있는 몇몇 문제에 바로 적용된다. 그러나 단순한 자극-반응의 연합으로 모든 학습된 행동을 설명할 수는 없다. 행동의 복잡성이 증가됨에 따라 행동에 대한 더 복잡한 설명들이 필요하다. 사람들의 생각과 느낌을 아는 것도 그들의 행동을 이해하는 데 아주 중요하다.

▣ 인지적 접근

마음에 대한 인지행동적 관점과 엄격한 행동주의자의 '블랙박스' 관점을 대비해 보면, 인지적 접근과 행동주의적 접근은 가장 분명하게 구별된다. 인지적 모델은 마음에 관심을 두고 있다. 특히 생각은 자극과 자극에 대한 반응 사이에 개입하는 변인으로 작용하기 때문에 중요하게 고려된다.

인지치료와 인지모델은 A. Beck과 가장 밀접하게 관련이 있다. Beck은 우울증의 치료를 위해 1960년대 초에 인지이론을 개발했으나, 인지이론은 사실상 거의 모든 정신과적 장애뿐만 아니라, 일반적인 '일상의 문제'에도 적용되어 왔다. 인지치료는 인지모델에 기초를 두고 있고, 모든 심리적 문제의 저변에 왜곡되거나 역기능적인 사고가 존재한다는 것을 가정한다. 더 나아가 역기능적 사고는 우리의 기분과 행동에 중요한 영향을 미친다. 인지모델의 핵심 개념은 고대 그리스 시대의 기록까지 거슬러 올라가는데, 사건 자체가 아니라 그 사건을 지각하는 방식이 우리의 행동에 영향을 준다는 것이다.

이 핵심 개념을 설명하기 위해 예를 들어 보자. 제인(Jane)은 오후 7시에 친구와 영화를 보기로 약속을 했다고 가정해 보자. 지금 7시 30분이다. 친구는 도착하지 않았고, 영화는 곧 시작한다. 이 사건에 대한 제인의 반응은 어떨까? 만성적으로 걱정이 많은 사람인 제인은 즉시 친구가 영화관으로 오는 길에 교통사고가 났다고 가정한다. 이것은 제인을 매우 걱정스럽고 불안하게 만든다. 제인은 친구에게 전화를 해 보지만 받지 않는다. 그녀는 간선도로 중간에 있는 파손된 차 속에 있는 친구를 생생하게 상상한다. 그녀는 만약 친구가 차에 갇혔지만, 의식이 있다면 전화를 받을 수 있을 것이고 그렇다면 자신이 그녀를 도울 수 있다고 생각하면서 계속 전화를 한다. 따라서 제인은 극장 밖에서 반복해서 친구에게 전화를 하고, 친구의 운명과 친구를 도울 수 없는 자신의 무능력에 대해 점점 공황상태가 된다.

다른 사람은 다르게 반응할 것이다. 존(John)은 친구가 자신과 영화 보는 것을 좋아하지 않아서 다른 친구와 만나기로 했다고 생각할 수 있다. 이 생각 때문에 존은 낙담하며 집으로 돌아가 실컷 울 수도 (또는 독한 술을 마실 수도) 있다. 수잔(Susan)은 자신이 과거에 가끔 그랬듯이, 친구가 약속을 잊었다고 생각할 수 있다. 이 생각 때문에 수잔은 짜증을 내고, 혼자 영화를 볼지도 모른다.

제프(Jeff)는 자신이 시간이나 날짜를 잘못 알고 있을지도 모른다고 생각할 수 있다. 이 생각으로 인해 제프는 자신이 부주의한 사람이라 느끼고, 집에 가는 길에 상점에 들러서 몇 주 동안 예정되어 있는 약속을 적을 수 있는 수첩을 살 지도 모른다. 한 가지 상황은 다양한 정서적 반응과 행동적 반응을 유발할 수 있고, 이것은 개인이 상황을 지각하는 방식에 따라 달라진다. 이것이 인지모델 의 가장 중요한 부분이다.

T. Beck이 제시한(J. Beck의 [그림 1-1]) 인지모델은 가장 중요한 개념인 핵심 신념(central core beliefs)에서 시작한다. 자신과 타인, 세상에 대한 핵심 신념은 우리가 자라면서 경험한 것에 기초하여 어린 시절 동안에 형성된다. 핵심 신념 은 "매우 근본적이고 뿌리가 깊어서 그 개인에게는 절대적 진실로 간주되는, 그것은 그냥 원래 그래."(J. S. Beck, 1995, p. 15)라고 하는 것을 의미한다. 핵심 신념은 포괄적이고, 많은 상황에 일반적으로 적용된다. 이것은 자동적 사고와 대비되는데, 자동적 사고는 사람들의 마음에 스치고 지나가는 '실제적 단어나 이미지'이며, 상황-특수적이다. 핵심 신념과 자동적 사고 사이에 중간 신념 (intermediary beliefs)이 있다. 이것은 '태도, 규칙, 가정'으로 구성된다(J. S. Beck, 1995, p. 16). 이 개념을 설명하기 위해 제인의 사례로 돌아가 보자. 제인 은 "나는 운이 없는 사람이다."라는 핵심 신념을 틀림없이 지니고 있을 것이다. 제인은 이 핵심 신념과 자동적 사고("내 친구는 사고를 당했어.") 사이에 "나와 친한 사람에게 나쁜 일이 일어날 거야."와 "세상은 위험으로 가득 차 있어."를 포함한 다양한 중간 신념을 가지고 있을 것이다.

인지모델은 사람들이 어떤 상황에 처하면 핵심 신념과 중간 신념에 직접 영향을 받는 자동적 사고가 활성화된다는 것을 가정한다. 그 후 자동적 사고는 우리의 반응행동에 영향을 미친다. 대부분의 근본적인 신념들은 주어진 상황에서 우리의 생각에 영향을 미치기 때문에 사람들은 같은 상황에서도 매우 다른 반응을 나타낸다.

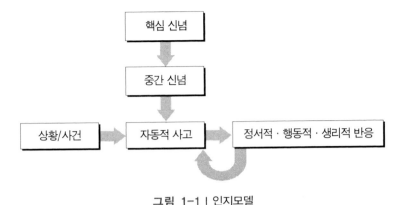

그림 1-1 | 인지모델

출처: Beck (1995). p. 18.

❖ 인지행동적 통합: '블랙박스' 너머로 나아가기

　　인지모델에서 자극은 하나의 사건과 그 사건에 대한 해석(예, 어떤 것에 대한 생각)으로 구성된다. 자극은 또한 생각들이 모여 이루어지기도 한다. 인지모델에서 반응 또는 '자동적 반응'을 설명할 때 세 가지 반응, 즉 정서적 · 행동적 · 생리적 반응을 언급한다. 친구가 극장으로 오는 도중에 교통사고를 당했다고 제인이 자동적으로 결론을 내릴 때, 그녀는 걱정했고(정서), 친구가 무사한지를 확인하기 위해 계속 전화를 했으며(행동), 떨림과 식은땀, 심장박동의 증가와 같은 생리적 반응들을 경험했다. 이 모든 반응은 제인이 그 상황을 해석한 결과 때문에 초래되었는데, 그 상황은 다른 여러 가지 방식으로 해석될 수도(그래서 다른 반응이 나올 수도) 있었을 것이다. [그림 1-1]에 표현되었듯이, 이 반응들은 다시 자동적 사고에 영향을 미치게 된다. 예를 들어, 제인의 친구가 몇 번의 전화에 답을 하지 않았을 때, 제인의 다음 자동적 사고는 "이 친구는 죽은 것이 틀림없어."였다. 그리고 친구의 무응답은 제인에게 자신의 신념을 확신하게 했다(적어도 그 고통의 순간에는).

 그러면 인지행동치료는 어떻게 효과를 나타내는가? 우리는 이 책의 전반에 걸쳐 인지행동치료의 과정을 토의할 것이다. 그러나 가장 기본적인 수준에서 보면 인지행동치료의 모든 기법은 상황에서 해석과 반응에 이르기까지 사건의 연결고리를 변화시키기 위해 작용한다. [그림 1-2]에서 설명하였듯이, 인지행동치료는 인지치료 기법과 행동치료 기법을 포함하고 있다. 여기에서 인지적 기법은 인지만을 목표로 하고, 행동적 기법은 행동만을 목표로 한다는 식으로 생각하면 너무 단순한 생각이 될 것이다. [그림 1-2]에서 볼 수 있듯이, 이 시스템에서 하나의 변화는 의심할 여지없이 다른 시스템의 변화를 야기한다.

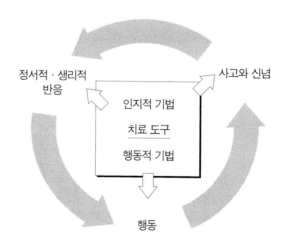

그림 1-2 | 인지행동적 사례개념화의 기본 모델

 먼저 이 그림에서 인지적 기법을 어떻게 적용할 것인지 생각해 보자. 우리의 주된 인지적 기법은 인지재구조화이고, 그것은 부적응적인 생각을 찾아서 재구성하는 것을 포함한다. 인지재구성은 자동적 사고를 '사실'로 다루기보다 생각에 의문을 제기하고, 그 생각이 합리적인가 또는 도움이 되는가를 다른 관점에서 보도록 하는 것이다. 제인의 사례로 돌아가서 제인이 인지치료를 막 시작했을 때 같은 장면을 떠올렸다고 가정해 보자. 친구가 늦는 것에 대한 제인의 자동적 반응은 친구가 여전히 끔찍한 사고를 당해 죽었다고 가정하는 것이다. 그러나 새로운 인지행동치료 기법들이 제시되면, 그녀는 이 생각에 대해 의문을 품을 수 있다. "나쁜 일이 발생했다는 것을 어떻게 확신할 수 있는가?"와 "이 상황을 다른 방식으로 바라볼 수 없는가?"라고 자문한다. 이 핵심 질문에 대한 대답을 통해 제인은 자신이 너무 성급하게 결론을 내렸고, 아마 친구가 죽지는 않았을 것이라고 깨닫게 된다. 더 나아가 제인은 친구가 늦을 수 있는 모든 가능한 이유들, 즉 친구가 길이 막혀 늦을 수도 있고, 길을 잃었을 수도 있고, 직장에서 어떤 일이 생겼을 수도 있고, 휴대전화를 켜 놓는 것을 잊어버렸을 수도 있다는 것을 깨달을 수 있다. 이런 깨달음은 전혀 다른 행동적 반응들을 유발하게 된다. 제인은 친구에게 자신은 지금 영화를 보러 극장 안으로 들어갈 것이라며, 늦으면 안으로 들어오라고 하거나 또는 무슨 일이 있어났는지 답신을 달라고 문자를 보낼 수 있다. 이것은 극장 밖에서 반복적으로 친구에게 전화를 하면서 공황상태에 빠지는 것과는 매우 다른 행동적 결과다. 또한 제인은 다른 정서적 · 생리적 반응을 경험할 것이다. 그녀가 극장에 앉아서 영화를 보기 시작할 때, 극심한 불안이 아닌 고요함과 편안함을 느낄 것이다.

  제인이 인지행동치료 초기의 몇 회기에서 배운 기법들을 사용함으로써 배운 것은 무엇일까? 그녀에게 가장 중요한 교훈은 하나의 상황이 여러 가지로 해석될 수 있다는 것이다. 또한 그녀는 하나의 상황에 반응하는 다양한 방법이 있다는 것을 배웠을 것이다. 그녀는 공황상태에서 친구에게 전화하는 것은 자신이나 친구에게 어떤 도움도 되지 않는다는 것을 학습했고, 영화를 보러 가는 것이 즐거웠으며, 어떤 부정적 결과(어려움에 처한 친구에게 도움을 주지 못한다는 공포는 현실화되지 않았다)가 없었다는 것을 배웠다. 인지재구성 활동은 제인의 스트레스 상황에 대한 제인의 신념과 정서적 · 행동적 · 생리적 반응에 긍정적으로 영향을 미쳤다.

이런 상호작용적 관계를 어떻게 행동적 기법에 적용할 것인가? 인지행동치료에는 실제 상황(in vivo)의 노출, 사회기술 훈련, 이완 훈련 그리고 구조화된 문제 해결 기법과 같은 많은 행동적 기법이 있다. 그러나 이 모든 기법의 공통점은 인지재구성처럼 학습이론에 기초하여 자극과 반응 간의 오래되고, 부적응적인 연합을 탈학습하고 또 새로운 것을 학습하는 것이다. 예를 들어, 실제 노출(in vivo exposure)은 불안을 초래한 무해한 자극에 직면할 수 있도록 사람들을 돕는다. 이 같은 촉발 자극(trigger)에 반복적으로 노출하는 목적은 자신의 불안이 근거 없는 것임을 배우도록 돕기 위한 것이다. 뱀 공포증을 가진 스탠(Stane)의 예를 들어 보자. 스탠은 오랫동안 뱀 그림이나 뱀이 나오는 영화와 같은 뱀과 관련된 모든 자극에 공포를 느꼈다. 그는 최근에 집을 구입했고, 정원 가꾸기를 대단히 좋아했다. 그러나 그는 정원에 작은 뱀들이 있다는 것을 알게 되었다. 그는 뱀을 여러 번 봤고, 그는 "뱀이 나를 물 거야." "나는 독 때문에 죽을 거야." "나는 이것을 견딜 수가 없어."와 같은 불안한 생각들을 했다. 이 생각들은 그를 매우 불안하게 했고(정서), 빠른 심장박동과 식은땀(생리적 반응)을 유발시켰다. 그는 정원에서 작은 뱀을 볼 때마다 도망쳤고, 며칠이 지난 후에 다른 사람이 와서 정원에 더 이상 뱀이 없다는 것을 확인해 줄 때까지 밖으로 나가지 않았다(행동적 반응). 이렇게 그의 정원은 방치되어 곧 잡초투성이가 되었고, 이웃들은 불평하기 시작했다. 스탠은 정원 가꾸기라는 행복을 놓치고 있었다.

스탠은 치료를 받기로 결정했고, 행동주의치료자를 선택했다. 치료는 처음에 뱀과 관련된 자극에서 시작하여 점차 실제 뱀으로까지 반복해서 노출하는 것을 포함했다. 반복 노출을 통해 스탠은 점차 뱀에 대한 공포가 줄어들고 아무렇지도 않게 반응하게 되었고, 나중에는 실제로 뱀을 무척 좋아하게 되어서 정원 가꾸기를 다시 하게 되었을 뿐만 아니라, 애완용 뱀을 샀다. 불안이나 공포, 두려움 대신 좋아함, 즐거움이 뱀과 연합된 것이다.

스탠의 치료는 반복 노출을 통해 새로운 자극-반응 연합을 수립한 순수한 행동치료인 것처럼 보인다. 하지만 어떻게 이 새로운 연합을 발전시키게 되었을까? 분명하게 스탠은 뱀에 대한 어떤 새로운 신념들을 발전시킨 것으로 보인다. 그는 노출을 통해 뱀에 대해 더 많은 것을 학습함에 따라, 그곳에 사는 대부분의 뱀은 독이 없고 물지 않는다는 것을 학습했다. 처음 노출 시 그는 뱀이 끈적거릴 거라고 생각했지만, 실제로 만졌을 때 쾌적하고 부드러우며 아주 좋은 느낌이라는 것을 학습했다. 또한 모래 밑에서 굴을 파는 것과 먹는 행동 같은 자연스런 행동을 관찰하고, 다양한 습관적 움직임을 관찰하는 것이 즐겁고 재미있는 것이라는 것을 학습했다. 이러한 학습 경험은 뱀-공포라는 자극-반응의 연합을 소거하고, 뱀-즐거움이라는 새로운 자극-반응의 연합을 형성하도록 했다. 이 새로운 연합은 신념의 변화(예, "나는 뱀을 좋아해." "뱀은 위협적이지 않아.")와 행동의 변화(예, 정원을 다시 가꾸고 애완용 뱀을 사는)를 유도했으나, 피상적으로는 치료가 단순히 '행동'에 초점을 둔 것처럼 보였다.

심리평가의 수행을 위한 준비

지금까지 치료를 위해 정서적으로 준비하는 방법과 인지행동치료의 이론적 근거에 대해 분명한 이해를 정립하는 방법을 설명했다. 내담자를 만나기 위한 준비의 두 번째 단계는 심리평가 수행을 위한 준비다. 심리평가의 과정은 전형적으로 두 가지 목적이 있다. 첫째는 DSM-IV-TR(Diagnostic and Statistical Manual of Mental Disorders, 4th edition, text revision)에 근거한 진단을 내리는 것이다. DSM 진단체계가 모든 임상장면에서 유용한 것은 아니지만, 많은 인지행동치료 장면에서 사용하므로 그것을 잘 배우는 것은 중요하다. 심리평가의 또 다른 목적은 보편적인 것이다. 즉, 치료에 대한 가이드가 되는 사례의 이론적 이해와 개념화를 위한 것이다. 다른 말로 하자면 인지행동치료자는 다음과 같은 질문에 해답을 찾고자 한다. 어떤 특정한 역기능적 사고가 내담자의 정서적·행동적 문제를 유발하는가? 정서적 문제와 행동적 문제가 역기능적 인지의 유지에 어떻게 기여하는가?

▣ 진단을 위한 평가

심리평가의 첫 번째 목적인 DSM 체계에 근거한 진단을 위해 초보 치료자는 어떤 준비를 할 수 있을까? 진단 기술은 경험을 통해서만이 숙련되지만, 치료자는 진단 분류에 있는 확실한 이론적 배경을 가지고 심리평가를 시작해야 한다. 이것은 적어도 가장 보편적인 심리장애에 대한 진단적 준거를 충분히 숙지하고 있어야 함을 의미한다. 우리가 이 준거들을 외울 필요는 없지만, 다양한 장애의 일반적 개념과 다른 장애와의 감별 방법은 알고 있어야 한다. 많은 장애에는 보편적 양상이 있기 때문에 내담자와 이야기할 때, 감별 진단을 내리기 위해서 적절한 질문들을 해야 한다.

특정 증상들에 대한 DSM의 정확한 진단을 위해 가장 좋은 방법은 이 목적을 위해 제작된 반구조화의 임상적 면접(제3장에 자세히 설명되었음)을 활용하는 것이다. 면접을 하기 전에 치료자가 이런 면접에 익숙해지는 것이 중요하다. 적절한 준비는 다음과 같다. 무엇에 관한 면접인가를 분명하게 이해하는 것, 질문을 어떻게 표현하는지를 익히는 것, 절차에 대한 규칙에 숙련될 것(예, 개념의 구체적인 정의를 내담자에게 제시하는 것이나 제한시간을 지키는 것), 한 단락에서 다른 단락으로 진행하는 방법을 아는 것이다. 이런 지식은 지침서를 읽거나 훈련 자료를 시청하는 것, 동료나 지도감독자의 심리평가 수행을 관찰하는 것 또는 동료나 지도감독자와 함께 심리평가를 수행함으로써 얻을 수 있다. 우리 견해로는 심리평가 수행을 배우는 최선의 방법 중 하나는 숙련된 치료자가 내담자를 평가하는 것을 몇 번 관찰하거나 숙련된 치료자가 당신이 몇 명의 내

담자를 평가하는 것을 관찰하는 것이다. 각 심리평가 후에 초보 치료자는 피드
백을 받아야 하고, 질문할 기회를 가져야 한다.

숙련된 치료자를 관찰하는 것(훈련 녹화 또는 직접적으로)은 처음에는 위협적
일 수 있다. 숙련된 면접은 한 주제에서 다른 주제로 자연스럽게 진행되는 것
같지만, 관찰자는 면접자가 평가를 정확하게 완성하기 위해 따라야 할 경로를
정확하게 알고 있다는 느낌을 받게 된다. 이미 언급했듯이 이 기술은 준비(면접
형식에 익숙하고, 진단 준거들을 아는 것)와 연습을 통해 이루어진다. 앞에서 언
급했듯이 당신은 자신에 대한 합리적인 기대를 갖는 것 또한 중요하다. 아주
숙련된 면접자도 처음에는 당신이 지금 느끼는 것과 같은 어색함을 느꼈다.

▣ 사례개념화를 위한 평가

DSM 진단은 단지 한 가지 사실만을 이야기해 준다. 즉, 내담자가 현재 경험
하고 있는 증상들이 장애 또는 증후와 확실히 일치하는가? 우리는 진단적 실체
에 관해 많은 지식(유병률, 남녀 성비, 평균 발병연령 등)을 구비하고 있다. 그렇
지만 이런 '사실적' 자료가 내담자와 내담자의 문제를 이해하는 것과 동일하
지는 않다. 증상에 이름을 할당하는 것이 이 증상들이 처음에 어떻게 나타나
고, 무엇이 이 증상을 유지시키는가를 이해한다는 뜻은 아니다. 여기가 바로
인지행동치료 이론과 사례개념화의 접점이다. 즉, 치료자는 단순한 진단을 넘
어서 내담자가 특정 문제를 경험하는 이유와 그것을 매일 반복하도록 하는 요
인이 무엇인지를 인지행동치료의 관점에서 이해해야 한다. 그러므로 치료자는
문제에 대한 내담자의 생각, 정서적·행동적 반응 그리고 이러한 반응의 선행
요인과 결과에 대한 정보를 수집하려고 한다.

진단 기술을 개발하는 것과 마찬가지로 사례개념화 능력을 개발하는 것도
시간과 경험이 동반되어야 한다. 일단 당신이 내담자와 작업을 시작하면 주간
지도감독 회의에서 진행 중인 사례개념화를 공유해야 한다. 지도감독 집단에

참여해서 다른 치료자들의 사례개념화에 대해 듣고, 당신의 사례를 공유하는 것이 큰 도움이 될 수 있다. 이런 환경에서 사례를 이해하는 여러 방식을 접하는 것은 중요하다. 사례개념화는 현재 진행형의 작업으로써 내담자 문제에 대한 치료자의 통찰, 내담자 자신의 통찰 그리고 가끔은 다른 전문가의 견해에 기초해서 조정될 수 있다는 것을 기억하라.

또 사례개념화에 관한 훌륭한 서적들이 있다. 초보 치료자들의 필독서로써 Jacqueline B. Persons의 고전적인 *Cognitive Therapy in Practice: A Case Formulation Approach*(1989)와 Persons 박사의 최근 저서인 *The Case Formulation Approach to Cognitive-Behavior Therapy*(2008)가 있다. 제4장에서 Persons의 접근을 더 자세하게 논의할 것이다. 사례개념화에 대한 다른 좋은 자료는 Judith S. Beck(1995)의 *Cognitive Therapy: Basics and Beyond*의 서적 중 제2장이다.

인지행동치료 수행 준비하기

심리평가와 초기 사례개념화가 완성되고, 치료계획이 준비되면 치료자의 남은 작업은 치료를 시작하는 것이다. 초보 치료자가 인지행동치료를 시행하기 위해 실질적으로 어떻게 준비해야 하는가? 한 가지 중요한 것은 전문서적을 읽는 것이다. 인지행동치료 기법에 관한 훌륭한 지식적 기초를 쌓는 것은 매우 중요하다. 인지행동치료의 핵심 기법들을 자세히 설명해 놓은 가장 유용한 자료는 1995년에 Judith S. Beck이 저술한 *Cognitive Therapy: Basics and Beyond*다. 많은 초보 치료자는 핵심 기법을 배우기 위해 다음의 책들을 공부한다.

• David Burns(1999)의 *Feeling Good: The New Mood Therapy Revised and Updated*

- Dennis Greenberger와 Christine Padesky(1995)의 *Mind over Mood* 또는 Padesky와 Greenberger(1995)의 *Clinician's Guide to Mind over Mood*
- Robert L. Leahy(2003a)의 *Cognitive Therapy Techniques: A Practitioner's Guide*
- Aaron T. Beck(1976)의 *Cognitive Therapy and the Emotional Disorders*
- Aaron T. Beck, A. John Rush, Brian F. Shaw 그리고 Gray Emery(1979)의 *Cognitive Therapy of Depression*

초보 치료자가 인지행동치료의 핵심 기법을 이해하였다면, 인지행동치료의 이론과 특정 심리적 문제의 치료에 대한 지식을 획득해야 한다. 초보 치료자들은 Barlow(2008)의 *Clinical Handbook of Psychological Disorders: A Step-by-Step Treatment Manual*(4판)과 같은 매우 포괄적인 책을 보는 것이 좋다. 이 책은 각 장애의 특정 심리적 문제에 관한 개요와 문제 이해를 위한 인지행동적 모델 그리고 초기 심리평가부터 종결까지 인지행동치료의 치료방법을 제시하고 있다. 이 책은 인지행동치료가 여러 심리적 문제에 어떻게 적용되는지에 대한 훌륭한 모델과 균형 있는 많은 자료(유병률, 치료효과에 대한 연구결과)와 실제적 지식(사례, 대화 예시, 내담자를 위한 서류 양식 등)을 제공한다.

특별한 문제가 있는 내담자를 치료하기 시작할 때 특정 영역에 관해 더 깊게 공부하는 것이 중요하다(부록 A 참조). 심층적인 공부는 연구 중심 서적들(예, 역학조사에 관한 책, 원인론, 진단적 문제, 치료적 접근)뿐만 아니라 치료 지침서도 포함되어야 한다. 어떤 지침서는 특정 문제에 관한 연구의 간단한 개관을 담고 있으나, 대부분은 치료과정에 대한 안내에 초점을 두고 있다.

그러나 단순히 책과 치료 지침서를 보는 것으로는 우리 분야의 최신 지식을 유지하기가 어렵다. 치료를 시행하는 사람은 영향력 있는 최근의 치료결과를 지속적으로 검토하는 습관을 가져야 할 뿐만 아니라 다양한 심리적 문제의 특성을 더 잘 이해하기 위한 공부를 계속 해야 한다. 이 분야에 많은 우수한 학술지들이 있으나, 우리는 초보 치료자들이 보충하기를 원하는 몇 개의 목록을 부록 B에 실었다.

서적 이외에 초보 치료자들은 경험이 많은 치료자가 인지행동치료를 시행하는 것을 관찰하는 것으로 치료 준비를 할 수 있다. 비디오를 통해 인지행동치료의 '전문가'를 관찰하는 것은 (흥미롭고) 매우 유익할 수 있다. The Association for Behavioral and Cognitive Therapies(과거의 The Association for Advancement of Behavior Therapy)는 세계적인 인지행동치료자들이 가상의 내담자를 치료하는 것을 보여 주는 'Clinical Grand Rounds'라고 불리는 시리즈를 만들었다. 이 비디오를 통해 훌륭한 인지행동치료를 볼 수 있으며, 가끔 특별한 문제의 치료를 개발한 사람들도 볼 수 있다.

'Clinical Grand Rounds' 시리즈가 가상의 내담자와의 축약된 치료를 보여 준 이후, 초보 치료자들은 실제 내담자와의 전체 사례를 담은 비디오를 확보하려고 노력해야 한다. 많은 수련기관은 수련생들에게 흥미로운 사례를 보여 주기 위해 비디오를 보관한다. 시작부터 종결까지 치료사례를 시청함으로써, 많은 다른 치료 기법들을 볼 수 있을 뿐만 아니라 치료과정의 각 단계에서 발생할 수 있는 주제들을 접할 수 있다. 가능하면 초보 치료자들은 그들이 관찰한 것에 대해 숙련된 치료자들과 토론해야 한다. 이때 임상가가 치료를 진행하는 도중에 내려야만 했던 어떤 결정들의 이유에 대해 물어볼 수 있다.

치료 회기는 일방향 거울이나 치료실에서 실시간으로 관찰할 수 있다. 특히 당신이 각 회기 이후에 치료자와 함께 사례에 대해 토의를 하거나 질문을 할 수 있다면 많은 것을 배우게 된다. 또 당신이 치료자와 내담자가 작업하는 방에 함께 있을 수 있다면, 치료자의 스타일과 내담자의 허락 여부에 따라 적극적인 역할을 할 수도 있을 것이다. 이것은 모든 사람이 당신의 역할을 분명히 알도록 하기 위해 회기 시작 전에 치료자와 내담자 모두와 논의되어야 한다.

　인지행동치료 수행방법을 실제적으로 배우는 최선의 방법은 '인지행동치료를 수행하는 것'이다. 임상 현장에서의 초기 몇 년간은 지도감독을 통해서 진행될 것이라는 것을 기억하라. 그러므로 '시행하는 것'이 최선의 학습전략이지만, 당신 혼자가 아니라는 점에서 안심해도 된다. 제11장에서 스스로 내담자를 치료하기 시작할 때, 지도감독자와의 관계를 가장 잘 활용하는 방법에 대한 것을 다루었다.

▣ 마지막 정보

　초보 인지행동치료자에게 국제, 국내, 지역 단체에 가입하기를 추천한다. 이런 단체의 회원이 됨으로써 당신은 인지행동적 연구와 최근 현장에서의 발전에 관한 정보를 얻게 된다. 또 이 단체들은 학술대회를 지원하는데, 이 학술대회에서 진행하는 워크숍과 토의를 통해 배울 수 있으며, 인지행동치료에 관심이 있는 다른 사람들도 만날 수 있다. 이러한 단체들에는 행동인지치료학회(The Association for Behavioral and Cognitive Therapies: ABCT), 인지치료국제학회(The International Association for Cognitive Psychotherapy) 그리고 미국불안장애학회(The Anxiety Disorders Association of America)와 같이 좀 더 세분화된 학회들이 있다. 인지치료아카데미(The Academy of Cognitive Therapy: ACT)에도 다른 우수한 회원들이 활동하고 있다. ACT는 인지치료 상급자에게 자격증을 제공할 뿐만 아니라, 임상심리학 박사 프로그램, 수련 그리고 인지행동치료에 초점을 둔 박사 후 과정 등 초보 치료자에게 적절한 과정을 제공하고 있다.

제2장 내담자와의 초기 상호작용

　업무의 특성과 환경에 따라 내담자와의 첫 접촉은 다양할 수 있다. 어떤 치료자들은 잠재적 내담자들에게 전화를 받는다. 또 어떤 치료자는 첫 만남을 정하기 위해 배정된 내담자에게 전화를 하게 되는데, 이것이 첫 접촉이다. 또 어떤 내담자는 사전 접촉 없이 직접 치료센터(clinic)를 방문한다.

　당신의 실제 임상장면과 정확하게 일치하지 않을 수도 있겠지만, 이 장에서는 내담자와의 첫 만남부터 초기의 전형적인 진행에 대해 살펴볼 것이다. 이 과정을 따라가면서, 우리는 점차 내담자와 친숙해지는 과정을 설명할 것이다. 새로운 내담자와 관계를 형성하는 것은 물론, 사례개념화를 공유하기 위해 내담자와의 초기 상호작용을 활용하는 것에도 초점을 둘 것이다.

❖ 첫 만남

　내담자의 초기 접촉의 특징과는 상관없이, 내담자는 치료를 위해 처음 도움을 찾아 나선다는 것 자체가 부담스러울 수 있다. 우리는 실제로 치료자를 만나기 수개월 또는 수년 전부터 치료를 망설여 온 내담자들을 만나 왔다. 치료자는 이런 내담자의 상황과 불편함, 어색함을 세심하게 배려하는 것이 중요하다. 또 첫 전화접촉이나 방문이 내담자의 문제를 완전하게 평가 또는 진단하기에는 충분치 않다. 오히려 다음 단계에서 무엇을 하는 것이 적절할까를 결정하기 위해 기본적이면서도 적절한 정보를 얻기 위한 맥락으로 첫 만남을 활용해야 한다.

자신의 문제에 대해 간략하게 설명하도록 하는 것이 잠재적 내담자와의 첫 만남에서 좋은 출발점이 된다. "오늘 어떤 것을 도와드릴까요?" 또는 "오늘 어떤 일로 여기에 오셨나요?" 또는 "최근에 어떤 어려움이 있었나요?"와 같은 질문으로 표현할 수 있다. 어떤 내담자는 아주 쉽고 명료하게 대답을 하여 치료자가 한 단계 더 나아가는 질문을 할 수 있게 한다. 또 어떤 내담자는 심리적 문제에 대한 수치심이나 당황스러움 때문에 전화로 이야기하거나 혹은 자세하게 이야기하는 것을 꺼려할 수 있다. 이때 상대방을 돕고자 하는 당신의 선의를 전달하고, 상대방에게 자신의 이야기를 할 충분한 시간을 주는 것이 중요하다. 다만 이것은 당신이 적절한 조언을 할 수 있을 정도의 충분한 정보를 가지고 있을 때의 이야기다.

전화로 문의한 내담자의 초기 불안에 대처하는 첫 단계는 전화한 것 자체를 잘했다고 강화하고, 지극히 개인적이고 고통스런 이야기를 하는 것이 힘들다는 것을 이해한다고 말해 주는 것이다. 또한 문의한 내담자가 걱정하는 것이 보편적인 것이라고 말해 줌으로써 안심시켜 주는 것이며("당신의 문제는 우리 센터에 문의하는 많은 사람이 경험하는 것과 아주 비슷하다."), 당신(또는 당신의 센터)이 할 수 있는 최선의 방법으로 도울 준비가 되어 있다고 믿음을 주는 것이다. 일단 문의한 내담자가 이야기하기 시작하면 내담자의 이야기를 이해하고, 차분하고 비판단적인 태도로 반응하는 것이 매우 중요하다. 이러한 분위기가 만들어지면 대부분의 내담자는 자신의 어려움에 대해 편안하게 이야기를 계속해 나간다.

조언하기

초기 대화의 목적은 내담자가 앞으로 어떻게 해 나가야 하는지에 대해 조언하는 것이다. 거기에는 고려해야 할 많은 상황이 있다. 한 가지 가능성은 더 구체적으로 평가하는 것이고, 다른 상황은 당신이나 동료 치료자가 내담자를 치료할 수 없다면 다른 전문가나 치료센터로 내담자를 의뢰하는 것이다. 이때는 전화 문의자가 이 조언 때문에 거절당했다고 느끼지 않도록 세심하게 배려해야 한다. 예를 들어, 당신은 내담자에게 이렇게 말할 수 있다. "현재 당신의 주된 문제들은 부부관계로 인한 것 같습니다. 우리 센터에서는 부부치료를 하지 않기 때문에 당신의 문제를 더 잘 치료할 수 있는 다른 센터를 소개하고자 합니다." 특정 치료자들이 새로운 내담자들을 받지 않고 있거나, 내담자의 보험을 취급하고 있지 않을 경우를 대비해서 항상 몇 가지 대안을 내담자에게 제공하는 것이 가장 좋은 방법이다. 또한 소개해 준 곳들이 적절하지 않을 때 다시 연락을 하라고 내담자에게 말해 두는 것도 좋은 방법이다.

가끔 내담자들은 치료보다는 정보 수집을 위해 치료자들과 접촉을 한다. 또 어떤 경우에는 치료에 전념할 준비가 되지는 않았으나, 단순히 자신의 문제에 관해 더 많이 알고 싶거나 또는 지지집단에 참여하는 것을 고려하는 단계일 수 있다. 다시 말하면 내담자에게 정보를 제공할 때, 다음에 치료받기를 원하면 언제든 다시 전화를 하라는 언급이 함께 제공되어야 한다. 또 다른 경우에는 반드시 치료가 필요하지 않다고 느낄 수 있다. 예를 들어, 내담자들은 전화를 걸어서 최소한의 증상만 이야기할 수도 있고, 치료를 위해 시간을 내는 것에 대해 고민을 할 수도 있다. 이런 경우에는 자조를 위한 책이나 웹사이트 또는 지역의 지지집단을 추천할 수도 있다. 어떤 사람들에게는 이와 같은 최소한의 개입만으로도 충분하다. 그러나 또 다른 사람들은 한 번 시도해서 좀 더 구조화된 치료에 참여하는 데 전념할 가치가 있는지를 알아보고자 할 것이다.

일반적으로 잠재적 내담자들은 치료자에게 전화를 할 때, 약속을 정하거나 다른 전문가의 추천 또는 정보와 같은 어떤 것을 얻기를 원한다. 내담자가 치료자에게 전화한 것이 잘한 일이고, 그 결과 다소의 긍정적인 변화를 얻었다고 느낄 수 있도록 하라. 이 첫 접촉이 진행되는 동안, 이해하기 쉬운 용어로 천천히 정보를 제공하라. 심리학적 용어는 피하고 단순하고 쉬운 내용으로 하되, 내담자에게 질문할 기회를 주라.

한편 이메일을 통해 이루어지는 접촉에 관해 토의할 필요가 있다. 책 전반에 걸쳐 우리는 이메일을 통한 내담자와의 의사소통에 대해 논의할 것이다. 초기 접촉의 시점에서는 가능한 한 빨리 이메일 의사소통을 전화통화로 바꾸는 것이 좋다. 이메일은 센터의 주소나 센터의 서비스에 관한 것 같은 매우 간단한 질문을 할 때 사용되어야 한다. 이메일은 임상적 문제의 논의에 사용되어서는 안 된다. 제7장에서 우리는 이메일이 임상적으로 중요한 정보를 논의하기 위해 사용되어서는 안 되는 이유를 자세하게 다룰 것이다.

첫 만남을 준비하기

전화 문의자가 평가를 위해 당신의 센터에 온다고 가정해 보자. 그다음 단계는 내담자의 첫 방문을 준비하는 것이다. 평가를 위해 센터에서의 만남을 예약할 때, 치료자들은 내담자의 방문 목적과 방문 시의 절차에 관한 정보를 제공해야 한다. 사람들이 불안 때문에 세부적인 것에 주의를 기울이지 못할 수 있기 때문에 예약 일시와 시간, 특히 오는 방법을 명확하게 이야기하는 것이 중요하다. 어떤 사람들은 첫 전화에 너무 신경을 써서 다른 자세한 사항을 문의하지 못했을 수도 있지만, 다시 전화하는 것을 부끄러워할 수 있다. 모든 필요한 정보를 제공하고, 그것이 분명하게 전달되었는지를 확인하라.

▣ 사전 우편 발송에 대한 동의 요청

첫 회기가 정해지면 사전에 우편물을 통해 약속 시간을 상기시키고 센터의 약도를 제공할 수 있다. 또 예약 변경에 대비하기 위해 연락처와 사람들이 주로 궁금해하는 센터의 일반적인 정보 그리고 센터에서 주로 다루는 문제의 일반적인 정보를 함께 보낼 수 있다. 또한 내담자에게 질문지를 보내 평가 회기 전에 작성하도록 하는 것도 매우 유용할 수 있다. 이렇게 함으로써 평가과정이 신속히 진행될 수 있다(제3장 참고). 이를 위해 사전에 우편물 발송에 대한 동의 여부를 확인하는 것이 중요하다. 어떤 내담자들은 가족이 자신의 치료 사실에 대해 알게 되는 것을 원하지 않아 집으로 우편물이 배송되는 것을 좋아하지 않을 수 있다. 우편물을 보낼 때는 아무런 표시가 없는 봉투를 사용하고, '비밀(confidential)'이라고 표시되어야 한다. 이 시점에서는 내담자가 원하는 것을 따르는 것이 좋다. 그렇지만 이때 표현되는 걱정들은 사례개념화에 중요한 정보가 될 수 있음을 기억하라. 일단 치료가 진행되면 그것들이 임상적 관심의 초점이 될지도 모른다. 예를 들어, 매우 고립되고 사회적 지지가 부족한 내담자는 자신의 문제를 가족들에게 개방함으로써 많은 도움을 받을 수도 있다.

▣ 치료비 결정

평가를 위해 오기 전에(또한 치료시작 전에) 내담자들에게 평가비용에 대한 정보를 제공해야 한다. 어떤 센터에서는 비용이 영업부서에서 다루어져 치료적 관계에서 분리된다. 다른 기관에서는 치료자가 스스로 비용관련 업무를 해야 한다. 비용 결정과 수납을 누가 하든 간에 미국심리학회(APA)의 심리학자의 윤리강령과 행동관례(Ethical Principles of Psychologists and Code of Conduct, 2002)에서는 비용과 재정적 합의는 '가능한 한 빨리(code 6.04a)' 논의할 것을 명시하고 있음을 유념해야 한다. 비용에 대한 논의 이외에도 미결재 치료비와 결석 회기(missed appointments)에 대한 당신의 규정을 설명하는 것 또한 중요하다. 당신이 속한 센터의 규정에 관해 숙지하고, 내담자가 이해할 수 있는 말로 명확하게 설명하라. 내담자들은 비용과 관계된 규정들을 알고 있고, 약정된 치료비를 지불할 것이라고 약속하는 문서에 서명해야 한다.

❖ 내담자와 만나기 전

준비하기

내담자들은 매우 개인적인 문제를 이야기하기 위해 올 때, 가끔 불안을 느낀다. 가능한 한 차분하게 회기 분위기를 유지하는 것이 중요하다. 당신은 내담자를 처음 만날 때 유념해야 할 것이 많기 때문에 좀 부담을 느낄 수 있다. 내담자의 일반적 정보(아마 첫 전화통화에서 수집되었을 것이다)와 내담자가 작성해야 할 양식[예, 동의서, 「의료보험통상책임법(Health Insurance Portability and Accountability: HIPA)」의 양식], 평가도구, 필기구 그리고 시간을 유념하기 위한 탁상용 시계나 손목시계가 필요하다. 어떤 센터에서는 오디오 녹화 또는 비디오 녹화를 준비해야 할 필요가 있을지도 모른다. 다른 치료자들과 공간을 함께 사용하기 때문에 직접 이런 것들을 구비하고 있지 않으면 이 항목들을 모두 기억해야 하는데, 이는 쉬운 일이 아니다. 당신이 중요한 서류나 도구, 물건들을 가지러 사무실과 치료실을 오고 간다면 내담자에게 체계적이지 않고 비전문적인 사람으로 보일 것이다.

준비하기에서 핵심적인 것은 시간을 충분히 갖는 것이다. 만약 내담자와의 첫 만남이 오전 9시이고, 다른 치료자와 공유하는 공간에서 준비를 해야 한다면 30분 일찍 도착하라. 당신이 필요한 모든 것이 준비되었는지 그리고 사무실은 깨끗하게 정돈되었는지 확인하기 위해 어느 정도 여유 시간을 가지라. 만약 당신의 사무실에서 내담자를 만난다면 필요한 모든 도구를 준비하고, 책상이 깨끗하고 내담자와 관련된 정보(전화 메시지나 파일)들이 정확한지를 확인하라. 내담자들이 사무실의 책상 주변에 흩어진 서류에서 다른 내담자들의 이름을 쉽게 발견한다면 당연히 당신의 비밀유지 약속을 의심할 것이다.

치료자가 하루 일과를 시작하기 전에 마지막으로 준비해야 할 것은 복장이다. 복장을 정할 때 몇 가지 명심해야 것들이 있다. 첫째, 심리학적 서비스를 제공하는 센터는 의사나 치과의사의 사무실과 같이 전문적인 장면이다. 비록 술집이나 해변에서 어울릴 만한 복장을 하고 온 수련생들도 있기는 하였으나, 이런 복장은 적절하지 못하고, 이것은 내담자들이 치료자의 성숙함과 진지함을 의심하게 만들 수 있다. 복장에 대한 몇 가지 일반적 지침이 있다. 여성이라면 목이 깊이 파인 상의와 짧은 치마, 몸에 꼭 달라붙는 옷은 피해야 한다. 옷의 선택은 내담자를 불편하게 만들 수 있다. 예를 들어, 사회불안이 있으며 매력적인 여성과의 상호작용에 어려움을 가지는 남자는 노출이 심한 옷을 입은 치료자로 인해 매우 불안해질 수 있다. 비슷하게 섭식장애가 있는 여성은 치료자가 아주 달라붙는 옷을 입음으로써 날씬함을 강조하고 있다면 불편함을 느낄 수 있다. 또한 여성 치료자는 아주 진한 화장, 요란하게 소리가 나는 장신구, 화려한 페디큐어를 하고 발톱이 보이는 신발을 신는 것과 같은 산만함을 피해야 한다. 이 모든 것이 햇살 좋은 여름에 사무실이 아닌 곳에서는 훌륭한 것들이겠지만, 그것들은 정신건강전문가와의 첫 만남에 대해 불안해하고 있는 내담자를 산만하게 할 수 있다. 논란이 적기는 하지만 남성들의 복장 선택도 언급할 필요가 있다. 남자들은(많은 센터에서는 타이를 하는) 컬러가 있는 셔츠와 (청바지가 아닌) 잘 다림질된 바지, (스니커즈나 샌들이 아닌) 양말과 신발을 착용함으로써 전문적으로 보일 수 있도록 해야 한다. 전문적으로 옷을 착용함으로써 내담자는 수련생(trainee)이 더 믿음직하게 보이고, 자신의 문제가 진지하게 다루어질 것이라고 믿게 된다.

주의의 초점에 유념하기

첫 상호작용의 기본적 내용으로 넘어가기 전에 주의의 초점에 대해 언급할 필요가 있다. 평가나 치료 회기 등 내담자와의 모든 상호작용에서 내담자에게 주의가 집중되어야 한다. 사람들은 불안할 때 자기 자신에게 주의를 두면서 스스로에게 이런 질문들을 하는 경향이 있다. "내가 맞는 말을 하고 있나?" "내가 전에 이것을 해 본 적이 없는 것을 내담자가 알지 않을까?" "진단평가의 마지막 부분에서 질문을 하나 잊어버렸나?" 이와 같은 주의집중은 회기 목표를 달성하기 위해 어느 정도는 중요하다. 그러나 당신이 내담자에게 어떻게 비춰질지에 지나치게 초점을 두는 것은 방해가 될 수 있다. 그것은 내담자의 이야기를 놓치게 할 수 있다. 심지어 당신이 질문해야 할 중요한 것을 잊어버리게 할 수도 있다.

내담자와 상호작용할 때, 우리는 가능한 한 그들에게 초점을 맞추고 있어야 한다. 내담자는 말과 몸짓, 얼굴 표정을 통해 자신의 의사를 전달한다는 것에 주의를 기울여야 한다. 이러한 세심한 주의집중을 통해 그 회기에 필요한 정보를 얻게 되고, 사례개념화 과정을 시작할 수 있게 된다.

그럼에도 불구하고, 당신이 자기 자신에 대해 주의를 집중하는 것이 더 적절할 때가 있다. 지도감독 시간이나 치료 중에 있었던 내담자와의 상호작용 방식에 대해 논의할 수 있다. 또 초보 치료자들이 자신의 치료 녹화를 관찰하거나 들으면서 바꿀 필요가 있는 행동을 확인하는 것은 많은 도움이 된다. 예를 들어, 당신은 내담자를 공감적으로 대하기보다 과제 중심적으로 대하는 자신을 발견할지도 모른다. 이런 지식은 앞으로의 치료적 상호작용에서 유용할 것이다.

❖ 대기실에서

일반적으로 내담자를 직접 만나는 첫 장소는 대기실이다. 내담자를 맞이할 때, 비밀유지에 유념하면서 그들을 편안하게 해 주는 것은 중요하다. 만약 내담자를 맞이하는 접수자가 있다면, 접수자에게 어떤 내담자가 당신의 내담자인지 물어보는 것이 최선이다. 그 후에는 내담자에게 다가가 당신을 소개하고 센터에 온 것을 환영하면서 내담자를 당신의 사무실로 안내하라. 만약 당신이 대기실에서 내담자를 불러야 한다면 이름만 부르는 것이 내담자의 비밀유지에 도움이 된다.

내담자와 함께 치료실에서

첫 회기의 초기 몇 분 동안, 당신이 가장 중요하게 여겨야 하는 것은 사회적 호감이다. 첫 시간에 해야 할 것이 많기 때문에 이런 조언이 이상하게 들릴 수 있다. 우리는 너무 많은 일에 쫓겨 내담자에게 인사하는 것과 센터에 온 것을 환영하는 것, 안부를 물어보는 것 그리고 우리 자신을 소개하는 것을 잊어버린다. 이 첫 몇 분은 관계 형성, 내담자의 안정 그리고 치료자가 내담자를 일련의 증상이 아닌 한 개인으로서 관심을 갖고 있다는 것을 알게 하는 데 아주 중요하다.

소개와 녹음 동의

첫 회기 초기에 안부와 호칭(예, 당신을 존스 부인이라고 부를까요? 아니면 수잔이라고 부를까요?)을 물어보는 것은 중요하다. 일반적으로 처음으로 성인 내담자를 만났을 때 호칭을 포함한 이름(Mr. A 또는 Mrs. A)을 부르는 것이 가장 좋다. 많은 내담자는 이름만 불러 달라고 할 것이고, 내담자가 편하게 느낀다면 그렇게 부르는 것이 좋다. 아주 중요한 원칙은 내담자를 존중하는 것이다. 우리 경험에 의하면 대부분의 내담자는 이름을 선호하지만, 좋은 관계 형성을 위해 먼저 그들에게 질문하라.

내담자에게 당신을 소개할 때, 당신의 이름을 알려 주고 당신을 어떻게 부를지를 알려 주라(예, 스미스 박사님, 스미스 양, 제인 등 당신이 원하는 것). 또한 당신은 '전문가로서의 자신'에 대해 어느 정도 이야기하기를 원할 것이다. 예를 들어, "저는 이 센터에서 약 2년간 일해 왔습니다. 저의 임상적 영역과 연구에서 주된 관심은 부부관계입니다. 저는 대학원 때부터 커플과 관련된 일을 해 왔고, 이 일을 아주 좋아합니다." 전문가로서의 자신에 대한 이런 설명은 법으로 정해 놓은 것은 아니지만, 분위기를 부드럽게 하고 내담자를 더 편안하게 만든다. 가끔 내담자들은 당신에 관해 더 많은 정보를 요구하기도 한다. 그들은 당신이 기혼인지, 아이들은 있는지, 어디서 자랐는지 등의 더 많은 개인적 정보를 알고 싶어 할 수 있다. 이 같은 질문들은 치료자에 대한 정상적 호기심에서 나올 수 있다. 또 내담자들은 치료적 관계가 자신들에게는 일방적으로 보이기 때문에 질문을 할 수도 있다. 치료자들은 자신에 대해 거의 이야기하지 않는 반면, 상대적으로 내담자들은 자신에 대해 매우 많은 이야기를 한다. 내담자들이 더 자세한 정보를 묻는 이유를 떠나 당신은 이런 질문은 받을 때 불편함을 느낄 수 있다. 이런 질문에 어떻게 대답할 것인가를 결정할 때, 자기 개방의 정도와 치료적 관계 형성의 목표 사이에 균형을 유의하라. 자기 개방의 수준은 치료자가 자기 개방에 대해 편안하게 느끼는가 등의 여러 요인에 의해 결정되지만, 부가적인 자기 개방이 치료에 미치는 역효과에 관해서는 제7장에서 자세하게 토의할 것이다. 그러나 많은 경우에 내담자의 호기심을 만족시키고, 강력한 치료적 관계를 형성하기 위해서 약간의 개인적 정보를 제공하는 것은 수용할 만하다.

당신이 개방해야 할 정보 중 하나는 수련생으로서의 당신의 신분이다. APA의 심리학자의 윤리강령과 행동관례(2002)에 따르면, 수련 중인 모든 치료자는 자신에게 지도감독자가 있다는 것과 그의 이름을 내담자에게 말하도록 규정하고 있다(code 10.01c). 캐나다 심리학회의 심리학자를 위한 윤리관례(Code of Ethics for Psychologists, 2000)에도 비슷한 조항이 있다(code III.22). 제7장에서 당신의 수련 수준에 대해 내담자에게 알리는 것과 관련된 추가적인 주제를 논의할 것이다. 지도감독의 문제는 내담자와 만나는 첫 회기에서 일찍 언급되어야 한다.

첫 회기 진행 전에 다루어야 할 것 중 하나는 오디오 녹화나 비디오 녹화, 가장 흔히 사용되는 디지털 녹음기를 통한 회기 녹음에 관한 것이다. 연구 장면의 평가나 치료 회기는 전형적으로 녹음을 해야 한다. 다시 말해, 임상적 장면에서 수련생들은 때때로 지도감독을 위해 평가와 치료 회기를 녹음해야 한다. 내담자에게 녹음에 대한 동의를 구할 때, 치료자들은 녹음의 목적과 이 녹음 자료를 누가 들을 것인지, 비밀보장을 위한 예방책(예, 녹음 자료는 어떻게 저장할 것인지, 디지털 녹음 자료는 어떻게 전송할 것인지)은 무엇인지를 내담자에게 설명해야 한다. 일반적으로 대부분의 내담자는 비밀보장에 대한 적절한 설명과 녹음 자료가 지도감독에서 어떻게 활용될 것이라는 것을 들은 후에는 회기 녹음을 거의 거절하지 않는다.

회기 개요 제공

일단 소개가 끝나면 치료자들은 그 회기에 무엇을 할 것인지에 대해 개략적인 내용을 내담자에게 알려 주어야 한다. 일반적으로 첫 회기에 치료자는 평가 동의와 비밀유지 그리고 '행정적 일'을 처리하고, 그 후 평가를 진행한다. 이 장의 나머지 부분에서는 '행정적 일을 처리하는 방식'에 대해 토의하고, 다음 장에서는 평가과정의 개요와 이것을 내담자에게 소개하는 방식을 토의할 것이다.

행정적 업무 처리하기

첫 회기가 시작될 때는 동의서가 작성되고, 「의료보험통상책임법(HIPAA)」의 공지가 제시되며(HIPAA는 뒤에서 더 자세히 설명할 것이다), 비밀유지가 논의된다. 내담자에게 HIPAA 양식과 동의서를 읽을 충분한 시간을 주고, 질문이 있는지 확인하여야 한다. 이 과정에서 내담자의 걱정과 질문을 존중함으로써 내담자와 본격적으로 이야기가 시작되지 않았더라도 좋은 치료적 동맹이 형성될 수 있다.

▣ 평가에 대한 동의 받기

심리평가를 위한 동의를 얻기 위해 어떤 것들이 필요한가? 미국심리학회(APA) 윤리강령(Ethical Principles, 2002)과 캐나다심리학회(CPA) 윤리코드(Code of Ethics, 2000)에 따르면, 심리학자들은 평가와 치료에 대한 정보를 제공한 후 동의를 얻을 것을 규정하고 있다(APA의 3.10, 9.03, 10.01 code와 CPA의 1.19 code). 더 나아가 '가능한 한 빠른 시간 안에' 동의를 얻는 것이 중요하다(APA code 10.01a). 일반적으로 APA와 CPA에서는 서면 동의서와 차트에 기록한 구두 동의를 모두 인정하지만, 서면 동의를 우선으로 한다.

동의를 받을 때 명심해야 할 몇 가지 핵심 사항이 있다. 서면 동의서의 경우, 항상 내담자와 동의서를 처음부터 끝까지 읽는 것이 좋다. 그러나 좀 더 비공식적인 일상 언어를 통해 중요한 것을 강조할 수는 있다. 두 경우 모두 내담자들은 항상 자신의 속도로 동의서 전체를 읽을 기회를 가질 수 있어야 한다. 일단 내담자가 동의서를 모두 읽었다면 읽은 내용을 이해했는지, 질문이 있는지를 확인하는 것이 중요하다. 만약 내담자가 동의서를 이해하지 못했다면 내담자와 함께 다시 살펴보면서 이해할 수 있도록 설명해 주는 것이 좋다. 만약 내담자가 동의서를 읽지 않은 채 서명을 하려고 한다면, 서명하기 전에 동의서를 읽는 것이 중요하다는 것을 상기시켜 주라. 만약 구두로 동의를 얻을 경우, 동의서의 핵심 내용들을 내담자와 함께 읽었다는 것과 내담자의 구두동의 사실을 차트에 기록해야 한다.

다음은 동의서의 몇 가지 핵심적인 내용들이다. 이것은 APA와 CPA에 개략적으로 설명되어 있다(CPA의 I-24, APA의 9.03a code와 10.01a).

1. 내담자들은 센터에서 진행되는 활동의 특성과 목적을 이해해야 한다. 여기서는 평가나 치료 프로그램의 내용과 이 활동들의 목적이 무엇인지 설명되어야 한다. 이 설명들은 문서로 되어 있어야 하고, 내담자에게 언어적으로 설명되어야 한다.

2. 내담자는 치료활동으로 인해 예상되는 이득과 위험에 관한 안내를 받아야 한다. 치료자가 치료의 가능한 장점들을 설명하지만, 발생될 수 있는 위험을 모르는 상태에서는 심리평가와 치료에 대해 충분히 숙지한 '결정(informed decision)'이라 할 수 없다. 인지행동치료에서 다양한 장애의 치료에 많은 경험적 근거가 축적되어 왔음을 설명하는 것은 매우 중요하다. 그러나 긍정적 결과가 누구에게나 보장되는 것은 아님을 알려 주어야 한다. 또 모든 인지행동치료 프로그램에서 핵심인 인지적·행동적 변화는 단기간에 이루어지기가 어렵고, 힘들다는 것을 말해야 한다.

3. 내담자들은 대안적 활동(예, 다른 치료)과 치료받지 않을 때의 결과에 대해 안내를 받아야 한다. 많은 치료자가 자신이 지지하는 치료이론(학파)에 전념하더라도, 우리는 윤리적으로 내담자들에게 도움이 될 만한 다른 치료를 알려 주어야 할 의무가 있다. 예를 들어, 다음과 같이 이야기할 수

있다. "당신은 약물치료나 다른 형태의 심리치료도 가능하고, 물론 치료를 받지 않을 수도 있습니다. 그러나 치료를 전혀 받지 않는 것은 당신의 증상을 지속시키고 더 악화시킬 것입니다."

4. 동의서에는 내담자들이 주어진 치료활동을 거절하거나 어느 때라도 권리를 침해 받지 않고 중단할 수 있다는 것을 명확히 해야 한다.

5. 동의서에는 비밀보장과 비밀보장의 한계에 대한 내용이 포함되어야 한다. 비밀보장에 관한 문제는 평가나 치료를 시작하기 전에 모든 내담자와 논의되어야 한다.

▣ 비밀보장 논의

비밀보장은 동의서 양식과 HIPAA 양식의 두 가지 형태로 내담자에게 보장되어야 한다. 「의료보험통상책임법(Health Insurance Portability and Accountability Act: HIPAA)」은 법률규정으로써, 특히 건강 관련 정보는 비밀이 유지되어야 한다는 규정이다. HIPAA의 사생활 보호 규정은 건강 관련 전문가들과 보험회사를 포함한 많은 기관들 사이에서 비밀유지가 필요한 개인의 건강 정보가 교환되는 의사소통의 방법을 규정하고 있다. 비밀유지가 필요한 건강 정보는 개인의 모든 의학적 기록과 특정 개인을 유추할 수 있는 보험료 지불 기록을 포함하고 있다. 내담자들은 처음 치료를 받을 때, 치료센터의 비밀보장에 관한 설명서를 받아야 한다. 이 설명서는 서면 동의서와 함께 비밀보장에 관한 추가적인 보증이 된다.

내담자가 받게 되는 서류의 종류와는 관계없이 비밀보장이 내담자의 관심사가 되면 치료자는 첫 시간뿐만 아니라 언제든지 그것에 대해 논의해야 한다. 어떤 내담자들은 비밀보장에 대한 걱정을 드러내서 표현한다. 그들은 고용주나 가족의 일원에게 정보가 노출되는 것을 걱정할 수 있다. 그러나 대부분의 내담자들은 직접 언급을 하지 않더라도 비밀보장에 대해 걱정할 수도 있는데,

이것은 당연하다. 왜냐하면 심리치료란 깊은 개인적 문제를 전혀 모르는 사람과 의논하는 것이기 때문이다. 비밀보장에 대한 확신이 없는 경우, 많은 내담자들은 치료를 고려하지 않거나 치료를 시작하더라도 자신의 문제와 관련이 깊은 문제를 말하지 않을 것이다.

이런 중요한 주제에 대해 어떻게 내담자를 안심시킬 수 있을까? 첫째, 당신은 비밀보장이 당신과 센터의 다른 운영진에게 매우 중요한 문제라는 것과 윤리강령뿐만 아니라, 법적으로도 어떤 상황에서든 비밀을 유지해야 할 의무가 있다는 것을 설명할 수 있다. 내담자에게 지도감독자와 집단 지도감독에 참여하는 다른 치료자 그리고 센터에서 이미 내담자의 치료에 참여하고 있는 다른 치료자들(예, 동일한 센터에서 내담자에게 약물처방을 하는 정신과 의사)을 제외한 어느 누구에게도 비밀을 이야기하지 않을 것이라는 것을 말하라.

마찬가지로 비밀보장의 예외에 해당되는 특별한 상황들에 대해 논의하는 것이 중요하다. 이 상황들은 각 주나 지방 법률로 규정되어 있고, 당신과 내담자 모두가 분명하게 이해하고 있어야 한다. 만약 당신이 그 법에 대해 잘 모른다면, 지도감독자에게 설명을 요청하거나 관련 부서에 자료를 요청하라.

일반적으로 다음과 같은 경우에는 비밀보장이 지켜지지 않을 것이라고 내담자에게 이야기해야 한다. 첫째, 내담자가 자신을 해칠 위험이 있거나, 둘째, 내담자가 다른 특정 인물을 해칠 위험이 있거나, 셋째, 내담자가 아동학대에 관해 당신에게 말하거나, 넷째, 법원이 내담자의 기록을 요청했을 때다. 또 어떤 주나 지방은 의무적으로 보고해야 하는 다른 법률이 제정되어 있다(예, 스스로를 보호할 능력이 없는 성인에 대한 학대를 보고할 의무). 비밀보장과 그 한계에 대한 논의는 재차 강조될 필요가 있고, 가능한 한 빨리 이루어져야 한다.

당신이 제삼자를 위한 업무를 할 때 비밀보장과 관련된 중요한 문제가 제기된다. 예를 들어, 고용주를 위한 피고용인의 평가, 학교의 관할 부서를 위한 학생의 평가 또는 법원의 평가 의뢰의 경우다. 이런 상황에서는 비밀보장의 규칙이 바뀐다. 이때 당신은 당신의 내담자를 위해서가 아니라 고용주나 학교 담당 부서 또는 법원을 위해 일하는 것이다. 그들이 내담자로부터 수집한 당신의 정보에 접근하는 것이다. 이런 경우 모든 당사자는 비밀보장의 한계에 대해 인식할 수 있어야 한다.

내담자의 동의절차에 관해 기억해야 할 몇 가지 정보가 〈표 2-1〉에 요약되어 있다.

표 2-1 | 동의 얻기

내담자들과 임상적 활동을 하면서 가능한 한 빠른 시간 안에 동의를 얻는 것이 중요하다.

기억해야 할 중요한 점
- 동의는 평가와 치료에 대한 동의가 포함되어야 한다.
- 서면 동의서는 구두 동의보다 우선한다.
- 내담자가 자신의 속도로 동의서를 읽게 하고, 그들이 읽은 것을 이해했는지 확인하고, 질문할 수 있도록 하라.
- 내담자들에게 센터의 비밀유지 활동에 대한 설명도 제공되어야 한다(HIPAA 문서).

동의절차에 포함되어야 할 필수 정보
- 내담자들은 치료활동의 목적과 특성을 이해해야 한다.
- 내담자들은 치료활동의 가능한 이익과 위험에 대해 안내를 받아야 한다.
- 내담자들은 대안적 활동(예, 다른 치료)과 치료 받지 않을 때의 결과에 대해 설명을 들어야 한다.
- 동의서에는 내담자들에게 주어진 치료활동을 거절하거나 불이익 없이 어느 때나 중단할 수 있음을 명시해야 한다.
- 동의서에는 비밀보장과 그 한계에 대한 설명이 포함되어야 한다.

비밀보장에 대한 논의
- 당신과 센터의 다른 운영진(staff)이 비밀보장을 얼마나 중요하게 여기는지에 대해 내담자에게 설명하고 안심시키라. 당신은 윤리강령과 법에 따라 비밀을 유지해야 함을 내담자에게 설명하라.
- 비밀보장이 지켜질 수 없을 특별한 상황에 대해 논의하라.
- 비밀유지 정보가 HIPAA의 요청에 따라 다른 건강 관련 전문가와 보험회사를 포함한 여러 기관들 사이에서 소통되는 방식에 관해 토의하라.

❖ 사례개념화(현재까지)

　지금까지 당신은 내담자와 상호작용하면서 단순한 행정 관련 업무들을 처리해 왔다. 당신은 자신을 소개하고, 당신의 학문적 배경과 신분 그리고 수련에 대해 논의하였다. 또 당신은 HIPAA 서류들을 제시하고 앞으로 하게 될 활동들에 대한 동의를 구하였으며, 비밀보장과 그 한계에 대해 자세하게 설명하였다. 당신과 센터의 담당자 중 어떤 사람이 치료비를 접수하는지 또 결석 회기 등과 관련된 규칙을 토의하였다. 아직 내담자의 현재 문제에 관해 이야기를 시작하지 않았지만, 당신은 처음 만남에서 치료계획 수립뿐만 아니라 사례개념화에 유용한 중요한 정보를 분명히 얻었을 것이다.

　초보 치료자들은 실제 치료가 아직 시작되지 않았다고 생각하면서 첫 회기의 시작을 쉽게 간과할 수 있다. 그러나 이런 행정적인 주제를 논의하는 과정에서 많은 것이 나타날 수 있다. 예를 들어, 내담자는 치료비나 치료의 원칙에 대해 토론하는 동안 논쟁적인 태도를 취할 수 있다. 다른 내담자는 비슷한 주제에 대해 토론하는 동안 불안해하고 비주장적일 수 있다. 내담자들은 또한 비밀유지에 대한 토론에서 의미 있는 반응을 보일 수도 있다. 정보 제공에 대한 토론 가운데 나타나는 비정상적인 강한 반응은 그것이 특별한 주제에 민감하다는 가설을 나타내 주며, 이것은 평가과정 동안 보다 세밀하게 탐색되어야 한다. 또 이 기간의 내담자의 반응은 일반적으로 대인관계 갈등이나 어려운 주제에 반응하는 방식에 대한 정보를 제공할 수도 있다. 초기의 논의 과정에서 관찰된 내담자의 반응은 비슷하거나 다른 어려운 주제가 논의될 때, 회기 내에서나 치료의 외적 상황에서 예상되는 반응을 함축하여 준다는 측면에서 치료자에게 유용한 정보가 될 수 있다.

❖ 사 례

여기서 우리는 첫 회기와 평가과정을 어떻게 시작하는지 사례를 통해 자세하게 살펴보기로 한다. 지역신문에서 치료센터에 대한 기사를 본 40세 독신 남자인 마이클(Michael, J) 씨는 사회불안의 치료에 대해 도움을 받을 수 있는지를 묻기 위해 전화했다. 치료센터의 직원은 그의 질문을 들은 후 바로 치료자에게 연결시켰다. 마이클 씨는 이 첫 전화통화에서 거의 한 시간 반가량 치료센터에 있는 치료자와 이야기를 나누었다. 치료자는 먼저 그가 현재 어떤 어려움을 경험하고 있는지 간략한 설명을 요청하였다.

첫 만남

치료자: 마이클 씨, 오늘 어떤 일로 저희 센터에 전화를 하게 되었나요?

마이클: 음, 성인으로서 바보처럼 보이겠지만, 공식 석상에서 말하는 것이 정말 어렵습니다. 학교에 새로 입학했는데 수업시간에 말도 크게 못하고 또한 지금 내가 하고 있는 일에는 내가 힘들어하는 공적 연설이 많이 필요합니다. 나는 계속 엉망으로 하고 있고, 정말 끔찍합니다.

치료자: 당신이 이런 상황에 있을 때, 어떤 일이 일어날 것 같아 두려운가요? 집단에서 말하는 것을 주저하게 만드는 것은 무엇인가요?

마이클: 그건 바로 이 불편한 감정입니다. 난 지금 아주 불안합니다.

치료자: 그것은 우리가 사회불안을 경험하는 많은 내담자에게 듣는 것입니다. 불안을 느끼는 것이 그렇게 나쁜 데는 어떤 의미가 있나요?

마이클: 음, 내가 불안을 느끼면 긴장하는 것처럼 보일 것입니다. 그렇지 않나요? 말하자면, 세상에서 가장 얼굴이 빨개지는 사람이 됩니다. 나는 대

중 앞에서 말할 때마다 내 얼굴이 화끈거리고, 벌겋게 달아오르는 것을 느낍니다. 또 긴장하게 되면 목소리가 떨리고, 정말 끔찍합니다.

치료자: 그래요, 당신은 불안할 때 당신에게 나타나는 신체적 증상들을 사람들이 알게 되지 않을까 걱정하는 것 같습니다. 그렇지 않나요?

마이클: 예, 맞습니다.

치료자: 좋습니다. 사람들이 당신의 얼굴이 빨개지거나 목소리가 떨리는 것을 알게 된다면 어떤 일이 생길 것 같습니까?

마이클: 음, 사람들은 나를 바보라고 생각할 것이고, 도대체 왜 내가 학교에 들어왔는지, 성직자 과정을 해 나갈 수 있을지 의아해할 겁니다.

치료자: 성직자의 과정을 하고 있습니까?

마이클: 예. 사회공포증이 있는 사람한테는 정말 어처구니가 없는 직업이지요?

치료자: 음, 글쎄요……. 그런데 궁금한 것이 있는데요. 지금 당신은 어떤 변화를 원하는가요?

마이클: 사회적 상황에서 좀 더 편안해지고 싶습니다. 내 일에 주의집중할 수 있었으면 좋겠고, 다른 사람이 나에 대해 생각하는 것과 내가 다른 사람을 어떻게 대해야 하는지에 마음을 덜 쓸 수 있으면 좋겠습니다. 그건 정말 나를 지치게 합니다.

치료자: 당신의 주의가 산만하다는 그런 의미입니까?

마이클: 예. 나는 내 일에 반 정도 집중하고, 나머지 반은 내가 어떻게 하고 있나 생각하느라 항상 분주합니다. 나는 100% 집중하고 싶습니다. 나 같은 사람이 그렇게 되는 것은 완전히 비현실적이라는 것을 알지만, 지금보다는 더 잘할 필요가 있습니다. 이 사회불안은 실제로 내 직업을 위태롭게 하고 또한 내가 선택한 직업을 고려하면 그것은 내 삶을 위태롭게 할 수도 있습니다.

▣ **제안하기**

전화통화의 마지막에 치료자는 마이클이 좀 더 정밀한 평가를 받을 필요가 있다고 결론을 내렸다. 간단한 대화를 통해 마이클이 사회불안장애의 진단 준거에 해당되는 것으로 나타났다. 마이클은 사회적 상황 및 수행 상황에서 얼굴이 붉어지고 목소리가 떨리는 증상들 때문에 사람들이 자신을 부정적으로 평가할 것을 두려워했다. 이 진단을 확인하기 위해 구체적인 대면평가가 필요하고, 치료에 중요한 다른 공병(comorbid)의 조건들이 있는지가 확인되어야 할 것이다. 마이클이 센터에 전화했을 때 치료에 대한 동기가 아주 높았는데, 주된 이유는 사회불안이 그의 직업과 삶의 선택에 방해가 되고 있었기 때문이다. 대면평가를 통하여 치료자는 마이클에게 치료와 관련된 정보와 도움이 될 방법을 제공해 줄 수 있다. 동기가 낮은 내담자가 전화 문의를 했다면, 대면평가에서 내담자가 치료를 시작할 적절한 시점인지 아닌지 더 자세하게 평가할 수 있다. 가끔 내담자들은 치료의 본질이나 성공적으로 치료된 다른 내담자들에 대한 이야기를 들을 때 동기가 높아진다.

마이클의 첫 전화통화에서 치료자는 그의 걱정을 '보편화(normalizing)'하고, 그에게 질문할 기회를 제공하며, 평가계획을 세우기로 하였다.

> **치료자:** 당신은 우리 센터의 내담자들과 아주 비슷한 걱정을 하고 있는 것 같습니다. 짧은 전화통화로 진단을 내리기는 어렵기 때문에 당신이 원한다면 보다 구체적인 평가를 위해 우리 센터를 방문하는 것이 좋을 것 같습니다. 평가에는 두 가지 주요한 요소가 있습니다. 먼저 우리는 내담자들에게 사회불안을 포함해서 그것과 관련된 주제에 관해 몇 가지 질문지를 보낼 것입니다. 그다음 질문지를 작성하여 우리 치료센터로 와 치료자 중 한 명과 만나 임상적 면접을 하는 겁니다. 이때 당신은 사회불안과 함께 당신의 문제들에 대해 보다 세부적인 내용을 치료자와 함께 검토할

수 있습니다.

마이클: 그 후에는 어떻게 진행되나요? 내가 이 문제 때문에 치료를 받아야
합니까?

치료자: 아주 좋은 질문입니다. 우리가 여기서 하는 심리평가의 목적은 실
제로 두 가지입니다. 첫째, 당신이 가진 문제들을 이해하는 것과 둘째,
치료가 필요한지의 여부 그리고 만약 그렇다면 어떤 치료가 필요한지를
검토하는 것입니다. 지금까지 이야기한 것으로 보면 실제로 치료가 많이
도움이 될 것으로 생각되지만, 당신의 평가가 끝날 때까지 그 결정을 미
루도록 하지요. 평가를 마치고 나면, 피드백 시간을 통해 심리평가 결과
를 검토하고 치료에 대한 것을 의논할 수 있습니다.

▣ 사전 약속

이 시점에서 마이클과 치료자는 2시간을 예약했다. 이는 치료자가 DSM-IV의
구조화된 임상 면접(SCID-IV; First, Spitzer, Gibbon, & Williams, 1997)과 마이클
이 방문한 센터의 표준 평가도구를 사용해서 내담자를 더 자세하게 평가하기
에 충분한 시간이다. 치료자는 센터의 위치와 평가에 오기 전에 작성할 몇 가
지 질문지를 우편으로 보내는 것에 대한 동의를 받았다. 또한 그는 평가비용에
대해 치료센터의 사무직원과 이야기할 것을 제안했다.

▣ 첫 방문: 평가

마이클은 심리평가 면접을 위해 약속 시간보다 몇 분 일찍 도착했다. 그는 질
문지들을 완벽하게 작성해 왔고, 대기실에서 치료자와 친근하게 인사했다. 마
이클은 단정한 차림이었다. 치료자는 그를 면접실로 안내했다. 약속 시간 전에
치료자는 SCID 한 부와 펜, 시계를 준비했다. 또 그녀는 마이클이 집에서 완성
한 척도의 점수 해석을 위해 '요약표'와 DSM의 복사본도 준비해 왔다.

◨ 소개와 행정업무 처리

두 사람은 서로 소개하는 시간을 가졌으며, 내담자는 자신을 마이클이라 부르라고 했다. 치료자는 비밀보장에 대해 이야기했으며, 마이클과 함께 평가 동의서를 읽으면서 검토하고 난 후, 그의 질문에 대답하였다. 이후 마이클이 동의서를 혼자 읽을 수 있도록 시간을 주었다. 그가 동의서를 읽는 동안, 치료자는 마이클의 문제에 대한 정보를 얻기 위해 그가 작성한 자기보고식 평가지들을 살펴보았다. 한 가지 눈에 띄는 것은 사회불안 척도에서 상대적으로 높은 점수와 삶의 질 척도에서 가벼운 불만족을 의미하는 약간 낮은 점수였다. 그는 우울척도와 걱정과 공황을 포함하는 다른 불안 관련 증상의 평가에서 정상 범위의 점수를 보여 주었다.

◨ 회기에 대한 개관 제시

마이클이 동의서에 서명을 한 이후, 치료자는 마이클이 전체 과정에서 편안하게 느낄 수 있도록 주의를 기울이면서 평가 면접의 목적과 회기의 나머지 동안 어떻게 진행될 것인지를 설명했다.

> 치료자: 오늘 회기의 남은 시간 동안 우리는 구조화된 임상적 면접을 할 것입니다. 이 면접은 여러 종류의 다른 심리적 어려움들을 평가합니다. 이것은 우리가 기초적인 모든 것을 평가했는지를 확인하는 하나의 방법입니다. 사회불안이 당신의 문제를 가장 잘 설명하는 것인지 그리고 또 다른 어려움이 있는지를 살펴보려고 합니다. 몇 가지 질문들은 당신과 매우 밀접한 관련이 있을 것이고, 우리는 이 부분에 초점을 둘 것입니다. 당신에게 해당되지 않는 다른 질문들은 건너뛰게 될 것입니다. 오늘의 목표는 당신이 현재 경험하는 어려움이 무엇인지 그리고 그 문제를 치료하기 위한 최선의 방법이 무엇인지를 알아보고자 하는 것입니다. 어떻습니까?

마이클: 약간 긴장됩니다. 내가 이런 모든 것을 이야기한다는 것이 힘듭니다.

치료자: 충분히 이해합니다. 지금 당신을 불안하게 하는 어떤 특별한 것이 있나요?

마이클: 음, 나는 내가 사회불안이 있는 것에 대해 스스로 바보같이 느낀다고 전화로 이야기했었습니다. 내 나이가 40세인데, 사회불안이라니······ 나이에 어울리지 않는 게 아닌가 해서 말입니다. 이런 사람도 있나요?

치료자: 아주 좋은 질문입니다. 사회불안에 관한 연구에 따르면, 사람들은 치료를 시작하기 전까지 약 20년의 시간이 경과한다고 알려져 있습니다. 우리가 아는 많은 사회불안 내담자들은 바로 당신과 비슷한 나이입니다. 다른 불안장애보다 타인의 부정적 평가와 관련이 있는 단순한 사회불안은 본인이 치료를 시도하기가 더 어렵습니다.

마이클: 그런데 지금 막 당신이 나를 사회불안이 있는 아주 이상한 사람이라고 생각할 거라는 생각이 들었습니다.

치료자: 여기서 나의 역할은 당신을 돕는 것이지 판단하는 것이 아닙니다. 당신의 그와 같은 문제를 일으키는 원인과 당신을 돕는 방법을 이해하기 위해 저를 도와주는 최선의 방법은 개방적이고 진실하게 이야기하는 것이며, 당신이 어떻게 비쳐지는지 너무 걱정하지 않는 것입니다. 이제 면접을 시작해서 어떤지 보기로 할까요?

여기서 치료자는 마이클에게 필요하면 휴식을 요청하라고 용기를 북돋아 준 후, 평가 면접의 인구통계학적 부분으로 진행해 나갔다. 여기서 마이클의 사례를 멈추도록 하자. 우리는 제3장 첫 부분에서 평가의 목적과 방법에 대해 논의한 후에 다시 마이클의 사례로 돌아갈 것이다.

제3장 평가과정

이 시점이 되면 내담자들은 이미 심리평가 수행에 동의했으며, 비밀보장과 그 한계에 대해 안내를 받았다. 이제는 평가를 진행할 시점이다. 이 장에서 우리는 먼저 몇 가지 일반적 가이드라인을 제시하고, 평가과정의 목적을 논의할 것이다. 그다음으로는 목적 달성을 위해 다양한 평가도구들을 사용하는 방법에 대해 설명할 것이다. 마지막 부분에서는 마이클의 사례를 통해 전형적인 평가 진행방법에 대해 계속해서 설명할 것이다.

❖ 자신의 반응에 유의하기

평가과정에서 내담자들은 매우 특이하거나 당황스럽게 하는 정보들을 드러내기도 한다. 내담자의 이야기에 대한 치료자의 반응은 치료적 관계에 중요한 영향을 미친다. 만약 치료자의 반응이 다른 사람과 대화를 나누는 것에 대한 내담자의 부정적 신념(예, "사람들은 나를 이상하다고 생각할 거야." "다른 사람들은 나를 돕고 싶어 하지 않을 거야.")을 강화한다면, 내담자는 당연히 이야기하는 것을 망설이게 될 것이다.

치료자가 해서는 안 되는 반응에 대해 논의해 보자. 내담자의 경험이 이상하거나 특이하거나 또는 혐오스럽다고 말하면 안 된다는 것은 말할 필요도 없다. 또 내담자를 불쾌하게 할 수 있는 애매한 반응들을 삼가는 것 또한 유의해야 한다. 여기에는 부정적인 얼굴 표정, 내담자의 말에 반응하는 시간이 보통보다 더 오래 걸리거나 또는 전혀 반응하지 않는 것, 방안에 불편한 침묵이 흐르게 하는 것이 포함될 수 있다. 내담자들이 힘든 이야기를 할 때, "그래요." 또는 "이해가 가네요."라는 말을 하거나 고개를 끄덕임으로써, 그들에게 듣고 있다는 확신을 주는 것이 필요하다. 내담자가 말하기 힘든 것을 말할 때, 그 이야기가 내담자의 문제를 더 잘 이해하게 하고 또 그 해결방법을 찾는 데 도움이 되기 때문에 당신이 그것을 매우 반긴다는 것을 내담자에게 알리는 것이 좋다.

내담자들의 입장에서 이상하고, 특이하고, 문제라고 생각하는 것이 치료자들에게는 가끔 '아주 평범한' 것들이다. 비록 많은 사례를 보지 않은 초보 치료자일지라도, 그들은 사례를 접하는 집단 지도감독 회의에 참여하거나 치료 녹화나 책을 통해 그에 대한 많은 지식을 지니고 있다. 경험이 더 많아짐에 따라 새로운 내담자들의 이야기가 함께 해 왔던 다른 내담자들로부터 들은 이야기들과 연결될 것이다. 따라서 내담자들이 자신의 경험이나 감정을 드러낼 때, 우리는 그들이 생각하는 것만큼 놀라는 경우가 드물다. 내담자들은 종종 다른 사람들이 비슷한 증상들을 경험한다는 것과 자신의 증상이 치료로 개선될 수 있다는 것을 알고 편안해한다. 이것을 염두에 둔 일반적 원칙은 내담자의 문제를 사소화(minimizing)하지 않고 보편화(normalize)하려고 노력하는 것이다. "우리 센터에는 비슷한 고민을 가진 내담자들이 아주 많습니다."와 같은 말이 도움이 된다.

그러나 간혹 증상이나 경험이 독특한 내담자들을 만나기도 한다. 이것에 대해 "맞아요, 물론 나는 당신과 비슷한 고민을 가진 내담자를 보아 왔어요."라고 말할 수가 없다. 수집광 사례의 한 예에서, 썩은 음식부터 자신의 배설물에 이르기까지 모든 것을 수집하는 것은 매우 이상하다. 이런 사례들은 심지어 경험이 많은 치료자에게도 아주 충격적일 수 있다. 내담자는 이 같이 깊이 있는 개인적 정보를 드러낼 때, 치료자가 이전에 자신과 같은 사례를 본 적이 있는지를 가끔 질문한다. 그러나 치료자가 경험이 없을 지라도 다음과 같이 말하는 것이 도움이 된다. "나는 당신과 정확하게 일치하는 사례를 본 적은 없습니다. 그러나 당신은 수집에 몰두하는 다른 내담자들과 많은 공통점이 있습니다. 당신은 미래에 필요할지도 모른다는 걱정 때문에 그 물건을 수집하고 있습니다. 또는 당신의 일부분이었거나 의미가 있었던 것을 버림으로써 당신 일부를 잃게 되지 않을까 하는 걱정 때문에 물건을 수집하고 있습니다. 수집하는 물건과는 상관없이 수집에 대한 강박은 같은 방식으로 치료합니다." 치료자는 이와 같은 반응을 통해 내담자의 사례가 독특하다는 것을 인정해 줄 수 있으며, 동시에 다른 사례와의 유사성을 이끌어 냄으로써 내담자가 자신이 이해 받고 있고, 효율적인 치료계획이 고안될 수 있다는 것을 알게 하는 데 도움이 된다.

　마지막으로 언급해야 할 한 가지 주제가 있다. 가끔 초보 치료자들은 내담자들이 매우 고통스럽거나 끔찍한 이야기들을 할 때 내담자 앞에서 감정을 표현하는 것을 걱정한다. 우리가 기억해야 하는 것은 극단적으로 반응하는 것(예, 주체 못할 정도로 눈물을 흘리는 것)이 좋지 않다는 것이다. 처음 만나는 내담자에 대한 우리의 반응은 수년간 알고 지내 온 가족 구성원이나 친한 친구에 대한 반응과는 아주 다를 것이다. 그러나 관계의 수준은 다를지라도 심리치료는 대인관계이며, 특히 슬프거나 무서운 이야기에 반응하는 것은 자연스러운 것이다. 내담자에게 정서를 표현하는 것(예, "당신에게 그 일이 일어나서 너무 속상하네요." "당신이 손해를 입었다니 정말 안타까워요.")은 분명히 적절한 것이다. 가끔 특별히 슬픈 이야기를 듣는 동안 자신의 눈에 눈물이 흘러내리는 것을 알게 된다고 해도 괜찮다. 만약 이것이 내담자들이 경험한 사건의 정서적 경험을 타당화하고 공감을 소통하는 반응이라면 지나치게 걱정하지 않아도 된다. 그럼에도 만약 치료자들이 치료 회기에서 자주 평정을 잃는다면 지도감독자와 상의해야 한다. 결론적으로 치료자의 정서적 반응 때문에 내담자의 주의가 산만해져서는 안 된다. 지도감독자는 이런 어려움을 다룰 몇 가지 방법을 제시할 수 있을 것이다.

❖ 평가의 목적

평가 환경의 정서적 분위기와 함께 이제 평가과정의 구체적인 목표를 다루어 보자. 앞에서 언급했듯이 평가과정에는, 첫째, 내담자의 증상에 대한 진단, 둘째, 치료계획에 활용할 수 있도록 하기 위해 내담자의 증상들을 인지행동적 용어로 설명해야 하는 두 가지 목표가 달성되어야 한다. 내담자들은 가끔 애매한 문제 때문에 치료에 온다. 그들은 기분이 '처지고', 걱정 또는 스트레스에 지치고 혹은 스스로나 다른 사람들이 문제가 있다고 여길 만한 행동을 한다. 이런 경우에 문제의 발생과 과거력 그리고 문제의 유지에 기여하는 현재의 요인들을 이해하는 것이 우리의 할 일이다. 문제를 유지하는 요인을 이해함으로써, 이 유지요인의 변화를 목표로 하는 치료계획을 세울 수 있다.

❖ 평가의 목적 달성을 위한 도구

여기서는 평가 목적을 수행하기 위해 사용할 수 있는 도구들을 설명하기로 하자. 평가를 완성함에 있어서 가장 중요한 것은 다양한 원천으로부터 정보를 수집하는 것이므로 우리는 면접과 질문지, 행동평가를 포함한 일련의 평가도구들을 다룰 것이다. 또 내담자의 문제를 잘 아는 사람으로부터 정보를 수집하는 방법에 대해서도 설명할 것이다.

반구조화된 임상적 면접

내담자를 평가하는 방법은 치료자의 작업 환경, 지향하는 관점 그리고 자신의 개인적 스타일에 따라 다르다. 이런 요인들에도 불구하고, 가장 흔한 평가기법 중의 하나는 임상적 면접이다. 많은 치료자가 내담자의 문제들을 명확히 하고 또 치료계획을 수립하기 위해 몇 가지 임상적 면접을 기본적으로 실시한다.

면접은 구조화된 정도에 따라 다양하다. 특히 연구를 수행하는 환경에서는 전형적으로 반구조화된 면접이 사용된다. 공통적으로 사용되는 이런 면접은 DSM-IV-TR의 구조화된 임상 면접(SCID-IV-TR; First, Spitzer, Gibbon, & Williams, 2002)과 DSM-IV의 불안장애 면접(Anxiety Disorders Interview Schedule for DSM-IV, ADIS-IV; Brown, DiNardo, & Barlow, 1994)이다. 이런 면접의 목적은 현재의 DSM 진단 준거에 기초해서 진단을 내리는 것이다.

처음 반구조화된 임상적 면접을 사용할 때, 보통 초보 치료자는 몇 가지 걱정을 한다. 어떤 초보 치료자는 면접이 부자연스럽거나 경직되지 않을까 걱정할 수 있다. 특히 면접에 아직 익숙하지 않을 때 이런 걱정은 충분히 있을 수 있는 일이다. 초보 치료자들은 질문지를 그대로 읽는 것을 더 고집하는 경향이 있고 (사실 모든 치료자는 면접을 할 때 지시문에 따라야 한다!) 또 가끔 질문 순서에 너무 초점을 두기 때문에 지나치게 형식적이고, 특히 내담자에게 관심이 없는 것 같이 비칠 수 있다.

시간이 지남에 따라 당신의 면접 스타일이 향상될 것이라는 것을 확신하라. 면접에 익숙해질수록 당신은 질문의 형식보다는 내담자가 말하는 것에 더 초점을 둘 수 있을 것이다. 일단 친숙해지면 반구조화된 면접은 첫 느낌과 같이 그렇게 경직된 것은 아니다. 비록 몇몇 질문들은 글자 그대로 읽어야 하지만,

단순히 내담자에게 질문을 읽어 주는 것은 유용한 정보를 얻는 데 도움이 되지 않는다. 내담자가 실제로 특정 장애의 준거에 해당되는지의 여부를 결정하기 위해 필요한 후속 질문들을 하는 것이 중요하다.

반구조화된 면접을 할 때, 관계에 유의하는 것 또한 매우 중요하다. 이미 언급했듯이, 당신이 초보 면접자라면 면접 분위기가 부자연스럽고 형식적일 수 있다. 임상 면접을 한 지 수년이 지나서 눈을 감고도 질문을 나열할 수 있게 되면, 면접 질문이 지루하고 재미없게 될 수 있다. 이 두 가지 상황을 피하기 위해 내담자가 말하는 것에 초점을 두라. 비록 항상 같은 질문을 할지라도, 당신이 듣는 대답은 결코 같지 않을 것이다. 내담자가 말하는 것에 주의를 기울이고, 이어서 연관된 질문들을 하며, 무엇보다 따뜻하게 공감적으로 하라. 이런 태도를 통해 내담자는 지루한 면접을 매우 긍정적으로 경험할 수 있고 또 면접 동안에 자신이 이해 받는다고 느끼며, 문제에 대한 해결책을 줄 수 있을 것이라고 믿게 된다.

비구조화된 임상적 면접

어떤 환경에서는 내담자가 특정 장애에 대한 엄격한 진단 준거에 해당되는지를 결정하는 것이 중요하지 않다. 사실 다양한 이론적 관점을 지니고 있는 많은 치료자는 DSM 진단의 가치를 신뢰하지 않는다(이 주제에 관해 Sadler, 2002를 참고하라). 그들에게 있어서 더 큰 관심은 내담자가 다른 여러 영역(예, 가정생활이나 직장)에서 어떻게 기능하고 있는지 또 내담자가 삶의 문제들(예, 대처 양식, 사회적 지지)을 어떻게 다루는가 하는 것이다. 면접은 이런 측면에서 덜 지시적이며, 더 유연해질 수 있다. 이 과정에서 치료자는 내담자의 문제 이해와 치료계획 고안을 위한 충분한 정보를 수집하게 된다.

초보 치료자는 비구조화된 임상적 면접에 대해 몇 가지 특별한 걱정을 하게 된다. 물론 반구조화된 면접이 분명히 임상적 기법과 감각을 필요로 하지만, 틀을 갖춘 면접이다. 비구조화된 임상적 면접에서는 그런 '의지할 틀'이 분명히 없다. 비구조화된 임상적 면접을 사용하는 대부분의 치료자는 평가의 주된 수단으로써 면접에서 다루어야 할 주제에 대해 표준화된 개요를 사용한다. 〈표 3-1〉에서 참고가 될 만한 일련의 가이드라인을 제시한다. 당신 자신의 비구조적 면접 스타일을 개발하고자 할 때 이것을 활용하도록 하라.

표 3-1 ㅣ 비구조적 임상 면접을 위한 주제 요약

개인정보
- 이름: 생년월일/나이
- 인종/종교적 배경
- 현재 직업상태/교육상태
- 현재 대인관계 상태/가족 구조
- 현재 주거 조건(current living arrangement)

현재 문제
- 문제의 기술
- 문제의 발병과 경과: 증상 및 삽화의 빈도
- 문제의 선행요인(예, 상황적 촉발요인, 생활사건 등)
- 문제와 관련된 사고들(예, 자동적 사고, 신념)
- 촉발요인 및 생활사건에 대한 반응(예, 정서적 · 생리적 · 행동적 반응)
- 문제의 강도와 유지
- 문제에 대한 과거 치료
- 부가적 문제

가족 배경
- 부모와 형제들의 나이
- 훈육과 가족관계
- 부모의 부부관계
- 부모의 직업, 사회경제적 지위
- 가족의 병력과 정신병력

(계속)

개인적 역사
- 발달사(developmental milestone)
- 초기 병력
- 학교 적응과 학업 성취
- 행동화의 유무
- 또래 관계
- 취미/흥미
- 이성 교제 이력

▣ 인구통계학적 정보: 좋은 출발점

인구통계학적 정보에 대한 질문으로 시작하는 것은 도움이 된다. 이런 질문들은 보통 위협적이지 않고 관계 형성에 도움이 된다. 또 이 정보들은 내담자의 기능의 정도에 대한 가장 기본적인 그림을 그릴 수 있게 해 준다. 여기서 가장 중요한 것은 현재 문제가 내담자의 직장이나 학교, 사회적 기능에 어느 정도로 영향을 미치는가 하는 것이다. 당신은 그 문제가 최근에 내담자의 기능에 유의한 변화를 야기했는지를 평가해야 한다. 예를 들어, 시간제 직장을 다니는 한 아동의 어머니는 직장 일과 가정에서 균형 있게 생활해 왔지만, 우울해진 이후에는 아주 사소한 업무에도 압도될 수 있을 것이다. 반대로 어떤 내담자들은 현재의 기능에서 큰 차이를 보이지 않을 수도 있다. 이런 경우 내담자들이 자신의 삶에서 예상되는 기대에 맞게 기능하는지를 평가하는 것이 중요하다. 예를 들어, 30세의 남자가 학업을 마치지 않았거나 직업 없이 여전히 부모의 집에 살고 있다는 것은 주목할 만한 것이다.

▣ 현재 문제

인구통계학적 정보와 함께 내담자의 현재 문제를 물어보는 것은 적절하다. 이 질문을 위한 좋은 방법은 "오늘 무슨 일로 왔나요?" 또는 "당신이 경험하고 있는 어려움을 나에게 말해 줄 수 있나요?"이다. 내담자가 자신의 말로 문제를 설명하게 하라. 면접 동안 이 문제에 대해 이야기할 때, 당신은 내담자의 언어를 사용하도록 노력하라. 만약 내담자가 공황발작을 '스트레스 발작'이라고 설명한다면, '공황발작'에 대해 더 자세히 이야기해 달라고 하기보다는 '스트레스 발작'에 대해 더 자세하게 설명해 달라고 요청할 수 있다. 현재 문제에 대한 논의에서 문제의 과거력을 이해하는 것이 중요하다. 즉, 언제 문제가 시작되었고, 어떤 경과를 거쳤는가? 삽화적 특성의 장애(예, 주요 우울의 재발성 삽화)에 대해서 내담자가 얼마나 많은 독립된 삽화를 경험하였는지 그리고 삽화들 사이에 기능이 어떤 특징을 보였는지를 평가해야 한다. 또 증상의 빈도[예, 주중의 공황발작 횟수 또는 강박장애(obsessive-compulsive disorder: OCD). 내담자의 경우, 하루 중 강박행동으로 보내는 시간]에 관해서도 질문을 할 수 있다.

인지행동적 모델에 따라 내담자의 발병과 경과 이외에도 현재 문제에 관해 치료자들이 알아야 할 많은 것이 있다. [그림 1-1]을 참고로 치료자들은 사례를 더 잘 이해하기 위해 인지행동적 모델의 '빈칸 채우기'를 할 수 있다. 문제사고와 행동을 초래한 상황과 사건으로 시작하는 것이 좋다. 문제가 시작 또는 악화되기 직전과 그 몇 달 전의 생활에 어떤 변화가 있었는지를 물어볼 수 있다(예, "우울이 시작되기 전의 생활에 어떤 일이 있었나요?"). 또 현재의 증상을 촉발시킨 자극(예, "어떤 상황에서 공황발작을 경험했나요?")과 문제를 경험할 때의 좀 더 큰 상황적 맥락에 관해 질문할 수 있다.

내담자가 이런 문제 상황에 대해 어떻게 생각하는지를 질문하라. 이런 질문을 통해 자동적 사고와 더 깊고 오래 지속된 핵심 신념에 접근할 수 있다. 예를 들어, 이혼 후에 우울증이 시작된 여성은 "나는 다시 행복해질 수 없을 거예요."라고 말할 수 있다. 또 지하철과 기차에서 공황발작을 경험한 사람은 기차를 탈 때 "심장이 너무 빨리 뛰어서 곧 공황발작을 시작하게 될 것 같다."라는 생각을 항상 한다고 보고할 수 있다. 이미 설명한 것처럼, 단일 상황이나 사건이 사람에 따라 매우 다른 의미가 될 수 있기 때문에 중요한 상황에 대한 내담

자 특유의 해석을 이해하기 위해 이 부분을 평가하는 데 많은 시간을 할애해야
한다.

상황에 대한 해석에 따라 내담자들은 비슷한 상황에서도 매우 다른 방식으
로 반응할 수 있다. 그러므로 치료자는 이런 촉발 상황에 대한 내담자의 정서
적 · 행동적 · 생리적 반응에 대해 질문해야 한다. 예를 들어, 공황장애 내담자
가 지하철에서 공황발작이 일어날 거라는 생각이 들 때 어떻게 느끼고 행동하
는지에 대해 물어봐야 한다. 그녀는 아마도 극도의 불안을 느끼고(정서), 땀이
나고, 떨리며, 심장이 쿵쾅거리는 것을 느끼고(생리적 반응), 이때 다음 역에서
내려 버린다(행동적 반응)고 보고할 수 있다. 비슷하게 이혼 후에 우울증을 겪
는 내담자는 결코 다시는 행복해질 수 없다는 생각이 들 때 어떻게 느끼며 행
동하는지 질문을 받을 수 있다. 그녀는 매우 슬프고, 화가 나며(정서), 자신에게
나쁜 일이 생길 거라고 강하게 확신하기 때문에 실제로 외출을 절대 하지 않을
것(행동)이라고 말할 수 있다.

이런 모든 반응(정서적 · 행동적 · 생리적 반응)에 대해 질문하는 것이 중요하
기는 하지만, 그중에서도 도피행동과 회피행동에 관해 많은 시간을 할애하여
대화하는 것이 중요하다. 왜냐하면 이것들은 인지행동치료에서 대부분의 행동
적 개입의 표적이 될 것이기 때문이다. 이것을 확인하기 위해 "그 문제로 인해
회피하는 어떤 행동이 있나요?" "그 상황을 더 잘 통제하기 위해 무엇을 시도
하고 있나요?"라고 내담자에게 물어볼 수 있다. 어떤 반응행동들은 아주 분명
한 반면(예, "나는 더 이상 전철을 타지 않는다." "나는 이혼 후 더 이상 친구와 같이
외출하지 않는다."), 어떤 것들은 인식하기가 힘들 수 있다. 치료자는 이런 중요
한 정보를 수집하는 데 시간을 할애해야 한다. 예를 들어, 공황발작이 있는 내
담자는 불안을 느끼면 몇 정거장 먼저 전철에서 내려서 걸어가거나, 공황발작
을 일으킬 경우 자신을 도울 수 있는 다른 사람과 동행할 때만 전철을 타거나
또는 항불안제(antianxiety medication)와 휴대전화를 가지고 있을 때만 전철을

탈 수도 있다. 이런 정보는 사례개념화와 치료계획을 세울 때 매우 중요하다.

　내담자의 다른 문제들로 화제를 옮기기 전에 문제 해결을 위해 과거에 받았던 치료에 관해 질문하고, 그 치료의 적절성을 평가하는 것 또한 중요하다(예, 그들이 문제에 대해 올바른 치료나 약물치료를 받았는가? 적절한 양의 약물로 치료를 받았는가? 적절한 기간 동안 치료를 지속했는가?). 이 정보는 치료계획을 세우는 데 도움이 된다. 예를 들어, 과거에 인지행동치료 과정을 전체적으로 잘 마쳤고 효과를 경험한 내담자라면 몇 번의 촉진 회기만으로도 재발증상을 효과적으로 다룰 수 있다. 반면에 '인지행동치료'를 받았지만 실제적으로 인지행동치료의 중요한 요소가 부족한 치료였다고 믿는 내담자라면(예, 불안장애를 위한 인지행동치료를 받은 내담자이지만, 실제 불안 상황에 전혀 노출을 실시하지 않은 경우) 경험적으로 지지되는 모든 요소를 포함하는 적절한 치료과정이 '다시 처음부터' 시작되어야 할 수도 있다.

　치료경험에 대한 정보는 다음 치료에 대한 내담자의 신념을 다루는 데도 유용할 수 있다. 예를 들어, 비행공포증이 있는 내담자는 그가 이전의 치료가 전혀 도움이 되지 않았기 때문에 그에게 도움이 되는 것은 아무것도 없을 것이라는 걱정을 당신에게 말할 수 있다. 자세히 살펴보면, 그는 몇 년 동안 비행공포를 표적으로 하지 않은 정신분석치료를 받아 왔다는 것을 알 수도 있다. 이때 치료자는 그동안 내담자가 효과를 입증하는 치료를 받은 적이 없다는 것을 알려 주면서 비행공포치료에 관한 인지행동치료 지식을 내담자와 공유하는 것은 많은 도움이 된다.

▨ 부가적 문제

　가장 힘든 문제와 더불어 또 다른 문제들이 있는지 질문하는 것도 매우 중요하다. 이때 반구조화 면접과 비슷하게 정신과적 질환에 대한 몇 가지 선별 질문들을 검토하는 것도 도움이 된다. DSM을 하나의 지침으로 사용하면서 내담자에게 기분장애나 불안장애, 섭식장애, 알코올과 물질사용 장애 그리고 신체적 염려[예, 건강염려증(hypochondriasis), 신체변형장애(body dysmorphic disorder)], 성 또는 성정체감 걱정과 관련된 문제들에 관해 질문하라. 또한 정신병적 증상들에 대해서도 확인이 되어야 한다. 앞에서 언급했듯이, 시간이 지남에 따라 자신의 스타일을 개발하게 되면 분노, 완벽주의, 신체이미지 걱정과 같은 DSM 진단에 명확하게 맞아떨어지지 않는 다른 문제들을 선별하는 데도 익숙해질 수 있다. 특별한 다른 문제들이 밝혀지면 인지행동치료자는 인지행동적 사례 개념화와 치료계획 수립을 위한 정보 획득의 지침으로써 인지행동적 모델을 다시 사용할 수 있다.

▣ 가족 배경

일단 내담자가 경험하고 있는 현재 문제와 다른 부가적 문제를 명확히 이해하게 되면, 가족 배경과 다른 개인적 과거사에 대한 정보를 수집하는 것이 도움이 된다. 여기에는 가족의 사회경제적 지위와 부모의 직업, 가족의 신체적·정신과적 병력 그리고 가족관계의 역동에 관한 정보들이 포함된다. 이 정보는 문제의 원인에 대한 중요한 단서가 될 수 있다.

더 나아가 가족력에 관한 질문은 내담자의 핵심 신념을 이해하는 데 도움이 된다. 제1장에서 언급했듯이, 핵심 신념은 우리가 성장하면서 경험하는 것들에 기초하여 아동기 동안에 형성되는 자신과 타인 그리고 세상에 관한 신념들이다. 성장기 동안의 삶에 대한 간략한 질문은 그들의 현재 문제의 기저에 있는 신념을 밝혀 줄 수 있다. 잘하는 것이 아무것도 없다는 평가를 받았던 가정에서 성장한 사람이 최근에 이혼을 했다면, 그녀는 자신의 이혼을 또 하나의 개인적 실패로 생각해서 자신의 미래를 희망이 없다고 생각할 수 있다. 이런 해석은 가정에서 사랑을 많이 받고 성장한 사람의 생각과는 매우 다르다. 만약 이런 사람이 이혼을 했다면, 그녀는 새로운 사람을 만날 구상을 더 잘하고, 좋은 관계를 형성해서 사실상 다시 행복해질 것이다.

 자신의 문제에 관한 내담자의 신념은 원가족에 의해 형성된 신념과 관련되었을 수 있다. 치료자들은 가족에 의해 형성된 정신질환의 원인과 치료의 잠재적 효과에 대한 신념에 대해 물어봐야 한다. 왜냐하면 이 신념이 치료의 긍정적 효과에 대한 내담자의 기대에 영향을 줄 것이기 때문이다. 만약 가족 구성원들이 비슷한 문제를 가지고 있으면서 치료 후에 많이 좋아졌다면, 내담자는 자신의 치료에 대해 아주 긍정적으로 느낄 수 있다. 만약 만성적 질환이 있는 내담자가 가족들에게서 그 반대의 경우를 관찰했다면, 자신의 치료에 대해 희망적인 기대를 가지기가 어려울 것이다. 그들은 "나는 결함이 있다." 또는 "나는 비정상이다."라는 핵심 신념을 가질 수 있다. 치료자가 내담자의 이런 신념들에 대해 알고 있다면, 치료에 전념하지 못하도록 만드는 이런 생각들을 말끔히 정리할 수 있도록 내담자를 도울 수 있다.

▣ 정신상태 검사

 초기 면접 이후, 당신이 내담자의 정신과적 상태에 대해 의구심이 들거나 생물학적 뇌장애의 가능성이 의심된다면, 정신상태검사(MSE)를 실시할 수 있다. Kaplan과 Sadock, Grebb(1994)에 따르면, 정신상태검사는 "면접 동안의 내담자의 외모와 말, 행동, 생각에 대한 기술이다"(p. 276). 정신상태검사는 평가과정 중 관찰에 기초하여 효과적으로 수행될 수 있고, 이것은 "면접 시, 정신과적 내담자에 대한 검사자의 관찰과 인상의 총합"(p. 276)이 된다.

 정신상태검사는 저자들에 따라 약간씩 다르게 설명된다. 〈표 3-2〉에 우리는 Kaplan 등의 구성방식을 요약했고, 필요한 정보를 수집하기 위해 평가과정에서 주의해야 할 것들을 표기하였다.

표 3-2 I 정신상태검사

일반적인 기술	
• 외모	내담자는 옷을 어떻게 착용하였으며, 단정한 모습인가? 내담자의 자세는 어떠한가?
• 행동과 정신운동성의 활동성	정신운동의 지연 혹은 초조함을 나타내는가? 내담자가 틱이나 부자연스러운 습관, 경직과 같은 비정상적 근육운동의 행동이 있는가?
• 검사자에 대한 태도	치료자에 대해 내담자가 어떻게 행동했는가? 치료자와 내담자 사이의 관계 형성 수준은 어떠했는가?
기분과 감정	
• 기분	내담자가 느낌에 대해서 자발적으로 말했는가? 느낌에 대한 깊이와 강도는 어떤가? 면접 중에 잦은 기분 변화가 있었는가?
• 감정	면접 중에 정서적으로 반응했는가?(얼굴 표정에서 유추되는 것, 목소리의 어감), 감정이 기분과 일치하였는가?
• 적절성	내담자의 정서적 반응이 토의되고 있는 주제와 일치하였는가?
언 어	내담자 언어의 양, 산출 비율 그리고 질이 어떠하였는가?
• 지각적 장애	내담자에게 환상이나 환각과 같은 경험이 있었는가? 만일 그렇다면 어떤 감각체계와 관련된 것인가?
사 고	
• 사고의 과정 혹은 형태	사고의 과잉 또는 빈약함을 보였는가? 질문을 이해하고 대답을 적절하게 하였는가?
• 사고의 내용	망상을 경험하였는가? 강박, 집착, 자살 혹은 살해 사고 등과 같은 사고의 내용에 대해 주목할 만한 것이 있었는가?
지각 중추와 인지	
• 각성과 의식의 수준	환경에 대한 자각이 감소되었는가?
• 지남력	내담자가 시간과 장소, 사람을 알고 있었는가?
• 기억	내담자의 최근의 기억은 어떠하였는가?(예, 아침에 무엇을 먹었는가?) 오래 전 기억은 어떠하였는가?(예, 어린 시절의 기억들), 인지적인 결함을 숨기려고 노력하였는가?(예, 작화)

(계속)

• 주의와 집중	면접 동안 내담자의 집중이 손상되었는가? 불안/혼란스러운 기분 때문이었는가 혹은 의식의 혼란 또는 학습장애로 인한 것처럼 보였는가?
• 읽고 쓰는 능력	간단한 문장을 읽고 쓸 수 있었는가?
• 시공간 능력	간단한 도형을 복사할 수 있었는가?
• 추상적 사고	추상적인 방식으로 생각할 수 있었는가?
• 정보 수집과 지능	내담자의 교육 수준과 교육 배경에서 기대되는 정신적인 과업들을 수행할 수 있는가?
충동 통제	내담자가 성적, 공격적 그리고 다른 충동을 통제할 수 있는가?
판단과 통찰	사회적 판단 능력을 보였는가? 자신의 질병에 대해 어느 정도 인식하고 있으며, 그 질병을 잘 이해하고 있었는가?
신뢰성	자신의 상황에 대해 얼마나 정확하게 보고할 수 있었는가?

출처: Kaplan, Sadock, Grebb (1994). p. 276에서 발췌

다른 도구들: 심리평가를 보완하기 위한 다양한 정보 원천

사실상 면접이 모든 심리평가에 포함되는 반면, 다른 정보의 원천들(sources)은 평가의 질을 크게 향상시킬 수 있다. 여기에는 자기보고 질문지, 관찰적 기법, 내담자의 자기관찰, 다른 전문가와의 대화, 내담자 주변인들과의 대화, 마지막으로 내담자의 치료 회기 내 행동관찰이 포함된다.

▣ 자기보고 질문지

질문지를 단독으로 진단이나 사례개념화의 수단으로 사용해서는 안 된다. 그러나 질문지는 확실히 전반적인 평가과정의 유용한 요소일 수 있다. 앞에서 언급했듯이, 내담자들은 평가 회기를 시작하기 전이나 평가 후에 질문지를 작

성할 수 있다. 평가 회기 전에 질문지를 작성하게 되면, 회기 동안 논의가 촉진될 수 있다. 처음 만났을 때, 내담자들은 개인정보를 드러내는 것을 꺼릴 수 있다. 내담자가 자신을 드러내는 것에 대해 편안하게 느끼도록 강력한 관계를 형성하는 것이 우리의 임무이기는 하지만, 질문지가 도움이 될 수 있다. 예를 들면, 내담자가 평가 회기 동안에는 자살 사고를 부인했지만, 자기보고식 질문지의 자살 사고에 대한 항목에는 표기를 할 수도 있다. 치료자는 조심스럽게 이것을 화제로 삼을 수 있다. "완성하신 질문지에 약간의 자살 사고가 있다고 하셨는데, 여기에 오는 많은 분이 이런 걱정에 대해 말하기를 꺼려합니다. 최근에 들었던 이런 생각들에 관해 좀 더 이야기할 수 있을까요?"

당신이 평가 회기 동안에 질문지를 활용할 계획이라면 점수 계산을 어떻게 하는지 아는 것은 매우 중요하다는 것에 유의하라. 더 나아가 당신은 점수의 의미와 그것을 임상적으로 활용할 방법을 알아야 한다. 만약 당신이 표준 배터리 검사를 사용한다면 점수 계산과 특정 점수 범위의 의미에 대한 '요약표'를 만들 수도 있다.

회기 동안 질문지가 논의를 촉진하기 위해 사용되지 않더라도, 그것들은 심리학적 보고서에 통합될 수 있는 매우 유용한 정보를 제공해 준다. 많은 경우, 자기보고는 면접 동안 알게 된 사실을 확정해 준다. 예를 들어, "진단 준거는 주요 우울장애에 해당된다. 또 내담자는 질문지에 우울증상을 보고했다. Beck의 우울척도(BDI-II)의 점수는 중간 정도의 우울을 나타냈다."라고 보고서에 기록할 수 있다.

▣ 자기보고 질문지와 면접 사이의 불일치

종종 자기보고 질문지의 응답은 행동과 불일치할 수 있다. 이에 대한 가능한 해석들이 많이 있다. 특히, 처음 치료를 받으려고 하는 내담자는 자신의 문제를 정확하게 표현하는 데 어려움이 있을 수 있다. 이것은 심리교육과 자기관찰

후에 좀 더 쉬워지고, 그렇게 함으로써 자신의 문제 사고와 문제행동에 대한 자기자각이 향상된다.

다른 내담자들은 면접 동안 보여 준 것보다 더 많거나 또는 더 적은 문제를 가진 것처럼 보이도록 질문지에 답을 했을 수도 있다. 예를 들어, 아주 야윈 내담자가 섭식과 신체이미지에 대한 장애척도에서 아주 최소한의 증상을 보고할 수 있다. 비슷하게 임상 면접 동안 중간 정도의 우울증상을 보고한 내담자가 우울질문지에는 매우 심각한 점수로 나타날 수도 있다. 이런 불일치의 문제를 다룰 여러 가지 방법이 있다. 하나는 단순하게 불일치 사실을 평가보고서에 기록하는 것이다. 또 다른 방법은 이 불일치에 대해 내담자에게 질문하는 것이다. 이것은 마치 부정행위를 하는 내담자를 비난하는 태도를 취하라는 의미는 결코 아니다. 그들의 상황을 더 잘 이해하기 위해서는 이 불일치에 대해 이야기하는 것은 도움이 된다. 증상을 축소하거나 부인하는 내담자들은 종종 치료 준비가 되어 있지 않다. 이것은 중요한 정보이며 치료계획을 세울 때 고려되어야 한다. 다른 내담자들은 자신이 얼마나 힘든지를 반드시 보여 주고자 하거나 장애 연금과 같은 다른 이득을 얻기 위해 증상을 과대 보고한다. 이런 내담자들은 자신의 문제를 인식하는 치료자의 보증(reassurance)을 통해 혜택을 받을 수 있고 또 가능한 한 빨리 그들이 필요로 하는 도움을 치료자에게서 얻어내려고 할 것이다.

▨ 회기 내의 행동에서 배우기

평가 동안 내담자의 행동을 주의 깊게 관찰하는 것 또한 당신의 사례개념화를 보완하기 위한 중요한 정보가 된다. 면접의 내용뿐만 아니라, 치료자와 함께 있는 치료실에서의 내담자의 행동방식은 그가 '실생활'에서 타인과 관계를 맺고 행동하는 방식을 보여 주는 통로일 수 있다. 더 나아가 이런 세부 요소 중 어떤 것들은 치료의 진전 방식을 예견해 볼 수 있게 한다.

내담자가 평가 회기가 진행되고 있는 중에 조용하고 내성적이며 이야기하기를 주저하는가? 당신이 질문을 했을 때 내담자가 화를 내는가? 수많은 '접근 금지' 주제가 있는가? 내담자가 당신에게 이성적인 관심을 보이거나 또는 매우 사적인 질문을 하는가? 내담자가 젊은 치료자에게 배정된 것을 불쾌하게 여기는가? 내담자가 당신 또는 치료적 과정에 대해 아주 비판적인가? 이렇듯 내담자가 평가 동안 보일 수 있는 행동은 무수히 많고, 이 행동들은 사례개념화에 활용되어야 한다.

또한 치료자들은 문제를 시사하는 내담자의 애매한 행동들을 인식해야 한다. 우울증이 있는 내담자는 울먹이거나 아주 느리게 말하거나 정서가 매우 둔감해져 있을 수 있다. 강박증이 있는 내담자는 악수하는 것을 꺼리거나 병균에 노출되는 것을 방지하기 위해 평가 동안 서 있을 것이다. 약물 문제가 있는 내담자는 알코올 냄새를 풍기거나 몸단장이나 위생상태가 매우 좋지 않을 수 있다. 일반적으로 내담자들은 첫 시간에 가능한 한 깔끔하고 좋은 모습을 보이기를 원하기 때문에 이 모든 행동적 단서들은 의미가 있다. 장애의 신호가 '언뜻 스쳐지나 갈 때' 치료자들은 내담자의 의미 있는 현실세계를 보게 된다.

내담자의 현재 문제에 따른 또 다른 평가의 수단으로써 많은 공식적 관찰이 활용될 수 있다. 관찰은 말 그대로 '진행 중인' 내담자의 문제들을 볼 기회다. 이것을 활용하여 적용하는 방법은 다양할 수 있다. 만약 관계에 문제가 있는 커플이라면, 그들이 문제를 서로 토론하고 해결하려고 할 때 관찰될 수 있다. 만약 특정 공포증을 가진 내담자라면, 그가 공포 자극에 얼마나 가까이 접근할 수 있는지를 보기 위해 행동적 검사를 실시할 수 있다. 예를 들어, 거미공포증이 있는 내담자라면, 치료자는 점진적으로 위협적 과제를 설정하고(예, 거미 사진 보기, 거미 사진 만지기, 유리병에 든 거미가 있는 방에 있기, 거미 만지기), 내담자가 어느 단계까지 이것을 견딜 수 있는지를 관찰할 수 있다. 또 행동적 검사는 행동에 대한 내담자 자신의 설명이 왜곡되었는지의 여부를 확인하는 데 활용될 수 있다. 예를 들어, 사회불안장애의 경우 내담자가 사회적 상황에서 실제로 수행을 제대로 못하는지 또는 그들이 단순히 그렇게 지각하는 것인지를 결정하기 위해 낯선 다른 사람과 일상적인 대화를 하도록 부탁할 수 있다. 기본적으로 관찰은 문제가 행동으로 나타날 때 내담자를 더 잘 이해할 수 있을 것이라고 치료자가 믿기만 하면 언제든지 활용될 수 있다. 행동검사가 시간이 걸리고 또 어떤 경우에서 설정이 어렵기는 하지만, 많은 유용한 정보를 얻을 수 있다.

▨ 자기관찰

자기관찰은 내담자의 문제가 일상생활에 얼마나 영향을 미치는지를 알 수 있게 해 주는 또 다른 탁월한 방법이다. 이 기법은 악몽이나 분노폭발과 같은 목표행동의 발생에 대해 내담자가 스스로 기록하는 것이다. 여기에는 종종 행동 발생의 날짜, 시간, 증상이 나타나는 동안의 상황, 증상 발생 동안의 생각들 그리고 그 기간 동안의 정서적 반응이 포함된다. 자기관찰에 의해 수집된 정보(예, 증상의 촉발요인, 회피, 역기능적 생각 그리고 반응패턴)들은 평가과정에서 내담자의 문제를 더 정확하게 개념화하고 치료방법을 결정하기 위해 활용될 수 있다.

예를 들어, 발모광(trichotillomania) 치료를 위해 방문한 10대 내담자를 생각해 보자. 처음 왔을 때 그녀의 머리에는 커다란 흔적이 선명하게 보였지만, 얼마나 자주 머리를 뽑는지 그리고 어떤 상황에서 머리를 뽑기 시작하는지를 물었을 때 그녀 자신도 몰라 대답할 수 없었다. 좀 더 구체적인 정보 수집을 위해 치료자는 일주일 동안 자기관찰을 하도록 하였다. 내담자가 일주일 후에 평가를 받기 위해 왔을 때, 자신의 자기관찰 차트를 치료자에게 보여 주었다. 내담자는 자신이 학교에 있을 때, 더 구체적으로는 사회과목과 운전교육 시간에만 머리를 뽑는다고 보고했다. 치료자는 이 두 수업의 공통점에 관해 질문을 했다. 내담자는 둘 다 매우 지루한 수업이라고 말했다. 재미있는 수업에서는 거의 머리를 뽑지 않는다고 했다. 처음에는 머리카락 뽑는 것 때문에 수업시간에 깨어 있을 수 있었으나(예, 지루한 수업시간에 졸음이 오는 것을 방지해 줌), 나중에는 머리를 뽑았던 것 때문에 기분이 몹시 나빠졌다는 것이 자기관찰을 통해 드러났다. 내담자는 자기관찰 기록지에 기록함으로써 자신이 일주일에 약 150개의 머리카락을 뽑는다는 것도 알게 되었다. 발모가 발생하는 장소와 유지되는 조건을 아는 것은 치료계획에 매우 중요하다. 더 나아가 내담자가 처음에는 어머니의 강요에 의해 센터에 왔지만, 자신이 얼마나 많이 머리카락을 뽑고 또 발모와 연합된 자신에 대한 부정적 사고와 정서를 인식한 후에 치료에 대한 동기가 높아졌다.

▣ 다른 전문가와의 대화

사례에 대해 다른 전문가들과 상의하기 전에 반드시 내담자의 허락이 있어야 한다. 치료자는 다른 전문가와 이야기하려고 하는 까닭을 이해하기 쉬운 방법으로 설명해야 한다. 만약 내담자가 승낙하면, 내담자가 서명한 동의서를 대화하기 전에 전문가에게 전달해야 한다. 내담자의 정보는 비밀을 유지할 수 있도록 전달되어야 한다는 것을 명심하라. 팩스나 이메일은 의사소통에 매우 편리한 방법이지만, 둘 다 잘못 전달될 수 있기 때문에 비밀유지 면에서는 위험할 수 있다. 전화나 이메일을 사용하기 전에 당신의 센터 직원과 함께 확인하고, 지역과 연방 규정을 익혀라.

많은 초보 치료자는 자신이 무능하게 보이는 것을 두려워하기 때문에 다른 전문가, 특히 경험이 많은 전문가와 접촉하는 것을 불안해한다. 게다가 초보 치료자들은 가끔 다른 전문가가 비수용적이라고 생각한다. 그러나 당신이 다른 전문가와 상의하지 않는다면, 무능력한 것으로 여겨질 거라는 것을 꼭 기억하라. 다른 전문가는 내담자의 치료에 도움이 될 만한 가치 있는 정보들을 지니고 있다. 또 대부분의 전문가는 자신이 알고 있는 것을 공유하는 것을 좋아한다. 치료자들은 때때로 더 나은 치료를 위해 다른 내담자를 치료한 경험과 아이디어에 대한 대화를 좋아한다. 당신이 갖고 있지 못한 지식을 소유한 다른 전문가들(예, 내과의사, 직업상담사)은 보통 자신의 전문지식에 대한 정보 공유에 수용적이다.

가끔 매우 비수용적인 전문가를 만날 때도 있다. 그들은 답신 전화를 하지 않거나 매우 무뚝뚝하고 불친절한 태도로 대답을 한다. 젊은 치료자들은 이런 대답을 개인적인 모욕으로 해석할 수 있다. 만약 지도감독자가 이런 요청을 했다면 훨씬 대화가 잘 됐을 거라고 가정할 수 있고, 그것은 사실일 것이다. 그러나 어떤 사람들은 누가 요청을 하든 비협조적이다. 이런 상황이 유쾌하지는 않지만, 가능한 한 많은 정보를 수집하는 데 초점을 두고 개인적 염려에서 벗어나는 것이 가장 좋다.

이미 언급한 것과 같이 다른 전문가와 이야기하는 것은 평가과정에서 매우 도움이 된다. 가끔 우리는 다른 건강 관련 전문가들에게 정보를 얻을 필요가 있다. 만약 내담자가 복용한 적이 있거나 현재 복용하고 있는 약물이 분명하지 않거나, 그들의 신체건강과 정신건강 간의 관계에 대해 의문이 있다면, 다른 전문가와 상의할 필요가 있게 된다. 예를 들어, 심리적 증상(예, 우울증과 불안)이 의학적 조건으로 설명될 수 있을 때(예, 내분비계의 이상) 내담자의 주치의와 상의하는 것이 도움이 된다. 어떤 심리적 조건들은 신체적 건강에 직접적으로 영향을 줄 수 있기 때문에(예, 섭식장애, 물질사용 문제) 이런 경우에는 내담자의 신체적 건강을 돌보는 사람(예, 1차 건강진료의사, 영양사)과 접촉하는 것이 내담자를 위해 도움이 된다. 마지막으로 어떤 의학적 조건들은 치료결정에 영향을 줄 수 있다. 예를 들어, 공황장애와 천식 및 심장질환과 같은 의학적 조건을 가진 내담자와 내부감각 수용의 노출 훈련(interoceptive exposure exercise)을 하기 전에(공황증상을 유발한다고 여겨지는 감각에 대한 노출 훈련) 어떤 훈련이 안전한지에 대해 내담자의 주치의와 함께 검토하는 것이 현명하다.

당신이 평가하고 있는 내담자를 과거에 평가한 적이 있거나 치료한 적이 있는 다른 전문가와 대화하는 것도 많은 도움이 된다. 내담자가 의뢰되었을 때, 의뢰사유에 대해 내담자가 알고 있는 경우가 종종 있다(예, "나는 A 박사에게 평가를 받기 위해 갔습니다. 그는 내가 우울증 때문에 도움이 필요하고, 당신의 센터가 이 문제에 대해 이 도시에서 최고라고 말했습니다."). 그러나 내담자들이 자신의 의뢰사유에 대해서 잘 모르는 경우, 더 많은 정보를 얻기 위해 의뢰한 사람과 접촉하는 것이 도움이 된다.

때때로 내담자 문제의 한 주제에 관한 치료를 끝내고, 자신의 전문 분야가 아닌 다른 분야의 치료가 더 필요하다고 판단될 때 의뢰가 이루어진다. 예를 들어, 치료자가 우울을 성공적으로 치료하였지만, 아마도 부부 문제를 다룰 필요가 있을 때 의뢰가 이루어질 수 있다. 또 다른 경우, 내담자의 문제 해결을 위해 자신의 이론적 지향과 다른 기법이 더 적절하다고 믿을 때 내담자를 의뢰할 수 있다. 당신과 같은 기법으로 문제를 치료해 온 치료자에게서 내담자를 의뢰 받으면 당혹스러울 것이다. 이것은 당신의 치료가 이전 치료자와 비교하여 어떤 차이를 보여 줄 것인가 하는 의문이 들게 한다. 가끔은 그럴 수도 있다. 치료자와 내담자가 함께 효과적으로 작업하는 데 영향을 미치는 변수가 많고, 가끔 한 치료자가 할 수 없었던 치료를 다른 치료자가 잘 진행할 수도 있다. 이런 상황에서 내담자를 치료했던 다른 치료자와 이야기하는 것은 언제나 도움이 된다.

강박장애 치료를 위해 평가 받으려고 온 내담자를 생각해 보자. 처음 왔을 때부터 내담자는 이미 다른 치료센터에서 노출의식방지치료(exposure and ritual prevention therapy: EX/RP)를 한다는 것을 알고 있었다. 우리는 이 내담자가 다른 치료센터에서 노출의식방지치료에 왜 성공하지 못했는지 궁금해 질문했을 때, 다른 치료자와 노출치료를 하지 않았다고 말했다. 우리는 호기심에 과거의 치료방식을 알기 위해 이전 치료자에게 연락을 했다. 그 치료자에 따르면, 강박장애치료에서 노출의 중요성에 대해 논리적으로 명료하게 설명해 줬음에도 불구하고 내담자는 노출을 전적으로 거부했다고 말했다. 우리는 내담자에게 우리 센터에서의 강박장애치료에 대해 설명할 때, 여기서의 치료는 다른 치료자와 하던 것과 매우 비슷할 것임을 설명하고, 우리가 치료를 위해 중요하게 생각하는 몇 가지 노출을 할 수 있겠는지를 물어보았다. 또 내담자가 이유를 충분히 이해한 후에 노출을 점진적으로 진행할 것이라고 설명했다. 그리고 내담자에게 처음에는 노출치료에 대해 의구심이 많았지만, 노출 실시 후 아주 좋은 결과를 얻은 이전의 내담자와 이야기를 나누고 싶은지 물었다. 그러나 이 내담자는 자신은 노출치료를 결코 하지 않을 것이며, 누구도 그것을 하도록 자신을 납득시킬 수 없을 거라고 했다. 이런 논의 후에 우리는 그 내담자를 약물치료에 대해 상의하도록 정신과 의사에게 의뢰했고, 앞으로 노출의식방지치료에 대한 의지가 생긴다면 그때 다시 올 수 있다는 가능성을 열어 놓았다. 내담자의 이전 치료자와 이야기함으로써 우리는 솔직한 내담자의 심정을 알 수 있었고, 내담자가 치료를 위한 현명한 결정을 내리는 데 필요한 정보를 제공했다. 이전 치료자와 의견을 나누지 않았다면 내담자는 치료실에 와서 또 다른 부정적 경험을 했을 것이다. 오히려 우리는 그녀가 준비되었을 때 다시 와서 시작할 수 있도록 문을 열어 놓았고, 이것이 치료의 성공 가능성을 증가시키게 된다.

▨ 내담자의 주변인들과의 대화

내담자와 생활하는 주변 사람들은 유용한 정보의 원천이 된다. 여기에는 부모, 배우자, 같은 방 친구가 있고, 어린 내담자인 경우 선생님이 포함된다. 이런 정보가 필요한 이유는 '내담자를 조사하기' 위해서가 아니라 오히려 내담자의 문제를 더 분명하고 정확하게 이해하기 위해서다.

다른 출처의 정보가 필요할 때, 내담자에게 다시 동의를 얻는 것은 중요하다.

당신은 성인 내담자의 분명한 동의 없이 가족 구성원과 결코 이야기해서는 안 된다. 심지어 가족 구성원에게 내담자가 당신에게 검사를 받으러 왔다는 것을 말하는 것도 비밀보장 위반이다. 허락을 얻을 때는 주변의 다른 사람과 이야기하는 것이 도움이 되는 이유를 내담자에게 분명하게 알려야 한다. 예를 들어, 밤에는 수면에 들지 못하고, 낮에 졸음에 빠지는 수면문제가 있는 내담자를 생각해 보자. 그는 자신이 낮에 얼마나 자주 졸음에 빠지고 또 한 번 졸음에 빠지면 얼마 동안 잠을 자는지 보고하기가 어렵다. 따라서 내담자의 부인과 상의하여 옆에서 보아 온 것에 대해서 묻는 것은 유용한 정보가 될 것이다.

주변 사람과의 대화는 어떤 환경에서 실시되어야 하는가? 만약 내담자가 평가를 위해 가족 구성원이나 가까운 친구와 같이 왔다면, 그들을 검사실로 안내하여 간단한 질문을 하는 것이 내담자의 평가에 도움이 될 수 있다. 만약 이것이 불가능하다면 전화통화로 이루어질 수도 있다. 장소와 상관없이 내담자의 실생활의 주변인과 이야기할 때는 그들의 사생활을 존중하는 것이 매우 중요하다. 이때의 대화는 내담자가 면접에서 말한 모든 것을 가족에게 말하거나 치료자의 사례개념화에 관해 이야기하는 것이 아니다(예, "아드님의 극단적 완벽주의는 그가 성장할 때 당신이 요구적인 어머니였다는 것과 관련이 있다고 생각합니다."). 이런 대화는 내담자와의 관계 형성에 영향을 미칠 수 있다는 것을 기억하라. 만약 내담자가 회기를 마치고 집에 왔을 때, 그의 어머니가 치료자에 대해 형편없다고 말하면서 호통을 친다면 내담자는 치료자에게 매우 분노할 수도 있다. 당신은 사례개념화에 도움이 될 표적 질문을 가지고 중요한 타인들과 접촉하라. 예를 들어, 완벽주의 내담자가 그것이 자신의 생활에 어떤 영향을 미치는지 설명하기 어렵다면 당신은 그의 부인과 이야기할 수 있을 것이다. 당신은 그가 매일 집 청소를 하는 데 얼마나 오래 걸리는지 그리고 집 주변의 사물들이 완벽하지 않게 여겨질 때 그가 어떻게 반응하는지를 물어볼 수 있다.

▣ 평가를 마친 후 문제목록을 미리 작성하기

다음 장에서 우리는 평가가 완성된 후, 초기 사례를 이해하기 위한 과정인 '사례개념화'로써 Jacqueline Persons의 모델(1989, 2008)을 소개한다. Persons는 문제목록은 평가가 끝나는 시점에 작성되어 사례개념화의 출발점으로써 발전되어야 한다고 제안했다. Persons는 문제목록이란 '내담자 문제의 전체를 포괄하는 목록(1989, p. 19)'이라고 기술했다. 다시 말해, 문제목록이란 평가과정 동안 내담자가 이야기한 모든 핵심적인 문제들의 요약이다. 문제목록은 우울, 공황장애, 섭식장애와 같은 심리치료가 필요한 문제들뿐만 아니라 무직, 부부갈등, 질병문제와 같은 주제들도 포함한다. 이 문제들 중 어떤 것들은 치료에 적절해 보이지 않지만, 문제목록에 포함시키는 충분한 이유가 있다. 왜냐하면 이런 문제들은 다른 문제를 촉발시키거나 유지시킬 수 있기 때문이다. 예를 들어, 부부문제로 인해 생기는 정서적 어려움 때문에 폭식증(binge eating)이 유발되기도 하고, 실직은 우울의 유지요인 역할을 할 수 있다. 이 문제들은 확실히 치료를 방해할 수 있다(예, 비지지적이고 비판적인 배우자는 정기적으로 노출 훈련을 하려는 내담자의 시도를 방해할 수 있다). 평가 회기가 끝난 후에 치료자는 사례개념화를 발전시키기 위해 문제목록을 사용할 수 있으며, 사례개념화는 겉으로는 관계가 없어 보이는 이런 문제들이 어떻게 잘 맞물려 있는지 이해하기 위해 작성된다.

❖ 초보 치료자들의 공통적인 걱정

중단과 휴식

심리평가는 초보 치료자에게 불안을 촉발할 수도 있다. 많은 초보 치료자는 다음에 질문할 것을 생각하거나, 특정 문제에 관해 더 자세히 살펴볼 필요가 있는지의 여부를 생각하면서 면접지에서 적절한 질문을 찾는 데 시간을 필요로 하기 때문에 평가 동안 생기는 불편한 중단이나 침묵에 대해 걱정한다. 이 때문에 치료자는 내담자가 자신의 문제를 이해하지 못하거나 경험이 없는 사람으로 생각하지 않을까 걱정한다. 그렇지만 이런 중단은 내담자보다 당신에게 더 크게 느껴질 것이라는 것을 명심하라. 만약 치료자가 중단을 하면 대부분의 내담자는 치료자가 지금 생각 중이라고 가정한다. 그리고 자신을 혼란스럽게 하는 문제들에 대해 도움을 청하러 왔을 때, 치료자가 깊이 생각하느라고 잠깐의 시간을 갖는 것을 비난하지는 않는다.

때때로 초보 치료자는 유별난 내담자 때문에 당황할 수 있다. 이런 일은 내담자의 행동이 평가의 수행을 방해할 때 발생된다. 어떤 내담자는 말하기를 거부하거나 횡설수설하거나 자신이 어려움이 있다는 것을 전적으로 부인한다. 다른 경우에는 초보 치료자가 아주 복잡한 사례 때문에 좌절할 수 있으며, 적절한 진단과 치료에 중요한 변수를 결정하기 어렵다고 느낄 수 있다. 짧은 중단들 때문에 평가의 전체 시간이 지체되면, 내담자와 치료자는 틀림없이 불편하게 된다. 이런 경우에는 잠깐 휴식하자고 내담자에게 제안하는 것이 좋다. 내담자가 화장실을 다녀오거나 간식을 먹거나 간단히 스트레칭을 할 수 있도록 하라. 휴식시간을 통해 당신은 동료와 이야기를 하거나, DSM에서 어떤 정보를 찾아보거나, 어떻게 진행할 것인지를 결정하기 위해 잠깐 검토할 수 있는 기회를 얻게 된다. 사실 짧은 휴식을 싫어하는 내담자는 거의 없고, 특히 장시간의 심리평가 회기에서는 잠깐의 휴식에 대해 오히려 고마워한다.

세부 사항의 누락

초보 치료자의 다른 걱정은 자신이 중요한 질문을 잊어버리지 않을까 하는 것이다. 이것은 회의나 지도감독 시간에 사례회의를 준비하거나 보고서를 준비할 때 갑자기 생각날 수 있다. 동료들은 사례개념화에 필요한 질문들을 할 것이고, 이때 당신은 적절한 정보들이 수집되지 않았다는 것을 깨닫게 될 것이다. 당신이 할 수 있는 것은 무엇인가? 내담자에게 전화를 해서 몇 가지 질문을 하거나 따로 회기를 정해 오도록 요청하는 것이 전례가 없는 일은 아니다. 초보 치료자는 자신이 무능하게 보이는 것을 걱정하겠지만, 내담자는 이것을 자신의 문제를 더 잘 이해하기 위한 관심과 열정으로 해석한다.

　여기서 한 가지 주의할 점이 있다. 불안이 높은 치료자는 추가 질문을 위해 자주 내담자에게 전화를 하거나, 사례회의에 내담자를 부르고 싶은 유혹을 느낀다. 만약 당신이 이렇게 하고 있다면 지도감독자와 상의를 하라. 그는 당신이 왜 그렇게 자주 '나중에 추가하기'를 하는지 이해할 수 있도록 도와줄 것이다. 어떤 경우에는 숙달이 덜 되어서 그럴 수도 있다. 진단 준거 혹은 평가도구의 구조를 모르게 되면, 세부 사항을 놓치거나 중요한 질문을 잊어버릴 수 있다. 이것은 부가적인 준비나 숙련된 치료자를 관찰하기 그리고 지도감독자나 동료와의 논의를 통해 쉽게 향상될 수 있다. 또 다른 유용한 방법은 평가 동안 내담자가 말하는 것에 초점을 두고 거기에 머무르려고 노력하는 것이다. 가끔 초보 치료자는 내담자가 특정 장애 준거에 맞는지를 확인하는 데 너무 초점을 두기 때문에 내담자의 과거사와 문제의 유지요인을 이해하기 위한 적절한 질문을 하지 못한다.

　또 다른 경우, 치료자는 초기 평가가 끝나면 알고 있어야 할 정보에 관해 비합리적인 기대를 가질 수 있다. 비록 사례개념화와 치료계획 수립을 위해 충분한 정보를 수집하는 것이 중요하다는 것은 분명하지만, 사례개념화는 계속되는 과정이라는 것을 주의하라. 초기에는 당신이 사례를 이해하기에 아직 모르는 부분이 있을 것이다. 그러나 사례개념화는 점진적으로 발전하고, 당신이 내담자에 대해 더 잘 알며, 내담자의 삶이 변화되기 시작할 때 더 잘 완성될 것이다.

실 수

실수에 대한 불안은 정보를 놓치는 것과 관련된 걱정이다. 간단히 말하면, 치료자들은 가끔 '잘못' 진단을 내리거나 사례개념화를 부정확하게 할까 봐 불안해한다. 예를 들어, 치료자는 감별 진단을 실수하거나 또는 내담자가 여러 가지 문제를 가지고 있을 때, 어떤 문제에 먼저 초점을 두어야 할지 결정할 때 걱정한다. 모든 치료자는 가끔 '잘못' 진단을 내릴 수 있다. 이것은 경험이 없는 치료자에게 더 자주 발생되지만, 대부분의 치료자는 경력을 많이 쌓은 후에도 평가과정에서는 이해하지 못했던 것을 치료가 몇 회기 진행된 후에야 비로소 이해할 수 있었던 경험을 갖고 있다.

초보 치료자들은 지도감독을 통해 이런 실수를 바로잡을 수 있다는 것을 기억해야 한다. 진단과 치료계획은 보통 치료 시작 전에 논의된다. 그러므로 어떤 불명확한 문제들도 다시 해결될 수 있고, 치료는 올바른 과정으로 다시 시작될 수 있다. 실수를 하는 것은 당황스럽지만, 그것은 뭔가를 배울 수 있는 중요한 기회가 된다. 실수가 지적되었을 때 느끼는 잠깐의 당혹스러움에 초점을 두기보다 장기적 관점에서 차후에 비슷한 임상적 경험에 도움이 될 만한 지식을 얻었다는 점에 초점을 두라.

진단에 관한 문제를 넘어 초보 치료자는 부정확한 사례개념화에 대해서도 걱정한다. 초기의 사례개념화는 내담자와의 첫 만남에서 얻었던 정보들에 기초한다는 것을 기억하라. 내담자의 문제는 무엇이며, 이 문제를 유지하게 하는 것이 무엇인지를 이해하기 위해서 정보를 충분히 수집하는 것이 우리의 본분이다. 이 정보들은 치료계획의 수립을 돕지만, 이것은 항상 제한된 정보에 기초하여 이루어진다. 내담자를 더 잘 알게 됨에 따라 사례에 대해 생각하는 방식이 조정된다는 것은 충분히 있을 수 있는 일이며 또 그렇게 되기를 기대한다.

❖ 마이클 평가 면접

우리는 제2장 끝 부분에서 마이클과 평가 면접을 막 시작하였을 때 그의 사례를 중단하였다. 이제 다시 그 사례로 돌아가 인구통계학적 정보 수집을 시작하는 과정부터 살펴보기로 한다.

인구통계학적 정보

마이클은 40세 백인 남성으로, 다른 주의 도시에서 천주교 신자로 자랐다. 그는 학업성적이 우수하였으며, 20세에 의학공부를 시작했고, 병리학자가 되고자 하였다. 마이클은 28세에 수련을 마쳤으며, 같은 대학 부속병원의 병리학과에서 안정적인 직업을 가졌다. 의과대학 시절, 그는 성당에 적극적으로 참여하였으며, 매주 일요일 봉사활동을 하였고, 성당 안의 식당과 청소년 집단에서 자원봉사를 하였다. 36세에는 종교적 집중수련에 참석하였고, 그때 성직자가 되는 것에 대한 소명감을 느끼게 되었다. 그는 지난 몇 년간 이 분야를 공부하는 데 시간을 보냈으며, 결국 사제수련(novitiate year)에 들어가기 4개월 전에 휴직하였고, 이 기간 동안 천주교 사제로 서약할 것인지를 숙고해 보기로 하였다. 마이클은 평가가 진행되는 시점에서는 신학대학원에서 지내고 있었으며, 그곳에서 종교 강의와 활동을 하고 있었다. 신학대학원에 입학하기 전, 그는 혼자 살았다. 그는 성인기 동안 가끔 데이트를 했으나, '진지한 관계'라고 할 만한 관계는 없었다.

마이클의 부모님은 아직 그의 고향에 살고 계셨다. 두 분은 건강하셨고, 심리적 문제로 인한 어떤 과거력도 없었다. 천주교 신앙심이 깊음에도 불구하고, 마이클의 부모님은 의사를 포기하고 사제가 되고자 하는 그의 결정을 반기지 않았다. 마이클의 보고에 의하면, 특히 그의 어머니는 그가 결혼도 하지 않고, 자녀도 갖지 않게 될 그의 장래에 대해 걱정하셨다. 그의 여동생은 21세에 결혼을 해서 4명의 자녀를 두고 있었다.

현재 문제와 과거력

마이클에게 센터에 오게 된 이유를 간단히 설명해 달라고 요청하였다. 그는 아주 오랫동안 사회불안을 경험해 왔다고 설명했다. 그는 항상 얼굴이 빨개지는 것에 대해 걱정해 왔다고 회상했다. 그는 피부가 하얗기 때문에 불안할 때면 귀와 얼굴이 아주 빨갛게 변했다. 그는 초등학교 3학년 때 독후감을 제출해야 했는데, 반 친구 중 한 명이 머리에 토마토를 뒤집어쓰고 독후감을 쓰고 있는 소년의 사진을 갖고 있었다는 이야기를 했다. 그 이후로 공개발표가 공포스러워졌다고 말했다. 고등학교 때는 수업시간에 발표하는 대신, 가끔 선생님 앞에서 일대일로 발표할 것을 요청했었다. 마이클은 대부분의 발표를 면제받았고, 마이클이 아주 똑똑했기 때문에 선생님들은 실제로 그가 공부해 온 주제에 대해 더 깊이 토론하는 것을 좋아했다. 그는 선생님들이 외모보다는 지적 능력을 크게 평가했기 때문에 선생님들 앞에서 설명하는 것은 걱정하지 않았다고 했다.

대학에서 화학을 전공할 때 마이클은 공개발표를 많이 하지 않아도 학부를 마칠 수 있었으나, 의대에서는 수업시간에 갑자기 질문을 받기 때문에 사회불안이 다시 문제가 되었다. 또 마이클은 환자들과 상호작용하는 데 매우 큰 불안을 경험했고, 이에 의사나 환자와의 상호작용이 많지 않은 병리학이 그에게 좋은 분야일 거라고 결정했다. 마이클은 고등학교 때와 마찬가지로, 아주 크게 문제가 되는 사회불안 없이 아주 잘 기능할 수가 있었다. 그러나 신학대학원에 들어간 이후, 공개발표는 거의 일과가 되었다. 학생들은 수업시간에 자주 호명되어 이야기를 해야 했으며, 성당 예배와 종교 행사에서 발언해야 하는 것이 교육의 한 부분이었다. 또 마이클은 다른 성직자들과 교구민들과의 잦은 상호작용도 매우 힘들다고 이야기하였다.

마이클은 현재 문제와 그 내력을 매우 개방적으로 설명하였다. 특히 자신의 어려움을 이야기할 때, 치료자는 몇몇 질문을 통하여 인지모델의 '빈칸 채우기'를 할 수 있었다. 마이클의 불안을 가장 자주 유발시키는 상황은 분명히 공개발표다. 그의 삶에서 더 가벼운 사회적 상호작용도 문제가 되어 왔으나, 공개발표보다는 정도가 심하지 않았다. 그가 공개발표를 할 때 떠오르는 생각에 대해 다음과 같이 이야기하였다. "모든 사람이 내 얼굴이 얼마나 빨개졌는지 안다." 그리고 "사람들이 이것을 알면 내가 무능하다고 생각할 것이다." 마이클은 주로 이 생각 때문에 공개발표를 회피하지만, 의무적으로 해야 할 때면 (신학교에 들어간 이후처럼), 과도하게 준비하고(행동적 반응), 매우 불안하게 되며(정서적 반응), 얼굴이 빨개지고, 떨리고 땀이 나는(생리적 반응) 것과 같은 불안의 신체적 증상들을 경험했다. 다음 장에서 설명하듯이, 이때 마이클의 치료자는 사례개념화를 완성할 추가적인 정보를 수집했으며 그리고 현재 문제를 유발했을지도 모르는 핵심 신념에 대한 윤곽을 잡게 되었다.

반구조화된 임상 면접

마이클은 SCID에 수록되어 있는 다른 많은 증상을 경험한 적이 없었기 때문에 면접이 매우 빨리 진행되었다. 그는 간단명료하게 대답하는 스타일이었다. 즉, 각 질문을 듣고 많이 애쓰지 않고도 자신이 경험하지 않았던 증상에 "아니요."라고 대답할 수 있었다. 사회불안에 대한 부분에서 마이클이 매우 개방적이었고, 충분한 정보를 제공할 수 있었기 때문에 치료자는 사회불안에 대한 정확한 진단을 내릴 수 있었다. (치료자는 이미 초기의 많은 개방적 대화에 기초하여 추측하고 있었다). 면접이 끝났을 때, 사회불안이 진단 준거에 맞는 현재의 유일한 진단이라는 것이 분명해졌다. 전체 평가를 완성하는 데 약 2시간이 소요되었다.

자기보고 질문지

이미 언급한 것처럼, 치료자는 내담자가 동의서를 읽고 서명하는 동안 자기보고 질문지를 살펴보았다. 이 척도의 결과는 SCID 면접 동안 마이클이 말한 내용과 일치했다. 마이클은 중간 정도의 심각한 사회불안을 경험하고 있고, 삶의 질이 약간 불만족스럽다고 보고하였다. 면접이 끝날 때, 치료자는 삶의 질에 해당되는 문항 중 직장과 가정생활의 불만족에 관해 질문했다. 이것은 사례를 이해하고 치료를 권고하는 데 많은 도움이 될 것이다. 사회불안 때문에 직장에서 불만족을 경험하는 것은 분명한 사실이었다. 즉, 그는 새로운 역할의 많은 부분에서 느끼는 불편함 때문에 그가 하고 있었던 일을 즐기지 못하고 있었다. 사제가 되는 것에 대한 끊임없는 불확실성이 또 다른 삶의 불만족 요인이었다. 마이클은 의료 분야의 일을 좋아했었고, 신학대학원을 위해 1년 휴직을 하였다. 중요한 결정을 내리는 데 1년이란 기간이 충분하지는 않다는 것을 걱정하였지만, 마이클은 의료 분야를 떠나 1년 이상의 시간을 소비할 수 없다는 것을 알고 있었다.

마이클은 또 가정과 사회생활에서도 몇 가지 불만족을 표현하였다. 강한 종교적 신념에도 불구하고, 마이클의 가족은 신학교에 들어가려는 것을 지지하지 않았다. 마이클은 이 힘든 기간 동안 자신의 가족이 전혀 의지가 되지 않음을 느꼈다고 했다. 과거에는 가족이 항상 훌륭한 지지 자원이었으나, 지금은 '하나님을 제외하고는 혼자'라고 느끼고 있었다. 치료자는 사제가 되면 자신의 가정을 꾸릴 수 없다는 것에 어떻게 느끼는지를 질문했다. 마이클은 "그것 때문에 불편합니다. 가정은 항상 가지려고 생각했던 것입니다. 그렇지만 그것이 하나님이 나에게 원하는 것입니다."라고 대답했다. 마이클은 분명히 더 세부적으로 들어가기를 원하지 않았다.

문제목록 만들기

마이클의 평가가 끝나감에 따라 치료자는 그에게 문제목록이 무엇인지를 설명했다.

> **치료자:** 마이클, 잠깐 동안 우리가 오늘 이야기했던 것을 요약하려고 합니다. 그러면서 우리는 '문제목록' 이라는 것을 만들 것입니다. 이 목록은 당신이 지금 직면하고 있는 모든 문제를 살펴보는 데 큰 도움이 될 것이고, '전체적인 그림' 을 이해하고 치료계획을 세우는 데 도움이 될 것입니다.
>
> **마이클:** 그건 진짜 목록이 되겠네요.
>
> **치료자:** 그렇습니다. 그럼 시작할까요? 우리가 다루고자 하는 첫 문제가 사회불안 같은데요, 맞습니까?
>
> **마이클:** 예, 그게 큰 문제입니다.
>
> **치료자:** 좋아요. 우리가 앞으로 대부분의 시간에 사회불안을 다룰 겁니다. 그러나 사회불안과 의미 있게 연결되어 있을 수 있는 다른 문제들도 생각을 해야 합니다.
>
> **마이클:** 맞습니다. 그래서 나는 목록에 '직업 선택' 을 넣어야 한다고 생각합니다.
>
> **치료자:** 좋습니다. 그리고 지금 당신과 가족 간의 갈등에 대해서 어떻게 생각하나요?
>
> **마이클:** 그건 다른 문제예요. 아, 맞아요. 그것도 목록에 넣기로 하지요.

치료자: 제가 생각하기에 관련이 있어 보이는 또 다른 하나는 만약 당신이 사제가 된다고 결정하면, 자신의 가정을 갖지 못하게 된다는 점입니다.

마이클: 저는 그것에 대해 말하고 싶지 않습니다. 이것은 신의 부르심을 받았을 때 받아들여야만 하는 그런 종류의 것입니다.

치료자: 나도 분명히 그것을 존중합니다. 그렇지만 당신이 매우 강한 신앙심을 가지고 있다 해도 그것은 상당히 어려운 결정인 것처럼 보입니다.

내담자: 물론 어렵기는 합니다.

치료자: 좋습니다. 제안 하나 하지요. 일단 문제목록에는 넣고, 그다음 어떻게 되는지 계속 지켜보지요. 나는 어떤 주제에 대해서 당신에게 강요하고 싶지는 않고, 주된 관심은 사회불안을 분명하게 다룰 것이라는 것입니다. 그러나 이런 다른 문제들이 모두 어떤 방식으로든 관련되어 있을 것 같이 보입니다. 그래서 모든 문제를 목록화하는 것이 현재 당신이 경험하고 있는 문제를 더 잘 이해하는 데 도움이 될 겁니다.

내담자: 좋습니다.

치료자: 그래요. 좋습니다.

회기 마치기

여기서 치료자는 마이클에게 사례를 좀 더 주의 깊게 살펴보고, 동료들과 검토한 후, 다음 주의 피드백 회기에서 보다 자세히 이야기하자고 말했다.

치료자: 마이클, 오늘 면접을 이것으로 마치겠습니다. 만나게 되어 매우 기뻤습니다. 내가 생각하기에 당신이 경험하는 주된 어려움은 사회불안이 분명합니다. 당신은 과거 몇 년 동안 사회불안을 숨길 수 있었지만, 직업과 삶의 계획이 바뀌면서 많이 당황스러웠던 것 같습니다. 그렇지요?

마이클: 정말 그렇습니다. 어떤 날은 실험실과 아파트로 돌아가고 싶은 유혹도 있었고 또 그런 나의 선택을 좋아할 가족과 함께하고 싶기도 합니다.

치료자: 충분히 이해가 됩니다. 이것이 당신 삶의 주요한 전환점이기 때문에 지금 상황이 아주 중요합니다. 사회불안 때문에 이것을 결정하기가 아주 어려운 걸로 보입니다.

마이클: 맞습니다. 정말 혼란스럽습니다. 어떤 때는 내가 이것을 선택한 것이 실수였다는 생각이 듭니다. 그러나 그것이 사회불안 때문인지 또는 내가 정말 실수를 한 것인지 잘 모르겠습니다. 정말 어렵습니다. 그리고 지금 이야기할 수 있는 사람은 신학대학원의 사람들인데, 그 사람들은 내가 무엇을 해야 할지 객관적인 조언을 해 주지 않습니다. 가족과 상의하고 싶지만 그들은 "그러게 내가 뭐랬어."라는 식의 태도를 취합니다.

면접을 마치기 전에 치료자는 뭔가 빠진 것은 없는지 그리고 혹시 다른 질문은 없는지 마이클에게 물어보았다. 마이클은 자신의 어려움에 대해 분명하게 이해한 것에 대해 만족했고, 평가과정에 대한 다른 질문은 없었다. 마이클과 치료자는 피드백 회기의 시간을 정했고, 치료자는 다음 회기 전에라도 어떤 질문이나 걱정이 있으면 언제든지 전화하라고 말했다.

제4장 사례개념화와 치료계획 세우기

　치료자와 내담자는 지금까지 몇 시간 동안 함께 작업해 왔다. 임상 면접뿐만 아니라 자기보고 척도와 다른 전문가와의 상의를 통해 많은 정보가 모아졌다. 평가과정 동안 내담자의 행동관찰을 통해서도 자료를 수집했다. 그다음은 무엇을 할 차례인가?

　다음 단계는 경험적으로 지지되는 치료 지침서를 찾아서 치료하는 것이라고 초보 치료자는 생각할 수 있다. 그러나 평가와 치료 중간에는 사례개념화라는 중요한 단계가 있다. 제1장에서 언급했듯이 사례개념화는 모든 치료자가 배워야 할 가장 중요한 기술 중의 하나다. 사례개념화를 통해 치료자는 내담자의 특정 문제를 인지행동적 모델로써 이해하기 위한 작업가설을 세운다. 그리고 사례개념화에 대한 이해에 기초하여 치료과정을 진행해 나간다. 사실 이런 이유에서 Persons(1989)는 사례개념화를 '치료자의 나침반'(p. 37)이라고 했다.

❖ 사례개념화

　왜 치료자는 평가에서 치료로 바로 넘어갈 수 없는가? 치료 지침서가 어느 정도는 요리법과 같은 작용을 하여 내담자의 문제를 효과적으로 해결할 방법에 대해 상세한 설명을 제공하지 않는가? Persons(2008)는 사례개념화가 평가에서 치료로 전환하는 데 뿐만 아니라, 치료 진행의 일부분으로써 핵심적인 '구성 요소'인 몇 가지 이유를 강조했다. 첫째, 지침서는 보통 단일장애 치료를 위한 것이지만, 일반적으로 내담자는 여러 장애와 문제를 동시에 가지고 있다. 둘째, 심지어 내담자가 단일장애를 가졌을 때도 내담자에 따라 많은 이질적 증상이 있다. 예를 들어, 외상 후 스트레스 장애(PTSD)의 진단 준거에 해당되는 사람은 17개의 증상 중 6개를 가지고 있으면 된다. 이것은 외상 후 스트레스 장애를 지닌 한 내담자를 다른 내담자와 비교해서 매우 다른 생각과 감정, 행동을 경험할 수 있다는 것을 의미한다. 셋째, 어떤 한 가지 문제(예, 우울)에 여러 가지 경험적으로 지지되는 치료가 있을 수 있지만, 어떤 치료가 어떤 내담자에게 적합할 것인가의 의문은 지침서가 해결해 주지 못한다. 넷째, 문제에 적용할 수 있는 치료가 무수히 많지만, 모든 문제에 대해 효과가 있는 것으로 확인된 치료 기법은 없으며, 때때로 치료자는 요리책 한 권 없는 부엌에 혼자 남겨지기도 한다.

이런 이유들 때문에 치료자는 '고정관념에서 벗어나기'를 배울 필요가 있다. 이것은 치료자가 비판적 사상가가 되어 끊임없이 질문하면서 이질적으로 보이는 정보의 조각들을 맞추어 나가는 것을 배워야 한다는 것을 의미한다. 내담자의 여러 복잡한 문제들을 어떻게 서로 잘 맞출 것인가? 어떤 행동, 생각 또는 감정이 치료목표에 적절한가? 어떤 요인들로 인해 문제가 시작되었으며, 더 중요하게는 이 부적응적 행동이나 인지가 유지되는 요인은 무엇인가? 어떤 치료 기법이 이 내담자에게 도움이 될 것인가? 내담자의 독특한 요구에 가장 잘 맞추기 위해 경험적으로 지지된 다양한 치료 기법을 혼합적으로 적용하는 것이 가장 좋은 방법은 아닌가? 그 문제에 대한 지침서가 없거나 치료자가 이전에 치료해 본 적이 없는 문제를 지닌 내담자를 돕기 위해 일반적인 인지행동치료 지식을 잘 활용할 수 있는 방법은 무엇인가? 이것이 사례개념화가 필요한 이유다.

사례개념화를 위한 Persons(2008)의 접근에는 네 가지 요소가 포함된다. ① 문제목록 만들기, ② 장애와 문제 유발 기제 확인하기, ③ 현재 문제를 활성화시키는 촉진요인 명료화하기, ④ 어린 시절의 경험에서 현재 문제의 기원을 고려하기다.

이 요소들은 〈표 4-1〉에 요약되어 있다. 기제와 촉진요인, 문제의 기원을 진지하게 고려함으로써 치료자는 문제목록 작성으로부터 초기 사례개념화로 진행해 나갈 수 있다. Persons에 따르면 사례개념화는 "모든 요소를 일관성 있게 전체로 엮는 것"(p. 126)이다. 사례를 효과적으로 개념화하는 방법을 설명하기 위해 마이클의 사례를 통해 각각의 요소들을 순서대로 살펴보기로 한다.

표 4-1 I Persons의 사례개념화 모델

1. 주요 증상과 문제에 포함되는 문제목록을 작성하라.
2. 장애와 문제를 유발하는 기제를 확인하라.
3. 현재의 시점에서 문제를 활성화시키는 촉진요인을 명료화하라.
4. 내담자의 어린 시절에서 현재 문제의 기원을 고려하라.

문제목록 만들기

문제목록은 앞에서 자세히 설명했지만, 요약하면 '내담자의 문제를 총망라한 목록'이다(Persons, 1989, p. 19). Persons(2008)는 내담자의 종합적 문제목록을 작성하기 위해 다음과 같은 영역들을 평가하기를 제안했다. 정신과적 증상, 대인관계적·직업적·학업적·의학적·경제적·주거환경적·법적·여가적 문제, 정신건강 및 의학적 치료와 관련한 문제(p. 97). 바꾸어 말하면 종합적 문제목록은 DSM의 축 1과 2를 넘어 삶의 전반적 영역에서 내담자가 어느 정도

기능하는지를 탐색하도록 해 준다.

치료자는 이 목록의 작성을 위해 내담자와 상호작용의 결과로 수집된 모든 자료를 기초로 활용한다. 어떤 항목들은 매우 명료할 수 있지만(예, 우울치료를 위해 온 사람이 실제 우울로 진단되는 경우), 어떤 항목들은 더 애매할 수 있다(예, 내담자의 배우자가 대기실에서 비판적이고 비지지적으로 그녀에게 말하는 것을 보는 것). 그러나 이런 애매한 항목들도 매우 중요하기 때문에 문제목록에 포함된다. 내담자가 치료자에게 말하지 않을 수 있지만, 이것은 종종 내담자의 현재 문제의 기원 또는 유지요인에 핵심적인 역할을 한다.

일단 문제목록의 큰 윤곽이 설정되면 치료자는 최대 5~8개의 항목으로 차츰 줄여 가면서 치료를 위해 우선순위를 매겨야 한다(Persons, 2008). 치료자와 내담자는 목록을 함께 살펴보면서 거기에 포함된 항목에 의견의 일치를 이루어야 한다. 목록의 모든 문제가 치료의 초점은 아니지만, 관련된 모든 항목을 문제목록에 기재하여 이것이 주 문제와 관계가 있는지를 살펴볼 수 있도록 강조하는 것이 중요하다.

마이클의 평가 회기 마지막에 그와 치료자는 이런 문제목록을 작성했다. 그의 명확한 문제는 사회불안과 직업선택에 대한 혼란, 가족과의 갈등이었다. 치료자는 평가 회기 동안 마이클이 사제가 되면 자신의 가정을 꾸릴 기회를 포기해야 하는 것에 대해 어느 정도 갈등하고 있다는 것을 알았다. 마이클은 이것을 문제로 인정하지는 않았지만, 치료자는 이 문제를 목록에 추가하고 치료에서 다룰지의 여부는 다음에 결정하자고 제안했다.

문제 유발 기제 확인하기

Persons(2008)에 따르면, "사례개념화 수준의 핵심은 내담자의 문제와 증상을 유발하고 유지하는 심리적 기제를 기술하는 것"(p. 126)이다. 이것의 최종 목적은 개별적으로 보이는 내담자의 모든 문제에 대해 최소한 한 가지의 가능한 설명을 개발하는 것이다. Persons는 기제에 대한 가설을 발전시키기 위한 3단계를 다음과 같이 요약했다. ① 중점적으로 다룰 증상(들)을 선택한다. ② 이 모든 증상에 대한 설명 가능한 기초 이론을 선택한다. ③ 이 기초 이론을 개인 사례에 적용하고 추정한다.

마이클의 사례개념화에서 치료자는 사회불안, 직업선택, 가족과의 갈등, 더 작게는 자신의 가정을 꾸리는 것에 대한 선택에 초점을 두었다(1단계). 자신의 임상적인 이론적 관점에 따라 치료자는 근본적인 기제에 대한 가설 개발을 위해 Beck의 인지이론을 기초로 하였다. 인지이론을 기초로 하여 인지도식 구조와 거기에 동반되는 자동적 사고, 감정, 행동, 정서를 탐색했다. 마이클의 사례를 기본적인 인지이론을 통해 추정하기 위해서 치료자는 문제목록에 있는 각 항목들을 살펴보고, 상황에 대한 마이클의 해석방식과 이 해석의 결과로써 나타나는 정서적 · 행동적 · 생리적 반응에 특별히 주의를 두었다.

▨ 사회불안

마이클의 주된 문제인 사회불안에 대한 상황적 선행 사건은 다른 사람들 앞에서 무엇인가를 하는 것이었다. 가장 문제가 되는 상황은 공개발표이지만, 그는 보다 일상적인 사회적 상호작용조차도 힘들어했다. 마이클은 이런 상황일 때 다른 사람들 앞에서 자신이 불안해 보이고, 불안의 이런 가시적 증상들이 무능함과 연합되는 것(자동적 사고)에 대해 걱정했다. 일반적으로 마이클은 완벽하게 보이는 것은 중요하고, '완벽한' 인상을 보여 주지 못하는 사람들은 거절당할 것이라는 신념을 가지고 있었다. 이 생각들을 고려하면 마이클이 사회적 상황에 있을 때나, 심지어 그러한 상황에 있을 것으로 예상될 때도 보통 불안으로 반응했다는 것(정서적 반응)을 쉽게 이해할 수 있다. 마이클은 이 정서적 반응과 함께 얼굴 홍조와 떨림, 식은땀 같은 생리적 변화들을 경험하는데,

이것은 모든 사람이 자신의 증상을 보고 그를 무능하다(자동적 사고)고 결론 내릴 것이라는 것을 더 확신하게 만든다. 과거 사회적 상호작용에 대한 걱정 때문에 마이클은 많은 회피행동(행동적 반응)을 해 왔다. 마이클은 이것이 "다른 사람에게 완벽한 사람으로 보여질 수 없다면 노력할 가치조차 없다."라는 신념에서 나온 것이라고 설명했다. 신학교에 들어간 이후 회피는 더 어려워지게 되었다. 마이클은 불안을 통제하기 위해 다른 행동을 하기 시작했고, 사람들이 그것을 모를 거라고 확신했다. 그는 주로 과잉준비(행동적 반응)에 열중했다. 그는 수업시간에 호명될 때를 대비해 질문에 정확하게 대답할 수 있다는 확신이 들 때까지 밤늦게까지 공부를 했다. 또한 예배 전에 설교와 낭독 연습을 수도 없이 했다. 보통 마이클은 질문에 정확하게 대답을 했고, 사려 깊고 유창한 설교를 하였다. 그는 이러한 과잉준비가 '성공'에 기여했다고 여겼다. 바꾸어 말하면 그의 행동은 그의 신념을 더 강하게 했다. 마이클은 자신이 다른 사람보다 더 실수를 하는 경향이 있고 그래서 가장 두려운 결과(신념)를 방지하기 위해서는 힘겹지만 부가적으로 노력해야 한다고 믿었다(신념). 그는 '일을 망친' 적이 없기 때문에 일을 그르치면 타인에게 거절당할 거라는 신념이 계속 유지되었다.

▣ 직업 선택

대학부속병원의 직업을 휴직하고, 종교적 소명을 따르기로 한 결정 때문에 마이클은 진로선택(사건)에 관해 더 큰 어려움을 느끼게 되었다. 마이클은 지금 신학교에서 그가 옳은 결정을 했는지에 대해 의구심을 갖고 있다. 평가 동안에 마이클은 "만약 내가 신학교를 그만 두면 사람들은 내가 우유부단하다는 것을 알게 될 것"(신념)이라고 설명했다. 그는 또한 "사람들은 이 나이에는 이런 중요한 것을 바르게 결정할 수 있을 것이라고 생각할 것입니다."(신념)라고 말했다. 이런 종류의 신념 때문에 마이클은 매우 불안했으며, 이 신념은 많은 생리적 반응과 연합되었고, 이로 인해 직업선택에 대한 결정이 미루어졌다(행동적 반응). 평가 동안 마이클은 이 부분에서 거절에 대한 불안을 언급했었다. 만약 그가 대학부속병원의 직업을 그만둔다면 그의 친구와 동료들은 더 이상 그와 어울리고 싶어 하지 않을 것이고, 만약 그가 신학교를 떠난다면 그의 급우들과 상급자들이 자신과 어울리고 싶어 하지 않을 것이라고 말했다. 치료자는 거절당할 것이라는 마이클의 믿음은 진로선택 그 자체보다는 '올바른' 진로를 선택하지 못하고 또 그것을 꾸준히 고수하지 못할 것이라는 믿음 때문에 생겼다는 것을 분명히 알게 되었다.

▨ 가족 갈등

마이클의 가족 갈등은 그의 직업선택과 분명하게 관련이 있다. 그의 부모는 의사라는 직업을 자랑스러워해 왔고, 그들의 신앙심에도 불구하고 성직자가 되고자 하는 마이클의 생각을 반기지 않았다(사건). 마이클은 자신의 결정에 대한 가족의 반응에 관해 이야기할 때, "부모님은 내가 신학을 하는 것을 원치 않았고, 결국 그들이 옳은 것으로 판명된다면 나는 정말 난처해질 것이다."(정서)라고 말했다. 다시 말하면, 마이클은 자신을 '이길' 수 없는 상황으로 빠뜨리게 된 것이다. 만약 그가 성직자가 되기로 결정한 것을 유지한다면 가족은 자신이 큰 실수를 했다고 생각해서 자신을 거절할 것이라고 생각했다. 또 자신이 대학부속병원의 직장으로 되돌아간다면 가족은 성직자에 대한 생각 때문에 여전히 그가 큰 실수를 했다고 생각을 하고 결국 거절하게 될 것이라고 생각했다. 직업선택에 대한 가족의 반응을 과도하게 걱정해서 마이클은 최근 몇 가지 회피행동을 하고 있는 중이다(행동적 반응). 심리평가를 받은 그 달에 마이클은 일련의 가족 행사에 불참했고, 평소보다 가족에게 적게 전화하였다. 이것은 단순히 이 주제에 대해 이야기하고, 자신에 대한 가족의 실망을 듣는 것을 회피하기 위해서였다.

▨ 가정에 관한 결정

이것은 마이클이 가장 논의하기 꺼리는 주제다. 이 주제에 대한 치료자의 질문에 대답하는 방식이 다른 주제에 대한 반응과는 아주 달랐기 때문에 이 행동이 눈에 띄었다. 마이클은 결혼을 해서 자신의 가정을 꾸릴 거라고 생각해 왔지만, 사제로서 신과 신앙에 전적으로 헌신할 것을 완전히 수용했다고 치료자에게 말했다. 그러나 더 이상 말하는 것을 꺼리는 것은 이 어려운 주제에 관한 그의 생각이 말한 것보다 훨씬 복잡할 것이라는 것을 말해 준다.

이 시점의 사례개념화에서 치료자는 이 모든 것을 가지고 내담자 문제를 일관적으로 설명할 근본적인 기제를 밝혀야 한다. 다시 말해 인지이론을 통해 도움을 받게 되는데, 인지이론은 내담자의 모든 문제를 함께 연결해 주는 몇 가지 핵심 신념의 방향을 알려 준다. 마이클은 "나는 완벽하지 못하면 거절당할 것이다."라는 핵심 신념을 가진 것으로 나타났다.

마이클 사례의 모든 측면이 이 핵심 기제에 적합한지 다시 살펴보자. 마이클은 사회불안을 설명할 때, 실수하지 않는 것이 그에게 얼마나 중요한지 반복해서 설명했다. 또한 자신은 다른 사람보다 더 많이 실수하는 경향이 있다고 말했다. 치료자가 공식적인 설교나 수업 또는 토론수업에서 실수를 하면 무슨 일이 일어나는지를 그에게 물었을 때, 그는 최고로 두려워하는 결과인 거절당하는 것에 대해 말했다(예, 설교 중 사람들이 퇴장하기, 학교에서 추방당하기, 동료들에게 소외당하기). 마이클은 또한 그가 삶에서 '옳지 않은' 선택을 하면 동료와 친구, 가족에게까지 거절당할 거라는 믿음을 가지고 있었다. 그는 자신의 선택과 행동방식과는 무관하게 사람들로부터의 거절을 두려워하도록 자신의 인생을 설정해 놓은 것처럼 보였다. 즉, 상이한 문제처럼 보이는 마이클의 문제들은 "나는 완벽하지 않으면 거절당할 것이다."라는 기제와 아주 분명하게 맞아떨어진다. [그림 4-1]은 마이클의 사례가 어떻게 인지모델과 잘 부합되는지를 보여 준다.

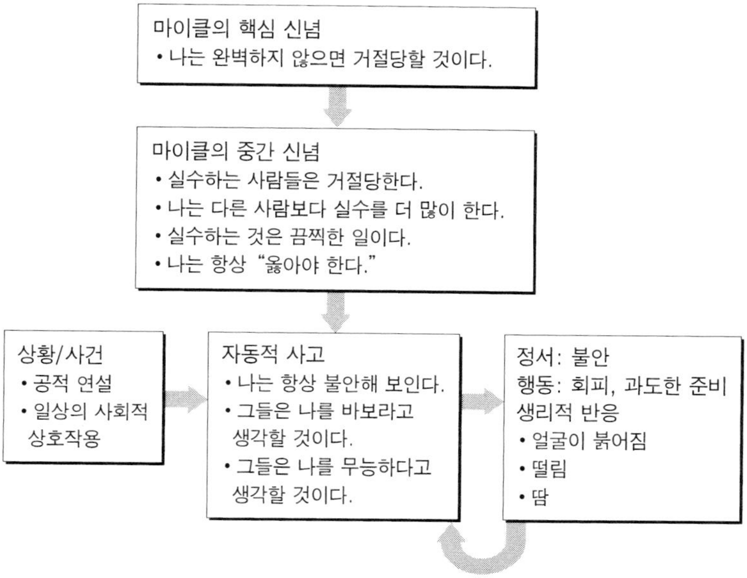

```
┌─────────────────────────────────┐
│ 마이클의 핵심 신념                  │
│ • 나는 완벽하지 않으면 거절당할 것이다. │
└─────────────────────────────────┘
              │
              ▼
┌─────────────────────────────────┐
│ 마이클의 중간 신념                  │
│ • 실수하는 사람들은 거절당한다.        │
│ • 나는 다른 사람보다 실수를 더 많이 한다. │
│ • 실수하는 것은 끔찍한 일이다.         │
│ • 나는 항상 "옳아야 한다."            │
└─────────────────────────────────┘
              │
              ▼
```

상황/사건	자동적 사고	정서: 불안
• 공적 연설 • 일상의 사회적 상호작용	• 나는 항상 불안해 보인다. • 그들은 나를 바보라고 생각할 것이다. • 그들은 나를 무능하다고 생각할 것이다.	행동: 회피, 과도한 준비 생리적 반응 • 얼굴이 붉어짐 • 떨림 • 땀

그림 4-1 | 마이클의 근본적인 핵심 신념을 인지모델에 적용하기

출처: Beck (1995). p. 18.

현재 문제를 활성화시키는 촉진요인 명료화하기

사례개념화 단계 중 이 단계에서 치료자는 가정된 기제(비합리적 핵심 신념)가 내담자의 현재 문제들의 선행 사건과 의미 있게 관련되어 있는지를 숙고하게 된다. 만약 마이클의 핵심 신념이 "나는 완벽하지 않으면 거절당할 것이다."라면, 현재 문제의 촉발요인(precipitant)은 이 걱정을 일으키는 사건이나 상황이 될 것이다.

마이클은 치료실에 오기 전까지 수년 동안 이 문제를 회피해 왔을 수 있다. 그는 병리 검사실의 책임자가 되었을 때, 마침내 어느 정도 자신감을 가졌다. 그는 자신의 업무에서 가능한 한 거의 완벽했다고 자신하면서 꼼꼼하게 일했다. 그가 검사실의 대표였기 때문에 상급자 말에 복종할 필요가 없었고, 비판

과 거절에 대해 거의 걱정을 하지 않았다. 더 나아가 마이클은 자신이 호감을 갖는 사람에게 완벽하지 않다고 평가되어 거절당할 가능성을 회피하기 위해 거의 데이트를 하지 않았다.

그러나 마이클이 신학교에 가기로 결정했을 때, 실수하는 것과 거절당하는 것에 대한 불안이 다시 문제가 되었다. 모든 신학생에게 수업이나 설교 그리고 교구민 및 동료 신학생과의 상호작용에서 유능함이 요구되었다. 교수와 상급자로부터 정규적인 피드백(긍정적, 부정적)을 받는 것은 신학교의 일상생활이었다. 대부분의 학생이 부정적 피드백을 받아들이는 것을 어려워하지만, 마이클은 의대 수련에서 그랬던 것처럼 모든 피드백에 몹시 괴로워했다. 이미 언급했듯이 신학교에 입학한 것은 그의 핵심 신념과 관련된 다른 촉발요인을 활성화시켰고, 그것은 가족의 반대에 대한 두려움과 자신의 가족을 갖는 것에 대한 측면에서 잘못된 선택을 하는 것에 대한 불안이었다.

이것이 바로 촉발요인이었다. 마이클은 항상 사회불안이 있어 왔지만, 40세가 되어서야 그가 치료에 왔음을 기억하라. 치료자는 사람들이 마이클의 실수를 알아차리고, 그것에 대해 부정적으로 판단하며, 결국 그를 거절할 것이라고 걱정하게 된 일련의 사건들이 최근에 있었다는 것을 분명히 알 수 있었다. 그의 부모님은 성직에 입문하려는 그의 바람이 실수라고 생각했다. 그렇기 때문에 만약 자신이 성직을 추구하기로 결정한다면 부모님과 멀어질 거라고 생각했다. 그렇지만 만약 마이클이 의사로 되돌아가기로 결정하면, 그의 동료 신학생들이 그를 거절할 것이다. 마이클을 착잡하게 하는 한 가지 요인은 신에 대한 그의 지각이었다. 마이클은 사제로의 부르심을 받았다고 느꼈고, 자신이 소명을 무시한다면 신마저도 당연히 자신을 거절할 것이라고 걱정했다.

어린 시절의 경험에서 현재 문제의 기원을 고려하기

앞에서 우리는 마이클의 문제에 대한 가설적인 기제를 지지할 수 있는 최근에 일어난 사건을 논의했다. 또 거절당할 거라는 신념은 마이클이 자라면서 이런 걱정에 기여하였을 경험을 했다는 것을 시사한다. Persons(2008)는 이 가정을 지지하는 추가적인 증거들이 있는지를 탐색하기 위해 내담자의 과거의 개인적 삶의 여정을 자세히 살펴보기를 제안했다. 이것은 인지행동치료의 독특한 특성 중 하나인 현재에 초점을 둔다는 것(이 장의 뒤에 요약하듯이)이기 때문에 초보 치료자들을 놀라게 할 수도 있다. 확실히 인지행동치료자들은 치료 동안 초기 경험을 논의하는 데 많은 시간을 소비하지 않는다. 그 대신 현재의 문제 해결에 초점을 둔다. 그러나 평가과정 동안 초기 경험 탐색을 위해 약간의 시간을 할애하는 것은 문제행동이 처음에 어디에서 어떻게 발생했으며, 왜 부적응적인 생각과 행동이 현재까지 유지되는지에 대해 몇 가지 중요한 단서들을 찾는 데 도움이 된다. 더 나아가 내담자의 개인적 과거력을 공유하는 것은 내담자가 이해 받는다는 느낌을 더 갖게 하고, 이것은 치료적 관계를 강화하는 데 기여할 수 있다.

SCID의 사회불안 장애에 대한 면접을 실시하는 동안, 치료자는 마이클에게 언제 처음으로 사회불안을 경험했는지를 질문했다. 마이클은 아주 오랫동안 사회불안이 있었고, 이것은 매우 비판적인 부모님 슬하에서 성장했기 때문이라고 생각하였다. 어렸을 때 마이클의 어머니는 자신이 허락하지 않은 것을 말하면 탁자 아래로 그를 걷어찼다고 말했다. 어머니는 그가 사회적 행사에 나가기 전에 너무 많이 얼굴을 붉히지 않도록 노력하라고 말했다. 그는 자신의 얼굴이 많이 붉어지면 어머니가 그의 방 앞에 서서 손가락으로 그녀 자신의 얼굴을 가리켰던 몇 가지 일들을 떠올렸다. 그 후에 마이클의 어머니는 얼굴이 빨개지는 것이 다른 사람들로 하여금 그를 '못난이'라고 생각하게 만들었고, "아무도 겁쟁이와 친구하고 싶어 하지 않는다."라고 말했다. 마이클은 어머니가 외향적이고 붙임성이 있는 자신의 여동생을 더 좋아한다고 느꼈다.

또한 마이클은 학교에서 완벽해야 한다는 큰 중압감을 느꼈다고 회상했다. 그가 똑똑했기 때문에 선생님들은 그에게 많은 것을 기대했다. 개념을 이해하지 못하거나 더 나쁘게는 부주의한 실수가 있었을 때, '잠재력에 미치지 못함'에 대해 선생님에게 엄한 꾸중을 들었던 기억을 떠올렸다. 그는 높은 학문적 수준의 사립학교를 다녔고 성적 수준에 따라 매년 재등록이 결정되었다. 마이클은 매년 학교에서 퇴출될까 봐 불안했다. 가정과 학교에서의 이런 초기 경험들은 완벽하지 않으면 거절당할 것이라는 그의 핵심 신념의 발전에 매우 중요한 역할을 했다.

사례개념화의 이 단계에서 치료자는 내담자의 진료기록지에 사례개념화를 작성한다. 마이클의 사례개념화는 다음과 같다.

마이클은 높고 까다로운 기준을 요구하는 부모님 슬하에서 자랐다(기원). 또한 지금까지 탁월함이 기대되는 학교환경에 몰입되어 있었다(기원). 결과적으로 마이클은 "다른 사람은 비판적이다." "내가 실수를 하면 사람들에게 거절당할 것이다(기제)."라는 도식을 발전시켰다. 이 도식은 사제가 되기로 결정함으로써 최근에 활성화되었다(촉발요인). 결국 마이클은 "나는 다른 사람들보다 더 많은 실수를 하는 경향이 있다." "사람들은 내 불안을 알게 될 것이다." "그들은 나를 무능하다고 생각할 것이다." "나는 완벽하게 보이지 않으면 거절당할 것이다."라는 자동적 사고(기제)를 자주하기 시작했다. 그는 또한 심한 사회불안(증상, 문제)을 경험했다. 그는 설교와 수업을 위해 과도하게 준비하거나 사회적 상황에서 친한 사람하고만 이야기하는 등 여러 가지 안전행동(기제)을 하면서 이 사회불안에 대처해 왔다. 이런 행동 때문에 수면이 부족해지고 또 중요한 사회적 상호작용을 못하게 되었다(증상, 문제). 그는 또한 실수해서 거절당하는 것에 대한 불안 때문에 자신의 멘토 또는 가족과 직업선택에 관해 이야기하는 것을 회피했다. 이 회피로 인해 마이클은 자신의 미래에 대해 불안하고 낙담하게 되었다.

❖ 사례개념화는 치료계획에 어떤 영향을 미치는가

사례개념화를 작성하는 것은 자연스럽게 치료계획의 수립으로 이어진다. 이것은 치료가 진행되면서 치료계획 수정이 허용되지 않음을 의미하는 것은 아니다. 그러나 수정을 하게 된다면, 그것은 사례개념화의 계속적인 재구성에 기초를 두어야 한다.

마이클에 대한 치료계획은 무엇이었는가

마이클의 예에서 사례개념화가 치료계획에 어떤 영향을 미치는지 생각해 보자. 마이클은 실수를 하면 다른 사람들이 그를 거절할 것이라고 걱정했다. 더 나아가 그는 자신이 다른 사람들보다 더 많은 실수를 한다고 믿었다. 이것은 과도하게 높은 기준을 세워 놓은 그에게는 놀랄 일이 아니다. 마이클은 실수하는 것이 중요한 대가를 지불한다고 믿었다(거절). 이 신념은 마이클의 사회불안과 회피에 영향을 미쳤으며, 완벽한 상황 회피가 불가능할 때는 과도한 준비와 같은 안전행동을 초래하였다. 이 회피와 안전행동 때문에 마이클은 실수에 대한 신념이 잘못되고 과장되었다는 것을 배울 수 없었으며 또 실수의 결과가 그가 생각하는 것보다 덜 끔찍하다는 것을 배울 수 없었다. 동시에 실수에 대한 재앙적 결과와 거절을 경험하지 않게 되어 마이클은 그의 회피와 안전행동을 믿게 되었고, 결과적으로 회피행동들은 강화되었다.

이것을 통해 치료자는 마이클의 치료는 실수하는 것과 타인으로부터의 거절당하는 것에 대한 마이클의 신념을 탐색하는 데 초점을 두어야 한다고 결론을 내렸다. 인지행동치료가 이 목표달성을 위해 어떻게 활용될 것인가? 마이클은 인지재구조화를 통해 역기능적 신념을 직접적으로 도전함으로써 도움을 받을 수 있다. 또 행동적 측면에서 마이클은 두려운 사회적 상황을 회피하는 것을 멈추어야만 할 것이며, 회피가 불가능할 때 의존하는 과도한 준비를 중단해야만 할 것이다. 이 행동적 변화를 통해 그는 다른 사람보다 더 많이 실수를 하는 경향이 있고, 이 실수로 인해 타인으로부터 거절당하게 한다는 믿음을 검토하게 될 것이다. 또한 그는 불안하게 보이는 것에 대한 신념도 탐색할 수 있을 것이다. 그는 불안하게 보이는 것은 물론, 대화 중에 단어를 잊거나 긴 침묵도 타인에 의해 지각될 것이라고 믿었다. 마이클은 이 모든 '실수'는 그가 무능하게 인식되어 주변 사람들로부터 거절되는 몇 가지 대표적인 방식일 뿐이라고 가정했다. 이런 신념과 행동에 대한 의도적 변화를 통해서 마이클은 다음과 같은 것을 배우게 될 것이다. ① 자신이 다른 사람들보다 실수를 더 많이 하는 것이 아니다. ② 실수를 했을 때 그 결과는 끔찍하지 않다. 사실 그는 대부분의 사람들이 그의 실수를 전혀 알아차리지 못하고 또 알아차린다 해도 그것이 거절을 유발하지 않는다는 것을 배우게 될 것이다. [그림 4-2]에서는 마이클의 사회불안장애에 대한 유지요인과 치료를 이해하기 위해 인지행동적 모델을 예시하였다.

마이클의 다른 문제는 어떠한가? 그가 거의 실수를 하지 않았다는 것과 실수를 했을 때 그 결과가 거절이 아니었다는 것을 배우면 다른 문제 역시 해결될 것인가? 확실히 그럴 가능성이 있지만, 최소한 사회불안 작업에서 배운 내용을 통해서 마이클은 치료자의 도움을 받거나 혹은 스스로 다른 문제들도 더 잘 극복해 나갈 것이다. 그럼에도 치료자는 이런 다른 문제들이 사회불안의 치료를 방해하거나, 끝까지 미해결된 채 남겨질 수도 있다는 것을 알고 있었다. 앞의 문제의 경우, 인지행동적 기법이 직업과 가족관계, 미래에 가족을 가질 전망에 대한 걱정을 다루는 데 보다 유연한 방식으로 적용될 수 있었다. 그러나 치료

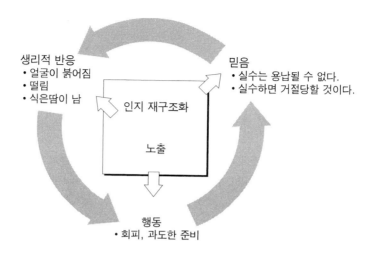

**그림 4-2 | 마이클의 불안이 유지되는 방식과
불안치료 기법에 대한 인지행동적 모델**

계획 세우기의 이 시점에서는 이런 다른 문제를 다루기 위한 구체적인 계획은 수립되지 않았다. 오히려 치료자는 사회불안의 치료를 위한 인지행동치료의 시간제한적인 과정 이후에도 치료가 끝나지 않을 수도 있다는 것을 기억하고 있었다. 치료자는 치료가 진행되면서 마이클에 대한 사례개념화를 계속적으로 수정해야 한다는 것과 치료계획은 이런 다른 문제들이 어떻게 전개되느냐에 따라 달라진다는 것을 알았다.

주제를 바꾸기 전에 좋은 사례개념화는 치료를 실행함에 있어 장애물을 예견하는 데 도움이 된다는 것을 언급하고 싶다. 마이클의 거절에 대한 걱정은 확실히 치료과정에 영향을 미쳤다. 마이클은 거절이란 어떤 것이 완벽에 미치지 못할 때 생기는 것이라고 믿었다. 마이클의 치료자는 치료 초기에 마이클이 과제에 이의를 제기하는 것에 유의할 필요가 있음을 알았다. 실수하는 것에 대해 많이 걱정하는 내담자들은 완벽하게 하지 못하면 부정적으로 판단될 거라는 불안 때문에 과제이행을 회피한다. 다른 경우는 과제를 하기는 하지만 깨끗하게 쓰거나 철자를 정확하게 쓰기 위해 그리고 무엇을 '정확하게' 설명하기 위해 시간을 과도하게 소비한다. 이런 내담자들은 종종 치료자가 원하는 방식으로 과제를 완성했다는 것을 치료자에게 확인 받으려고 한다. 마이클의 치료자는 치료 초기에 과제를 완벽하게 할 필요가 없으며, 그것이 평가를 위한 것이 아님을 분명히 하였다. 치료자가 자신의 선택을 부정적으로 판단할 또 한 사람이 될 수도 있을 거라는 불안 때문에 마이클이 어려운 주제를 말하지 않고 회피할 수 있다는 약간의 우려가 있었다. 치료자는 이런 깊고 중요한 개인적 주제가 치료에서 대두되면 그때 이 주제를 솔직하게 다루기로 계획했다. 치료자는 내담자를 판단하기 위해 존재하는 것이 아니라 내담자가 자신의 인생에서 바른 결정을 내릴 수 있게 도와주기 위함이라는 것을 간략하게 확인시켜 주는 것이 중요하다는 것을 알고 있었다.

❖ 치료계획의 마지막 두 가지 핵심

일단 사례개념화가 완성되면 초보 치료자는 흔히 두 가지 의문을 갖게 된다. ① 치료를 구조화하기 위한 방식을 어떻게 결정할 것인가? ② 내담자가 두 가지 이상의 문제를 가지고 있다면 먼저 치료할 것을 어떻게 결정할 것인가? 지금부터 이 문제에 대해 논의하기로 한다.

치료 가이드: 치료 지침서 활용하기

치료목표를 설정하고 내담자가 이 목표를 달성하기 위해 치료에서 무엇을 해야 하는지에 대한 큰 윤곽이 세워지면 처리해야 할 다음 문제는 치료를 어떻게 구조화하는가다. 특히 초보 치료자의 경우에는 치료 지침서(treatweut manuals)

를 활용하는 것이 탁월한 선택이 된다. 치료 지침서는 사례에 대한 구조를 제시하고, 구체적 문제(예, 우울, 신체이미지 문제)를 작업하는 내담자를 돕기 위해 치료 진행방법을 명확하게 제공해 준다. 지침서는 치료 회기에서 말할 것과 해야 할 것을 알려 줌으로써 초보 치료자가 경험하는 불안을 완화시키고, 내담자에게 주의의 초점을 맞출 수 있도록 도와준다.

치료 지침서는 일반적으로 치료의 초점이 되는 문제의 특성에 대한 약간의 정보를 포함하며, 치료가 어떻게 진행될 것인지를 설명하고, 유용한 과제 형식과 핸드아웃이 들어 있고, 때로는 비순응과 같은 치료에서 다루기 어려운 문제를 위한 정보들이 들어 있기도 하다. 그러나 앞에서 언급했듯이, 치료 지침서는 특정 내담자에게 적용하는 방식을 설명해 주지는 않는다. 이것이 사례개념화가 필요한 이유다. 왜냐하면 우리는 내담자의 독특한 걱정들에 관해 많은 생각을 해 왔으며, 내담자에 맞게 치료 지침서를 적용할 방법을 알고 있기 때문이다. 정식으로 치료 개입을 시작하기 전에라도 잘 정립된 사례개념화는 인지적 작업에서 초점을 둘 신념은 무엇이며, 어떤 종류의 행동적 개입이 유용할지에 관해 명확한 관점을 제공해 주어야 한다. 더 나아가 우리는 내담자를 아주 세세하게 알기 전에도, 더 명백한 문제의 기저에 있는 내담자의 역기능적 핵심신념에 대해 알고 있어야 한다.

마이클의 치료자는 치료를 위해 Debra Hope와 동료들(Hope, Heimberg & Turk, 2006의 치료자 가이드와 Hope, Heimberg, Juster, & Turk, 2000의 내담자 워크북)의 사회불안치료를 위한 지침서를 활용하기로 결정했다. 이 지침서에는 인지재구조화와 행동적 노출을 하는 방법뿐만 아니라, 심리교육에 관한 자료가 포함되어 있다. 마이클의 피드백 회기의 마지막에 치료자는 치료 지침서를 검토했고, 지침서에 기초하여 치료계획을 세웠으며, 여기에 자세하게 정의된 치료목표를 포함하였다. 이 치료계획은 〈표 4-2〉에 제시되어 있다.

표 4-2 | 마이클의 치료계획

- 치료 회기 제안: 16~20회기(주 1회, 회기당 1시간)
- Hope 등(2000)의 사회불안치료 지침서를 활용함
- 주요 치료목표: 실수의 가능성과 그 대가에 대한 신념 그리고 실수를 했을 때 거절당할 것이라는 불안에 대한 그의 신념에 도전하도록 돕기

치료 개요와 치료목표
1회기: 사회불안에 대한 심리교육
목표: 사회불안 경험을 보편화하기, 사회불안을 이해하고 치료하기 위한 인지행동 모델을 소개하기, 마이클이 자기 자신의 치료자가 되는 것을 돕기 위해 협동적인 치료과정을 위한 단계를 설정하기

2회기: 심리교육 끝내기, 불안 상황의 위계 설정
목표: 1회기를 볼 것, 불안하고 회피하는 사회적 상황 확인하기, 이러한 상황에 대한 노출방법 계획하기

3회기: 인지재구조화(CR) 소개하기
목표: 상황 그 자체가 아니라 상황에 대한 해석이 문제라는 것을 소개하기, 역기능적인 사고를 확인하고 도전하며 재구성하는 방법에 대한 교육

4회기: 인지재구조화(CR) 계속하기, 낮은 위계의 불안항목에 첫 노출 계획하기
목표: (인지재구조화와 관련된) 기술 습득을 계속하기, 마이클에게 역기능적인 신념에 더욱더 맞서나가도록 행동노출을 사용하는 것을 소개하기, 마이클에게 행동노출 방법에 대한 교육

5회기: 첫 번째 노출 실행하기
목표: 불안 상황에 대한 노출을 통해서 기존의 역기능적 신념에 도전하게 되고, 결과적으로 새로운 학습을 하게 됨을 설명하기

6~18회기: 노출과 인지재구조화(CR)를 계속하기 그리고 핵심 신념을 검토하기(관련 문제를 다루기 위한 유연성을 가지고)
목표: 역기능적 신념에 도전하고 문제적 행동을 변화시키기 위해 인지적이며 행동적인 전략을 계속해서 사용하기, 이러한 새로운 신념과 행동을 내면화하고 치료 상황에서 자세히 직면하지 않았던 상황에 일반화시키기, 그의 삶의 다른 문제에 인지행동적 전략을 사용하도록 돕기

19~20회기: 재발 방지, 목표 설정, 종결
목표: 치료 종결을 위한 준비를 시킬 것, 마이클이 미래를 위한 현실적인 기대를 갖도록 돕기, 치료 종결 후 계속 작업할 목표를 설정하도록 마이클과 작업하기, 그동안 배운 것과 스스로 자신의 치료자가 되기 위한 새로운 능력에 대해 숙고해 봄으로써 종결을 편안하게 느끼도록 돕기

어떤 문제를 먼저 치료할 것인가

초보 치료자는 복잡한 문제들을 가진 내담자의 경우 '무엇부터 치료를 시작할지'를 이해하는 데 어려움이 있다. 한꺼번에 모든 것을 다루려고 하는 것은 (치료자와 내담자 모두에게) 아주 혼란스러울 수 있고, 그렇게 하면 어떤 한 영역에서도 진전이 없을 수도 있다. 이런 관점에서 Persons(2008)이 제시한 것과 같은 사례개념화를 따르는 것은 매우 도움이 된다. 처음에는 전혀 공통분모가 없어 보이는 문제목록은 가설적으로 세운 근본적인 기제로 통합한다. 이 기제를 이해하는 것은 치료의 나침반으로써 치료과정의 방향과 구조를 제공한다.

장애(disorders)를 치료하는 곳에서 일할 때, 이 주제는 약간 까다로운 것이 될 수 있다. 이 주제를 다룰 한 가지 방법은 간단하게 가장 힘든 문제가 무엇인지를 내담자에게 물어보는 것이다. 특히 복잡한 사례일 때, 무엇이 더 유익한가 하는 것을 결정하고, 여러 가지 장애 간의 함수적 관계를 탐색하기 위해 내담자와 논의하는 데 시간을 할애할 필요가 있다. 어떤 문제들은 전혀 중요한 관계가 없는 것처럼 보이기도 한다. 만약 내담자가 뱀 공포와 결혼 문제를 이야기한다면, 그 둘은 아무런 관계가 없을지도 모른다(불가능한 것은 아니지만). 그러나 어떤 장애들은 서로 연관되어 있어서 한 가지 장애의 치료가 자연스럽게 다른 장애의 해결로 이어지기도 한다. 예를 들어, 강박장애와 우울증을 동반한 내담자가 만약 수많은 침투적 사고와 강박적 행동으로 더 이상 많은 시간을 허비하지 않을 수 있다면 그녀는 더 이상 우울을 느끼지 않을 수 있을 것이다. 이런 경우에는 강박장애에 초점들 두는 것이 적절하고, 만약 우울증이 강박장애치료에 방해가 되거나 강박장애가 성공적으로 치료된 후에도 우울증이 여전히 남아 있다면 따로 치료할 수 있다.

다른 경우에는 어떤 특정 장애를 치료하기 위해 다른 장애를 먼저 치료하는 것이 중요할 것이다. 예를 들어, 강박장애와 우울증을 함께 경험하는 다른 내담자가 너무 우울해서 샤워를 하거나 밥을 먹는 것과 같은 일상의 기본적인 일을 해 나가는 것이 어렵다고 말할 수 있다. 이런 내담자의 경우, 강박장애의 치료를 위해 인지행동치료와 같은 적극적 치료에 전념하는 것은 매우 어렵다. 따라서 먼저 우울증을 치료하여 내담자가 활기가 생기고 동기화된 후에 강박장애치료로 초점을 옮기는 것이 좋다.

종종 가장 중요한 문제에 대한 내담자의 생각이 치료자의 생각과 일치하지 않을 수 있다. 이런 경우에는 당신의 불확실성을 내담자에게 말하는 것이 바람직하다. 공황발작과 폭식 그리고 우울증을 동반한 내담자를 생각해 보자.

치료자: 그러면 당신은 지금 당신의 가장 큰 문제가 공황발작이라고 생각하나요?

내담자: 예, 물론이죠.

치료자: 음. 약간 의외입니다. 평가과정 동안에는 아주 가끔 공황발작을 경험한다고 말씀하셨거든요.

내담자 : 예. 맞아요. 그렇지만 발작을 경험할 때는 아주 끔찍하거든요.

치료자: 그래서 공황발작이 올 때 당신은 굉장히 스트레스를 받아 하루를 망치게 되나요?

내담자: 예, 정말 스트레스가 심합니다. 그렇지만 온종일 엉망이 되는 것 같지는 않습니다. 그렇게 오랫동안 지속되지는 않거든요.

치료자: 폭식에 대해서는 어떻게 생각하세요? 그것 때문에 하루 종일을 망치기도 하나요?

내담자: 폭식은 하루 종일 그래요. 내가 말씀 드렸듯이 하루 3번 폭식을 하는데, 폭식을 하고 나서는 모두 토해 내요. 그런 다음에는 너무 역겨워서 깨끗하게 샤워를 해야 하고, 그러고 나면 진정이 됩니다. 너무 끔찍해요. 지난주에는 수업을 5번이나 빠졌어요.

치료자: 그러니까 공황발작보다 폭식증이 더 지장을 준다는 것처럼 들리네요.

내담자: 그런 것 같아요.

치료자: 지금으로써는 폭식증을 치료하는 것이 공황발작을 치료하는 것보다 당신에게 더 비중이 클 것 같네요.

내담자: 확실히 그래요.

치료자: 그건 매우 어려운 일일 거예요. 몇 주간 노력해 보고 경과를 지켜보는 것이 어떨까요?

내담자: 네. 그러지요.

요약하면 치료자의 치료적인 판단과 내담자의 판단 간의 불일치는 검토되어야 한다. 가끔 내담자는 치료가 가장 어렵다고 생각되는 문제, 특히 그 문제를 극복할 자신의 능력에 확신이 없을 때 그 문제의 치료를 회피한다.

마이클의 사례에서 마이클과 치료자는 사회불안을 먼저 다루는 것에 동의하였다. 마이클은 초기 치료의 초점은 아니지만, 때때로 불거져 나올 몇 가지 다른 문제들(직업선택, 가족 간의 갈등, 자신의 가족에 대한 결정)을 가지고 있었다. 사회불안 지침서가 서로 관련된 여러 가지 문제에 대한 세부적 지침을 제공하지는 않지만, 그 문제들이 대두될 때 마이클의 사회불안치료에 활용하는 동일한 인지행동치료 기법을 적용하여 치료하게 될 것이다. 다시 말해, 지침서는 광범위하게 응용할 수 있는 인지행동적 치료 기법들을 포함하고 있다.

치료자는 마이클의 사회불안 문제를 우선적으로 다루고자 한 결정을 계속 검토해야 할 것이다. 비록 관련 문제들이 불거져 나오면 그 문제를 잠깐 숙고해 보는 것이 바람직한 일이기는 하지만, 그중 하나가 너무 심해서 사회불안치료에 방해가 되면 치료계획이 재검토되어야 할 것이다. 그러나 마이클의 사회불안치료가 계속됨에 따라 이런 연관된 문제들이 점차적으로 개선될 것이다. 결국 사례개념화가 정확하고, 기저의 핵심 신념이 정확하게 확인되었다면 이 신념에 대한 치료(예, 사회불안장애를 위한 치료)로 마이클의 다른 문제들도 향상되어야 한다. 마이클이 실수할 가능성이 없고 또 실수를 하더라도 그것이 반드시 거절을 동반하는 것이 아니라는 것을 알게 되면 그는 이런 불안에 의해 방해받지 않고 삶의 다른 결정들도 더 잘하게 될 것이다.

요약하면 사례개념화는 항상 지속되는 과정임을 기억하는 것이 중요하다. 비록 치료자는 치료과정이 어떻게 진행되어야 하는지에 대한 계획을 미리 세우고 치료를 시작해야 하지만, 사례의 현 상태를 지속적으로 평가해야 하고, 최적의 치료를 위해 초기의 치료계획을 수정해야 하는지를 결정해야만 한다. 이 과정은 마이클의 사례가 진행됨에 따라 다음 장들에서 예를 통해 설명할 것이다.

제5장 내담자에게 피드백 주기와 평가 보고서 작성하기

평가를 완성하면 경험이 많은 치료자들은 흔히 내담자에게 즉시 피드백을 주지만, 일반적으로 수련생은 그렇게 하지 않는다. 대부분의 수련생들은 지도감독자와 평가에 대해 의논하고 진단과 사례개념화에 대해 도움을 요청하는 게 보통이다. 특히 어떤 주와 지역에서는 실제로 자격증이 없는 치료자가 진단에 대해 내담자와 의견을 교류하는 것을 금지한다. 수련생은 관할 구역의 규범을 확실하게 알고 있어야 한다.

내담자에게 평가결과에 대한 정보를 얼마나 제공할 것인가에 대한 기본적인 원칙은 정보를 간략하게 제시한다는 것이다. 너무 많은 정보나 복잡한 내용을 제공하면 내담자가 압도되어 혼란스럽고 낙담하여 치료를 떠나게 할 수 있다. 성공적인 치료를 위해서 뿐만 아니라, 치료에 대한 내담자의 동의를 구하는 과정이 피드백 과정 안에 포함되어 있기 때문에 내담자가 자신의 문제를 이해하는 것은 중요하다. 피드백 회기의 중요한 과제는 다음과 같다. ① 내담자의 강점 검토하기, ② 내담자의 문제목록 검토와 진단(또는 진단들) 설명하기, ③ 사례개념화를 공유하고 논의하기, ④ 치료 선택에 대한 이익과 불이익을 논의하고 치료를 권고하기다. 피드백 주기에 대한 정보의 요약은 〈표 5-1〉에 제시되어 있다.

표 5-1 | 피드백을 위한 조언

---

1. 피드백에 대한 내담자의 반응에 항상 주의를 기울이라. 어려운 정보를 처리할 수 있도록 도와라.
2. 단순히 약점과 문제만 논의하기보다 내담자의 강점을 강조하라.
3. 문제목록과 진단, 사례개념화를 제안하라.
    - 문제목록을 논의할 때……
    - 빠뜨린 것이 없음을 확인하라.
    - 지나치다 싶을 정도로 목록이 포괄적이어야 하지만, 이것이 목록의 모든 문제를 다루어야 한다는 것을 의미하는 것이 아님을 내담자에게 분명히 하라.
    - 진단에 대해 이야기할 때……
    - 이 진단의 근거가 되는 내담자의 증상들을 검토하라.
    - 이런 증상들의 유지요인을 이해시키기 위한 인지행동적 모델을 설명하라.
    - 사례개념화에 대해 논의할 때……
    - 문제에 대한 내담자의 생각과 일치하는지 확인하라.
    - 내담자의 피드백에 맞추어 사례개념화를 수정하라.
4. 치료의 선택 설명하기
    - 인지행동치료가 어떻게 내담자의 문제 해결을 도울 수 있는지를 설명하라.
    - 다른 치료를 개관하라.
    - 언급한 모든 선택의 장점과 단점에 대해 논의하라.
5. 당신이 생각하는 치료를 권고하라.
6. 질문을 할 수 있도록 촉진하라.

❖ 내담자의 강점 검토하기

피드백은 내담자의 강점을 언급함으로써 보다 더 긍정적으로 제시될 수 있다. 우리는 가끔 내담자의 문제와 기능 개선을 위해 필요한 것을 알려 주는 데 초점을 두기 때문에 내담자의 강점을 강조하는 것을 잊어버린다. 어떤 내담자들은 매우 심각한 문제를 지녔음에도 불구하고, 최소한 삶의 몇몇 영역에서는 여전히 아주 잘 기능한다. 또 다른 내담자들은 중요한 사람에게 지지를 요청하거나 자신의 문제와 치료방법에 대해 더 배움으로써 자신에게 필요한 도움을 아주 잘 해결한다. 분명히 치료를 받고자 하는 것 자체가 강점이다. 피드백 과정에서 치료자들은 내담자에게 이런 긍정적인 특성들을 상기시켜야 한다. 일반적으로 피드백은 공감적이고, 긍정적이며, 유익한 방식으로 제시되어야 한다. 강점을 되짚어 주면서 시작하는 것은 이런 분위기를 조성하는 데 도움이 된다.

❖ 문제목록 검토와 진단 설명하기

피드백 제공의 두 번째 단계는 문제목록을 검토하고 빠진 것이 없는지를 확인하는 것이다. 내담자에게 치료 기간 중에 목록에 있는 모든 문제를 반드시 다룰 것은 아니지만, 여기에 모든 문제를 포함시키는 것이 더 도움이 된다는 것을 상기시켜라. 다양한 평가도구를 통하여 주요 문제의 행동적·인지적·정서적 측면의 자세한 증상이 밝혀지게 될 것이다. 이러한 핵심 증상들도 간략히 설명될 수 있다.

마이클의 사례에서처럼 문제목록은 구체적인 정신과적 진단도 포함한다. 정신과적 진단이 포함된다면 치료자는 진단명을 알려 주고, 어떻게 이런 진단이 내려졌는지를 설명해야 한다. 바꾸어 말하면 치료자는 구체적 진단으로 이어지는 내담자의 명확한 증상을 언급해 주어야 한다는 것이다. 내담자가 자신의 진단을 들을 때 어떻게 반응할지 생각해 보고, 이 반응에 대한 준비를 하는 것이 초보 치료자에게는 중요하다. 어떤 내담자들은 정신질환과 낙인을 연합시켜 자신이 정신장애를 가졌다는 것에 저항할 수 있다. 또 다른 내담자들은 자신의 진단명을 인정할 수도 있지만, 그것을 약점의 표시나 자신이 어떤 결점이 있다는 암시로 생각할 수도 있다. 비슷하게 어떤 내담자들은 자신의 진단을 통제할 수 없는 변화 불가능한 것으로 지각해서 절망적으로 반응할 수도 있다. 그러나 많은 내담자는 자신의 문제에 대한 명칭을 아는 것에 매우 긍정적으로 반응한다. 그들은 자기 혼자만 힘들다고 느끼면서 몇 년 동안 견뎌왔다. 자신의 문제에 이름이 붙여진다는 것과 많은 사람이 동일한 문제를 경험한다는 것을 아는 것은 내담자에게 많은 위안이 될 수 있다.

진단을 공유하는 것과 더불어, 치료자는 내담자가 변화를 위해 많은 노력을 해 왔음에도 불구하고 문제가 지속되어 온 이유를 (인지행동적 용어로) 설명해 주어야 한다. 사실상 이 논의는 심리교육의 과정을 시작하는 것이다. 초보 치료자는 피드백 회기 동안에 심리교육적 내용을 다루는 것이 적절하지 않다고 걱정할 수 있다. 일단 치료가 시작되면 보다 자세하게 다시 다룰 것이라는 계획 하에 아주 간단하게 심리교육을 실시하는 것은 매우 유익하다. 치료자는 내담자에게 다음과 같이 말할 수 있다. "내담자들은 변화를 위해 아주 많은 노력을 해 왔음에도 불구하고, 자신의 어려움들이 왜 해결되지 않고 여전히 지속되는지 항상 궁금해합니다. 인지행동치료자가 이것을 이해하는 방식과 그리고 보다 긍정적인 관점에서 이 패턴을 깨고 당신이 좋아질 수 있도록 하기 위해 우리가 함께 해 나갈 수 있는 것에 대해 간단히 설명을 하지요." 가끔 내담자들은 매우 긍정적인 평가조차도 무력감을 느끼면서 수행하게 된다. 내담자들은 이렇게 생각할 수 있다. "맞아, 이 사람은 내 모든 문제를 이해하고 있어. 그러나 과거에도 치료자가 있었지만 나는 여전히 힘들다. 이 사람이 하려고 하는 것이 예전과는 다르다는 말인가?" 이와 같이 문제행동의 유지와 이런 패턴을 바꾸기 위해 인지행동치료에서 하는 것에 대해 이와 같은 간단한 논의를 함으로써 내담자가 희망을 가질 수 있다. 특히 내담자는 가끔 치료란 모든 것을 아는 치료자가 있어야 한다고 가정한다. 심리교육이라는 이러한 '처방'을 통해 우리가 하고자 하는 것을 내담자에게 가르치고, 내담자를 자신의 치료자로 훈련시키는 것이 인지행동치료의 목적이라는 것을 초기에 보여 주게 될 것이다. 새로운 지식을 갖고 회기를 마침으로써 내담자는 자신이 존중 받고 있고 자신의 문제에 관여하고 있음을 느끼게 된다. 유익하고 합리적인 지식을 가지고 피

드백 회기를 마치는 것은, 특히 과거에 오랫동안 치료를 받아 왔으나 별 도움
을 받지 못한 내담자들에게 정말 즐겁고 놀라운 경험이 될 것이다.

❖ 사례개념화 공유하기

문제목록이 분명해지면 치료자는 사례에 대한 개념화, 즉 표면적으로는 서
로 이질적으로 보이는 문제들이 맞물려 있는 방식 그리고 이것을 통합된 관점
에서 보는 것이 어떻게 치료에 영향을 미치는지를 내담자와 공유할 수 있다.
내담자가 사례개념화를 이해하고, 그것이 자신의 상황을 잘 설명하는 것이라
고 여기는 것은 중요하다. 비록 당신이 내담자 평가와 사례개념화, 치료계획
제안에 전문가라 해도, 내담자가 경험해 온 문제에 있어서의 전문가는 내담자
다. "이것이 당신의 문제에 얼마나 맞는다고 생각하나요?"라고 내담자에게 질
문할 수 있다. 만약 내담자가 사례개념화를 '완전히 틀린' 것으로 여긴다면 치
료자는 피드백에 개방적이어야 하고, 사례개념화는 계속되는 과정임을 유념하
면서 적절하게 수정할 수 있어야 한다.

❖ 치료 선택 검토하기

핵심 문제의 정의와 통합적인 근본적 기제에 대한 제안이 끝나면 치료자는
내담자에게 치료의 선택을 설명할 수 있다. 인지행동치료나 다른 심리치료 형
태, 약물치료와 같은 다양한 치료 선택과 각각의 장점과 단점이 제시되어야 한
다. 설명 내용에 대해 내담자가 이해하는지의 여부를 묻는 것은 중요하다. 가
끔 내담자들은 비언어적으로 자신의 혼란을 표현할 수도 있고 또 이해하지 못

한 것을 드러내어 질문하는 것이 자신의 문제 때문에 어려울 수도 있다는 것을 유의하라. 만약 내담자가 혼란스러워 보이면 잠시 멈추고 "여기에서 이해되지 않는 부분이 있나요?" 또는 "명확하게 하기 위해 좀 더 설명이 필요한 게 있나요?"라고 물어보는 것이 좋다. 그렇게 함으로써 질문하는 것이 적절한 것이고, 실제로 도움이 된다는 것을 내담자가 분명히 알게 하라.

인지행동치료에 대해 알고 결정하도록 내담자 돕기

인지행동치료가 내담자를 위해 적절한 접근방법이라고 믿거나, 약물치료를 포함하는 많은 치료 프로그램 중에서 중요한 구성 요소라고 믿는다면 다음 할 일은 인지행동치료에 대해 알려 주고, 이 치료 기법을 따를 것인지를 결정하도록 내담자를 돕는 것이다. 비록 인지행동치료를 매일 활용하는 치료자에게는 매우 실질적인 것으로 보이지만, 대부분의 내담자에게는 친숙하지 않다. 내담자에게 치료 선택을 설명함에 있어서 인지행동적 접근을 설명하는 것과 인지행동치료가 자신에게 적절한지를 생각해 보고 결정할 수 있도록 모든 정보를 내담자에게 제공하는 것이 중요하다.

보통 언제 이 피드백을 제시하느냐는 치료센터에 따라 다르다. 마이클의 사례에서는 치료 선택이 평가 회기 다음에 갖는 피드백 회기에 따로 논의되었다. 피드백 회기가 없으면, 치료 선택은 평가 회기의 마지막에 논의될 수 있다. 분명 어떤 내담자들은 평가 시작 전에 치료 선택에 관해 알고 싶어 한다. 평가가 완성될 때 치료에 대한 최선의 제안을 할 수만 있다면 이 방법도 좋다. 일반적으로 치료에 대해서는 평가 다음에 의논하고, 그 내용은 내담자 개인의 관심에 따라 구체적으로 할 수 있다.

인지행동치료가 무엇인지에 대해 '간단하게' 내담자에게 설명하는 것이 좋다. 가끔 내담자들은 '인지적'이라는 단어의 의미를 모른다는 것을 유념하라.

우리는 인지를 설명할 때, 간단하게 생각이라고 말하고, 인지행동치료에서는 특정 상황에 대한 생각을 바꾸도록 도움으로써 더 실제적이고 적응적인 방식으로 세상을 보게 될 거라고 말한다. 내담자들이 이 과정을 이해할 수 있도록 적절한 예를 제시하라.

 내담자에게 치료의 행동적 측면을 간략하게 설명할 때, 우리는 단순히 생각을 바꾼다는 것이 어려울 수 있다고 설명할 수 있다. 내담자는 그들이 생각하는 어떤 것이든 치료자에게 이야기할 수 있고 또 그것이 중요한 내용일 수도 있지만, 세상을 보는 관점에서 의미 있고 지속적인 변화를 위해서는 내담자들에게 새로운 경험이 필요하다. 인지행동치료에서 내담자들은 전혀 새로운 행동이나 오랫동안 해 본 적이 없는 행동을 실행하라는 요청을 받을 수도 있고 또 가끔은 역기능적이거나 건전하지 않은 행동을 중단하라는 요청을 받기도 한다. 이런 변화에 대한 설명은 내담자들의 경험과 관련 있는 예를 통해 다시 설명하라.

 인지행동치료가 어떤 것이며 또 인지와 그 특성을 내담자에게 설명하는 것은 중요하다. 이를 위한 몇 가지 핵심적인 것들이 있다. 첫째, 내담자는 인지행동치료에 임하는 자세인 협력적 경험주의(collaborative empiricism)에 대해 알아야 하는데, 그것은 내담자의 문제를 다루는 파트너로서 치료자와 내담자가 공동으로 작업하는 것을 의미한다. 또한 인지행동치료는 시간제한적 치료다. 여기서 치료자는 인지행동치료가 심리적 문제를 치료하기 위해 적극적·문제 중심적·현재 초점적 접근이며, 매우 신속하게 목표를 달성할 수 있다는 것을 내담자에게 설명해야 한다. 마지막으로 인지행동치료자는 과학적 연구에서 효과가 확인된 기법을 사용한다고 내담자에게 강조해야 한다.

▣ 협력적 경험주의 자세
 우리 경험에 의하면 내담자들이 가장 의아해하는 인지행동치료의 특성은 치료자와 내담자의 협력적 경험주의 자세다. 심리치료라 하면 보통 내담자는 자유연상을 하며, 자신의 문제의 기원을 해석해 주는 '모든 것을 아는' 치료자를 기다리는 장면을 떠올리게 된다.

협력적 경험주의는 치료자가 소크라테스식 질문기법을 활용할 때 가장 잘 나타난다. 다른 치료 형식에서는 해석적 문장이 가장 많이 쓰이는데, 인지행동치료에서 우리는 자신의 생각과 행동에 대해 내담자 스스로가 해석하도록 이끄는 질문을 한다. 이것은 특정 주제에 대해 내담자에게 질문할 때, 그에 대한 대답을 치료자가 모른다는 것을 의미하는 것은 아니다. 예를 들어, 우울증 내담자가 "나는 바꿀 수 있는 게 하나도 없어요."라고 말할 때, (친구와 가족에게 말할 때 하는 것과 같이) 치료자는 내담자에게 "그래도 당신은 바뀔 수 있어요."라고 하는 경향이 있다. Beck(1995)에 의하면, 이런 말을 하는 것은 '치료자의 견해'로 내담자를 '설득'하는 것으로 이해될 수 있다(p. 8). 그러나 설득하는 것은 해로운 점이 있다. 첫째, 그들의 생각이나 신념이 '틀린' 것이라고 내담자에게 전달될 수 있다. 둘째, 다른 방식으로 세상을 보도록 설득함으로써 우리는 내담자가 소중한 기술을 배울 기회를 박탈하는 것이다. 특히 내담자가 특정 신념을 바꾸는 것에 양가감정을 가질 때, 반대되는 관점을 확신시키려고 노력하는 것은 역설적으로 그 신념을 더 강하게 유지하게 만들 수도 있다(이것은 동기적 면접에 있어서 핵심 개념이다. Rosengren, 2009 참고). 인지행동치료에서 우리는 내담자들이 "자료를 주의 깊게 검토함으로써 자신의 생각을 정확하고 유용하게 결정하도록" 돕기를 원한다(Beck, 1995, p. 8). 그러므로 내담자의 생활이 변화할 것이라는 것을 말하는 대신, "미래에 당신의 생활이 변화될 것이라는 어떤 증거가 있나요?" 또는 "당신이 미래에 대해 다르게 생각할 수 있는 방법은 없나요?"라고 물어볼 수 있다. 소크라테스식 질문을 사용한다는 것은 내담자에게 다음과 같은 것을 알려 준다는 의미가 된다. 치료자는 내담자의 생각을 알기 원한다는 것, 내담자는 자신의 경험을 치료자에게 이해시킬 수 있다는 것 그리고 치료자는 내담자가 자신의 문제에 대한 해결책을 스스로 찾아가도록 안내한다는 것이 그것이다.

▣ 인지행동치료의 시간제한적 특성

새로운 내담자들은 인지행동치료의 시간제한적 특성에 놀란다. 내담자들은 가끔 치료가 몇 년 동안 지속될 것이라고 생각한다. 인지행동치료에서 치료자는 치료가 얼마나 걸릴지에 대해 예측할 수 있으며, 이 계획을 내담자와 공유한다. 치료 기간에 대한 추정은 다른 내담자와의 경험뿐만 아니라 연구와 치료 지침서에 근거를 둔다. 내담자 문제의 독특성은 또한 치료가 얼마나 오래 걸릴 것인지에 대한 예측에 영향을 미친다. 중간 정도의 공황발작과 최소한의 회피행동을 보이는 내담자는 6~10회기의 인지행동치료 과정에서 치료가 가능할 것이다. 반대로 빈번하고 심한 공황발작으로 2년 동안 집에서만 생활해 온 내담자라면 20회기의 인지행동치료가 필요할 수 있다. 인지행동치료 기간에 대해 정해진 규칙은 없지만, 대부분의 문제는 20회기 내에 아주 효과적으로 치료될 수 있다.

▣ 인지행동치료는 적극적이고, 문제 중심적이며, 현재에 초점을 둔 접근이다

내담자들은 인지행동치료에서 상대적으로 짧은 기간 안에 어떻게 중요한 결과를 얻을 수 있는지를 이해할 수 있어야 한다. 인지행동치료는 적극적이고, 문제 중심적이며, 현재에 초점을 두고 있기 때문에 효과적인 접근이다. 다시 말해 심리치료를 받는 사람의 일반적인 이미지에 관해 말한다면, 내담자는 보통 어린 시절의 경험에 대해 이야기하면서 문제의 기원에 대한 몇 가지 통찰을 얻기 위해 수년을 보내게 된다. 인지행동치료에서는 문제의 기원에 대해 최소한의 주의만을 기울이고, 기능의 향상을 위해 현재 행동과 생각의 패턴을 바꾸는 데 초점을 둔다.

인지행동치료는 모든 사람에게 도움이 되는가

인지행동치료의 폭넓은 적용 가능성에도 불구하고, 인지행동치료가 모든 문제나 모든 사람에게 해당되는 것은 아니다. 그러므로 치료를 권고할 때, 치료자는 내담자에게 더 적합해 보이는 다른 접근의 가능성도 개방하여야 한다.

인지행동치료는 언제 적절하지 않은가? 우리가 지적했듯이, 인지행동치료는 치료를 위해 인지와 행동에 적극적으로 개입한다. 심각한 지적 손상이 있는 내담자에게는 인지적 요소를 많이 강조하는 인지행동치료가 잘 맞지 않는다(더 많은 순수한 행동적 접근들이 이런 내담자에게 매우 도움이 된다). 비슷하게 신체적으로 약한 내담자는 어떤 인지행동치료 프로그램에는 어려움이 있을 수 있다[예, 수집광(hoarding)과 같은 강박장애를 가진 몇몇 하위 유형의 내담자에게 노출의식방지치료, 공황장애 내담자의 내부감각(interoceptive) 노출]. 단순히 인지행동치료의 이론을 좋아하지 않는 다른 내담자들도 있을 수 있다. 그들은 덜 구조화되기는 하였지만, 지지적인 치료를 더 좋아할 수 있다. 우리는 인지행동치료에 수반되는 것과 그것이 어떻게 도움이 될지에 대해 내담자를 교육해야 하지만, 만약 내담자가 인지행동치료 받기를 좋아하지 않는다면 인지행동치료가 최선의 치료라고 납득시키려고 하기보다는 적절한 연계를 제공해야 한다. 치료자가 원하는 것은 내담자에게 가능한 최선의 치료를 연결시켜 주는 것이지, 자신의 주장을 강요하는 것이 아니다.

비록 내담자가 인지행동치료에 대해 분명한 동기를 가졌다 할지라도 우리는 치료의 '단점'을 알려 주어야 할 책임이 있다. 인지행동치료는 치료자와 함께 정기적인 회기를 가져야 하고, 회기와 회기 사이에 치료적 활동을 수행하는 시간이 필요한 치료방식이다. 치료에는 비용이 드는데, 항상 보험으로 충당이 되는 것은 아니다. 내담자 자신이 기꺼이 어려운 상황에 들어와야 하고, 그들의 신념체계와 살아온 삶의 방식을 기꺼이 변화시켜야 한다. 내담자가 치료 받기로 결정을 내리기 전에 이 모든 것을 아는 것은 중요하다.

피드백 과정 동안 생길 수 있는 몇 가지 질문들을 언급하기 전에 평가 회기 다음에 가졌던 마이클의 피드백을 검토해 보자.

❖ 마이클의 피드백 회기

마이클은 평가 후 약 일주일 후에 치료실을 방문했다. 그는 치료자에게 반갑게 인사를 하면서 지난 번 평가 회기가 많은 도움이 되었고, 치료를 시작하는 것을 기다려 왔다고 말했다. 치료자는 마이클의 강점에 초점을 맞추면서 회기를 시작했다.

강점 검토하기

치료자: 나는 오늘 만남을 기대했습니다. 지난주에 당신과 함께 이야기했던 것이 기뻤습니다. 당신이 경험하고 있는 문제에 대한 많은 생각을 나한테 명료하게 전해 주었고, 삶에서 몇 가지 긍정적인 변화를 만들어 가기 위해 잘 준비가 된 걸로 보입니다.

마이클: 물론입니다. 나는 정말 이 사회불안을 고치기 위해 뭔가를 해야 합니다.

치료자: 지난주는 어떻게 지냈나요?

마이클: 끔찍했어요. 월요일 수업준비로 일요일 밤에 자지 못했고, 화요일에는 예배를 인도해야만 해서 월요일 밤에도 거의 잠을 자지 못했습니다. 이렇게 일주일을 시작하면 주말까지 고무줄처럼 늘어지고, 사회불안보다 수면박탈 때문에 더 지칩니다.

문제목록 검토하기

치료자: 무슨 말인지 알겠습니다. 좋아요. 지난주에 우리가 작성한 문제목록을 검토하면서 시작을 해 봅시다. 우리가 목록에 넣었던 첫 번째 문제는 사회불안이었어요. 지난주에 사회불안에 대해 이야기할 때, 우리는 일련의 특징이 있다는 것을 알게 되었지요. 예를 들면, 당신은 사회적 상황, 특히 다른 사람들 앞에서 설교를 할 때 매우 곤란을 겪는다는 것을 알았습니다. 또 그것보다는 덜하지만 다른 사람과 일상적인 대화를 할 때도 많은 불편을 경험하고 있습니다. 얼굴이 붉어지거나 땀이 나는 것과 같은 불안의 외적인 신호는 공포와 고통을 증가시킵니다. 불안을 다루기 위해 당신은 사회적이고 공적인 상황을 회피하거나, 회피가 불가능할 때는 나쁜 평가를 받지 않을 수 있다는 확신이 설 때까지 과도하게 노력해 왔지요. 이런 회피와 고통은 직업적 삶과 개인적인 삶에 부정적인 영향을 끼쳐 왔습니다. 이것이 모두 맞는 건가요?

마이클: 맞습니다. 정말 그렇습니다.

치료자: 내가 방금 이야기한 불안의 패턴은 사회공포의 진단과 일치합니다. 사회공포는 다른 사람의 판단이나 평가에 과도하게 걱정하는 특징이 있는 장애입니다. 이것은 심리장애 중 가장 보편적인 장애의 하나로 미국인의 12%가 일생에서 몇 번 정도는 경험하게 됩니다.

마이클: 그게 정말입니까? 그게 그렇게 보편적인지는 몰랐습니다.

치료자: 그렇습니다.

마이클: 우와, 그 말을 들으니 좀 편안해집니다.

치료자: 다행입니다. 사회공포에 대해 다른 질문이 있나요?

마이클: 지금은 없습니다.

치료자: 좋습니다. 궁금한 게 있으면 언제든 이야기하십시오. 이제부터는

당신의 나머지 문제목록을 살펴봅시다. 직업선택 문제와 사제가 되는 것에 대한 가족과의 갈등 그리고 가정을 꾸릴 것인가의 결정과 관련된 문제들을 이야기했습니다. 지난주를 지내면서 목록에 추가하고 싶은 다른 문제가 있었나요?

마이클: 이거면 충분하지 않나요?(웃음) 심각하긴 하지만 좋습니다.

치료자: 좋습니다. 그러면 우리가 문제목록을 완성한 건가요?

마이클: 그렇습니다.

사례개념화 공유하기

치료자: 나는 당신이 경험해 온 여러 가지 문제에 대해 내가 어떻게 이해하고 있는지를 당신과 검토해 보려고 합니다. 모든 문제를 종합하는 것은 치료계획을 세우는 데 도움이 됩니다. 이것은 진행 중인 작업이니까 만약 어떤 것이 잘못되었다면 이야기해 주세요.

마이클: 알겠습니다.

치료자: 내가 이해하기로 우리가 여기서 다룰 것은 실수하는 것 또는 완벽하지 못하다는 것에 대한 큰 걱정입니다. 이것은 분명히 일상에서의 사회불안에 해당되는 것이고, 당신은 '망치는 것'에 대해 불안하다는 거지요?

마이클: 그렇습니다. 불안해 보이는 것, 불안하게 말하는 것, 잘못 말하는 것 모두입니다.

치료자: 그러면 이런 것이 왜 그렇게 나쁜가요?[소크라테스식 대화 시작]

마이클: 내가 불안해 보이고, 불안하게 말하고, 멍청하게 말하면 사람들은 나를 바보로 생각할 것이고, 그 인상을 바꾸기는 매우 어려울 것입니다.

치료자: 그게 당신에게 어떤 의미인가요?

마이클: 만약 내가 나쁜 첫인상을 주면 사람들은 나와 함께 지내거나 성당

에서 나의 예배에 참석하는 것 또는 나와 함께 수업 프로젝트를 하는 것을 싫어할 겁니다.

치료자: 아주 힘들겠네요.

마이클: 예……. 나도 모르게 난 혼자가 되고, 결국 나는 섬유조직 샘플만 있는 병리학 실험실로 돌아갈 겁니다.

치료자: 그래서 실수를 하는 것은 당신에게 아주 끔찍한 결론에 이르게 하는군요. 다른 사람에게 나쁜 인상을 주는 것에서부터 결국 슬프게 혼자가 되는 것까지네요.

마이클: 예, 여기에 앉아 있을 때는 그런 생각이 어리석게 느껴지지만 사회적 상황에 있을 때는 실제로 일을 망치고, 결과적으로 더 고통스러워질 거라고 믿게 됩니다.

치료자: 예, 이건 사회불안의 한 부분입니다. 그러나 이것도 문제목록의 다른 것과 맞는 것이라고 생각해도 될까요?

마이클: 무슨 뜻이지요?

치료자: 그러니까 당신은 일상에서의 실수뿐만 아니라 '인생의 중요한 결정'에 대한 실수에 대해서도 걱정하는 걸로 보입니다. 당신이 사제가 되면 가족을 실망시키거나 당신 자신의 가족을 갖지 못하는 것에 대해 후회하지 않을까요? 만약 신학교를 그만두고 의사로 돌아간다면, 신과 동료 사제들의 눈에 당신이 어떻게 보일까에 대해 걱정하면서 후회하게 되지 않겠습니까? 이런 삶의 중요한 결정에 관한 것들은 모든 사람에게 큰 문제가 될 수 있는데, 사회불안으로 살짝 포장되어 있는 것 같습니다. 지금 현재, 사회불안 때문에 이 큰 결정에 대한 것들이 잠복되어 있고, 특히 당신은 당신의 결정에 대한 다른 사람의 반응 때문에 더 걱정을 하고 있는 것 같습니다.

마이클: 맞습니다. 이 모든 문제가 관련이 있군요.

치료자: 예, 실수하는 것에 대한 걱정이 일관된 주제인 것 같습니다. 이것이 당신이 상황에 대해 생각하는 방식과 일치하는 것인가요?

마이클: 네, 맞습니다. 나는 당신이 말한 대로 생각해 본 적은 없었지만, 이해가 됩니다.

치료자: 좋습니다. 내 생각에 거기에는 한 가지가 더 있습니다. 비록 실수를 하는 것이나 불완전하게 되는 것은 분명 그 자체로 충분히 불쾌한 것이기는 하지만, 내 생각에 당신의 공포는 더 깊은 곳에 근원이 있는 것 같습니다. 지금까지 이야기해 온 모든 것을 종합하면, 당신은 사람들이 당신의 불완전함을 알면 거절할 것이라는 불안을 느끼고 있는 것으로 보입니다. 만약 당신이 설교를 엉망으로 하면, 사람들이 다시 당신의 예배에 오고 싶어 하지 않을 것입니다. 만약 그룹 작업을 망치면, 사람들은 다시는 당신과 함께 작업하고 싶어 하지 않을 것입니다. 그리고 당신이 인생에서 잘못된 선택을 하면, 당신의 가족이 당신을 거절할 가능성까지도 불안해하고 있지요? 이 말이 맞습니까?

마이클: 아, 맞습니다. 당신이 정확하게 이해했습니다. 지난 몇 년간 아주 편안했습니다. 동료도 없었고, 데이트도 없었고요. 그래서 당연히 거절당할 기회 자체가 없었습니다. 그러나 최근 몇 개월은 정말 힘들었습니다. 나는 내가 가는 모든 곳에 거절이 도사리고 있는 것처럼 느낍니다.

치료자: 그렇습니다. 당신의 삶의 변화가 이 핵심 걱정을 불러일으킨 것으로 보입니다. 핵심 신념은 오랫동안 지속되어 왔지만, 잠시 잠복기였습니다. 그렇지요?

마이클: 그렇습니다. 그렇지만 솔직히 지금은 약간 무력감을 느끼고 있습니다. 부끄럽기는 하지만 사소한 문제를 가지고 치료실에 왔는데, 내 마음의 중심에 그런 주요한 문제가 있고, 이것은 내 생활의 모든 측면에 근본적으로 영향을 미치는 것 같습니다. 내가 어떻게 그것을 바꿀 수 있을지

잘 모르겠습니다.

치료자: 당신의 마음을 알겠습니다. 어떻게 하면 되는지 몇 가지 방법이 있습니다. 그것을 같이 이야기해 볼까요?

마이클: 물론입니다.

치료 권고

치료자: 좋습니다. 방금 말했듯이, 당신은 사회불안에 대해 도움을 요청하고자 왔고, 나는 우리가 우선 그 문제를 다루어야 한다고 생각합니다. 더 나아가 삶에 대한 모든 결정이 사회불안 때문에 복잡해진 것으로 보입니다. 예를 들어, 먼저 사회불안을 다루지 않고 신학교를 중단하기로 결정한다면, 당신이 신학교를 그만 둔 것이 사회불안 때문인지 아니면 정말 '옳은' 결정이 아니었기 때문인지 의문이 들 것입니다.

마이클: 맞습니다. 지금 생각해 보면, "야, 이건 너한테 맞지 않아."라는 생각이 들 때는 보통 불안을 일으키는 생각이 떠오를 때입니다.

치료자: 아, 아주 흥미롭습니다. 그 말은 사회불안을 먼저 다룰 필요가 있다는 것을 더 분명하게 해 줍니다.

동의를 얻기 위하여 내담자에게 치료에 대한 구체적 정보 제공하기

치료자: 우리는 사회불안 내담자를 위해 특별하게 구성된 공식적인 치료 계획서(protocol)를 가지고 사회불안치료를 시작할 겁니다. 이 치료는 약 16회기로 구성되어 있지만 유동적입니다. 만약 진행 중에 다른 문제들이 발생한다면 주제에서 벗어나 그것을 다룰 수 있습니다. 마찬가지로 만약

사회불안이 16회기 전에 개선된다면 '기어를 바꾸어' 다음에 어떤 작업을 할 것인지를 결정할 수 있습니다.

마이클: 정말 좋습니다. 계획이 정말 마음에 듭니다.

치료자: 다른 질문이나 혹은 어떤 의견이 있나요?

마이클: 음, 공식적인 치료계획서로 사회불안을 치료할 거라고 이야기하셨는데, 그게 어떤 내용인가요?

치료자: 우리는 약간의 심리교육을 하면서 시작할 겁니다. 이를 통해 당신은 사회불안장애에 대해 몇 가지를 배우게 될 것입니다. 그것이 얼마나 보편적인지, 어디에서 시작되었는지, 원하지 않는데 왜 지속되는지 그리고 그것을 어떻게 치료하는지. 그다음 우리는 사회불안을 야기하는 당신의 생각을 알아볼 것이고, 그 생각에 도전할 몇 가지 기법들을 배울 것입니다. 여기서 치료에서 가장 중요한 노출을 할 겁니다. 우리는 불안을 야기하는 모든 상황의 목록을 작성하고, 당신이 느끼는 불안의 정도에 따라 항목을 평가할 겁니다. 그다음에 체계적으로 이 상황들에 직면할 것입니다.

마이클: '상황에 직면한다는 것'은 무슨 뜻인가요?

치료자: 예, 약간 무섭게 들리죠? 설명을 해 드리겠습니다. 인지행동치료의 핵심 기법은 불안한 상황에 노출하는 것입니다. 당신이 회피해 왔던 상황에 직면함으로써 당신은 노출이 반복적으로 진행되면서 불안이 감소한다는 것을 알게 될 것입니다. 또 두려워하던 결과가 거의 일어나지 않는다는 것을 알게 되고, 일어나더라도 그 결과가 당신이 생각하는 것만큼 매우 심각한 것은 아니라는 것을 알게 될 겁니다.

마이클: 예를 들어 설명해 주실 수 있나요?

치료자: 첫째로 준비 없이 설교를 하는 것입니다. 지금 당신은 정기적으로 설교를 하고 있지만, 그때마다 사전 준비에 몇 시간을 소요합니다. 사전 준비시간을 점점 줄여서 설교하는 것에 대해 노출을 할 수 있습니다. 심

지어 전혀 사전 준비 없이 치료 회기에서 설교를 시도할 수도 있습니다.

마이클: 전혀 준비 없이 한단 말입니까? 정말 끔찍합니다. 나는 준비시간 없이 완벽한 설교를 할 수 없고, '사전 준비 없이'는 정말 못합니다. 농담이시지요?

치료자: 그런데 마이클 씨, 당신이 알아야 할 중요한 것은 이 노출을 점진적으로 해 나갈 거란 겁니다. 만약 당신이 지금 5시간을 준비한다면 2시간으로 줄여 보고, 그다음 1시간으로 줄이고, 그러다가 30분만 준비하는 것을 시도할 것입니다. 바꾸어 말하면, 당신이 현재 하고 있는 것과 전혀 사전 준비 없이 하는 것 사이에는 많은 단계가 있다는 겁니다.

마이클: 솔직히 말하면 전혀 불가능한 것처럼 보입니다.

치료자: 지금은 그렇게 보일 겁니다. 그렇지만 그것이 우리가 점차적으로 노출을 하려는 이유입니다. 중간 정도의 불안을 일으키는 상황에서 시작해 높은 불안을 야기하는 상황까지 노출을 할 겁니다. 가장 불안한 상황에 노출하는 시점이 되면 내담자들은 더 이상 불안해하지 않습니다.

마이클: 준비는 조금만 하고 설교를 충분히 연습하면 불안이 점점 줄어들 거라는 말인가요?

치료자: 예, 충분히 가능합니다. 왜 이것이 가능한 것인지 생각해 볼 수 있겠습니까?

마이클: 그렇게 해도 완전히 엉망이 되는 것은 아니라는 것을 배우게 될 것 같습니다.

치료자: 맞습니다. 그렇지만 다른 한 가지 더 생각해 볼 것이 있습니다. 심지어 공적 연설을 많이 하는 사람도 종종 실수를 할 수 있습니다. 만약 당신이 정말 실수를 하게 된다면 어떤 이득이 있지 않을까요?

마이클: 이득이라고요?

치료자: 예, 왜 당신이 실수하는 것이 좋은 이유가 될 수 있을까요?

마이클: 실수하는 것이 그렇게 나쁘지 않다는 것을 보여 주기 위해서인가요?

치료자: 맞습니다. 당신이 실수하면 신학교에서 퇴학당하나요? 교구민들이 당신에게 야유를 보내나요?

마이클: 아닙니다. 이제 이해가 갑니다. 내가 거절당하지 않을 거라고 말씀하시는군요. 그러나 저보고 기존의 방식을 벗어나 실수하라고 말씀하시는 것은 아니지요?

치료자: 나는 사람을 어떻게 하도록 '바꾸지' 않습니다. 다만 제안하는 겁니다. 당신이 의도적으로 잠깐 멈추거나, 틀리게 말하거나 하는 것들을 해 볼 수 있습니다. 어떻게 생각하나요?

마이클: 정말 굉장한 일인 것 같습니다.

치료자: 좋습니다. 고의로 실수하는 것이 강력한 학습 경험이었다는 것은 많은 내담자에게 증명되었습니다. 실수의 결과가 나쁘지 않으며, 가끔 다른 사람들은 내담자들이 실수하는 것 자체를 전혀 알아차리지도 못한다는 것을 알게 됩니다. 그러니 차근차근 해 보도록 합시다.

마이클: 해 보기는 하겠습니다. 그러나 아무것도 약속할 수는 없습니다.

치료자: 그래요. 그 정도면 충분합니다.

마이클: 이제 사회불안장애는 어떻게 할 것인지 알겠습니다. 다른 문제들은 어떻게 다루게 됩니까?

치료자: 인지행동치료의 좋은 점은 모든 다른 종류의 문제에도 적용 가능한 틀을 제시한다는 것입니다. 사회불안장애 프로그램 동안, 당신은 부정적 사고를 찾아내는 방법과 이 생각들에 이의를 제기할 구체적인 기법들을 배우게 됩니다. 이 기법들은 물론 다른 문제들을 치료할 때도 실제로 도움이 될 것입니다. 우리는 또한 인지행동치료의 다른 기법들을 찾아서 활용할 수 있습니다. 동일한 일반적 관점으로부터 당신의 모든 문제에 접근하고 있기 때문에 사회불안치료로부터 다른 문제의 치료로 전환할

때 아주 자연스러울 것입니다.

마이클: 정말 좋습니다.

다른 치료의 선택

치료자: 다른 치료에 대한 선택도 있습니다. 사회불안치료를 위해 약을 복용하는 것도 가능합니다. 당신 생각은 어떻습니까?

마이클: 예, 그 생각을 해 봤습니다. 그렇지만 약은 먹고 싶지 않습니다. 약을 싫어하는 것은 아니지만, 새로운 기술을 배우는 것이 좋습니다. 만약 그것이 효과가 없다면 그때 약물에 관해 더 이야기를 하고 싶습니다.

치료자: 그것이 좋겠네요. 만약 당신이 약물에 관해 다시 이야기를 하고 싶으면 치료과정 중에라도 이야기를 하십시오.

이 시점에서 치료자는 마이클에게 다른 문제나 질문이 있는지 물어보았다. 피드백 회기 마지막에 치료자는 첫 치료 회기를 위해 다음 주 약속을 잡았다.

❖ 인지행동치료에 대한 일반적 의문

이 장을 마무리하고 인지행동치료 과정으로 옮겨 가기 전에 내담자들이 치료 선택을 고려할 때 일반적으로 대두되는 몇 가지 의문들을 검토해 보자. 어떤 내담자들은 인지행동치료에 대한 간략한 설명을 듣고, 그것이 가치가 있다는 것을 알게 되어 '동의'할 것이다. 다른 사람들은 당신의 설명에 의문과 궁금증을 가지고 들을 수도 있다. 내담자들이 치료에 관해서 결정할 수 있도록 정보를 제공하고, 궁금한 점에 대답해 주는 것은 중요하다.

"인지행동치료는 효과적인가?"

많은 내담자가 인지행동치료가 '효과적'인가 하는 의문을 가질 것이다. 어떤 내담자들은 다른 곳에서 인지행동치료의 효과에 대해 배웠기 때문에 인지행동치료를 원하지만, 다른 사람들은 정신건강전문가를 처음 접촉하는 것이고, 인지행동치료에 대해 처음 듣는 것일 수 있다. 인지행동치료는 대부분의 사람들이 알고 있는 심리치료와 다를 수 있기 때문에 내담자들은 인지행동치료의 타당성이나 효과에 대해 의구심을 가질 수 있다. 치료적 접근에 확신을 갖는 것은 치료효과에 영향을 미치기 때문에 내담자에게 인지행동치료에 대한 확신을 갖게 하는 것은 매우 중요하다.

이것은 초보 치료자에게 어려울 수 있는데, 왜냐하면 초보 치료자들은 장래의 내담자에게 인지행동치료를 '판매하는' 것 같은 부담감을 느끼기 때문이다. 만약 내담자가 치료를 '뿌리치고' 인지행동치료를 따르기로 결정하지 않으면 초보 치료자는 지도감독자가 자신을 부정적으로 평가하지 않을까 걱정한다. 그래서 치료에 대해 적절한 결정을 하도록 돕는 정보를 내담자에게 제공하는 것과 그들이 원하지 않는 치료 프로그램에 참여하게 압력을 주지 않도록 균형을 갖는 것이 중요하다.

이 '압력을 주는 것'을 피할 수 있는 두 가지 방법이 있다. 첫째, 진실만을 말하라. 내담자에게 인지행동치료가 경험적으로 지지된 치료적 접근임을 말하라. 내담자의 문제에 적용된 인지행동치료의 효과에 대한 구체적 정보를 제시하라. 인지행동치료는 새로운 치료적 접근이 아니라 오히려 40년 이상 동안 심리장애의 치료에 활용되어 왔음을 알려 주라. 실제로 비슷한 문제를 가진 다른 내담자를 인지행동치료로 치료한 적이 있다면 (비밀보장에 유의하면서) 그것을 언급하는 것도 도움이 된다.

둘째, 협력적 경험주의의 자세로 돌아가라. 인지행동치료에 대한 당신의 확신을 내담자와 공유하는 것이 좋지만, 당신은 그들이 의구심을 가질 수 있음을 인정해야 한다. 어쨌든 당신은 인지행동치료를 효과적으로 실시한 적이 있지만 내담자들은 그렇지 않다. 치료자는 인지행동치료를 시도해 보고 어떤 효과가 있는지 보라고 내담자를 격려할 수 있다. 비록 내담자들이 인지행동치료가 자신에게 효과가 없을 거라는 가설을 가졌을지라도 적절한 어떤 시점(예, 협의된 치료과정의 중간지점)에 어떻게 되어 가는지를 재평가하고, 자신의 가설이 지지되고 있는지 아닌지를 살펴보도록 내담자를 격려하라. 그러나 결국에는 인지행동치료가 자신에게 효과적일 가능성이 있다고 내담자가 마음을 여는 것이 중요하다. 치료를 시작하기 전까지 내담자가 인지행동치료에 대해 완전히 확신을 갖기를 기대하는 것은 비현실적이다.

내담자와 이런 이야기를 하는 좋은 방법은 애쓰지 않고 새로운 뭔가를 배웠던 기억에 대해 질문하는 것이다. 대부분의 사람이 이름의 철자나 운동화 끈을 묶는 방법을 배운 것을 기억할 수 있다. 다른 내담자들은 새로운 언어나 스포츠의 규칙을 배운 것 또는 악기 연주방법을 배웠던 것을 떠올려 볼 수 있다. 운전에 대한 특정 공포증을 가진 내담자를 생각해 보라.

> 내담자: 여태껏 나는 내가 운전에 대해 편안하게 느낄 때가 있을 거라는 상상을 해 보지 못했습니다. 그것을 해결하기 위해 노력해 왔지만, 도저히 불가능합니다.
>
> 치료자: 처음 시작할 때는 불가능해 보였던 어떤 새로운 것을 배워 본 적이 있나요?
>
> 내담자: 음, 프랑스어를 배운 것이 생각납니다. 남편은 프랑스 사람인데 영어를 아주 잘하는 반면, 그의 친척들은 프랑스어만 합니다. 그래서 우리가 약혼할 때, 결혼식 후 그곳에 방문할 것이었기 때문에 프랑스어를 배우겠다고 결심했습니다. 그의 가족과 대화할 수 있기를 원했습니다.

치료자: 어떻게 프랑스어를 배웠습니까?

내담자: 먼저 프랑스어 테이프를 샀습니다. 걸어다닐 때 그것을 청취하며 나를 소개하기, 길 물어보기, 식당에서 음식 주문하기와 같은 것을 배웠습니다. 그렇지만 내가 집에 있을 때 남편이 자신의 친척들과 전화통화하는 것을 들었는데 무슨 말을 하는지 이해를 못했습니다. 그것은 저를 많이 좌절하게 했습니다.

치료자: 그래서 어떻게 했습니까?

내담자: 그때 나는 대학의 수업을 신청했습니다. 몇몇 다른 선택의 기회가 있었지만, 저는 영어를 전혀 말하지 않는 학급을 선택했습니다. 그 학급의 선생님은 그것이 최선의 방법이라고 말했습니다.

치료자: 그래서 어떻게 되었나요?

내담자: 처음에는 정말 당황스럽고 끔찍했습니다. 처음 2주는 뭐가 어떻게 되는지도 몰랐습니다. 그렇지만 조금씩 이해되기 시작했고, 집에서도 남편과 연습을 시작했습니다. 6개월 만에 아주 좋아졌습니다. 나의 프랑스어는 지금 매우 유창합니다. 가끔 혼란스럽거나 잘못 말하기는 하지만 끔찍하지는 않습니다.

치료자: 당신이 처음 그 테이프를 구입했을 때, 당신이 이렇게 발전하리라는 것을 기대했습니까?

내담자: 전혀 아닙니다. 그저 불가능하게 느꼈습니다. 그렇지만 나는 꾸준히 노력했고, 정말 열심히 공부하여 성공했습니다.

치료자: 프랑스어에 대한 경험과 운전 공포를 극복하는 것 간의 어떤 관계가 있는 것을 알고 있습니까?

내담자: 그것 참 흥미롭습니다. 자가 운전에 관한 책을 샀으나 도움이 안 됐었습니다. 나는 지금도 운전할 수 없습니다. 그건 나의 프랑스어 테이프와 같다고 생각됩니다. 프랑스어를 실제로 배우기 시작했던 그때처럼 수

업을 아직은 시작하지 않았습니다.

치료자: 그래요?

내담자: 그래서 당신과 함께 작업을 하면 실제로 도움이 될 것 같습니다. 시작하기 전에 판단하는 것은 맞지 않는 것 같습니다.

치료자: 프랑스어를 배웠던 경험 중 여기서 도움이 될 만한 다른 것은 없습니까?

내담자: 지금 당장은 쉽지 않을 거라는 것을 기억해야 하겠습니다. 합리적인 기대를 가지고 작업을 해야겠습니다.

치료자: 그것은 정말 중요한 자세입니다.

"나의 문제를 작업할 시간이 충분한가요?"

내담자들은 인지행동치료가 시간제한적이라는 것에 대해 서로 다르게 반응을 할 수 있다. 많은 내담자는 이것을 긍정적으로 본다. 즉, 자신의 문제를 해결하는 데 수년이 걸리지는 않을 것임을 아는 것은 위안이 된다. 게다가 인지행동치료의 시간제한적인 특징은 내담자의 의욕을 많이 고취시킨다. 치료 과제가 많아 보이지만, 내담자가 자신의 문제를 치료하는 데 2~3개월밖에 소요되지 않을 것이라는 것을 알면 그들은 어려운 것을 스스로 시도하려고 더 분발한다.

그러나 어떤 내담자들은 시간이 충분하지 않아 자신이 원하는 만큼 치료를 받지 못하게 될까 봐 걱정한다. 특히 문제가 오래된 내담자가 이런 걱정을 하는 것은 당연하다. 30년 동안 지속되어 왔던 문제가 2개월 안에 치료된다는 건 상상하기 어렵다. 연구나 다른 내담자를 치료했던 경험에서 알게 된 것을 이야기하는 것이 도움이 된다. 인지행동치료는 심각하고 장기적 증상을 가진 내담자에게조차 시간제한적 방법으로 치료를 수행하여 효과적이었다는 것이 밝혀져 왔다. 이런 정보는 내담자에게 설명되어야 하지만 시간제한적 치료가 그들에게도 역시 적용될 것이라고 설득하는 것이 반드시 필요한 것은 아니다. 오히려 인지행동치료의 경험적 자세로 돌아와 "이 계획을 갖고 시작해서 치료의 진행 사항을 확인해 보는 것이 어떻겠습니까?"와 같은 질문을 통해 내담자가 탐구하는 과학자가 되도록 격려하라. 내담자에게 전달할 또 다른 유익한 메시지는 인지행동치료는 사례개념화를 계속적으로 검토하고 수정해 나간다는 것이다. 치료계획은 고정된 것이 아니라 치료 진행에 따라 자주 평가되고 검토된다.

"왜 과거에는 인지행동치료가 효과적이지 않았나?"

가끔 과거에 인지행동치료를 받아 왔으나 거의 개선되는 경험을 하지 못하는 내담자들이 있다. 이런 경우, 치료자는 과거 치료의 정확한 특성을 알아내는 데 시간을 할애해야 한다. 가끔 당신은 치료가 실패하게 된 정확한 원인을 찾아낼 수 있다.

제3장에서 언급했듯이 내담자들은 인지행동치료를 받아 왔다고 생각하지만, 치료의 내용에 대해 이야기를 하고 난 후에야 그들이 무엇을 해 왔는지가 분명해진다. 어떤 내담자들은 인지행동치료의 특정 구성 요소들만 받아 왔다(예, 행동적 요소가 없는 인지적 작업만). 그들은 인지행동치료의 적절한 훈련을 하지 않았다(예, 다양한 장애에 대한 인지행동치료는 더 긴 회기를 가져야 하는데 그들은 4회기만 받았다). 어떤 내담자들은 적절한 기간 동안 인지행동치료를 아주 잘 받았지만, 다른 변수들이 효과에 영향을 미쳤다. 인지행동치료는 내담자 쪽의 시간과 노력이 요구되는 치료인데, 어떤 내담자들은 마지막으로 인지행동치료를 시도했던 때를 말하지만 그들은 변화의 준비가 되어 있지 않거나 치료를 위해 전념할 시간이 없었다. 내담자의 이런 정보를 얻어내는 것은 매우 중요하다. 인지행동치료적 접근법을 사용함으로써 내담자가 잘못된 개념을 빨리 개선하고, 인지행동치료를 다시 시작하기 위한 마음자세를 갖게 할 수 있다.

관련 참고자료(서적)에 기초하여 어떤 내담자들은 인지행동치료 기법을 스스로 해 보려고 노력했으나 성공하지 못했다고 말한다. 자조도서나 직관력을 통해 내담자들은 자신의 생각에 도전하거나, 자신이 두려워하는 어떤 것에 노출하거나 또는 건강하지 않은 행동을 더 적응적인 행동으로 바꾸는 시도를 했을 수 있다. 그들은 자신의 노력은 효과가 없었으나, 왜 공식적인 인지행동치료는 효과가 있을까 하는 의문을 갖게 될지도 모른다. 이 질문에 대한 좋은 대답은 먼저 내담자들의 노력을 칭찬하는 것이다. 그 후, 그들의 경험이 보편화(normalized)될 수 있다. 대부분의 내담자는 치료센터에 오기 전에 스스로 자신의 삶을 향상시키기 위해 많은 노력을 해 왔다. 그러나 생각하고 행동하는 방법을 바꾸는 것이 그렇게 수월하였다면 사람들은 아무 문제도 없었을 것이다.

인지행동치료의 강점 중 하나는 문제 사고와 행동들을 유지시키는 수반성(contingencies)을 내담자에게 이해시키고, 변화를 위한 구체적 전략을 내담자에게 가르친다는 것이다. 많은 사람이 몸무게를 줄이려는 시도를 하면서도 실패하는 다이어트가 하나의 좋은 예가 된다. 그들은 적게 먹고 운동을 많이 하겠다는 결심을 하지만, 실제로는 그 목표를 달성하지 못한다. 치료의 장점은 이 달성하기 힘든 목표들이 이루어질 수 있도록 특별한 변화를 구체화하는 것이다. 내담자가 과식에 대한 촉발인자와 운동에 대한 장애물을 확인할 수 있도록 도우면서 치료가 시작될 수 있다. 즉, 달리 말하면 먼저 과체중을 유지하도록 하는 요인을 명료화하는 것이 다루어지게 된다. 그런 다음 치료자는 적게 먹고 운동을 더 많이 할 수 있는 구체적인 계획을 세우도록 도울 수 있다. 만약 과식의 촉발요인이 저녁 시간의 지루함과 외로움이라면, 치료자는 지루함을 완화시키고(예, 읽을 책을 준비하거나 집을 꾸미기 위한 프로젝트에 착수), 외로움을 감소시킬 수 있는(예, 카페에 가입하기, 자원봉사하기, 친구와 영화 보기) 여러 가지 방법을 개발하도록 도울 수 있다. 치료자는 또한 내담자의 식습관을 살펴보고 가능성 있는 긍정적인 변화를 명확히 하도록 내담자를 도울 수 있다. 만약 내담자가 오후 5시에 건강식 저녁을 먹은 후 밤 11시에 패스트푸드로 폭식한다면, 치료자는 저녁을 약간 늦게 먹은 다음 이후에는 건강한 스낵을 먹도록 제안할 수 있다. 비슷하게 치료자는 이전 치료를 방해했던 장애물을 고려하여 운동을 계획할 수 있도록 내담자를 도울 수 있다. 만약 내담자가 체육관에서 운동하는 것을 좋아하지 않는다면 주변에서 걷기 좋은 경로를 찾도록 격려할 수 있다. 혼자 운동할 의욕을 갖기가 어렵다면 '운동 친구'를 찾도록 격려해야 하고, 그것은 또한 지루함과 외로움을 감소시킬 수 있다. 이런 잠재적 해법이 개발되고 적용됨에 따라 내담자가 결과를 평가하도록 하고, 만약 초기의 치료 계획이 효과가 없다면 다른 대안적 해법들을 검토하도록 내담자를 도울 수 있다. 달리 말하면, 치료는 하룻밤 과식을 하거나 운동을 빠뜨린 것으로 인해 포기하는 것이 아니라, 오히려 문제 해결을 위해 끈기 있게 노력할 수 있는 틀을 제공해 주는 것이다. 일반적으로 내담자들은 자신의 문제 해결을 위해 스스로 노력하라는 권고를 고맙게 여기고, 지지적인 치료자와 함께하는 구조화된 인지행동적 접근이 어떤 좋은 결과를 일으키게 되는지 분명히 이해할 수 있게 된다.

"약을 복용해야 하는가?"

특히 제약회사들이 텔레비전과 유명 잡지에 광고를 싣기 시작한 이래로, 많은 내담자가 약에 대해 수많은 질문을 가지고 치료자를 만나러 온다. 내담자가 자신의 진단에 도움이 될 것으로 생각하는 약을 선택해서 치료실로 오는 것은 이상한 일이 아니다. 대부분의 치료자들은 약물을 처방하지 않지만, 약에 대해 알아야 하고 내담자의 질문에 대답할 수 있어야 한다. 또 주변의 '인지행동치료에 호의적인' 정신과 의사를 알아놓는 것도 도움이 된다. 이들은 궁금한 것을 물어볼 수 있고, 당신의 내담자를 의뢰할 수 있는 사람이다. 인지행동치료에 긍정적이고 당신과 좋은 협력적 관계를 가진 의사를 만날 때, 내담자들은 가능한 최선의 치료를 받을 수 있을 것이다.

약물치료 여부를 결정하기 위한 과정에서 내담자들은 대부분 심리치료, 약물치료 또는 병행치료의 비교 효과에 대한 매우 전형적인 질문들을 할 것이다. 장애와 무관하게 치료결과에 대한 많은 연구는 심리치료와 약물치료가 비슷한 효과가 있지만, 약물치료는 조금 빨리 효과가 나타나고 심리치료는 더 장기적인 효과가 있음을 시사한다. 병행치료에 관한 연구들은 더 복잡하다. 어떤 연구들은 하나의 치료보다 병행치료가 더 효과적이라고 하고 또 어떤 연구들은 병행치료가 도움이 되지 않는다고 말한다.

치료자로서 이런 질문에 대한 적절한 대답 방법은 내담자의 생활습관을 감안하는 것이다. 내담자에게 각각의 장단점을 설명하고, 그들이 적절한 정보를 획득한 후에 그들의 관점을 재평가하라. 두 치료적 접근의 장점은 효과적이라는 것이다. 지금 우리는 대부분의 심리장애치료를 위한 효과적인 접근과 약물들을 이전보다 더 많이 가지고 있다.

심리치료와 같이 약물치료도 몇 가지 단점이 있다. 모든 약물은 부작용이 있고, 내담자들은 그에 대해 알아야 한다. 약물은 매우 비싼데, 특히 건강보험이 없는 내담자에게는 더 그렇다. 심리치료와 병행할 때, 약물의 사용은 복용법을 엄격하게 지켜야 한다. 심리치료와 반대로 약물의 사용은 시간제한적이지는 않지만, 약물치료만 받는 것은 심리치료만 받는 것보다 장기적인 효과 면에서 좋지 않다는 것을 내담자들은 알아야 한다. 치료자와 내담자는 주어진 내담자의 문제와 생활습관과 관련된 요인에 대한 최선의 치료적 접근을 찾아내기 위해 함께 작업해야 한다. 제7장에서 우리는 인지행동치료와 약물치료를 동시에 하는 것과 관련된 보다 자세한 주제들을 논의할 것이다.

❖ 심리평가 보고서 작성하기

당신이 사례개념화 작업과 초기 치료계획을 세웠다면 심리평가보고서를 쓸 준비가 된 것이다. 평가보고서를 쓰는 방법은 다양하다. 대부분의 기관에는 선호하는 보고서 양식이 있다. 일반적으로 특정 정보들은 구체적 양식과 관계없이 보고서에 포함되어야 한다(Groth-Marnat, 1997 참고).

보고서 작성을 위한 몇 가지 일반적인 규칙

보고서 작성에 있어 가장 중요한 규칙 중 하나는 간결하게 쓰는 것이다. 평가 동안 알게 된 모든 것을 보고서에 적을 필요는 없다. 다른 전문가들은 매우 바쁘며, 가능한 한 빨리 내담자에 대한 분명한 이해를 갖고 싶어 한다는 것에 유념하면서 내담자를 가장 잘 이해할 수 있게 주의 깊게 정보를 선택하라. 더 나아가 내담자가 자신에 대한 보고서를 읽을 때, 너무 많은 정보에 압도당할 수 있다. 간략하게 쓰고 제안을 명확하게 제시하는 것은 매우 중요하다.

읽을 사람에 유의하는 것도 중요하다. 당신은 보고서를 읽을 사람을 감안하면서 보고서에 무엇을 적어 넣을 것인지를 결정해야 한다. 보고서가 내담자의 생활 주변에 있는 다른 사람에게 제공되는 경우, 이 문제가 더 중요하게 대두된다. 예를 들어, 고용주가 피고용인이 일을 할 수 있을지에 대한 여부를 알아보기 위해 평가를 의뢰했다면 보고서는 이 평가문항과 관련된 요인들에 초점이 맞춰져야 한다. 대인관계나 성적 지향, 가족력에 관한 지극히 개인적인 정보와 이와 비슷한 주제들은 비록 그들이 평가 동안 말을 했을지라도 전형적으로 이런 보고서에 들어가지 않고 제외되어야 한다.

내담자는 자신의 보고서를 볼 권리가 있음을 유념하라. 이 말은 당신이 내담자의 문제에 정직하지 말라는 의미가 아니라 오히려 내담자를 해치지 않게 하되 도움이 되는 언급을 해야 한다는 말이다. 예를 들어, 내담자가 평가 중에 말을 너무 장황하게 했다면 "내담자는 면접 내내 말을 멈추지 않았다."라고 적는 것은 도움이 되지 않고, 오히려 "내담자는 면접 동안 몇몇 어려운 질문에 간략하게 대답하는 것이 어려워 보였다."라고 쓰는 것이 좋다. 또 전문용어를 피하고, 사용하는 용어에 주의해야 한다. 이것은 인지행동적 접근이나 정신건강에 대한 지식이 없는 다른 전문가와 의사소통할 때 중요하다. 만약 내담자가 자신의 보고서를 보고자 한다면 치료자는 내담자와 함께 보고서를 검토하고 혹시 있을 수 있는 질문을 다루는 것이 가장 좋다.

　여기서 표준 보고서에 포함되어야 하는 각각의 주된 주제들을 간략하게 살펴보자. 〈표 5-2〉에서 우리는 이런 핵심 특징들을 설명하기 위하여 마이클의 사례를 바탕으로 한 심리평가보고서의 표본을 제시하였다.

표 5-2 | 마이클의 사례 보고서

- 이름: 마이클
- 생년월일: 1968. 6. 8.
- 나이: 40세
- 성별: 남
- 평가일: 2009. 4. 6.
- 보고서 작성일: 2004. 4. 10.
- 치료자: Dr. T.
- 의뢰경위: 자발적 의뢰

의뢰사유: 마이클은 사회불안, 특히 공개발표에서의 불편을 느끼는 40세의 백인 미혼 남자다.

평가절차: DSM-Ⅳ(SCID-Ⅳ)의 구조화된 임상 면접이 실시되었다. SCID-Ⅳ는 불안장애, 기분장애, 물질사용장애, 신체화 장애, 섭식장애를 평가하고, 정신병적 증상에 대한 검사를 포함한다. 마이클은 본 치료센터에 온 모든 내담자가 작성하는 종합검사 질문지를 우편으로 받았다. 그 종합검사는 불안과 기분 문제를 평가하는 일련의 척도들이 포함되었다. 여기서는 사회불안과 우울 검사에 초점을 둔다.

- Beck Depression Inventory(BDI-Ⅱ): BDI는 우울 정서 측정을 위한 가장 흔한 자기보고식 척도다. 21개의 문항은 수면문제, 예민성, 자살 사고를 포함하여 지난 일주일 동안 경험했던 우울증상을 평가한다.
- Social Phobia Scale(SPS): SPS는 20개 문항의 자기보고 척도로써 식사를 할 때나 다른 사람 앞에서 글을 쓰는 것과 같은 일상적인 활동 동안 드러나는 불안을 평가한다.
- Social Interaction Anxiety Scale(SIAS): SIAS는 20개 문항으로 된 자기보고 척도로, 사회적 상호작용에서 인지적 · 정서적 · 행동적 반응을 평가한다.

마이클은 자기보고식 척도를 완성해 평가 회기에 왔다. 평가 면접은 2시간이 걸렸다.

행동관찰(Behavioral Observations): 마이클은 약속 시간보다 약간 일찍 도착했다. 그는 깔끔한 옷차림이었고, 40세보다 약간 젊어 보였다. 그는 면접을 시작할 때 꽤 불안해 보였으나, 면접이 진행되면서 더 편안해졌다. 마이클은 매우 지적이고 명료한 사람이며, 모든 질문에 분명하고 간결하게 대답할 수 있었다. 그는 지극히 개인적인 문제(예, 자신의 가족을 갖는 것에 대한 결정)의 논의에 약간 주저하였지만, 대부분의 영역에 대한 자신의 걱정과 경험을 공유하는 데 있어서 매우 개방적이었다. 평가자는 마이클이 제공한 정보의 신뢰도에 대해 의심하지 않았다.

배경정보(Background Information): 마이클은 미국의 뉴잉글랜드에서 태어났다. 그는 부모님과 여동생 메리와 함께 살았다. 부모님은 두 분 다 살아계셨고, 건강한 상태다. 메리는 결혼해서 네 명의 아이가 있으며, 부모님과 가까이에 살고 있다. 대개의 경우 그의 가족은 아주 잘 지내고, 마이클은 매년 명절이나 다른 가족 행사가 있을 때 가족을 방문한다. 가족 안에서 정신적 건강 문제에 대한 병력은 없었다.

마이클은 행복한 아동기를 보냈다고 보고했다. 학교에는 약간의 친구들이 있었고(그의 말에 따르면 다른 아이들보다는 적은 수), 성적은 우수했다. 그는 성당 활동에 많이 참여했으나 다른 과외 활동은 거의 참여하지 않고 공부에 좀 더 비중을 두었다. 화학 전공으로 대학을 졸업한 후에 마이클은 의대에 입학해서 병리학자가 되었다. 그는 같은 대학의 부속병원에서 과거에 몇 년간 일했고, 실제로 병리학 과장으로 근무하였다. 성인기 동안, 마이클은 몇 번의 데이트를 하기는 했으나 깊은 교제를 한 적이 전혀 없었다. 그는 업무 때문에 데이트를 할 시간이 없었다고 설명했다. 질문을 받고 나서야 나이가 들면서 만나는 사람도 더 적어지게 되었으며, 사회불안 때문에 데이트하는 것이 방해가 되었음을 인정했다. 일을 하지 않을 때 그는 예배에 참석하고, 지역사회의 불우한 어린이를 위해 자원봉사를 하면서 성당에 많은 시간을 헌신했다.

약 3년 전 성당의 수련회에 참석했을 때 성직자로서의 소명을 받았다고 느꼈다. 그는 이 길을 진지하게 고려했고, 4개월 전에 휴직하고, 성직자 공부와 묵상을 하는 수사 수련기간을 시작했다. 그가 치료를 위해 왔을 때, 마이클은 항상 문제가 되었던 사회불안이 최근 몇 년 동안에 더 큰 고통을 초래하기 시작했다고 설명했다. 새로운 역할은 수업에서뿐만 아니라 성당 예배에서 설교를 많이 해야 하는 것이다. 또한 최근 몇 년 동안 보다 더 많은 새로운 사람들을 만나고 있고, 이런 만남들은 마이클에게 부담이 되고 있다.

(계속)

마이클은 자신의 사회불안이 오랫동안 지속되었다고 했다. 나이가 들면서 또래들, 특히 여자들과 있을 때 부끄러움을 많이 탔다고 기억했다. 또 고등학교에서 공식적 이야기를 해야 할 때 매우 많은 불안을 경험하였으며, 얼굴이 빨개지는 것에 대해 다른 학생들이 놀릴까 봐 두려워했다. 마이클은 마찬가지로 대학병원에서 다른 의대 학생들이나 선배, 여자들 앞에서 질문을 받아 주목 받을 때 매우 큰 스트레스를 경험했다. 병리학이 다른 사람과 상호작용이 거의 없기 때문에 전공을 병리학으로 선택했다고 설명했다. 최근 몇 년 동안 그는 같은 대학 병원에서 일했고, 데이트는 하지 않았으며, 성당 밖의 사회적 활동을 최소화하였고(성당에서는 매우 편안하였다), 이것이 사회불안이 발생되는 것을 막았다. 최근 자신의 역할에서 그는 매일 심한 사회불안을 경험하고 있고, 발표수업과 설교 등에서 실수할 가능성을 줄이기 위해 과도하게 준비하면서 매우 많은 시간을 보내고 있다. 마이클은 가능한 한 사회적 상호작용을 회피한다. 다른 사람과 만날 때 자신이 남에게 어떻게 비춰질까에 주의를 기울인다. 이것은 자신이 말하는 것을 탐색하고, '멍청하게' 들렸을까 봐 말한 것을 되짚어 보며, 얼굴이 빨개졌는지를 확인하기 위해 얼굴이 얼마나 뜨거운지를 살펴보는 것을 포함한다. 이런 행동들로 인해 마이클은 대화에 참여하는 것이 매우 힘들다. 사회불안 문제와는 달리 마이클은 정신적 · 신체적으로 건강하다고 보고했다.

평가결과: SCID의 진단 기준에 따르면 마이클의 증상은 사회불안장애의 일반화된 하위 유형에 적합하다. 다른 어떤 현재형 또는 평생 진단 기준은 충족되지 않는다. 마이클의 자기보고 척도는 이 결과와 비슷하다. BDI 점수는 낮게 나타나 우울은 지금 문제가 되지 않는다. SIAS와 SPS는 임상집단의 평균보다 약간 높은 점수다. 다른 불안 관련 걱정(걱정, 공황, 강박증)의 척도에서 마이클의 점수는 정상 범위 내에 속한다.

인상과 해석: 마이클은 현재 중간 정도의 심한 사회불안장애를 경험하고 있으며 또 개인적인 삶과 직업의 선택에 있어서도 몇 가지 갈등을 경험하고 있다. 이런 문제에도 불구하고, 마이클은 현재 매우 잘 기능하고 있다. 표면적으로는 비교적 회피행동이 많지는 않지만, 사회적 상황에서 매우 큰 스트레스를 경험하고 있다. 이런 스트레스를 다루고 부정적인 결과(예, 사회적 거절)를 방지하기 위해 마이클은 매우 세련된 회피 전략을 사용하고 있다. 이 전략은 사회적 상황(예, 할 말을 주의 깊게 고려하기)과 사회적 상황이 예측되는 경우(예, 과도하게 준비하기)에 해당된다.

권고: 사회불안장애에 대한 인지행동치료는 마이클에게 좋은 출발점이 될 것이다. 사회적 상황에서 불안을 더 잘 다룰 수 있는 방법을 배우게 됨으로써 그는 사회불안의 영향을 받지 않고 삶에서 자신이 원하는 것에 기초하여 결정을 할 수 있게 될 것이다. 마이클이 사회불안에 더 잘 대처할 수 있다고 느끼면, 개인적 삶과 직업적 삶 모두에서 그가 직면하는 선택을 탐색할 수 있을 것이다. 마이클은 인지행동치료에 매우 적절한 내담자로 보인다. 그는 자신의 문제에 대한 우수한 통찰력을 가졌고, 똑똑하고, 사회불안치료와 현재 그가 직면하고 있는 문제들을 탐색하는 데 높은 동기를 가졌다.

약물치료에 대한 선택에 대해 마이클과 논의하였다. 현 시점에서는 마이클은 약물치료를 할 의사가 없다. 치료자인 우리의 인상에서도 이 시점에서는 마이클에게는 약물치료가 필요할 것 같지 않다.

▣ 일반적인 정보

보고서는 내담자의 이름, 생년월일/나이, 성별로 시작되어야 한다. 또한 평가 날짜와 보고서 작성 날짜, 평가자의 이름이 기록되어야 한다. 마지막으로 의뢰자가 제시되어야 한다.

▣ 의뢰사유

Groth-Marnat(1997)에 따르면, " '의뢰사유' 부분에는 간략하게 내담자에 대해 기술하고, 평가를 요청하게 된 일반적 이유를 제시한다."(p. 632)라고 했다. 이것은 간략하게 기술되어 기본적으로 보고서를 읽는 사람이 나머지 보고서의 내용에 대한 개관을 얻을 수 있도록 해 주어야 한다. 내담자에 대한 전체 기술은 '배경 정보'에 들어갈 수 있다. 의뢰사유에는 평가의 목적이 제시되어야 한다. 마이클의 경우, (다른 전문가에게 의뢰된 것이 아니라) 사회불안치료를 위해 스스로 치료센터를 방문했다.

▣ 평가절차

여기서는 사용된 평가도구의 명칭을 적고, 간략하게 기술해야 한다. 약어가 아닌 전체 명칭으로 평가도구를 제시해야 한다(예, Beck Depression Inventory: BDI). 한 번 정의되면 보고서의 나머지 부분에서는 약어 사용이 가능하다. 평가 완성에 걸린 시간을 제시하는 것도 도움이 된다. 이와 같은 정보는 사례개념화와 치료계획 수립에 중요하다.

▣ 행동관찰

내담자의 외모 평가 전, 평가과정, 평가를 마친 후의 행동에 대한 관찰과 치료자와의 상호작용 특성에 관한 기록이 초점이다. 또 이 행동관찰과 평가의 타당성 간의 연관성도 기술되어야 한다. 만약 내담자가 평가 동안 매우 논쟁적이고,

저항적이며, 행동과 불일치하는 정보를 제공한다면 이것을 기록해야 한다.

▣ 배경정보

보고서의 이 부분에는 가족 배경(family background), 개인력(personal history), 병력(medical history), 문제의 내력(history of the problem), 현재 생활상태(current life situation)에 대한 정보가 포함되어야 한다(Groth-Marnat, 1997). 이 부분을 간결하게 쓰는 것은 매우 중요하다. 다른 전문가들은 당신만큼 바쁘고, 그들이 내담자를 돕기 위한 정보를 간결하게 정돈하여 전달해야 한다. 내담자의 삶의 모든 것이 아니라 내담자의 현재 어려움과 관련된 정보에 초점을 두어 설명하라. Groth-Marnat(1997)는 보고서를 작성할 때, 정보의 출처를 분명히 하라고 제안했다. 예를 들어, "내담자에 의하면⋯⋯." 또는 "내담자의 어머니와 이야기 한 결과⋯⋯."라고 제시되어야 한다.

▣ 평가결과

이 부분에서는 '평가절차'에서 제시된 각각의 평가도구로부터 확인된 결과를 보고한다. 검사결과를 기록하는 방법에 관한 깊은 논의를 제시하는 것은 이 책의 범위를 넘는 것이다(예, 지능검사의 결과). 마이클의 사례를 논의할 때, 우리는 그가 진단 준거에 적합했음을 기록했고, 규준 자료의 맥락에서 자기보고 검사결과를 기록했다. 평가결과를 보고할 때 중요한 일반적 규칙 중 하나는 가능한 한 원점수의 보고는 피하라는 것이다. 마이클이 BDI에서 4점, 사회공포 척도(Social Phobia Scale: SPS)에서 38점, 사회적 상호작용 척도(Social Interaction Anxiety Scale: SIAS)에서 52점이라는 것은 이 척도에 익숙한 소수의 사람을 제외한 일반인들에게는 무의미하다. 이 문제를 피하기 위해 언어적 해석을 활용한다("그의 BDI 점수는 최소한의 우울을 의미한다."). 대신 점수는 규범적 자료와 비교될 수 있다. SPS와 SIAS에 있어서 마이클은 문헌에서 사회불안장애를 가진 임상적 사례로 보고된 중간보다 조금 넘는 점수를 받았다. 그러나 다른 척도의 점수는 비임상적 사례에 의해 보고된 사람들의 점수와 비슷하다. 이런 설명은 보고서를 읽는 사람(내담자를 포함해서)에게 원점수보다 훨씬 의미가 있다.

▣ 인상과 해석

여기서는 평가과정을 통해 이해하게 된 것을 요약해야 한다. 검사결과, 행동 관찰, 관련 내력 그리고 다른 전문가나 가족 구성원으로부터의 정보와 같은 다른 자료들을 통합해야 한다(Groth-Marnat, 1997). 이 부분은 치료센터에 따라 매우 다르기 때문에 우리는 인상과 해석 부분을 의도적으로 아주 간략하게 기록하였다. Persons(2008)가 언급했듯이, 어떤 기관에서는 이 부분에 사례개념화를 포함시킨다. 다른 곳에서는 덜 해석적이다(우리가 여기서 했던 것처럼). 여기서 우리는 마이클의 일반적인 정신병리적 수준을 기록하였으며, 특히 그가 경험하고 있는 정서적 불편과 사회불안 때문에 유발된 두 가지의 기능손상의 정도와 내용에 초점을 두었다.

▣ 권고

반복하지만 이 부분은 당신의 이론적 지향과 근무하는 장소에 따라 매우 다르게 작성될 것이다. 여기서 우리는 인지행동치료를 권고하고, 마이클이 경험하는 일련의 문제들에 대한 치료방법을 논의하며, 그의 문제 해결을 위한 인지행동치료의 기법들에 대해 언급할 것이다. 우리는 마이클과 약물치료 선택에 대해 논의했지만, 지금은 약물치료를 하고 싶어 하지 않는다는 것을 언급했다. 평가보고서에 포함되어야 하는 것들은 〈표 5-3〉에 요약되어 있다.

표 5-3 | 평가보고서에 포함되는 정보

1. **일반적인 정보**
   - 내담자의 이름, 생년월일/나이, 성별
   - 평가 날짜, 보고서 작성 날짜, 평가자 이름, 의뢰원

2. **의뢰사유**
   - 내담자에 대한 간단한 설명
   - 평가의뢰의 이유

3. **평가절차**
   - 사용된 평가도구의 명칭과 간단한 설명
   - 평가기간

4. **행동관찰**
   - 외모
   - 일반적 행동관찰
   - 내담자와 치료자 간의 의사소통 특징

5. **배경정보**
   - 가족 배경
   - 개인력
   - 의학적 병력
   - 문제의 과거력
   - 현재 생활상태

6. **평가결과**
   - 각 평가도구의 결과를 기록

7. **인상과 해석**
   - 평가 동안 이해하게 된 것을 요약

8. **권고**
   - 치료가 권고되는지의 여부를 제시
   - 치료가 권고된다면 어떤 치료를 권고하는지와 그 이유를 기록
   - 다중 문제일 경우, 처음 초점을 둘 문제를 기록

9. **예후에 관한 의견**

제6장 인지행동치료 과정 시작하기

어떤 치료센터에서는 다른 치료자에게 심리평가를 받은 내담자와 치료를 시작할 수도 있다. 이런 경우에는 첫 회기를 시작하기 전에 차트를 자세하게 검토하고 평가를 실시한 치료자와 사례에 대해 의논하여 사례에 대해 숙지하라. 내담자의 생활이 어떤 모습일지 사전에 살펴보고, 내담자의 문제를 이해하도록 하라. 당신이 사례에 익숙해지면, 심리평가보고서나 평가자와의 토론에 기초해서 첫 회기 동안 내담자에게 물어보고 싶은 몇 가지 질문을 메모하라.

만약 당신이 내담자를 직접 평가했다면, 첫 회기 전에 내담자의 생활과 문제를 다시 숙지할 수 있도록 차트를 다시 한 번 살펴보라. 당신이 한정된 시간에 많은 내담자를 보거나 평가와 치료의 첫 회기 사이에 어느 정도 시간이 경과한 경우라면, 당신은 내담자에 대한 세부적인 것을 잊어버렸을 수 있다. 그렇지만 당신이 긴 시간 동안 내담자를 평가해 놓고도, 그들의 삶의 주요한 세부 내용을 잊어버린다면 내담자는 불쾌하게 여길 것이다. "당신의 자녀들은 잘 지내나요?" 또는 "지난 시간에 말했던 직장에서의 프리젠테이션은 어떻게 됐나요?"와 같은 몇 가지 개인적인 질문으로 회기를 시작할 수 있다면 관계 형성에 큰 도움이 된다.

❖ 의제 설정의 중요성

치료계획이 치료의 전반적인 과정과 관련되는 것과 마찬가지로, 의제 설정은 치료의 매 회기에 관한 것이다. 의제 설정은 치료실 안과 밖에서 일어난다. 개략적인 의제는 각 회기를 시작하기 전에 치료자에 의해 설정되어야 한다. 인지행동치료의 일반적인 회기에 대한 기본적 틀이 〈표 6-1〉에 요약되어 있다. 의제는 치료자가 지난 한 주 간의 생활 점검과 과제 검토, 다음 주의 과제 제시를 했는지를 확인하는 지침이 된다. '회기의 핵심적인 내용'은 그 전 주의 수행 과제를 검토하는 것과 다음 주 중에 수행할 새로운 과제를 제시하는 것 사이에 진행된다.

표 6-1 | 치료 회기의 기본적 의제

1. 주간의 생활에 관해 내담자와 점검하라.
2. 회기 의제를 협력적으로 설정하라.
3. 과제를 검토하라.
4. 치료계획에 근거하여 회기의 주요 내용을 수행하라.
5. 새로운 과제를 제시하라(일반적으로 회기의 주요 내용에 근거하여).
6. 내담자와 함께 회기를 요약하라(배운 것이 무엇인지 내담자에게 질문하라).
7. 내담자와 함께 점검하라(어떤 질문이나 관심사, 토의할 다른 주제들이 있는지).

앞 장에서 논의했듯이, 치료자는 회기 사이에 진행될 일을 전체적으로 이해한 후 치료과정에 착수하며(예, 각 회기에서 핵심적으로 일어날 일), 이것은 종종 치료 지침서에 따르게 된다. 예를 들어, 〈표 4-2〉에 요약된 마이클의 초기 치료계획은 각 회기에 예정된 주된 심리교육적 주제가 열거되어 있다. 그렇지만 이 일반적인 틀은 치료자가 각 회기에서 다룰 정확한 내용을 말해 주는 것은 아니다(예, 무엇에 노출할지, 어떤 역기능적 사고를 작업할지). 이런 결정은 매 회기의 경험에 기초하는 것이다. 우리가 내담자에 대해 더 잘 알아감에 따라 사례에 대한 이해가 달라지고 변화된다. 그러므로 점차 향상되는 내담자에 대한 이해와 꾸준히 발전되는 사례개념화는 매주 치료계획에 반영되어야 한다.

치료자가 회기를 시작하기 전에 (가능하면 지도감독자와 회기 계획을 의논하고) 회기 내용에 대한 몇 가지 안을 숙고해야 하지만, 내담자 역시 회기 계획에 참여해야 한다. 각 회기는 치료자가 내담자와 함께 점검하고 "오늘 의제는 무엇으로 할까요?"라고 물음으로써 시작되어야 한다. 치료자는 좋은 의제를 개발함으로써 내담자를 도울 수 있다. 가끔 내담자는 의제로 넣기에는 너무 많은 주제를 열거한다. 치료자들은 그날의 의제에 포함시킬 가장 중요한 몇 개의 주제를 선택하도록 내담자들을 도울 수 있고, 그 후 '나머지' 의제를 어떻게 할지에 대해 도움을 줄 수 있다. 어떤 '나머지' 의제들은 과제로 제시될 수 있고, 다른 것들은 다음 회기의 주제가 될 수도 있다.

회기와 회기 사이에 '예상치 못한 사건은 일어난다.' 가끔 내담자는 이전 회기에서 다루었던 내용이나 현 회기에서 계획한 것과는 관계가 없는 내용을 토의하고 싶어 한다. 의제에 대해 얼마나 유연하게 할 것인가는 치료자의 소관이다. 어떤 경우에는 새로운 주제를 위해 시간을 할애하지 않는 것이 임상적으로 무책임할 수 있다. 내담자들은 상실을 괴로워하거나, 중요한 타인과 싸우기도 하고, 임신한 것을 발견할 수도 있으며, 직장에서 스트레스를 경험하기도 한다. 회기의 일부나 심지어 합의된 전체 회기에 대한 계획을 변경하더라도 괜찮다. 사실상 이런 변경 없이 전체 치료과정을 마치는 것은 아주 드문 일이다.

제9장에서 자세히 논의하겠지만, 어떤 내담자들은 거의 매 회기마다 주중에 발생된 어떤 '어려움'을 논의하고 싶어 한다. 이것이 다른 중요한 주제에 대한 집중을 방해한다면 문제가 많다. 사실 이런 행동은 어려운 문제의 작업을 회피하는 행동으로 간주될 수 있다. 우리는 내담자가 치료하기를 원하던 주제에 머물러 치료가 순조롭게 진행되기를 원하지만, 목표와 관계 형성의 유지 간에 균

형을 맞추는 것도 중요하다. 만약 내담자가 매 회기마다 새로운 주제를 토의하고 싶어 하는데 치료자가 의제에 추가하는 것을 허용하지 않는다면 그들은 이해 받지 못한다고 느끼고, 융통성 없는 치료에 좌절감을 느낄 수 있다. 이 문제에 대한 바람직한 해결책은 회기 초반에 새로운 주제에 약간의 시간을 할애하여, 그것을 즉각적으로 다룰 필요가 있는지 또는 다음 회기로 미뤄야 하는지 결정하는 것이다.

❖ 첫 치료 회기

소개와 점검, 확인

대부분의 인지행동치료의 첫 회기는 심리교육적 내용이 포함되어 있다. 우리는 심리교육을 위한 시간을 충분히 갖고 싶지만, 치료 회기(특히 초반) 내내 치료적 관계에 유념하는 것도 매우 중요하다. 이전에 내담자를 만난 적이 없는 경우라면, 첫 회기에서 치료자와 내담자가 서로 소개하는 것이 일반적인 원칙이다. 그날 또는 지난 번 만났던 마지막 날 이후로 어떻게 지냈는지 물어보라. 당신이 그들과 작업하기를 기다려 왔음을 이야기하라.

첫 회기 서두에 치료자와 내담자는 간단하게 현재 문제를 검토해야 한다. 내담자에게 평가 이후 변화된 것이 있는지를 질문하라. 예를 들면, 우울증 내담자에게는 기분이 어땠는지, 물질사용 문제의 내담자에게는 마지막 만남 이후의 물질사용 패턴에 관해서 질문할 수 있다. 어떤 내담자는 평가에 관해 느낀 점과 치료 시작에 대한 느낌을 이야기하고 싶어 한다. 또 어떤 내담자는 치료 수행과 피드백, 치료에 대한 권유를 받은 것이 매우 도움이 되었을 수 있다. 이런 내담자들은 평가 후 첫 회기에 와서 자신의 삶이 긍정적으로 변화될 수 있는 희망을 느낀다고 말하기도 한다. 다른 내담자들은 평가과정이 그들을 아주 의기소침하게 만들었을 수도 있다. 어떤 사람들은 자신의 문제에 대해 이야기 하는 것이 매우 어렵고 고통스러울 수도 있다. 또 어떤 내담자들은 자신의 모든 것을 '꺼내' 놓게 되면서 문제가 너무 심각하고 엄청나서 '변할 수 없는' 것처럼 느낄 수도 있다. 자신이 치료될 수 있을 거라는 신념은 치료결과에 중요한 영향을 미치기 때문에 이것을 간과해서는 안 된다. 치료에 대한 내담자의 잘못된 인식을 바로잡고, 치료결과를 예측함에 있어 어느 정도 희망을 갖게 하기 위해 어느 정도 시간을 할애해야 한다.

치료 개관하기

이 시점에서 내담자에게 치료 프로그램에 어떤 내용이 포함되어 있는지에 대한 정보가 제공되어야 한다. 이것은 한 회기뿐만 아니라 치료 프로그램 전체에 대한 의제 수립에도 역할을 하게 된다. 내담자들은 처음 전화문의 때나 피드백 회기 또는 치료자와의 첫 회기를 계획할 때, 치료에 대한 간단한 안내를 들었을 것이다. 그렇지만 내담자에게 프로그램에 대한 질문의 기회를 제공함으로써 이것을 간략하게 검토하는 것도 좋은 방법이다. 전체적인 개관을 제시하는 방법을 살펴보기 위해 마이클의 사례로 되돌아가자.

> **치료자:** 마이클, 우리는 지난 몇 주 동안 당신이 어떻게 지내 왔는지를 이해하기 위해 시간을 가졌으며, 이제 우리가 함께 작업하려고 하는 치료 프로그램에 대해 이야기를 하면 좋겠습니다. 피드백 회기에서 조금 이야기를 했었지만, 치료의 진행과정을 이해하기 위해 오늘 좀 더 자세히 이야기를 하지요.
>
> **마이클:** 좋습니다.

치료자: 처음에 우리는 사회불안에 대해(얼마나 보편적인지, 무엇이 원인인지 그리고 어떻게 치료할 것인지) 좀 더 배울 것입니다. 오늘을 시작으로 다음 회기에 좀 더 시간을 할애해서 이 주제의 논의를 마칠 것입니다. 심리교육을 마친 후에 우리는 '불안과 회피의 위계' 만들기 작업을 할 것입니다. 이것은 당신이 힘들어하는 사회적 상황의 목록이며, 불안을 촉발하는 최소한의 상황부터 최대한의 상황까지 순서대로 정리할 것입니다. 이 위계는 우리가 함께 해 나갈 작업에 지침이 될 것입니다. 우리는 중간 정도의 어려운 상황에서 작업을 시작하고, 당신이 사회적 상황에 대해 다르게 생각하는 방법을 배우고 확신을 가짐에 따라 점차 좀 더 심한 불안항목으로 단계적으로 진행할 것입니다.

마이클: 얼마나 빨리 그렇게 될까요? 내 말은 당신이 얼마나 빨리 이 모든 것을 하도록 해 주는가 하는 것입니다.

치료자: 좋은 질문입니다. 하지만 그 질문에 답하기 전에 당신이 말한 것을 설명하겠습니다. 내가 이 무서운 것들을 얼마나 빨리 "해 줄 것인가?"라고 당신은 질문했습니다. 인지행동치료는 공동작업입니다. 나는 치료의 진행방식에 대해 분명하게 제안은 하지만, 적극적인 참여자는 당신입니다. 나는 당신이 힘든 것들을 하도록 권유는 하겠지만, 당신이 어떤 것을 하도록 하지는 않습니다.

마이클: 다행입니다.

치료자: 위계적 노출을 할 때 '어려운' 것을 시도하는 것이 왜 중요한지를 이제 설명하려고 합니다. 당신의 질문으로 돌아가서 5회기에서 우리는 첫 노출을 실시할 계획입니다. 불안 상황의 위계를 작성한 후, 실제로 노출을 실시하기 전에 불안 상황에 대한 당신의 생각들을 탐색하기 위해 우리는 몇 회기를 할애할 것입니다. 이것은 우리가 전에 이야기한 인지행동치료의 인지적 부분입니다.

마이클: 예, 좋습니다. 생각을 찾아낸 다음, 도움이 되지 않는 생각을 수정 하는 것입니까?

치료자: 예, 바로 그것입니다. 우리의 생각은 매우 해로운 것일 수 있으며, 우리는 부정적인 생각을 인식하고, 그것들이 합리적인지, 당신에게 도움 이 되는지를 탐색하는 데 익숙해질 필요가 있으며, 만약 그 생각들이 비 합리적이거나 도움이 되지 않을 때는 더 합리적이고 도움이 되도록 재구 조화하는 작업이 필요합니다. 그래서 우리는 그 작업에 몇 회기를 할애 할 것이고, 실제 사회적 상황에 들어가서 배운 것을 적용할 것입니다.

마이클: 좋습니다.

치료자: 이제 우리가 노출을 실시하기 전까지 사회적 상황이 지금보다 덜 불안해질 수 있도록 하기 위해 무엇인가 달라져야 하지 않을까요?

마이클: 예, 우리가 인지적 작업을 한다면 아마도 나는 지금 생각하는 것과는 약간 다른 방식으로 생각할 수 있을 겁니다. 그것은 도움이 될 것입니다.

치료자: 정확히 말씀했습니다. 사회불안을 좀 더 쉽게 다루기 위해 치료에 좀 더 빠르게 적용하면 도움이 되는 것에는 어떤 것이 있을까요?

마이클: 음, 사회불안에 대해 좀 더 배우게 된다면 도움이 될 것 같습니다. 그렇다면 내가 문제가 있다는 것을 그렇게 나쁘게 느끼지 않을 것입니 다. 아, 그리고 위계입니다. 단계적으로 진행될 것이기 때문에 안절부절 하지 않으면서 시작할 수 있을 것 같습니다.

치료자: 맞습니다. 두 가지 아주 훌륭한 지적을 했습니다. 이제 이 노출에 관 해 좀 더 이야기를 합시다. 우리는 회기 내에서 첫 번째 노출을 함께 시작 할 겁니다. 그것은 당신의 위계에서 꽤 낮은 것일 겁니다. 그다음에는 당 신이 과제로 할 수 있는 노출에 대해 논의할 겁니다. 나머지 회기는 대부 분 같은 방식으로 구조화될 것입니다. 수행한 과제를 검토하고, 회기 내에 서 약간의 노출을 수행하고, 그 후 다음 주의 과제를 결정하는 것입니다.

마이클: 그것을 얼마나 오랫동안 해야 하지요?

치료자: 전체 치료는 16~20회기 정도 걸립니다. 물론 여기에는 약간의 융통성이 있습니다. 어떤 사람은 진행이 빠르고, 치료도 일찍 마칩니다. 어떤 사람은 종결까지 몇 회기가 추가적으로 필요합니다. 우리는 진행사항을 감안하지만 보통 20회기에 종결합니다. 나는 당신이 치료에서 얻은 효과를 유지하도록 치료 마지막에 특별한 것을 하도록 언급할 것입니다.

마이클: 좋습니다. 약간 두렵기도 하지만 이해가 갑니다.

치료자: 다른 질문이 있습니까?

마이클: 지금은 없습니다.

치료자: 주저하지 말고 질문하십시오. 어떤 내담자, 특히 사회공포증을 가진 내담자들은 질문하는 것에 대해 치료자가 부정적으로 판단할까 봐 걱정합니다. 이것도 치료 초기에 내담자를 불안하게 하고, 집중을 어렵게 만들기도 하는 아주 흔한 것입니다. 어떤 것을 질문하거나 이해가 잘 안 되는 부분은 질문하거나 다시 설명해 달라고 이야기하십시오.

마이클: 그렇게 말해 주시니 감사합니다. 좋습니다. 나는 곰곰이 생각할 시간이 있을 때, 가끔 지난 일을 생각합니다. 그러므로 주중에 가졌던 의문들을 메모하거나 다음 시간에 질문할 수 있을 것 같습니다.

치료자: 그것도 좋습니다. 치료 노트를 갖는 것도 정말 좋은 생각입니다. 당신은 회기와 회기 사이의 질문을 메모하거나 과제를 적고, 각 회기에서 배운 것을 기록하는 데 노트를 활용할 수 있습니다. 다른 내담자는 치료 종결 후 이 노트가 어려운 상황에 직면했을 때 해야 할 것들을 회상하게 해 준다고 말합니다.

마이클: 정말 좋은 생각입니다. 저도 노트를 사용하겠습니다.

일반적으로 치료의 개관은 단순하고 간략하게 하는 것이 좋다. 내담자들은 일단 시작을 하면 치료가 어떤 효과가 있는지 스스로 가장 잘 경험하게 될 것이다. 치료 개관에서 가장 중요한 것은 내담자가 자신의 걱정을 이야기하고 궁금한 것을 질문할 수 있도록 하는 것이다. 치료에 대한 내담자의 염려와 걱정을 다룰 때 유의해야 할 두 가지 일반적인 사항이 있다. 첫째, 가능한 한 내담자가 스스로의 질문에 대답하도록 소크라테스식 질문을 활용하라. 어떤 질문들은 바로 대답하는 것이 최선임에 틀림없다(예, 치료가 얼마나 걸린 것인가? 위계라는 단어의 뜻은 무엇인가?). 다른 경우, 마이클이 두려워하는 사회적 상황에 노출하는 걱정을 말할 때는 앞에서 언급했듯이 소크라테스식 질문이 매우 도움이 된다. 노출이 무섭다고 말하는 마이클에게 노출이 끔찍한 것이 아니라고 설득하거나 그 의견을 받아들이는 대신, 치료자는 그 생각에 대해 더 논리적으로 생각할 수 있도록 의문을 제기했다(예, 사회적 상황이 지금보다 덜 불안해지기 위해서 무엇인가 달라져야 하지 않을까요?). 치료자가 이런 자세를 취하면 내담자는 초기부터 생각과 행동의 관계를 이해하기 시작하고, 자신의 신념에 도전하는 것에 대해 유용성을 인식하기 시작한다.

또 앞에 제시되었던 대화에서 치료 중에 내담자의 걱정이나 질문에 대한 주저함을 표현하는 것이 얼마나 중요한지를 보여 주었다. 이런 불안을 보편화하고(예, "어떤 내담자들은 질문하는 것에 대해 걱정합니다.") 내담자들이 질문하는 것을 편안하게 느끼도록 해 주는 것은 치료결과뿐만 아니라 치료적 관계에도 매우 긍정적인 영향을 미친다.

지식의 공유: 치료에 대한 심리교육적 요소

▣ 왜 심리교육을 하는가

대부분의 인지행동치료자는 교육적 내용을 내담자와 나눔으로써 치료를 시작한다. 어떤 초보 치료자들과 내담자들은 종종 심리교육을 '시간 낭비'로 생각한다. 그들은 왜 곧바로 치료의 핵심으로 들어가지 않는지를 의아해한다. 이런 의문에도 불구하고, 1~2회기의 심리교육을 실시하는 것이 매우 유익하다. 그 이유는, 첫째, 관계를 형성하는 데 도움이 되기 때문이다. 심리교육은 내담자와 치료자가 공유하는 학습과정으로 간주될 수 있다. 치료자는 내담자가 가지고 있는 문제의 특징과 그것을 치료하는 최선의 방법에 대해 내담자를 교육함으로써 내담자를 치료에 참여시킬 수 있다. 치료자는 이를 강의식으로 하기보다는 특정 개념이 어떻게 내담자의 사례에 적용되는지에 대해 내담자에게 계속적으로 질문해야 한다. 이것은 치료자로 하여금 내담자의 문제를 신속하게 이해할 수 있도록 하고, 사례개념화를 잘 세울 수 있도록 해 준다. 이 과정을 통해 내담자는 자신이 치료 팀에서 중요한 존재라는 것을 알게 된다. 내담자가 자신이 치료에서 중요한 역할을 한다고 느낄 때, 그들은 보통 문제 해결에 대한 동기가 더 높아진다.

또 내담자들이 그들의 경험을 나눔에 따라 치료자는 이 경험들을 보편화할 기회를 얻는다. 예를 들어, 치료자들은 그들이 가진 문제의 유병률이나 비슷한 문제를 가진 다른 내담자들을 치료했던 것에 대해 말해 줄 수 있다. 내담자들은 가끔 다른 사람도 자신과 같은 경험을 한다는 것에 대해 놀란다. 치료자가 내담자의 문제들을 잘 알게 되고, 그 문제에 편안해 보일 때 치료적 관계는 훨씬 더 확고해진다.

다른 한편으로, 내담자의 문제를 축소하거나 치료가 필요하지 않다는 것을 내담자가 느끼지 않도록 하는 것이 중요하다. 심리교육은 또한 내담자의 문제가 그들의 기능을 어떻게 방해하는지를 토론할 기회가 될 수 있다. 이것 역시 강력한 치료적 관계를 형성하는 데 도움이 되는데, 왜냐하면 심리교육을 통해 내담자는 치료자가 자신의 일상생활의 고통을 이해한다고 느끼게 되기 때문이다. 치료 후에 내담자의 삶이 얼마나 좋아질 것인지를 토론함으로써 심리교육은 특히 치료를 시작할지 '망설이는' 내담자에게 동기를 높여 주는 기능을 한다.

마지막으로 심리교육의 한 가지 강점(치료적 관계를 강력하게 해 주는 이유)은 상호작용에 있어서 비교적 위협적이지 않은 수단이라는 것이다. 즉, 심리교육은 내담자에게 자신이 금지하였던 음식을 먹거나 오염된 것으로 믿는 것에 접촉하라고 즉각 요청하는 것이 아니라 치료 환경에 적응할 기회를 주는 것이다. 이 시간 동안 내담자는 '실제' 치료가 시작되기 전에 치료 프로그램과 치료자에 대해 확신을 갖게 된다.

▣ 심리교육에는 어떤 것이 포함되어야 하나

심리교육의 구체적 내용은 내담자의 문제에 따라 다양하다. 예를 들어, 마이클의 심리교육 회기는 사회불안장애의 특성과 치료에 초점을 두어야 한다. 그러나 장애의 특성과 관계없이 심리교육은 내담자가 자신의 특정 문제를 이해하고 치료한다는 인지행동치료의 접근법을 '준비시키기' 위한 공통적 기능을 하기 때문에 몇 가지 공통점이 있다. 이 목적을 달성하기 위해 치료받고자 하는 장애 또는 문제의 이해를 위해 인지행동적 모델을 내담자에게 설명한다. 대부분 특정 장애의 치료 지침서에는 특정 장애를 이해하기 위한 인지행동적 모델이 포함되어 있다(다양한 장애에 대한 인지행동적 치료 지침서 목록이 부록 A에 있다).

특정 장애에 대한 모델을 설명하는 좋은 방법은 내담자가 보는 데서 도표를 그리는 것이다. 화이트보드나 칠판을 이용하는 것이 도움이 된다. 예를 들어, 사회불안의 인지행동적 모델은 세 요소로 구성되는데, 그것은 인지적ㆍ생리적ㆍ행동적 요소다(이것은 [그림 1-1]의 인지 모델의 아랫부분과 같다). 이 요소들은 내담자가 생각하고 신체적으로 느끼고 행동하는 방식이다. 각각의 요소가 모델에 추가됨에 따라 그것이 내담자들에게 어떻게 적용될 수 있는지 질문해야 한다. 인지행동적 모델을 소개한 후, 인지재구조화, 노출, 행동 활성화와 같은 특정 치료 기법들이 문제의 각 요소를 표적으로 하여 어떻게 적용될지를 내담자와 토론할 수 있다. 특정 기법이 사용되어야 하는 이유를 이해하면 내담자들은 치료에 더 적극적으로 임할 가능성이 많다.

치료자들은 심리교육 동안 문제의 유지와 치료에 대한 모델 설명에 초점을 두는 것과 더불어 다른 정보도 공유할 수 있다. 내담자들은 가끔 자신의 문제의 유병률과 평균 발병 연령이나 성비와 같은 다른 관련 정보를 궁금해한다. 심리교육은 특정 문제의 원인론에 대한 토의도 포함한다. 내담자의 삶에서 문제를 야기한 원인을 이해하는 것이 치료의 목표가 되는 다른 심리치료와는 달리, 보통 인지행동치료에서의 원인에 대한 토론은 매우 일반적인 수준으로 한정된다. 예를 들어, 거식증과 폭식증을 가진 내담자는 가끔 섭식장애의 '다중 결정요인 (multidetermined)'의 특성에 대해 배운다(예, Garner, 1993; Striegel-Moore & Bulik, 2007). 비록 이런 일반적인 병인론적 모델(etiological model)이 내담자의 경험에 어떻게 맞는지를 토론하는 데 어느 정도 시간을 할애하기는 하지만, 인지행동치료에서는 다른 형식의 치료보다는 이 주제에 시간을 더 적게 할애한다.

▣ 심리교육 토론하기

심리교육은 어떤 집단치료 프로그램에서는 강의로 전달되지만 개인치료에서는 강의 형식으로 진행되는 것은 아니다. 강의로 전달되는 내용은 확실히 관계 형성을 방해한다. 대부분의 내담자는 자신의 심리적 어려움에 대해 많은 이야기를 한다. 보통 내담자들은 심리교육의 내용들이 어떻게 자신에게 적용되는지를 공유하지 못한 채 자신의 이야기들이 제시되는 것에 대해 실망한다. 마찬가지로 치료자는 사례개념화와 치료계획 수립에 유용한 결정적 정보를 놓친다. 내담자들은 자신이 이해받지 못한다는 느낌과 치료자를 자신의 이야기만 하고 싶어 하는 사람이라는 인식을 가진 채 강의 회기에서 떨어져 나간다.

정보를 공유하는 것과 내담자를 치료에 참여시키는 것 간의 균형을 유지하는 것은 어려운 일이다. 초보 치료자는 중요한 정보를 빠뜨리거나 부정확하게 전달할까 봐 지침서에 있는 심리교육 내용을 암기하거나 되풀이하여 연습한다. 초보 치료자는 심리교육에서 유창하고 자신 있게 모든 정보를 '세세하게' 전달할 것을 지도감독자가 기대한다는 신념 때문에 불안이 악화될 수 있다. 그러나 이런 치료자의 신념 때문에 심리교육은 기계적인 자료 설명으로 끝나고, 아무런 역할의 기회가 없는 내담자는 떠나게 된다.

초보 치료자가 이것을 어떻게 극복할 수 있을까? 중요한 것은 준비를 하는 것이다. 치료자는 치료 지침서 이상의 공부가 필요하다. 그들은 치료하고 있는 문제에 대한 일반적인 지식을 가지고 있어야 하고, 치료에서 전형적으로 나올 질문들에 대답할 수 있어야 한다. 이런 지식은 확실하게 광범위한 공부와 더 많은 치료경험으로 쌓이는 것이지만, 가능하면 빠른 시간 안에 이와 같은 '기본적인 것'을 자연스럽게 숙달하는 것이 중요하다.

다른 일반적인 조언은 심리교육 회기에 간략한 개요를 가지고 회기에 들어가는 것이다. 우리는 이것을 '요점표(tip sheet)'라고 부른다. 요점표의 목적은 각 요점들을 다루기 위한 단서다. 이것은 문장이나 단원을 읽기보다는 내담자와 이야기하도록 돕는다. 노트 상단에 '질문하기'라고 크게 적어 놓거나 당신의 사례개념화에 기초해서 내담자에게 적용할 각 개념들을 메모해 놓을 수 있다(예, '가족 환경' 옆에 치료자는 마이클이 치료 회기에서 비판적인 어머니에게 양육 받았음을 언급했다고 적어 놓을 수도 있다). 이런 작은 메모들은 내담자의 관심을 끌기 위한 신호를 제공할 수 있다.

어떤 초보 치료자들은 내담자가 이 종이를 '컨닝 페이퍼(cheat sheets)'로 생각해서 치료자를 무능하게 지각할까 봐 걱정한다. 우리의 견해로 보면 이 메모지가 자세한 정보보다는 요점만 포함하도록 정확하게 사용되면 내담자들은 그것의 존재조차 인식하지 못한다. 만약 내담자가 그것을 인식하거나 거기에 대해 질문한다 해도, 그것 때문에 치료자를 부정적으로 판단하지는 않는다. 치료자는 "아, 나는 항상 요점 목록을 가지고 다니기 때문에 당신의 모든 중요한 정보를 다룰 수 있습니다."라고 간단하게 말하면 된다. 다른 말로, 메모 용지를 당신의 불안 감소를 위한 것이 아니라 내담자를 위한 것으로 만들어라. 가끔 메모를 보는 것은 세부적인 내용이나 지침서를 직접 읽거나 '지침서를 펼쳐서' 정리되지 않은 채로 정보를 전달하는 것보다 더 낫다.

❖ 마이클의 사례로 돌아가기

Hope 등(2000, 2006)의 치료 지침서에서는 마이클과 나눌 심리교육적 내용을 제시한다. 이 내용을 포함하는 요점표는 〈표 6-2〉에 예시되어 있다. 마이클과 치료자는 1회기와 2회기에서 이 내용을 다루었다.

표 6-2 | 마이클의 심리교육 내용 '요점표'

1회기
1. 사회불안장애의 진단 준거 검토하기와 유병률 및 다른 설명 토의하기
2. '정상적인' 사회불안과 '병리적인' 사회불안의 차이 논의하기
3. 불안의 3요소(생리적 · 인지적 · 행동적) 소개하기
   - 행동적 요소의 측면에서 장애유지에 대한 회피행동의 역할을 분명하게 토의하라.
   - 화이트보드를 이용하여 불안의 하향 나선을 그려서 설명하라.
   - 화이트보드를 이용하여 치료에서 활용할 다양한 기법이 어떻게 이 악순환을 끊을 수 있는지를 설명하라.

2회기
4. 사회불안의 가능한 원인들을 토의하라.
   - 유전적 요인
   - 가정환경
   - 중요한 경험

이것들은 다음과 같은 발전으로 이어질 수 있다.

- 역기능적 사고 패턴(외적 통제 소재, 완벽주의적 기준, 낮은 자기효용감), 그것은 실제상황에서 문제적인 방식을 유발할 수 있다.
- 역기능적 사고 → 주의 분산 → 사회적 상황에서 부정적 결과(예, 말하려고 한 것을 잊기)
- 역기능적 사고 → 회피(사회적 상황에 전혀 참여하지 않음)

치료 1회기

앞에서 설명했듯이, 〈표 6-1〉에 있는 것처럼 회기는 치료자의 개략적인 의제로 시작하였다. 치료자와 마이클은 피드백 회기에서 사회불안장애에 초점을 둔 치료를 시작하기로 동의했다. 사회불안장애의 진단 준거와 유병률을 이미 논의했기 때문에 치료 첫 회기는 간략한 검토로 시작했다.

그런 다음 마이클과 그의 치료자는 대부분의 사람이 가끔 경험하는 사회불안과 치료를 필요로 하는 사회불안의 차이에 대해 논의했다. 지금까지의 회기에 근거해서 치료자는 마이클이 스스로 생각하기에 수줍음이라는 것을 치료한다는 데에 '바보'라고 느끼는 것을 걱정했다. 치료자는 마이클의 사회불안 문제가 가끔 발생하는 것이 아니라 상당히 광범위하게 퍼져 있고, 많은 스트레스와 기능의 손상을 야기하기 때문에 문제 해결을 추구하는 것이 어리석은 것이 아님을 강조하고자 했다. 과도한 불안과 그 불안에 대한 마이클의 대처행동들은 단순히 '정상적인' 불안이 아니라 사회불안장애임을 보여 주었다. 이것은 마이클이 스스로를 잘못이라고 느끼게 하려는 것이 아니라 오히려 이 중요한 문제를 치료하려고 하는 자신이 매우 합당하다는 것을 알려 주기 위한 것이었다.

다음으로 치료자는 불안의 생리적·인지적·행동적 요소인 '3요소'를 소개했다. 치료자는 마이클에게 각각의 요소들을 어떻게 경험했는지 질문했다. 마이클은 불안을 느낄 때, 얼굴이 아주 심하게 붉어지고, 목소리가 떨리며 식은땀이 심하게 난다고 말했다(생리적 요소). 인지적 요인을 이야기하기 시작했을 때, 마이클은 "불안할 때 생각이 빠르고 강렬하게 밀려오지만, 그 모든 것을 생각하는 것조차 힘듭니다."라고 말했다. 치료자는 지난 회기에 있었던 이야기를 상기시켜 줌으로써 마이클을 도와주었다. 마이클은 "나는 항상 엉망이에요." "사람들은 나를 바보라고 생각할 거예요." "내가 얼마나 불안해 하는지 모두가 다 알아요."와 같은 생각들을 보고하였다. 마이클은 "내 얼굴은 토마토처럼 빨개져요." 그리고 "내 목소리는 너무 떨려서 아무도 알아들을 수가 없어요."의 생생한 생리적 증상을 추가했다.

마이클의 인지적 증상에 대해 충분히 이해한 후에 치료자와 마이클은 불안의 행동적 요소로 주제를 옮겨 치료자는 사회적 상황에서 불안을 덜 느끼려고 마이클이 취하는 행동이 무엇인지 질문했다. 수업에서 발표를 하거나 질문에 대답할 때, 마이클은 노트의 기록을 그대로 읽으려 한다고 하였다. 새로운 사람을 만날 때, 그는 가능한 한 짧은 대화로 '엉망이 될' 기회를 줄이고자 하였다. 마이클은 불안 때문에 전혀 하지 않으려고 하는 외적인 회피행동에 대해 질문을 받았다. 치료실에 오기 전의 1년 동안 수업에서 질문에 대답하고 종교적 의식을 이끌어 가는 것과 같이 신학교에서 요구되는 활동이 너무 많아 회피하는 것이 정말 어려웠다고 이야기하였다. 그러나 다시 물었을 때, 마이클은 수업에서 질문에 대답하거나 예배를 이끌어 가는 일을 결코 자원하지 않았음을 인정했다. 또 그는 여성이나 직장에서의 남자 상사에게 먼저 말을 거는 일은 전혀 없었다고 보고했다. 의무적인 회의였다면, 자신의 상관이나 상대방이 먼저 말한 경우에만 말을 했다.

여기서 치료자는 소크라테스식 대화를 통해 마이클이 회피행동의 이익과 불이익을 스스로 이해할 수 있도록 했다.

> **치료자:** 우리는 사회불안을 가진 사람들의 회피행동을 많이 봅니다. 왜 이런 행동을 한다고 생각하십니까?
>
> **마이클:** 그게 도움이 되기 때문인가요?
>
> **치료자:** '도움이 된다'는 것은 어떤 의미인가요?
>
> **마이클:** 회피행동은 불안을 억제합니다. 만약 세미나에서 회의 후에 커피와 스낵을 제공한다면, 나는 훨씬 더 편안하게 느낍니다. 왜냐하면 직속 수도원장과 이야기를 나누는 것보다 편안한 다른 사람과 이야기를 할 수

있기 때문입니다.

치료자: 그럼 단기적 회피는 아주 좋은 전략인가요?

마이클: 나는 그렇게 생각합니다.

치료자: 나도 사실 그렇게 생각합니다. 그러나 다른 측면을 고려할 필요가
있습니다. 장기적으로 보면 어떻습니까?

마이클: 그렇게 좋은 전략은 아닙니다.

치료자: 왜 그렇습니까? 당신을 불안하게 만드는 상황을 회피해서 영원히
편안하게 지낼 수 있을 것 같은데요.

마이클: 그런 식으로 작용할 것 같지 않습니다. 그렇지 않은가요?

치료자: 어떤 의미인가요?

마이클: 그것 때문에 치료를 받으러 왔습니다.

치료자: 그렇습니다. 그렇다면 회피의 해로운 점에 대해 어떻게 생각하나요?

마이클: 나를 불안하게 만드는 것을 결코 극복하지 못합니다.

치료자: 그것을 극복하기 위해 당신에게 필요한 것은 무엇입니까?

마이클: 내 추측으로는 그냥 행동해서 그것이 나쁘지 않다는 것을 알게 되
는 것입니다.

치료자: 맞습니다. 그래서 두려워하는 행동을 하고, 그것이 그렇게 나쁘지
는 않다는 것을 경험하는 노출이 필요한 것이지요.

마이클: 그렇군요. 이제 핵심을 알겠습니다.

치료자: 좋습니다. 그것이 고려해야 할 중요한 요점입니다. 다음 시간에 치
료적 접근에 대해 좀 더 이야기를 할 것이지만, 그렇게 하기 전에 불안의
세 가지 요소가 서로 어떤 연관이 있는지 좀 더 생각을 해 봅시다.

마이클: 네, 알겠습니다.

첫 회기의 남은 심리교육 시간 동안, 마이클과 치료자는 불안의 생리적·인

지적 · 행동적 요소의 상호작용에 대해 이야기를 나누었다. Hope 등(2000)의
지침서(p. 25)에 있는 사례를 활용하여 마이클과 치료자는 불안의 생리적 · 인
지적 · 행동적 요소가 어떻게 상호작용해서 적합한 행동을 방해하고 또 불안을

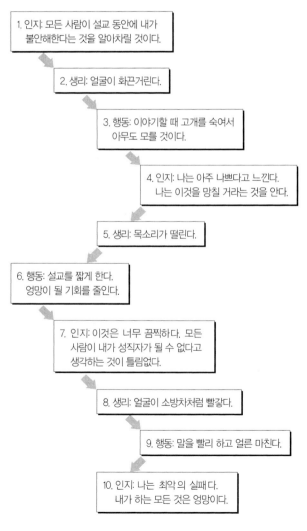

그림 6-1 │ 마이클의 불안에 대한 하향 나선

일으키게 하는지에 대한 시각적 묘사인 '불안의 하향 나선형(downward spiral of anxiety)'을 화이트보드에 그렸다. 이 나선형을 [그림 6-1]에 설명하였다.

하향 나선형 작업을 마친 후, 마이클이 절망이 아닌 희망을 가지고 회기를 마치도록 하기 위해 치료자는 치료라는 불안 때문에 통제력을 잃게 되어 대처할 기회를 놓치기 때문에 결국 부정적인 감정을 경험하기 이전에 악순환의 고리를 끊는 것이라고 설명했다. 여기서 마이클은 중요한 질문을 했다.

마이클: 그렇지만 이 모든 것 중 어디에서부터 시작하게 됩니까?
치료자: 마이클, 좋은 질문입니다. 이 세 과정이 모두 한꺼번에 이어서 진행되는 것이 압도되는 것처럼 느껴지지만, 그것은 실제로 악순환을 끊을 수 있는 더 많은 방법이 있다는 것을 의미합니다. 당신은 여러 곳에서 그 악순환을 조금씩 '깨뜨려 나갈' 수 있습니다.
마이클: 그 말은 무슨 뜻인가요?
치료자: 우리는 불안의 3요소를 탐색하고, 실제로 이 영역의 어떤 것이라도 공격목표로 삼을 수 있습니다.
마이클: 아, 그래서 내가 다르게 생각하면 도움이 되는 건가요?
치료자: 맞습니다. 그리고 행동의 변화도 도움이 될 겁니다.
마이클: 그렇지만 어떻게 생리적인 내용을 바꿀 수 있습니까? 나는 항상 얼굴이 붉어집니다.
치료자: 좋은 지적입니다……. 그중 어떤 것은 바꾸기 어렵고, 어떤 것은 사회적 상황에서 불안이 낮아짐에 따라 자연스럽게 감소될 것입니다. 그러나 우리는 증상에 대해 생각하는 방식을 바꿀 수도 있습니다. 이 모든 요소가 서로 연결되어 있기 때문에 신체적 증상에 대한 생각을 바꾸는 것은 증상을 줄이고, 그것의 중요성을 감소시킬 수 있다는 것을 기억하십시오.
마이클: 그게 무슨 말인가요?

치료자: 인지재구조화를 통하여 우리는 얼굴이 붉어진다는 것이 얼마나 나쁜지를 탐색할 수 있습니다.

마이클: 정말 끔찍합니다.

치료자: 왜 그렇습니까?

마이클: 모든 사람이 보기 때문입니다.

치료자: 그럴 수 있습니다. 그렇지만 어떤 사람은 인식하고, 어떤 사람은 그렇지 않습니다. 사람들이 당신의 홍조를 인식하면 무엇이 나쁩니까?

마이클: 사람들은 나를 낙오자로 생각할 것입니다.

치료자: 모든 사람이 그렇습니까?

마이클: 무슨 말입니까?

치료자: 당신의 홍조를 인식한 모든 사람이 당신을 낙오자로 생각합니까?

마이클: 아마도 모든 사람은 아닐 겁니다.

치료자: 다른 사람들이 얼굴이 붉어질 때, 당신은 그것을 알아차립니까?

마이클: 물론입니다. 그래서 나는 항상 그 사람들을 안타깝게 느낍니다.

치료자: 그럼 당신은 얼굴이 붉어지는 사람을 실패자라고 생각하지는 않습니까?

마이클: 그렇게 생각하지 않습니다. 그렇지만 어떤 사람들은 그렇게 생각할 수도 있습니다.

치료자: 어떤 사람들은 그렇게 생각하겠지요. 그 사람들에 대해 어떻게 생각하십니까?

마이클: 아주 나쁘다고 생각합니다. 사람을 판단하는 건 좋지 않습니다.

치료자: 좀 더 자세히 말씀해 주십시오.

마이클: 그들이 좀 더 좋은 사람이라면, 근면성이나 지성과 같은 사람을 평가할 더 중요한 기준이 있을 겁니다.

치료자: 그럼, 한 가지 물어보겠습니다. 얼굴이 붉어진 것 때문에 당신을 낙오자라고 생각하는 사람들의 평가에 당신은 얼마나 가치를 둘 건가요?

마이클: 조금입니다. 그런 사람하고 친하게 지내고 싶지 않습니다.

치료자: 좋습니다. 이것은 신체적 증상인 홍조에 대한 생각을 시험하기 위한 인지재구조화의 간략한 예입니다. 지금 잠깐 이야기했다고 해서 당신이 더 이상 얼굴 홍조에 상관하지 않을 거라고 기대하지는 않습니다. 그렇지만 우리가 이것에 대해 좀 더 이야기를 하면 그 증상은 어떻게 될까요?

마이클: 저는 그것에 신경을 덜 쓰게 될 것 같습니다.

치료자: 행동에는 어떤 영향이 있을까요?

마이클: 시선을 떨구거나 대화를 빨리 끝내야겠다는 느낌이 사라질 겁니다.

치료자: 그러면 실제로 얼굴이 붉어지는 것에도 어떤 영향을 줄 수 있지 않을까요?

마이클: 와, 그건 믿을 수 없습니다.

치료자: 당신이 옳을 수 있습니다. 얼굴이 쉽게 붉어질 수도 있습니다. 그러나 덜 인식하면 덜 불안해질 것이라는 것도 가능합니다. 그래서 당신이 얼굴이 붉어지는 것을 인식하고 곤란해하던 것만큼 빨갛게 되지 않을 겁니다.

마이클: 당신이 무슨 말을 하는지 이해합니다. 알아차리고 당황해 함으로써 실제로 얼굴의 홍조가 더 나빠졌었습니다.

치료자: 우리는 그것을 함께 탐색해 볼 수 있습니다. 어렵기는 하지만 실제 홍조를 줄이려고 노력하지 않고, 생각과 행동의 변화가 어떻게 불안의 신체적 증상에 얼마나 많은 영향을 미치는지를 이해하는 것이 핵심입니다.

마이클: 확실히 이해가 갑니다.

치료 회기의 마지막에 회기 동안 배운 것을 내담자가 요약하는 것은 많은 도움이 된다. 이미 언급했듯이, 내담자들은 치료 회기 동안 훈련하고 있는 핵심 목록들을 기록해야 한다. 내담자들은 회기 사이, 심지어 치료 종결 후에도 그들이 어려운 상황에 직면했을 때 이 목록을 참조할 수 있다. 다음의 내용은 마이클의 첫 치료 회기의 종료 때의 모습이다.

> 치료자: 마이클, 이제 회기를 마칠 시간입니다. 마치기 전에 오늘 우리가 이야기한 것을 정리해 봅시다.
>
> 마이클: 그러지요.
>
> 치료자: 오늘 회기가 도움이 되었습니까? 무엇을 배웠습니까?
>
> 마이클: 네, 물론 도움이 되었고 아주 유익했습니다. 많은 것을 배웠습니다.
>
> 치료자: 오늘 배운 것 중 무엇이 가장 도움이 되었습니까?
>
> 마이클: 회피는 좋지 않다는 겁니다.
>
> 치료자: 좋습니다. 나는 '요점'을 기억하도록 하기 위해 내담자에게 종종 치료 노트에 목록을 작성하게 합니다. 이것이 목록의 첫 항목인가요?
>
> 마이클: 물론입니다. 내가 무엇인가를 정말 회피하고 싶을 때, 회피가 좋지 않다는 것을 기억하는 데 도움이 될 겁니다.
>
> 치료자: 그렇습니다. 명심할 중요한 내용입니다. 그 외에 오늘 어떤 것을 배웠습니까?
>
> 마이클: 많은 것을 배웠지만 가장 기억에 남는 것은 그것입니다.
>
> 치료자: 아주 좋습니다. 이 회기의 핵심은 불안이 지속되는 이유와 당신이 좀 더 편안해지기 위해 이 불안의 악순환을 깨뜨릴 방법을 이해할 틀을 제시해 준다는 것입니다.
>
> 마이클: 예, 문제 해결을 위해 여러 가지 방법으로 작업할 수 있다는 게 참 좋습니다.
>
> 치료자: 맞습니다. 그리고 그것들이 어떻게 연결되어 있는지 당신이 인식하기 시작한 것 같습니다. 예를 들면, 행동의 변화는 실제로 생각을 변화시킵니다. 우리는 생각과 행동 간의 관계를 실제로 자각하고 배워 나갈 것

입니다. 사실 이번 주 과제로 이 작업을 시작할 수 있습니다.

마이클: 과제라고요?

치료자: 지금 당신은 학교 과제가 꽤 있겠지만, 단지 일주일에 한 시간의 치료회기가 아니라 매일 사회불안에 대해 작업을 하는 것이 정말 중요합니다. 다른 것과 마찬가지로, 당신이 치료에 더 전념할수록 문제에서 더 많이 벗어날 수 있을 겁니다.

마이클: 알겠습니다. 과제가 무엇입니까?

치료자: 주중에 당신이 사회불안을 경험하는 몇 가지 상황을 기록해 보면 좋겠습니다. 이번 주 중에 당신이 불안해할 것 같은 사건은 어떤 게 있습니까?

마이클: 나는 거의 매일 수업이 있고, 일요일 아침에 양로원에서 예배를 인도할 겁니다.

치료자: 좋습니다. 그런 일들은 우리 작업을 계속해 나가기에 좋은 상황입니다. 불안을 야기하는 사건과 그 상황에서 당신이 경험하는 생리적 증상은 어떤 것인지 또 어떤 행동을 하는지, 무슨 생각을 하는지를 간략하게 기록하는 것입니다. 이 과제는 다양한 상황에서 불안의 세 가지 요소가 어떻게 서로 잘 맞물리는지를 이해하는 데 도움이 될 것입니다.

마이클: 그러면 다음 주에 당신이 내 노트를 보는 겁니까? 내 노트를 가져오는 대신 무슨 일이 있었는지 그냥 이야기하면 안 되겠습니까?

치료자: 왜 그런가요?

마이클: 나는 철자를 잘 못 쓰고, 글쓰기는 정말 잘 못합니다. 의사의 필체가 형편없다는 것을 당신도 알지요?

치료자: 약간 불안한 것처럼 들립니다.

마이클: 나를 바보라고 생각할 것 같습니다.

치료자: 여기는 사회적으로 불안한 내담자들이 많이 옵니다. 사람들은 내가 자신들을 부정적으로 판단할까 봐 걱정합니다. 다시 강조하지만 나는 판

단하는 것이 아니라 당신을 돕기 위해 여기에 있습니다. 철자는 아무 상관이 없고 혹시 당신이 쓴 것을 내가 이해하지 못할 때는 당신에게 물어 볼 겁니다.

마이클: 그럼 과제를 기록하지 않으면 안 되나요?

치료자: 그렇죠. 그런데 과제기록에 있어서 어떤 것이 힘든지 말해 보시겠어요?

마이클: 단기적으로는 괜찮겠지만 결국엔 아마도 엉망이 될 겁니다.

치료자: 어떤 것이 엉망이 된다는 이야기인가요?

마이클: 좋습니다. 당신이 과제를 기록하라고 말하는 것은 분명 어떤 이유가 있을 겁니다.

치료자: 그렇습니다. 우리는 '그 순간'의 경험이 무엇인지 알려고 합니다. 가끔 우리가 어떤 것을 회상할 때, 무슨 생각을 했는지, 무엇을 느꼈는지, 무슨 행동을 했는지를 말하기가 어렵습니다. 그 순간에 당신이 관찰한 것을 기록하는 것은 불안 경험을 파악하는 가장 좋은 방법입니다.

마이클: 알겠습니다. 과제를 하도록 하겠습니다.

이미 언급했듯이, 처음 몇 회기는 많은 내담자에게 매우 부담이 될 수 있다. 어떤 사람은 집에 돌아가서 과제를 기억하지 못할 수 있고, 이런 행동이 너무 당황스러워서 전화를 해서 다시 물어보지 못할 것이다. 그러므로 내담자는 회기를 마치기 전에 자신의 과제를 노트에 기록해야 한다. 모든 회기의 마지막에 '해야 하는 것'은 과제나 그 회기에 다루었던 것에 대한 질문이나 걱정되는 것이 있는지 내담자에게 질문하는 것이다. 치료를 시작하면서부터 질문이나 피드백은 허용될 뿐만 아니라, 촉진되는 분위기가 만들어져야 한다. 다시 말해, 이것은 인지행동치료에서 매우 중요한 협력적 경험주의의 분위기를 만드는 것이다.

치료 2회기

마이클은 일주일 후 치료센터에 왔다. 이번 주 회기의 의제는 심리교육을 마치고 공포상황의 위계를 설정하는 것이었다. 한 주간의 생활에 대한 마이클의 간략한 설명과 과제 검토, 회기의 나머지 부분의 의제 설정으로 회기가 시작되었다. 마이클은 그의 과제를 완성했지만, 사례개념화와 1회기 마지막 부분에서 예견된 것처럼, 불안 때문에 과제 수행이 약간 방해가 되었다. 마이클은 자기관찰 기록지에 타자를 쳐 왔고, 주중에 아주 효과적으로 과제를 했지만 "잘했다."라고 생각될 때까지 다시 하느라고 밤에 몇 시간을 소비하였다고 했다. 마이클의 치료자는 이럴 필요 없이 각 상황에서 간단하게 메모하면 된다는 것을 재확인시켰고, 과제를 통해 완벽해지려는 요구에 대한 그의 신념을 검토하는 기회가 됐음을 알려 주었다. 치료자는 다음 주에는 더 짧은 시간에 과제를 하면서 다음과 같은 신념을 시험해 보도록 격려하였다. ① 조잡하다고 부정적으로 판단할 것이다. ② 대충 적은 노트가 더 '완벽하게' 했을 때보다 치료과정에 유익하지는 않을 것이다. 마이클은 이것을 시험해 보는 것에 동의했다.

두 번째 회기의 심리교육에서 사회불안의 가능한 원인에 대해 토의를 하였다. 우리는 〈표 6-2〉에 마이클에게 해당되는 내용을 요약했다. 마이클의 치료자는 이 모든 내용을 설명했지만, 마이클과 관련이 없는 내용에서는 많은 시간을 사용하지 않았다. 치료자는 마이클이 자신에게 중요한 것이 무엇인지를 인식하고 있다고 여기면서 초기 사례개념화를 참고하여 이전의 토의를 떠올릴 수 있는 내용을 제시했다. 예를 들어, 그들이 마이클의 가정환경에 대해 많은 토의를 했기 때문에 치료자는 다음과 같이 말하면서 마이클이 자신에 대해 알게 되었을 내용을 제시하였다. "우리는 당신의 가정환경이 사회불안의 발전에 중요한 역할을 했다고 앞에서 이야기를 했습니다. 여기서 조금 더 그것에 대해 이야기를 하도록 합시다." 이 말에 마이클은 외적 인상을 매우 중요하게 여기는 가정적 분위기에서 성장했음을 설명하면서 이야기를 시작하였다. 마이클이 가족 모임에서 '바보 같은' 말을 하기 시작하면 어머니는 탁자 밑으로 그를 발길질했다고 회상했다. 가족의식이나 교회행사 전에 마이클의 어머니는 그와 여동생의 구체적인 행동 규칙을 검열하곤 하였다. 그녀는 식탁에서의 '완벽한' 예절의 중요성을 강조하였는데, 어른이 먼저 말을 걸기 전에는 어른에게 말하지 않으며, 외모를 깔끔하고 말쑥하게 하도록 하였다. 마이클은 타인에 대해 신경 쓰는 것을 걱정하지 않아도 되는 순간을 그의 삶에서 기억할 수 없었다.

마이클은 외부로 드러나는 신체적 불안 증상 때문에 학교에서도 놀림을 당했다고 기억했다. 초등학교 1학년 때, 다른 아이들이 자신을 '토마토 얼굴'이라고 부른 일을 회상했다. 다른 사람과 이야기를 할 때 고개를 숙였기 때문에 얼굴이 빨개지는 것을 다른 사람들이 몰랐다고 설명했다. 그는 또한 겨울에는 학교에서 두꺼운 스웨터를 벗고 짧은 소매 셔츠만 입어서 얼굴이 너무 빨개지지 않게 했다고 설명했다. 아래를 보거나 얇은 옷을 입는 습관은 지금까지 계속되었다.

마이클은 이 초기 경험이 역기능적 사고 패턴, 특히 자신에 대한 완벽주의적 기준의 발전에 기여했을 것이라고 이야기하였다. 마이클의 치료자는 이 역기능적 사고 패턴이 실제로 사회적 상황에서 어떤 식으로 나타나는지를 질문했다.

> **치료자:** 당신이 사회적 상황에 있을 때, 완벽하게 수행하는 것이 정말 중요하다는 생각에 영향을 주는 것은 무엇입니까?
>
> **마이클:** 여기 오기 전, 나는 "완벽주의적 사고 때문에 내가 잘했다. 내가 그런 생각을 하지 않았으면 더 엉망이 되었을 것이다."라고 말하곤 했습니다. 그러나 만약 내 생각이 온통 완벽을 추구하는 데 쏠려 있다면, 그 생각 때문에 집중할 수가 없어서 실제로 나는 일을 엉망으로 만들었을 것임을 이해하기 시작했습니다.

치료자: 놀라운 관찰력입니다. 완벽한 수행에 초점을 두기 때문에 생기는
또 다른 어떤 문제가 있습니까?

마이클: 나는 스스로 실패하도록 한 것처럼 보입니다. 나는 사람이 가끔 실
수를 한다는 것을 인정할 수 있지만, 내 자신에게는 이것을 허용하지 않
는 것 같습니다.

치료자: 그래서 당신은 상황이 끝날 때, 어떻게 느낍니까?

마이클: 매번 끔찍합니다.

치료자: 이것이 다음에 맞닥뜨려야 하는 비슷한 상황에 영향을 끼칩니까?

마이클: 그렇습니다. 나는 항상 그래왔듯이 엉망이 될 거라고 생각합니다.

치료자: 내면에 엄격한 기준이 있는 것 같습니다.

마이클: 맞습니다. 나는 나의 최악의 적입니다. 그렇지요?

치료자: 그럴 수 있습니다. 우리는 분명 이것에 대해 생각할 시간을 가질 겁
니다.

이 시점에서 마이클의 치료자는 그의 사회불안의 발전과 유지에 기여했다고
생각되는 몇 가지 요인을 요약했다. 그다음에는 이것을 다루기 위한 모든 내용
에 대해 이야기하면서 치료 프로그램의 다른 측면을 검토했다. 치료자는 단계
적 노출과 인지재구조화, 과제에 대해 설명하면서 치료의 각 요소들이 마이클
의 문제 사고와 회피행동을 어떻게 치료할 것인지를 강조했다.

치료자: 치료에는 단계적 노출과 인지재구조화, 과제라는 세 가지 핵심 요소
가 포함됩니다. 우리가 이것들에 대해 함께 이야기를 해 왔지만, 그것들이
우리가 토의하고 있는 문제에 어떻게 도움이 될 것인가를 검토해 봅시다.

마이클: 좋습니다.

치료자: 우리는 노출에 대해 이야기를 했습니다. 이것들은 두려워하는 사회

적 상황에 직면하는 것과 관련된 행동적 연습입니다. '점진적' 노출이
의미하는 것은 무엇입니까?

마이클: 감사하게도, 우리는 서서히 노출을 합니다.

치료자: 그렇습니다. 오늘 회기의 뒷부분에 우리는 최소의 불안촉발 상황부
터 최대의 상황까지 순위를 매기는 위계를 개발할 것입니다. 우리는 그
순서에 따라 작업하기 때문에 더 어려운 과업을 수행하는 데 있어 이전
의 성공경험을 활용할 수 있습니다. 노출을 하는 것의 핵심이 무엇이라
고 생각합니까?

마이클: 나를 고통스럽게 하는 것이 아닐까요?

치료자: 나는 그렇게 생각하지 않습니다. 다른 어떤 것이 있을까요?

마이클: 그것이 아주 나쁘지 않다는 것을 내가 알게 하기 위함인가요?

치료자: 맞습니다. 거기에는 몇 가지 의미가 있습니다. 첫째, 불안 상황에 더
오래 머물수록 당신은 불안을 덜 느낍니다. 같은 상황에 더 자주 놓일수록
덜 불안해질 겁니다. 우리는 이 과정을 '습관화'라고 합니다. 기본적 목적
은 당신의 불안이 영원히 고정된 것은 아니라는 것을 학습하는 것입니다.

마이클: 전에 이야기했던 연습 없이 설교하는 것과 같은 것인가요?

치료자: 맞습니다. 그러나 거기에 고통이 아닌 어떤 다른 핵심이 있을까요?

마이클: 음, 당신이 무슨 말을 하려는지 압니다. 내가 생각하는 것만큼 재앙
적이지는 않다는 것을 알게 될 거라는 말이지요?

치료자: 그렇습니다. 그런데 여기서 나는 우리가 사물을 서로 다르게 본다
는 당신의 지적을 인정합니다. 나는 당신이 많은 연습 없이 설교를 해도
엄청난 재앙이 되지 않을 거라고 믿습니다. 당신이 지금은 이것을 믿지
않는다는 것을 압니다. 괜찮습니다. 중요한 것은 그것을 시도하고, 배우
는 방식에 대해서는 충분히 개방되어야 한다는 것입니다.

마이클: 내가 그것을 할 수 있다는 것을 상상하기가 어렵긴 하지만, 다른 것

을 작업함에 따라 수월해질 거라고 믿습니다.

치료자: 좋은 생각입니다. 그럼 인지재구조화는 무엇이라고 생각합니까?

마이클: 내 생각을 검토하는 것입니까?

치료자: 맞습니다. 인지재구조화를 통해서 당신이 불안할 때 생각하는 것을 분석하게 됩니다. 우리는 당신이 모든 생각을 희망적이고 긍정적으로 바꾸기를 기대하지는 않고, 다만 그 생각들을 더 객관적으로 보고 이해가 되는지 또는 도움이 되는지를 살펴보라는 것입니다.

마이클: 만약 사물에 대해 다르게 생각한다면, 나는 더 기꺼이 그렇게 행동할 겁니다.

치료자: 맞습니다. 아마 이 상황에서 몇 가지 긍정적인 경험도 할 겁니다.

마이클: 그러면 좋겠습니다.

치료자: 당신이 전에 말했던 사회적 상황에서 완벽주의적 사고에 초점을 두는 효과는 어떻습니까?

마이클: 그건 방해가 됩니다.

치료자: 그럼 우리가 생각을 좀 더 정확하게 바꾸면 어떤 효과가 있을까요?

마이클: 좀 더 주의를 집중할 수 있을 겁니다.

치료자: 그러면 정말 좋겠습니다. 그렇죠?

마이클: 물론입니다.

치료자: 그러면 치료의 세 번째 요소인 과제를 잠깐 살펴보도록 합시다. 지난 시간에 이야기했듯이 과제는 정말 중요합니다.

마이클: 그렇지요. 과제를 더 많이 할수록 문제에서 빨리 벗어난다는 말씀이죠?

치료자: 정확합니다. 회기 사이에 당신이 할 과제의 종류에 대해 우리가 조정할 것이라는 것을 설명하겠습니다. 사회적 상황에서 당신이 경험하는 것을 기록하면서 이번 주에 했던 것과 같은 탐색을 많이 할 것입니다. 인지재구조화를 시작하면 과제를 위해 탐색한 것을 기록하도록 요청할 것

입니다. 또 여기 회기 내에서 노출을 많이 하지만 당신의 생활에서 실제로 해 보는 것이 매우 중요합니다.

마이클: 그것이 가장 힘든 것입니다.

치료자: 맞습니다. 어려울 것입니다. 그러나 노출을 시작하기까지 당신은 더 정확하고 적응적인 방식으로 당신의 생각을 검토하는 능력을 갖추기 위한 많은 도구를 갖게 될 것입니다. 당신은 여기 회기 내에서 먼저 많은 것을 시도해 볼 수 있고, 그것은 실제로 도움이 될 것입니다.

마이클: 나는 그것에 대해 당신을 믿기로 하겠습니다.

치료자: 좋은 생각입니다. 위계 작성으로 넘어가기 전에 치료 시간에 가장 중요한 도움을 얻을 수 있는 방법에 대해 잠깐 생각해 봅시다. 오늘 가장 중요했던 것은 무엇인가요?

마이클: 네, 노출에 대한 생각이 나를 공포스럽게 만들지만, 내가 더 많이 시도할수록 더 쉽게 문제를 해결할 수 있을 거라는 것을 알 수 있었다는 것입니다.

치료자: 좋습니다. 연습, 연습, 연습입니다! 인내심을 가지고 계속하는 것이 중요합니다. 어려운 것을 할 때, 사람들은 포기하거나 한 번 시도하고 너무 힘들어서 다시 할 수 없다고 생각합니다. 이 프로그램에서 우리는 당신이 여러 번 시도하면서 시간이 지남에 따라 노출이 쉬워진다는 것을 알도록 인내심을 가지고 계속하도록 지지할 것입니다.

마이클: 좋은 정보입니다.

치료자: 노출과 관련하여 완벽주의적 기준에 대해 어떻게 생각합니까? 치료에 대해 완벽주의적 기준을 갖는 것은 괜찮습니까?

마이클: 그렇지 않다고 생각합니다.

치료자: 왜 그렇지요?

마이클: 치료에서조차 나는 나 자신이 실패하도록 설정했을 것이기 때문입

니다. 그건 정말 멍청한 것이겠지요?

치료자: 그게 어리석은 것이라고는 생각치 않습니다. 당신이 다른 활동처럼 치료를 생각하는 것은 당연한 것입니다. 그러나 치료에 대해 너무 높은 기준을 갖는 것은 실패할 것 같은 느낌을 자처할 수 있다는 것에는 동의 합니다. 당신은 스스로를 자책할 때 자신을 이해하고, 어려운 작업을 하고 있는 스스로를 신뢰하는 방법을 배우게 될 것입니다.

마이클: 나는 그와 같은 방법들을 활용할 수 있을 겁니다.

치료자: 좋습니다. 마지막 요점은 사람들이 새로운 방법을 기꺼이 시도할 때 치료가 성공한다는 것입니다. 그러나 사람들이 치료실에 올 때, 보통 문제를 다루는 현재의 방법이 효과적이지 않기 때문에 새로운 방식으로 뭔가를 시도하고, 그 결과를 지켜 보는 것은 대단한 것입니다.

마이클: 나는 도전할 겁니다. 이 사회불안은 나에게 아주 큰 방해물입니다. 나는 정말 이것을 극복하고 싶습니다.

치료자: 우리는 좋은 팀이라고 생각합니다.

2회기의 남은 시간에 마이클과 치료자는 노출을 위한 불안과 회피의 위계를 작성했다. 이 위계는 마이클이 회피하거나 아주 심한 불안을 경험한 사회적 상황의 목록이다. 각 상황은 주관적 불편항목 척도(Subjective Units of Discomfort Scale: SUDS)의 0점부터 100점으로 평가하였는데, 0점은 전혀 불안하지 않음을 의미하고, 100점은 가장 심한 사회불안을 나타낸다. 이 위계 항목들은 촉발되는 불안의 정도에 따라 최소 점수부터 최대 점수까지 점수에 따라 순위가 매겨졌다.

마이클과 치료자는 이미 많은 시간을 함께 보내 왔고, 마이클은 그의 문제인 사회불안에 대해 많은 생각을 해 왔기 때문에 위계 작성을 위한 항목을 만드는 것은 아주 쉬웠다. 만약 내담자가 마이클처럼 항목을 만들어 내지 못한다면, 내담자의 처음 평가를 참고하는 것이 도움이 된다. 가끔 치료에서 표적으로 삼아야 할 특정 상황이나 촉발요인을 다룰 수 있는 척도가 제시될 수 있을 것이다. 마이클의 위계는 〈표 6-3〉에 제시되어 있다. 마이클은 일련의 항목을 제시했고, 치료자는 마이클이 지난 시간에 언급한 몇 가지를 더 추가하도록 제안했다. 마이클은 가장 낮은 불안항목을 50점으로 평가했다. 마이클은 일상생활에서 SUDS 점수 50 이하를 유발하는 다른 사회적 상황들이 있다고 말했다(예, 병원에 있는 교구민 방문하기, 수업 전에 학우와 잠깐 대화하기). 그는 이것들은 규칙적인 활동이며, 그 활동에서는 어떤 회피행동도 하지 않기 때문에 위계 목록에 넣지 않았다. 오히려 위계에서 가장 낮은 항목은 마이클이 최근 회피했지만, 치료에서 아주 초기에 직면할 수 있을 것이라고 생각한 상황이다. 일반적으로 내담자가 치료 초기에 성공적으로 직면할 수 있도록 하기 위해 중간(그러나 감당할 수 있을) 정도의 불안을 점유한 상황이 위계의 낮은 항목으로 (점수와 무관하게) 설정되어야 한다.

표 6-3 | 마이클의 위계 목록

항 목	SUDS
준비 없이 설교하기	95
100명 이상의 대집단에서 설교하기	90
회의에서 발표하기	85
여성과 일대일로 대화하기	80
상사와 이야기하기	80
수업시간에 지목되기	80
소집단에서 설교하기	80
답이 확실하지 않을 때, 수업에서 질문에 자원해서 대답하기	75
업무적 환경에서 여성 집단과 말하기(예, 수녀원 서비스 프로젝트)	70
예배 후 교구민들과 상호작용하기	65
학우들과 점심식사하기	60
답이 확실할 때, 수업에서 질문에 자원해서 대답하기	60
한 명의 학우와 점심식사하기	50
낯선 남자와 일대일로 대화하기	50

마이클은 회기 마지막에 위계 목록의 사본을 받아 집으로 가져가서 그가 생각한 새로운 항목들을 추가하기로 하였다. 또 치료자는 지난주 동안 해 왔던 것처럼 불안의 3요소에 대한 탐색을 계속하도록 요청하였다. 회기 마지막에 치료자는 질문이 있는지 그리고 오늘 회기에서 배운 것이 무엇인지 마이클에게 질문했다. 마이클은 그의 치료 노트에 추가할 두 가지 핵심을 찾아냈다. "나는 아마 나 자신에게 최악의 적인 것 같다."와 "완벽하게 하려는 것에 집중하는 것은 실제로 일을 망치게 할 수 있다."

우리는 이것으로 마이클의 치료 2회기를 마쳤다. 치료 초기 몇 회기에 유념해야 할 몇 가지 요점이 〈표 6-4〉에 요약되어 있다.

표 6-4 | 치료의 처음 몇 회기에서 기억해야 할 요점

준비해서 오기: 사례 검토, 치료계획 고안, 회기 의제 설정, 심리교육 내용을 위한 '요점표' 준비

- 첫 회기 서두에서 현재 문제를 검토하고, 평가 이후에 변화된 것이 있는지 확인하며, 치료에 대한 기대에 관해 질문하라.
- 치료에 대한 설명과 심리교육을 할 때, 내담자의 참여를 유지하기 위해 강의식보다는 소크라테스식 질문을 사용하라.
- 중요한 개념에 대한 내담자의 질문을 촉진하라.
- 내담자가 모든 개념을 '획득'하거나 치료가 도움이 될 거라고 100% 확신을 가질 필요가 없음을 인정하라. 그 대신 내담자에게 새로운 것을 적극적으로 시도하고, 그 효과를 살펴보는 경험주의의 정신을 불어넣으라.
- 치료 초기에 과제를 소개하고, 그것의 중요성을 논의하라.
- 치료 가능성을 높이기 위해 할 수 있는 것이 무엇인지 의논하라.

❖ 넘어가기 전: 인지행동치료에서 과제

다음 단계의 치료로 넘어가기 전에 과제 활용에 대한 몇 가지 제안을 하고자 한다(Kazantzis, Deane, Ronan, & L'Abate, 2005 참고). 마이클에게 과제는 치료

첫 회기 후에 제시되기 시작했다. 이것은 치료에서 내담자가 중심 역할을 하는 적극적 접근인 인지행동치료에서 첫 시작부터 강조되는 전형적인 것이다.

왜 과제를 해야 하는지를 내담자가 이해하는 것은 중요하다. 가장 중요한 이유는 과제 순응은 좀 어렵기는 하지만 치료결과와 관련이 있다는 것이다. 그 이유가 무엇인가? 그 이유는 많이 있지만, 치료자는 내담자와 함께 이 이유에 대해 논의할 수 있다. 즉, 소크라테스 질문을 통하여 과제가 왜 도움이 될 것인가에 대해 내담자 자신의 가설을 이끌어 낼 수 있도록 하는 것이 중요하다. 과제는 일주일에 한 번 그저 치료에만 오는 것보다 새로운 기술을 연습할 많은 기회를 제공한다. 게다가 과제는 '실제 삶'에서 새로운 기술을 연습할 기회가 된다. 회기 밖에서 작업을 하는 것은 치료실에서 작업하는 것보다 내담자에게 실제로 더 큰 비중이 있다. 회기에서 내담자들은 가끔 자신의 성취를 과소평가한다. 회기 내에서 잘하는 것은 지지적 치료자나 '안전한' 환경 때문이라고 귀인할 수 있다. 내담자가 스스로 시도해서 긍정적인 결과를 경험할 때, 종종 자신에게 뿐만 아니라 치료에서 배워 왔던 핵심 기술에 대한 충만한 확신을 느낄 수도 있다. 이것을 통해서 내담자는 치료 종료 후에 자기 자신의 치료자로서 계속 기여할 수 있다는 것을 알게 된다. 제9장에서 과제 수행에 대한 중요한 주제들을 더 자세히 이야기할 것이다.

제7장 인지행동치료의 초기 어려움 다루기

　이번 장에서 우리는 인지행동치료의 초기 단계에서 나타나는 몇 가지 어려움을 논의할 것이다. 치료의 초기 단계에서는 내담자가 인지행동치료를 이해하고 받아들이는 것이 핵심이다. 그렇지 않은 경우, 치료과정은 내담자와 치료자 모두에게 힘들고 좌절스러울 수 있다. 우리는 내담자가 인지행동치료의 개입을 어려워하는 이유와 내담자가 치료과정에 몰두할 수 있는 방법에 대해 설명할 것이다. 또한 인지행동치료와 약물치료를 병행하는 내담자를 치료하는 경우에 발생할 수 있는 특별한 임상적 주제도 다룰 것이다. 이 장의 중반부에서는 자살 사고가 있는 내담자와 함께 작업하는 매우 어려운 주제에 초점을 두게 될 것이다. 우리는 여기서 자살의 위험성을 평가하는 방법과 자살 위기를 경험하는 내담자를 조심스럽고, 효과적으로 도와줄 수 있는 방법을 개관할 것이다. 마지막으로 치료적 관계에서 나타날 수 있는 다양한 대인관계적 문제와 문화에 적절한 인지행동치료를 수행할 방법을 설명할 것이다.

❖ 내담자를 인지행동치료에 참여시키는 것과 관련된 어려움

인지행동치료의 과정을 시작하는 것은 치료에서 중요한 단계다. 내담자가 자신의 심리적인 어려움을 이해하고 치료하기 위해서는 치료과정에 함께 참여하도록 하는 것이 필수적이다. 심리치료의 초기에 내담자는 치료에 대해 희망적이어야 한다. 그들은 자신의 문제 해결을 위한 지식과 기술을 습득하게 될 것이라는 믿음을 가져야 한다. 만약 내담자가 불만족스럽다거나 치료의 초기 과정에 대해 의구심을 갖는다면 이런 문제들은 바로 다루어져야 한다.

"치료의 속도에 만족하지 않는다."

어떤 치료계획서에서는 초기에 행동실습이나 인지재구조화 같은 실질적인 작업으로 들어간다. 다른 치료계획서에는 교육적인 몇 회기를 포함하여 치료 준비를 하는 데 좀 더 많은 시간을 할애하고 있다. 비록 내담자를 심리교육에 참여시키는 것은 좋은 치료적 활동이지만 어떤 내담자들은 자신의 '진짜 문제'에 관한 작업을 시작하려고 할 때 심리교육 단계에 대해 의아해한다.

이 상황에 대처하는 몇 가지 방법이 있다. 첫째, 내담자의 이해 수준을 평가하라. 만약 내담자가 인지행동치료의 개념을 빠르게 이해한다면 교육적 단계를 좀 더 신속히 진행하고, 치료 단계에 들어가는 것이 적절하다. 이것은 심리교육을 생략하라는 것이 아니라, 내담자에게 적절한 속도로 치료를 진행하라는 것이다. 어떤 경우에는 내담자가 핵심 개념을 이해하지 못하면서 다음 단계로 진행하기를 원하기도 한다. 이것은 좀 까다로운 일이다. 어떤 내담자는 실제 행동을 수행하면서 개념을 이해하게 된다. 이런 내담자들을 위해서는 치료에서 좀 더 활동적인 부분으로 진행해 가는 것이 좋을 것이다. 그러나 내담자가 어떤 것을 해야 하는 논리적인 근거를 이해하고 있는지를 항상 확인하는 것이 중요하다. 그들이 그 원리를 믿을 필요는 없지만(예를 들어, 강박치료 중에 강박적 행동을 멈춘다 해도 두려운 결과가 나타나지 않을 것이다) 각 치료 기법의 목적을 알 필요가 있으며(예를 들어, 강박행동을 중지하는 것은 두려운 결과가 일어날지 아닐지를 확인하는 데 도움이 될 것이다) 또 절차가 개방이 되어야 한다. 자신의 문제를 다룰 인지행동치료의 모델을 분명하게 이해하는 것은 치료를 위한 기초 혹은 버팀목이 된다.

내담자가 인지행동치료의 이론을 확실하게 이해한다 할지라도, 앞으로의 진행과정에서 여전히 몇 가지의 장애물이 있을 수 있다. 내담자는 회기 동안에 주의를 집중하는 데 어려움을 겪을 수 있고, 때로는 회기 중에 진행되는 내용을 놓칠 수 있으며 또는 회기와는 상관없는 '다른 생각'을 할 수도 있다. 내담자는 허공을 응시하거나, 이메일 또는 문자를 확인하는 등 회기 중에 산만해하거나 관심을 보이지 않을지도 모른다. 또 그들이 생각과 감정, 행동을 개방하는 데 주저하거나, 회기 내 활동을 거부할지도 모른다. 회기에 자주 결석하거나 늦게 오고 또 과제를 해 오지 않을지도 모른다. 또는 치료자가 협력적으로 행동하는 것을 공공연히 비난할지도 모른다. 내담자가 인지행동치료를 분명히 이해하는 데도 거부적인 것 같다면, 그 이유를 탐색하는 것이 좋은 출발점이 된다. 당신은 다음과 같이 이야기할 수 있다. "당신은 인지행동치료에 관해 모두 잘 알고 있어요. 그러나 아직 무엇인가 좀 주저하는 것처럼 보입니다. 당신에게 방해가 되는 것을 다룰 수 있도록 어떤 생각을 하고 있는지 말씀해 주시겠어요?"

가끔 내담자들은 그들의 문제가 발생한 배경에 관해 다른 믿음을 갖고 있기 때문에 인지행동치료에 거부적이기도 한다. 만약 내담자가 자신의 문제를 잘못된 인지와 역기능적 행동에 의해 초래된 것이라고 믿지 않는다면, 그들은 인지와 행동의 변화가 필요하다는 견해를 받아들이기가 힘들 것이다. 문제의 원인에 대한 신념과 문제 해결의 수단으로서의 인지행동치료를 활용하는 것을 서로 일치시키지 못하게 하는 두 가지의 믿음이 있다. 치료 초기에 문제가 될 수 있는 다른 동기적 문제를 다루기 전에 먼저 내담자의 이 두 가지 믿음에 대해 살펴보기로 하자.

"'더 좋아지기' 위해서 과거를 철저히 살펴볼 필요가 있다고 믿는다."

몇몇의 내담자들은 인지행동치료가 현재 문제를 일으키게 된 초기 경험을 집중적으로 탐색하지 않고도 '효과적'인지 궁금해할 것이다. 이런 궁금증은 내담자가 인지행동치료에 대해 갖고 있는 잘못된 생각에 기초하고 있다. 많은 내담자는(다른 정신건강전문가들도 마찬가지지만) 인지행동치료가 과거를 무시한다고 생각한다. 이것은 사실이 아니다. 인지행동치료의 치료자들은 과거 경험과 현재 신념 및 행동 사이의 연관성에 분명히 관심을 갖고 있다. 이러한 관심사는 핵심 신념에서 잘 나타나는데, 핵심 신념은 때때로 아동기에 발달해서 심리적 문제의 기저를 이루며, 특정한 행동에 대한 강화학습의 개인적 내력이다.

내담자의 과거 경험과 현재 신념 및 행동 사이의 연관성을 탐색하기 위하여 시간을 들이는 것은 많은 이점이 있다. 가장 큰 이점은 내담자들이 문제에 관련이 있는 또 다른 요인들을 생각해 볼 수 있다는 점이다. 단지 자신을 비난하기보다는 다른 환경적 요인들이 문제의 원인이 되는 생각과 행동에 미친 영향을 살펴볼 수 있게 한다. 이런 요인을 확인하는 것은 문제를 극복하기 위해 무엇을 할 수 있는지 조명해 줄 수 있다.

20세의 섭식장애 내담자를 예로 들어 보자. 체형과 체중에 대한 과도한 걱정의 기원을 탐색함으로써, ① 내담자는 자신과 딸의 체형과 체중에 대해 지속적이고 과도하게 걱정을 하는 어머니 슬하에서 성장했으며, ② 어린 시절과 사춘기에는 예술학교에 진학하여 무용을 전공하면서 학교에서 날씬해야 한다는 압박을 지나치게 받아 왔고, ③ 최근에는 무용을 중단하고, 자신이 인생에서 무엇을 할 것인지 목표를 상실하였다는 것을 알게 되었다. 이 정보는 사례를 개념화하는 데 아주 중요한 가치가 있다. 이것은 내담자가 단지 날씬함과 체중에 가치를 두고, 지적이고 타인에 대한 친절과 같은 다른 요인을 고려하지 않는 환경에서 성장하였다는 것을 암시한다. 이 가치체계는 아동기와 청소년기에 가정뿐만 아니라 교사와 또래들에 의해 영향을 받아 학교생활에서도 강화된 것이다. 치료자는 이런 환경에서 성장한 젊은 여성이 섭식과 관련한 문제를 발전시킬 위험이 있다는 것을 납득하였으며, 이 신념에 관해 내담자와 의견을 나누게 되었다.

인지행동치료가 다른 치료 학파와 차이가 있는 것은 과거에 매이지 않는다는 것이다. 이것은 비록 과거 경험이 현재의 비합리적 신념과 행동에 계속해서 영향을 미친다 하더라도, 과거 행동이나 과거의 환경적 학습 경험을 수정하는 것은 불가능하기 때문이다. 그 대신 사례가 분명히 개념화되기만 하면 인지행동치료 기법은 문제가 되는 현재의 생각과 행동뿐만 아니라 문제를 유지시키는 현재의 중요한 맥락을 변화시키는 데 활용된다. 다시 말하면, 인지행동치료 기법은 과거를 무시하는 것이 아니다. 치료과정에서 과거 경험의 영향은 치료의 전과정, 특히 핵심 신념의 발전과 관련해서 중요하게 고려된다. 그러나 단순히 문제의 기원을 이해하는 것이 내담자의 현재 문제를 극복하는 데 충분하다고 간주되지는 않는다. 오히려 내담자는 과거에 대한 이해를 역기능적 신념과 문제의 유지에 기여하는 행동을 변화시키기 위해 활용해야 한다. 앞의 사례에서 본 섭식장애 내담자의 경우, 내담자가 무용 이외에 다른 진로를 탐색할 수 있도록 돕고, 다른 재능과 흥미를 탐색할 수 있는 기술과 습관의 발전 그리고 내담자의 어머니와 더 효과적인 의사소통을 하는 방법이 치료에 포함되어야 할 것이다. 또 무용의 세상을 벗어나 날씬함과 체중이 아닌 다른 요인에 가치를 두는 사회적 집단의 확대는 물론, 건강한 섭식행동과 운동도 치료에 포함되어야 할 것이다. 내담자가 인지행동치료에서 과거가 무시되는 것이 아니며, 과거에 지나치게 초점을 두지 않음에도 치료가 효율적이라는 것을 이해하게 되면, 과거를 다루지 않고도 치료가 될까 하는 의문은 해결될 것이다.

"자신의 문제가 생물학적으로 결정된 것이라 생각한다."

인지행동치료 또는 다른 심리치료에서도 방해가 될 수 있는 다른 신념체계는 심리적 문제가 오직 생물학적인 원인 때문에 나타난다고 믿는 것이다. 이런 병인론적 신념을 지닌 내담자가 심리치료자를 찾아오는 것이 이상하기는 하지만, 가끔 이런 내담자가 심리치료센터에 오고, 그들의 신념은 치료에 방해가 된다. 이런 내담자와 치료를 시작하는 좋은 출발점은 심리장애에 대해 생물학적 요인과 환경적 요인의 영향에 대한 역할시연을 통해 심리교육을 실시하는 것이다. 100%는 아니지만 생물학적·심리적 요인 모두가 대부분의 심리적 문제의 원인과 유지에 영향을 미친다는 많은 증거가 있다. 심리치료와 약물치료가 많은 심리적 문제에 동등하게 효과를 보여 준다는 것은 놀랄 만한 일이 아니다. 심지어 인지행동치료만으로도(즉, 약물치료 없이도) 생물학적 요인에 영향을 줄 수 있다는 것은 흥미로운 사실이다. 내담자들은 때때로 인지행동치료가 뇌의 기능을 변화시키고(예, Roffman, Marci, Glick, Dougherty, & Rauch, 2005; 그리고 Linden, 2006의 개관 참고), 심지어 집중적인 4주 단기치료 후에도 변화가 나타난다는 것이 검증되고 있다는 것에 놀라기도 한다(Saxena et al., 2009).

내담자가 그들의 문제를 심리적 요인에서 찾기를 주저하는 이유를 신중하게 탐색할 필요가 있다. 이것을 위해서 인지적 작업이 효과적일 수 있다. 내담자들에게 '정신적으로 아픈' '우울증의' 또는 '폭식증의'와 같은 의미가 무엇인지 질문하라. 내담자들은 때때로 문제로 인해 자기 비하의 생각을 할 것이며, 다른 내담자들은 자신의 문제가 생물학적 요인에 의해 생겼다면 치료가 쉬울 것이라고 이야기할 것이다. 이러한 종류의 생각들은 당연히 인지재구조화의 목표가 되어야 한다.

"인지행동치료의 효과를 의심한다."

어떤 내담자는 현재에 주의를 유지하는 것이 중요하고, 생물학적인 원인에 과도하게 비중을 두지 않는다는 인지행동치료의 원리를 이해한다 할지라도, 인지행동치료가 효과가 있을지 의심한다. 내담자들은 "인지행동치료가 이해 는 된다. 그러나 그것이 나한테도 적용될 것이라고는 생각하지 않는다."라고 말하기도 한다.

이 상황을 대처하는 많은 방법이 있다. 우리는 사람들이 애매하게 느끼는 것 을 확신시키려고 할 때, 이것이 그들을 더 반대의 태도로 만들 수도 있다는 것 을 명심해야 한다. 그렇기 때문에 치료자들은 지나친 확신을 제시하거나 더 심 하게는 치료가 효과적일 거라고 약속하는 함정에 빠지지 말아야 한다. 하나의 좋은 방법은 내담자로부터 주의를 돌려 (다른 내담자의 사례를 언급하는) '뒷주 머니 기법' [hip-pocket patient(Vitousek, Watson, & Wilson, 1998)]을 사용하는 것이다. 이 기법은 (내담자의 초점을 옮겨) 다른 내담자의 과거 경험을 언급하면 서 인지행동치료가 특정한 문제에 어떻게 적용되었으며 또 얼마나 효과적이었 는지를 설명하는 것이다. 뒷주머니 기법은 내담자의 동기 향상을 위해 활용되 어야 한다(각색이나 약간의 시적 표현이 허용된다!). 인지행동치료가 비슷한 문제 를 지닌 다른 내담자에게 어떻게 적용되었는지를 듣는 것은 내담자를 동기화 시키는 간접적인 방법이지만 때때로 매우 효율적인 것으로 입증된다.

또 다른 전략은 치료의 진전에 대해 점검해 볼 시점을 정하는 것이다. 그 기간까지는 인지행동치료의 효과에 대해서 논의하는 것을 미루는 것이다. 치료자는 다음과 같이 말할 수 있다. "당신이 인지행동치료의 효과에 의문을 갖고 있는 것을 알고 있습니다. 저는 인지행동치료가 효과적이었던 것을 과거에 많이 경험했기 때문에 효과에 대한 의구심이 전혀 없지만, 지금 이것에 대해 우리는 서로 다른 견해를 갖고 있습니다. 그래서 치료의 장단점을 토의하는 것에 더 이상 시간을 소비하지 않고 바로 문제를 다루어 보는 것이 좋다고 생각합니다. 지금부터 한 달 동안 시간을 두고 그 효과를 확인해 보는 것은 어떻겠습니까? 4회기 동안 회기를 진행하고, 회기 사이에 과제를 수행한 다음 재평가하는 것입니다." 이런 계획은 인지행동치료의 경험주의적 특성과도 잘 부합된다. 반대 가설을 세우고, 가설을 평가하기 위한 방법을 설정한 다음, 결과를 평가하기 위한 객관적 수단을 설정하는 것이다.

　마지막으로 어떤 치료자들은 의구심을 유발하는 내담자의 신념을 찾기 위해 인지치료 기법을 사용하기도 한다. 때때로 내담자는 인지행동치료뿐만 아니라 삶의 모든 영역(예, 인간관계, 직업 등)에서 실패할 거라고 생각한다. 예를 들어, 내담자는 다음과 같이 진술할 수도 있다. "내가 하는 모든 것은 실패합니다. 치료라고 다를 것이 있겠습니까?" 또는 "비록 내가 노력한다 할지라도 소용이 없을 것입니다." 치료자는 내담자가 이런 신념에 대한 증거를 검증하거나(예, "나는 지금까지 내 삶에서 10개의 직업을 가졌었지만, 단지 한 직장에서만 해고를 당했다.") 예측에 대해 다른 방식으로 생각할 수 있도록 도울 수 있다("시도해 보기 전까지는 알 수 없다.").

❖ 인지행동치료와 약물치료를 병행하는 내담자에 대한 특별한 고려

많은 내담자는 심리적 · 생물학적 요인 모두가 현재의 문제에 영향을 줄 수 있으며, 인지행동치료와 약물치료를 동시에 하는 것이 의미가 있다는 우리의 견해를 공유할 수 있을 것이다. 비록 이런 결정이 결코 문제가 되는 것은 아니지만, 여기에는 치료자가 약물을 처방하지 않는 정신건강전문가라는 점과 긍정적 변화에 대한 내담자의 해석방식에 있어서 여러 가지 문제가 있을 수 있다.

전문지식 공유하기

약물을 복용하는 내담자를 치료할 때마다 처방 의사와 관계를 유지하면서 치료를 협력적으로 하는 것은 필수적이다. 내담자를 협력적으로 치료해야 하는 이유는 많다. 비록 인지행동치료자가 약물치료에 전문가는 아니지만, 대부분의 치료자는 전형적으로 어떤 약물이 어느 정도의 양으로 어떤 조건일 때 처방되는지 정신병적 약물치료에 관해 알고 있다. 대부분의 항정신성 약물이 정신과 의사에 의해 처방되지 않았다는 것은 흥미로운 일이다. 예를 들어, 한 연구에서는 항우울증 처방전의 85%가 일반의에 의해 발급되었으며, 단지 11%만이 정신과 전문의에 의해 발급된 것으로 밝혀졌다(McManus et al., 2000). 비록 어떤 일반의는 정신건강에 관해 깊은 지식을 갖고 있지만, 일반의나 다른 처방 의사는 다른 수많은 건강상의 문제를 다루어야 하며, 가끔 우리가 잘못된 진단과 치료결정을 하는 것처럼 그들의 진단과 치료에도 결점이 있을 수 있다.

이러한 상황 때문에 치료자는 내담자의 처방 의사와 접촉을 가지는 것이 중요하다. 어떤 경우에는 단순히 기본적인 문제뿐만 아니라 특별한 문제로 인해 (예, 내담자가 치료 중에 약물복용을 중단하고 싶어 하거나) 의견을 나눌 필요가 있다. 또 다른 경우에는 약물 선택과 양에 관해 의사와 상의할 필요도 있다. 어떤 초보 치료자는 이런 문제 때문에 의사로부터 도전적이고 비판적으로 받아들여지는 것을 걱정하기도 한다. 사실 많은 의사, 특히 정신건강 분야의 전문지식이 적은 의사들은 치료자와 협력적 관계를 맺는 것을 긍정적으로 생각한다. 만약 처방 의사가 약물치료에 대해 완고한 태도를 지니고 있다고 당신이나 혹은 당신의 내담자가 느낀다면(또는 내담자의 사례가 너무 복잡하다면) 내담자를 정신과 약물과 심리장애의 치료에 관해 경험이 많은 다른 정신과 전문의에 의뢰하는 것이 최선의 방법이 될 수 있다.

내담자는 치료자를 더 자주 보고, 더 가깝게 느낄 수 있기 때문에 처방 의사보다는 치료자가 약물치료에 관한 내담자의 걱정에 대해 이야기를 나눌 필요가 있다. 당신은 내담자의 모든 질문에 대답할 수는 없겠지만(또는 약물의 양을 조정하는 것과 같은 질문에는 대답해서도 안 되지만) 분명히 어떤 도움을 줄 수 있다. 예를 들어, 어떤 항정신성 약물은 처음 복용할 때 더 큰 불안을 초래할 수 있다. 당신은 이것이 정상적인 경험이라는 것과 시간이 지나면 부작용은 없어질 것이라는 것을 이해할 수 있도록 도와줄 수 있다. 또 어떤 약물들은 효과가 있기까지 몇 주간의 시간이 필요하다. 이런 경우, 약의 효과가 나타날 때까지 내담자가 인내심을 갖고 약을 계속 복용하도록 지지해야만 한다. 또 가능한 한 부작용을 검토하는 것도 필요하다. 어떤 부작용은 언급하기가 쉽지 않은데(예를 들어, 성적 기능의 어려움), 이런 경우 당신이 그 주제를 언급하여 그 부작용이 매우 일반적인 것이라는 것을 분명히 해 주면 오히려 내담자가 고맙게 느끼기도 한다.

어떤 경우는 당신의 의견이 처방 의사와 맞지 않을 때도 있을 것이다. 처방 의사는 심리치료의 중요성을 평가절하할 수 있으며, 심지어 내담자의 심리치료에 대한 동기를 저하시킬 수도 있다. 가끔 어떤 의사는 인지행동치료에서 목표로 하는 것과는 반대의 것을 조언하기도 한다. 예를 들어, 치료자가 우울증 내담자에게 행동을 활성화하도록 할 때, 의사는 (며칠 쉬도록) '정신건강의 날 (mental health days)'을 처방하기도 할 것이다. 또는 내담자가 불안을 직면하는 것보다 불안 자극을 회피하도록 조언할지도 모른다. 이러한 이중적인 정보는 내담자를 매우 혼란하게 만든다. 특히 자기주장의 문제를 갖고 있는 사람들은 이러한 주제를 언급하지도 않을 것이다. 그러므로 내담자나 다른 전문가와의 의사소통을 통해서 의사와 다른 치료전문가(영양사와 같은)의 정보의 의미를 확실히 하는 것이 중요하다. 다른 전문가가 당신의 치료를 방해하는 극단적인 입장일 경우에는(의도적이든 의도적이지 않든 간에) 인지행동치료를 잘 알고 있는 사람에게 의견을 들어보도록 내담자에게 제안하는 것이 최선일 수 있다.

인지행동치료에서 약물치료가 방해가 되지 않도록 하기

약물치료가 인지행동치료의 과정에 부정적인 영향을 미치게 될 때는 처방 의사와 연락을 취해야 한다. 어떤 내담자는 가끔 너무 많은 약물을 복용하거나 약물의 양이 많아 회기에 거의 집중을 하지 못할 때가 있다. 또 약물은 심상이나 혹은 실제 노출과 같은 치료 기법에 방해가 되기도 한다. 불안 상황에 직면할 때, 내담자는 실제 불안과 공포감을 경험하는 것이 중요하다. 이것을 통해 내담자는 시간이 지나면서 불안 감정을 새로 학습하게 되고, 불편했던 상황에서 완벽하게 기능하는 것을 배우게 된다. 불안 반응을 차단하는 약물(예, 벤조디아제핀)은 이러한 학습의 이득을 차단하게 된다. 직면의 요소를 포함한 많은 치료계획에서는 항불안제의 중단에 관해 처방 의사와 상의하거나 최소한 회기 내 또는 과제가 방해되지 않을 때에 한해서 약을 복용하도록 지시하는 것이 최선의 방법이 된다.

약물복용과 증상 호전에 대한 귀인 문제

내담자가 인지행동치료와 약물치료를 동시에 할 때, 치료의 성공과 실패에 대한 내담자의 평가를 다루어야 한다. 증상이 호전될 때, 내담자는 그 성과를 인지행동치료의 과정에서 수행한 노력 때문이라 판단하는가 또는 매일 복용한 약물 때문이라고 판단하는가? 또는 이 두 가지 모두의 효과 때문이라고 판단하는가? 이 질문에 대한 대답은 치료에서 얻은 성과를 유지하는 데 중요한 영향을 미친다.

사회불안장애를 겪는 내담자를 예로 들어 보기로 하자. 이 내담자는 약물을 복용해 왔으며, 수년 동안 여러 치료에서 큰 성과를 경험하지 못하였다. 그는 사회불안장애의 집단치료에 참가하여 사회적 상황에서 생각하고 행동하는 방식에서 의미 있는 변화를 경험하기 시작하였다. 집단치료의 중간에 내담자가 잘 지내고 있음을 상기시키고, 성공의 이유에 대해 어떻게 생각하는지를 질문하였다. 그 내담자는(매우 확신에 찬 어조로) "약물 때문입니다. 마침내 효과를 보기 시작했습니다."라고 대답하였다.

흥미롭게도 이 내담자는 수년 동안의 약물치료에도 불구하고 어떤 증상의 호전도 없었다. 그러나 지난 몇 주 동안, 그는 많은 노력을 하였고 수년 동안 회피하였던 사회적 상황에 접촉하기 시작하였다. 객관적인 독자들에게는 이러한 형태의 귀인이 매우 이상하게 보이겠지만, 내담자에게 있을 수 있는 일이다. 치료자는 이런 내담자의 경우, 치료가 종료된 후 재발의 위험이 있다는 것에 주의하여야 한다(실제 공황장애 내담자의 치료연구결과임, Basoglu, Marks, Kilic, Brewin, & Swinson, 1994 참고). 치료의 성과는 집단에서 배운 새로운 기술과 내담자 자신의 노력에 의한 것이 분명한데도 내담자는 이것을 인식하지 못하였고, 결국 치료가 종결되었을 때 이 기술을 계속 적용하지 못하였을 것이다. 약물을 동시에 복용하는 내담자와 이 문제를 탐색하는 것은 중요하다. 만약 증상이 호전되면 이것을 내담자가 무엇에 귀인하는지에 대해 질문하라(우리가 했던 것처럼). 만약 잘못 생각하고 있다면, 그들이 열심히 노력해 온 인지행동치료 기법이 그들의 긍정적인 변화에 최소한 어떤 부분에 역할을 했다는 관점을 가질 수 있도록 인지재구조화를 하라. 이것은 인지행동치료의 장기적 효과에 관해 논의를 하는 좋은 기회가 될 것이다. 인지행동치료의 효과는 약물치료보다 더 지속적인데, 이것은 내담자가 치료가 종료된 후에도 일상생활에서 새로운 인지행동치료의 기술을 계속 적용할 수 있기 때문일 것이다.

약물복용 중단 돕기

가끔 내담자는 증상 관리를 위해 필요하다는 의사의 조언에 따라 약을 복용하는 중에 치료에 참가하게 된다. 다른 내담자들은 좀 더 자유롭게 약을 복용하기로 결정했을 수 있지만, 지속적인 약 복용을 원하는 것은 아니다. 또 다른 내담자들에게는 임신과 같은 삶의 중요한 사건 때문에 약의 지속적인 복용에 어려움을 초래한다. 만약 이런 사건들이 아니라면 약 복용이 만족스러울 수 있지만, 앞의 내담자들은 약물을 중단하고 그들 스스로 자신의 어려움을 관리하기 위하여 새로운 기술을 배우는 하나의 수단으로 심리치료를 생각한다. 그러나 약물치료가 유일한 치료방법이라고 알고 있는 내담자들에게는 반드시 그렇지 않다는 정보를 제공하는 것이 치료자의 임무이기도 하다. 약물치료를 비판하는 것이 적절하지는 않지만, 내담자가 인지행동치료가 효율적인 치료방법이며 매우 효과가 높은 단독 치료방법이라는 것을 배우는 것은 매우 중요하다. 내담자들은 때때로 약물 없이 심리치료만 하게 되는 것을 두려워한다. 약물을 중단하는 방법을 조언하는 것이 우리의 임무는 아니지만, 협력적 방식으로 처방 의사와 함께 작업할 수는 있다. 약물을 중단하는 것은 내담자가 치료 중에 불안을 극복하고 이후의 증상재발에 대처할 수 있다는 점에서 큰 이득이 된다.

❖ 특별한 도전: 자살 위험의 내담자를 치료하기

지금까지 기술한 임상적인 어려움은 인지행동치료자로서 작업할 때 자주 경험하게 되는 것이다. 그러나 빈도는 적지만, 더 어려운 임상적 문제는 자살 위험의 내담자와 치료를 진행하는 것이다. 심지어 경험이 많은 치료자라 할지라도 자살 위험의 내담자를 치료하는 것은 매우 힘든 일이다. 초보 치료자에게는 내담자와 자신을 보호하기 위해 그 위험을 평가하는 방법을 알지 못하기 때문에 두려움이 더 클 것이다. 치료자들이 불안에 빠져 방향을 잃지 않고 자살 위험의 내담자를 도울 수 있도록 몇 가지 정보를 제공하고자 한다.

법률적 측면

자살 위험의 내담자를 치료하는 데 있어 내담자를 돕고 치료자를 보호하는 세 가지의 중요한 행정적인 규칙이 있다. 첫째, 모든 것을 기록하기, 둘째, 지도 감독 요청하기, 셋째, 동료에게 자문 구하기다.

▣ 모든 것을 기록하기

항상 기록을 명확히 해야 하지만, 자살 위험의 내담자를 치료할 때는 더욱 그렇다. 자살 위험의 내담자와 이야기할 때, 직접인용을 통해 기록하라(예, "나는 최악의 상태이며, 자녀들 때문에 나 자신을 위해서는 어떤 것도 할 수 없다."). 자세하게 기록하라. 내담자의 불평과 당신의 평가 그리고 위험을 감소시키기 위해 취한 행동을 기술하라(예, 안전 계약, 응급 전화번호 제공, 사회적 지지 질문). 내담자와 가진 모든 접촉(예, 전화통화 등)도 기록되어야 한다.

▣ 지도감독 요청하기

초보 치료자들에게 중요한 규칙은 지도감독을 요청하는 것이다. 초보 치료자는 지도감독자로부터 독립적이지 않다는 것과 임상 기술이 부족하다고 인식되는 것을 걱정한다. 또 내담자로부터 경험이 부족하다고 인식되는 것도 싫어한다. 지금은 모든 걱정을 떨쳐야 할 때다. 만약 평가하는 도중에 불확실하게 느낀다면 도움을 요청하라. 자신의 힘으로 평가를 마칠 수 있었다면, 어떤 행동을 취하기 전에 지도감독자와 상의하라. 지도감독자는 내담자의 안녕에 궁극적인 책임이 있다. 지도감독자가 내담자의 치료 기록지에 사인을 함으로써 당신이 취한 행동에 동의하였다는 것을 보여 줄 수 있도록 하라.

▣ 동료에게 자문 구하기

치료의 경험과는 상관없이, 마지막으로 중요한 규칙은 동료와 상의하는 것이다. 어떤 윤리적·법적인 곤란함에 직면하게 되면 동료에게 자문을 구하고 올바른 행동에 대해 합의점을 구하는 것이 최선이다. 동료와의 자문도 내담자의 기록지에 기록되어야 한다.

❖ 자살 위험을 평가하기 위해 필요한 기법과 지식

치료자들은 차라리 죽는 것이 나을 것이라고 말하는 내담자를 수도 없이 만난다. 그러나 그 말을 듣는 즉시 내담자를 바로 병원으로 보내는 것은 적절하지 않다. 오히려 그 말의 숨겨진 의미를 이해하고 무엇을 해야 할지 결정하는 데 시간을 들여야 한다.

당신의 반응에 주의를 기울여라

이러한 말을 들을 때 먼저 해야 할 것은 당신의 정서적 반응에 주의를 기울이는 것이다. 내담자가 이 정보를 당신과 이야기해도 된다는 믿음을 갖도록 하는 것이 중요하다. 평소에 하던 것처럼 이 말을 진지하게 받아들일 수 있도록 최선을 다하라. 이 정보를 듣기 전과 마찬가지로 동일한 어조를 유지하라. 차분하고, 주의 깊으면서 비판단적인 태도를 유지하라. 내담자의 경험이 충분히 있을 수 있는 일이라고 이해하는 것도 중요하다. 자살 사고의 중요성을 평가절하하고자 하는 것은 아니다. 내담자는 때때로 이 말을 매우 부끄러워하고, 그 부끄러움 때문에 자신을 개방하기 어려워한다. 그러므로 이 부끄러움을 없애 줌으로써 내담자는 필요로 하는 도움을 얻을 수 있게 된다. 아마도 다음과 같은 반응이 좋은 예가 될 것이다. "나한테 이런 말을 하는 것이 정말 어려웠을 것입니다. 그런 생각을 한다는 것이 두렵다는 것을 잘 알고 있습니다. 많은 사람들이 언제고 한 번은 자살 생각을 합니다. 좀 더 이야기를 나누어 보고, 당신을 돕기 위해 무엇을 할 수 있는지 살펴보기로 하지요."

당신의 두려움을 이해하기

초보 치료자는 물론 경험이 많은 치료자도 내담자가 스스로 자신을 해치기를 원한다는 것을 듣는 것이 두려운 이유는 무엇인가? 어떤 치료자들은 "나는 내담자의 삶에 100% 책임이 있다."라는 신념을 갖고 있다. 과장된 것 같은가? 그럴지도 모른다. 그러나 우리가 자살 사고를 하고 있는 내담자와 함께 방에 앉아 있는 순간에는 이러한 신념이 확실히 마음속에 떠오르게 된다. 이와 같은 두려운 신념 때문에 주의가 흐려져서 우리가 해야 할 일에 초점을 두기 어렵게 된다.

이러한 신념에서 벗어나는 한 가지 방법은 지금 '해야 할 중요한 일'을 인식하는 것이다. 이때의 원칙은 위험을 평가하고(다음에서 이야기할 것이다), 위험을 최소화할 수 있는 행동계획을 세우는 것이다. 그러나 위험을 최소화하는 것(예, 위급한 자살 사고의 내담자를 병원에 입원하도록 하는 것)과 자살을 예방하고, 미래의 자살 행동을 방지하는 책임이 전적으로 내게 있다는 믿음 사이에는 중요한 차이가 있다. 불행하게도 우리 업무의 특성상 많은 치료자가 경력을 쌓는 과정에서 자살로 인해 내담자를 잃을 수 있다. Joiner(2005)가 언급하였듯이, "삶에 대한 선택의 책임은 궁극적으로 내담자에게 있다. 이것을 아는 치료자는 자신의 일을 더 즐겁게 하고, 한 내담자 때문에 다른 내담자의 치료에 방해를 받지 않고, 더 중요하게는 치료 이외의 시간도 즐겁게 지낼 수 있는 것 같다 (p. 19)."

이런 조언이 자살 사고의 내담자와 함께 있는 힘든 순간에 어떻게 적용될 수 있는가? 치료자는 스스로에게 이렇게 말해 줄 수 있다. "현재 주어진 이 순간, 이 내담자를 보호하기 위해 나는 내가 아는 모든 것을 하고 있는 중이다. 내가 지금 중점을 두어야 하는 것은 바로 이것이다."

지식으로 무장하기: 자살의 대인관계 이론

자살에 관한 두려움에서 벗어나는 가장 좋은 방법은 자살을 이해하는 것이다. 최근까지 이 주제는 대부분의 심리학적 연구에서 미흡하게 다루어졌다. 그러나 지난 몇 년 동안 자살에 대한 이해에 있어서, 특히 인지행동적 관점에서 많은 발전이 있었다(Joiner, 2005를 보라; Joiner, Van Orden, Witte, & Rudd, 2009; Linehan, 1993; Rudd, 1998; Wenzel, Brown, & Beck, 2009). 자살을 주제로 다루고 있는 모든 것을 여기서 논의하는 것은 이 책의 범위를 넘어서는 것이다. 그러나 초보 치료자에게는 자살에 관해 잘 알려진 대인관계 이론을 추천한다(Joiner, 2005; Joiner et al., 2009). 이 이론은 자살 위험을 이해하는 데 도움이 되는 관점을 제공해 준다. 비록 미국 인구의 1/3이 삶의 어떤 한 시기에 자살 생각을 하지만, 단지 미국 인구의 0.01%만이 연간 자살로 사망한다(Joiner et al., 2009를 보라). 즉, 자살 위험의 비율을 이해함으로써 우리는 내담자가 자살 생각을 하고 있다고 언급할 때 과민하게 두려워하지 않을 수 있다.

자살의 대인관계 이론 [그림 7-1]에 의하면, 단지 특정한 사람만이 자살을 시도할 수 있다. 특히, 자살을 시도할 수 있는 사람은 자살 욕구가 있어야 한다. 사람들은 ① 다른 사람에게 부담이 된다고 지각하고, ② 가족이나 친구들 혹은 다른 가치가 있는 사회적 집단에 속하지 않는다고 믿을 때 자살하고 싶은 욕구를 갖게 된다.

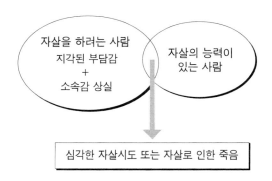

그림 7-1 자살의 대인관계 이론

출처: Joiner (2005). p. 138.
　　미국 하버드 대학교에 저작권이 있음. 재인쇄 허락됨.

앞에서 언급한 것처럼 자살 욕구는 두 가지 기본적인 요소, 즉 지각된 부담감과 소속감의 상실을 포함하고 있다. 자살의 대인관계 이론에서 이 요인은 누가 자살을 시도하고 싶어 하는가에 관한 문제를 다루고 있다. Joiner 등(2009)은 지각된 부담감은 낮은 자존감 이상으로 악화된 자기-관점이다. 이것은 자신이 무능하다는 결점뿐만 아니라 자신의 존재가 가족, 친구 그리고 사회에 부담이 된다고 하는 것이다. 이러한 관점은 '가족, 친구 그리고 사회와 함께 있는 삶보다 나의 죽음이 더 가치 있을 것이다(p. 6.)'라고 하는 치명적인 정신적 결론을 이끌어 낸다. 소속감의 상실은 "대략 이야기하자면…… 외로움과 사회적 소외와 동의어(p. 6)"라고 할 수 있다. 사람들이 이 두 가지 느낌을 동시에 경험하게 되면 죽음에 대한 욕구를 지니게 된다.

이 모델에서 또 다른 요인인 '자살 능력'은 누가 자살을 시도할 수 있는가를 설명한다. 이것은 약간 섬뜩한 질문 같지만, 정말 많은 사람이 자살 생각을 해도 단지 소수만이 자살을 시도한다는 것을 강조하는 것이 중요하다. 대인관계 이론은 모든 사람이 아니라 오히려 노출과 습관화 과정을 통하여 능력을 구비한 사람이 고통과 자기-손상을 두려워하지 않는다고 말한다. 우리는 이 책에서 노출에 관해 이야기를 하였다. 이는 마이클의 사회불안 치료과정 중에 그가 두려운 사회상황에 직면할수록 더 수월하게 그 두려움을 대할 수 있게 된다는 것이다. 이와 마찬가지로 내담자는 자기-손상과 관련된 고통과 두려움에 더 많이 직면할수록 자기-손상의 행동을 하는 능력이 더 증가한다.

자살 위험을 평가하기 위해 대인관계 이론을 어떻게 적용할 것인가? 먼저 자살에 대한 욕구를 생각해 보기로 하자. 내담자의 자살 욕구를 평가할 때, 우리는 내담자의 현재 위험에 관해 질문을 하게 된다. 즉, 내담자는 현재 더 이상 살고 싶은 마음이 없는가? "당신은 자살하고자 하는 생각을 하고 있습니까?"라고 하는 단순한 질문이 올바른 출발점이 된다. 심지어 내담자가 이 질문에 부정적인 반응을 한다 할지라도, 그 자신이 죽음에 관한 생각을 하고 있는지, 죽는 것이 더 낫다고 생각하고 있는지 또는 자기-손상이나 죽음을 상상하고 있는지에 관해 질문하는 것은 가치가 있다.

만약 내담자가 이 질문에 그렇다고 대답한다면, 치료자는 내담자가 느끼는 소속감과 가치가 어느 정도인지를 탐색하기 시작해야 한다. 대인관계 이론에 따라서 우리는 내담자가 절망적인 소속감과 지각된 부담감을 느끼고 있는지를 탐색해야 한다. 〈표 7-1〉에 이 주제에 접근하는 데 매우 도움이 되는 지침이 제시되어 있다. 우리는 절망적인 소속감과 관련하여 내담자가 혼자 살고 있는 경우에 그들이 다른 사람들과 소속되어 있다고 느끼는지 그리고 필요할 때 전화할 수 있는 다른 사람이 주위에 있는지를 질문해야 한다. 중요한 사회적 관계

표 7-1 자살의 대인관계 이론: 평가 권고

좌절된 소속감 평가
- 돌봄, 타인과의 의미 있는 연결의 부재(예, 의미 있는 타인이 없음, 자녀가 없음)
- 독신
- 내담자가 혼란스러울 때 전화할 수 있는 친구 또는 친척의 부재
- 최근에 일어난 의미 있는 사회적 연결의 상실(예, 사망, 이혼 혹은 이사, 이주와 같은 종류의 단절로 인함)

지각된 부담감 평가
- 내담자가 사라진다면 다른 사람들이 더 잘 지내게 될 것이라는 진술
- 내담자가 다른 사람에게 부담이 된다는 진술
- 자신감 상실을 포함하는 최근의 스트레스 상황(예, 직업 상실, 만성질환의 진단)

획득된 능력 평가
- 과거 자살시도
- 자살시도의 실패
- 개인적인 주사기 약물 사용
- 자기 손상
- 신체적 폭력에 대한 빈번한 노출
- 아동기의 신체적 · 성적 학대의 피해자
- 많은 외과 수술과 사고를 경험함
- 전투에 참여

현재 지표의 평가
- 심각한 자살 의도
- 자살에 대한 두려움 감소
- 자살에 관해 몰입된 생각이 오래도록 지속됨
- 자세하고 생생한 자살 계획
- 자살을 위한 시간과 장소를 정함
- 축 1과 2의 장애가 있음

출처: Joiner, Van Orden, Witte, & Rudd (2009). p. 62의 내용을 수정함.
　　　미국심리학회에 저작권이 있음. 허락하에 수정함.

의 부족(예, 중요한 타인이나 자녀들이 없는 것)이나 죽음, 이혼 또는 다른 종류의 관계 단절(예, 이사, 이주, 파탄) 때문에 최근에 중요한 사회적 유대를 상실하였는지 또는 매우 혼란스러워 심각한 자살 위험이 발생할 때 전화할 사람이 있는지를 들어 보라. 지각된 부담감과 관련해서는 만약 내담자가 더 이상 여기 없다면 다른 사람들이 더 잘 살 것이라는 것을 암시하는 진술(예, "내 가족이 나 자신과 나의 문제를 대처할 필요가 없다면 훨씬 더 행복할 텐데…….")이나 다른 사람에게 부담을 주고 싶지 않아서 사랑하는 사람을 떠나기를 원한다는("나는 심리치료와 약의 비용 때문에 내 가족에게 더 이상 부담을 지우고 싶지 않다.") 진술을 하는지 주의를 기울여야 한다. 또 최근의 실직이나 만성질환의 진단과 같이 지각된 부담감에 추가될 수 있는 현재의 스트레스 상황도 고려되어야 한다.

　만약 내담자가 자살하고자 하는 욕구를 갖고 있는 것 같다면 치료자는 내담자의 자살 능력을 평가하여야 한다. 여기서는 현재 당면한 위험과 시간이 지나면서 자신을 해칠 수 있는 능력을 갖는 장기적 위험을 평가하는 것이 매우 중요하다. 자신을 해치는 능력을 획득하는 것과 관련하여 자살 고위험군은 과거에 자살을 시도한 적이 있는 사람이다. 이런 식으로 과거에 자살을 시도한 적이 있는지, 특히 위험했던 자살실패 이후에 얼마나 자주 추가적으로 자살을 시도하였는지 탐색할 필요가 있다. 또 자살 미수에 관해서도 질문할 필요가 있다. 예를 들면, 총을 사용하였는가, 장전하였는가, 실행 준비가 완료된 후에 생각을 바꿨는가. 대인관계 이론은 자살 미수가 노출의 역할을 하고, 이것은 미래의 자살시도에서 두려움을 둔감하게 할 것이라고 가정한다. 흥미롭게도, Joiner 등(2009)은 매우 위험한 자살집단은 통증과 고통에 반복적으로 노출되었다는 증거를 발견하였다. 여기에는 해로운 생각과 이미지에 몰두하는 사람(예, 자신을 해치는 사람들의 영상을 보는 것, 자신이 자살을 실행하는 것을 상상하는 것, 총과 총을 다루는 방법을 잘 알게 되는 것), 자신이 주사기를 사용하는 중독자, 아동기의 신체적·성적 학대의 희생자, 빈번한 수술과 사고(비록 의도적이지 않더라도), 전투, 무모한 일에 종사하였거나 외과 의사였던 사람(업무상 많은 통증과 고통에 노출된 사람) 등이 포함되어 있다. 〈표 7-1〉에서는 자살 능력의 획득에 관한 주제에 접근하는 지침이 제시되어 있다.

이 시점에서 치료자는 내담자가 자신에게 해가 되는 행동을 얼마나 신속하게 할 수 있는 능력이 있는지를 알아야 한다. 먼저 Joiner 등(2009)은 내담자가 0~10의 척도에서 그가 계획한대로 실행할 가능성이 어느 정도이며, 죽는 것을 얼마나 두려워하는지를 평가하도록 권고한다. 더 나아가 이번에는 내담자가 자기-손상의 계획을 얼마나 자세하게 세웠는지 질문하여야 한다. 예를 들어, 내담자가 총을 사용하여 자살하고자 계획을 세웠다면 총과 총알을 지니고 있는지, 총을 사용하는 방법을 알고 있는지 그리고 언제, 어디서 그 계획을 실행하려 하는지를 평가해야만 한다. 절망적인 소속감, 지각된 부담감, 자기-손상의 획득된 능력이 있을 때는 죽고자 하는 강력한 의도와 죽음에 대한 낮은 두려움 그리고 자세한 실행계획이 극단적인 자살 위험을 암시해 준다.

논의를 계속 진행하기 전에 정신과적 진단에 관한 문제를 논의하는 것이 중요하다. 확실히 자살을 시도하는 사람의 99%가 심각한 정신장애로 고통을 받고 있다(Kleespies, Deleppo, Gallagher, & Niles, 1999를 보라). 그러나 정신과적 진단을 받았다는 것을 안다고 해서 그것이 자살 위험에 관해 많은 것을 말해 주는 것은 아니다. 그리고 사실 정신과적 진단을 받은 많은 사람이 자살로 죽는 것도 아니다. 내담자의 진단과 내담자가 앞에서 언급한 이론에 '부합하는지'를 아는 것도 중요하지만, 너무 진단에 사로잡혀 자살을 더 잘 예견할 수 있는 또 다른 요소들을 배제하지 않도록 조심하여야 한다.

그럼에도 1축에서의 세 종류의 장애는 높은 자살시도의 위험과 연관이 있다. 우울증(사례의 50%), 알코올과 약물 중독(사례의 20~25%), 조현병(사례의 10%). 물론 치료자는 다른 1축 장애도 역시 높은 위험과 관련이 있다는 것을 알고 있으며(예, 외상 후 스트레스 장애, 섭식장애), 마찬가지로 2축 장애에서도 특히 경계선 성격장애와 반사회적 성격장애가 높은 위험과 관련이 있다(Duberstein & Conwell, 1997). 거식증과 경계선 성격장애는 가장 치명적인 정신과적 장애 중 하나이며, 이 두 장애는 심각한 신체적 통증에 지속적으로 노출되어 있기 때문에(거식증에 있어서는 자기-굶주림과 경계선 성격장애에서는 반복적인 자기-손상을 통해) Joiner의 자살의 대인관계 이론에 의해 거식증과 경계선 성격장애의 자살 위험이 잘 설명될 수 있다(Joiner, 2005, p. 195).

그다음에는 무엇을 해야 하나

평가가 끝나면 당신이 취해야 할 두 가지 기본적인 해결책이 있다. 하나는 내담자를 입원시키는 것이다. 다른 하나는 공식적인 계획을 세운 후 내담자를 가정으로 보내 안전하게 보호할 수 있는 곳에서 다른 사람이 보호하는 것이다. 대부분 전체적인 평가가 끝나면 이런 결정을 하는 것이 특별히 어렵지는 않다. 그러나 만약 당신(그리고 지도감독자)이 불확실하게 느낀다면 안전을 너무 강조하는 행동 때문에 실수를 한다 할지라도, 안전을 우선으로 하는 것이 좋은 방법이다. 어쩌면 당신은 내담자를 병원에 보낼 때 내담자의 분노를 다루어야 할지도 모른다. 또 내담자는 여전히 생존할 수도 있다. 그러나 자살보다는 분노를 다루는 것이 더 쉽다는 것은 의심할 여지가 없다.

만약 당신이 내담자가 긴박한 위험에 처한 것이 아니라고 믿는다면 내담자를 가정으로 보내기 전에 몇 가지 해야 할 일이 있다. 첫째, 내담자와 안전 계약을 작성해야만 한다. 이 계약에는 내담자가 자살 감정을 느낄 때 무엇을 해야 하는지 기록되어 있어야 한다. 응급실에 가야 하는지, 당신이나 혹은 사랑하는 사람과 연락을 취해야 하는지 또는 자살 응급 상담실에 전화를 해야 하는지. 내담자에게는 계약에 있는 내용을 실행할 수 있는 필요한 정보가 제공되어야 한다. 특히 내담자에게 긴급 전화번호와 정신과 응급실 전화번호를 제공하고 연결하는 방법을 알려 준다. 또 전화접촉이나 다음 회기를 위해 약속 시간을 정하는 것도 좋다. 내담자가 다음에 당신과 서로 볼 때까지 "이겨내겠다."는 기본적인 약속도 계약에 포함될 수 있다. 이러한 계약은 혼란스러운 시기에 내담자의 삶을 지탱하게 해 준다. 또 계약은 내담자가 필요로 하는 정보와 안전망이 제공되었다는 것을 문서화하고 기록하는 중요한 부분이다.

안전을 위한 계약에 덧붙여, 치료자는 자살 위험의 내담자를 보호하기 위한 다른 일들을 할 수 있다. 만약 내담자가 자살을 실행할 수단을 지니고 있다면(예, 약물 비축, 총 등) 이러한 것들을 없앨 수 있도록 도와야 한다. 또 내담자가 안전 과제가 너무 어렵다고 느낀다면 당신에게 특정 사인을 보내도록 하여 당신이 내담자 주변의 중요한 사람과 이야기할 수 있도록 하는 것도 도움이 된다. 당신은 지지적인 친구와 가족 구성원이 내담자와 함께 머물도록 요청할 수 있고, 또 그들에게 위험한 물건을 집에서 제거하고, 내담자가 다음 회기에 오는 것을 도와주도록 부탁할 수도 있다. 자살 사고의 감소가 관찰될 때까지 자살 위험의 내담자와 회기를 더 자주 갖는 것이 필요할 수도 있다(예, 매일, 1주 2회).

❖ 치료에 방해가 될 수 있는 치료자와 관련된 장애물

지금까지 우리는 내담자에게서 나타나는 임상적인 어려움에 관해 토의하였다. 심리치료가 내담자와 치료자 사이의 대인관계적 문제라는 것을 고려하면 치료자가 치료 시간에 무엇을 하는지 그리고 자신의 행동이 치료에 어떤 영향을 미치는지를 잘 알고 있어야 한다. 이와 관련된 몇몇 요인을 살펴보고, 이것을 효율적으로 처리하는 몇 가지 방법을 제안하기로 하겠다.

치료자 자신의 문제가 치료과정에 영향을 미칠 때

치료자를 포함하여 모든 사람의 삶의 여정에는 역경이 있다. 내담자를 더 잘 공감하기 위해 자신의 역경을 활용할 수 있다면 이것은 오히려 '장점'이 된다. 그러나 치료자가 내담자와의 작업을 방해하는 미해결 과제가 있다면 곤란하다. 예를 들어, 몸매와 체중의 문제를 지닌 치료자가 내담자에게 정상적인 식습관의 중요성을 '홍보'하는 것은 어려울 것이다. 외상을 경험한 치료자는 유사한 외상 경험을 한 내담자와 작업할 때 침습적 사고와 심상이 떠오를 것이다. 우울한 기분을 조절하는 데 어려움을 지닌 치료자는 우울한 내담자와 이야기 한 그날이 너무 큰 부담이 되어 자신이 우울의 고통에 빠지게 될 것이다. 이러한 종류의 반응은 심리치료를 효율적으로 하는 데 있어 큰 방해가 될 수 있다. 특정한 내담자와 작업하는 어려움은 개인적으로 문제를 갖고 있지 않은 치료자들에게도 나타날 수 있다. 예를 들어, 비록 당신이 외상 경험을 하지 않았어도 매우 슬프거나 심각한 외상 경험을 듣는 것이 힘든 일이 될 수 있다.

자신이 심리적인 문제를 겪는 치료자들은 치료를 받아야만 한다. 특히 치료자 자신의 어려움이 치료를 방해하거나 내담자와의 작업 때문에 치료자의 문제가 악화될 때는 더욱 치료를 받아야 한다. 처음에는 지도감독자와 문제를 이야기하는 것이 도움이 된다. 그러나 지도감독자는 치료자의 역할을 취하지 않는 것이 중요하다. 오히려 문제를 지닌 치료자는 전혀 수련과정이나 일상의 일과에 관계되어 있지 않은 사람에게 치료를 받아야 한다(APA code 7.05b에 언급된 것처럼). 심각하지 않은 문제를 지닌 치료자는 내담자를 치료하기 전에 스스로 자신의 문제를 극복해 나갈 수 있다. 예를 들어, 당신이 거미공포를 지닌 내담자를 치료하기로 되어 있지만, 당신 자신이 거미를 잘 알지 못한다면 내담자를 치료하기 전에 스스로 거미에 관해 공부를 하는 것이 최선의 방법이 될 것이다. 이렇게 함으로써 당신은 자신 있게 노출을 시범 보일 수 있다(예, 거미를 접촉하는 것이나 손에 거미를 올려놓는 것). 심지어 어떤 경우에는 당신도 거미를 두려워했었지만, 지금 하는 것이 과거의 치료자 자신에게 도움이 됐다는 것을 내담자에게 말해 주는 것도 도움이 될 수 있다. 일반적으로 치료 중에는 과도한 자기 개방을 절제하는 것이 좋지만, 인지치료 기법이 어떻게 당신의 어려움을 극복하는 데 도움이 됐는지 간단한 예를 공유하는 것은 내담자에게 큰 용기가 될 것이다.

치료적 관계에서 치료자의 어려움

치료자들은 가끔 치료 중의 내담자가 마음에 들지 않을 때 당황하게 된다. 그들은 회기를 두려워하는 자신을 발견할 수도 있고, 만약 회기가 진행 중이라면 맞은편에 앉아 있는 내담자에 관한 생각을 절제하는 것이 어려울 수 있다. '실제 일상생활'에서는 좋아하지 않는 사람과 관계를 맺지 않는 선택을 할 수 있지만, 치료적 관계에서 이런 선택은 어려운 일이다.

이 상황에 대처하는 데 필요한 몇 가지 조언을 하기 전에 만약 치료자들이 자주 혹은 거의 매번 내담자들 때문에 짜증이 나거나, 내담자에게 무관심해지거나, 공감하기가 어려울 때는 어떻게 해야 할지를 생각해 보는 것이 중요하다. 이러한 반응이 예외적인 것이 아니라 일상적이 것이라면 지도감독자에게 조언을 구하는 것이 최선의 방법이다. 습관적으로 이런 반응을 경험하는 사람은 치료자로서 적합하지 않을 것이다. 만약 그런 사람들이 정신건강 영역에 관심을 갖고 있다면, 행정 및 연구 중심의 업무를 포함하여 내담자와 상호작용을 하지 않아도 되는 많은 다른 진로가 있다. 중요한 것은 내담자와 끊임없이 불편함을 느끼는 것은 어느 누구에게나 좋지 않다는 것이다.

그럼에도 특정 내담자에 대한 부정적인 반응을 다루는 방식을 이야기해 보도록 하자. 첫째, 치료는 시간이 제한적이라는 것을 상기하라. 당신은 이 내담자를 영원히 보는 것이 아니다. 이상하게 들릴지 모르지만, 이것을 상기하는 것이 도움이 될 수 있다. 이러한 전략을 통해 치료가 끝날 때까지 내담자에 관한 불편한 감정을 참을 수 있었던 경험이 있다. 또 치료 중의 감정을 조절하고, 다루기 힘든 요인을 제한하는 것도 하나의 방법이다. 예를 들어, 한 동료가 특정 장애를 치료하기 위해 온 젊은 성인을 치료하였다. 치료자는 장애와는 상관이 없는 내담자의 특성 때문에 힘들어했다. 그 내담자는 심한 인종 편견을 갖고 있었고, 신나치주의의 일원이었다. 당연히 치료자는 이러한 관점을 매우 힘들어했다. 그러나 내담자는 그 관점을 바꾸기 위해 도움을 요청한 것은 아니었으며, 그 관점에 매우 행복해하는 것 같았다. 내담자는 치료의 초기 몇 회기에 이 관점을 보였고, 부적절한 활동도 이야기하였다. 치료자는 몇몇 동료와 이 곤란한 문제를 어떻게 다룰지에 관해 상의한 다음, 이 관점 때문에 치료의 주제가 벗어난다는 느낌을 내담자에게 이야기하였다. 그녀(치료자)는 내담자를 진실하게 대했다. 비록 그 관점을 변화시키는 것이 자신의 역할은 아니지만 그것 때문에 자신이 힘들어하고 있으며, 내담자가 더 이상 그 이야기를 하지 않으면 치료가 더 효율적일 수 있다는 것을 이야기해 주었다. 그 내담자는 치료자에게 동의하였고, 치료를 잘 진행하였다. 기본적인 규칙을 설정함으로써 치료자는 내담자에게 초점을 맞출 수 있었으며, 내담자가 필요로 하는 도움을 제공할 수 있게 되었다. 그러나 드물기는 하지만 치료적 관계가 악화되어 치료가 역기능적일 수 있다. 예를 들어, 앞서 언급한 내담자가 기본적인 규칙을 따르지 않고 자신의 견해를 계속 이야기하거나, 치료자 혹은 다른 치료자에게 공격적으로 대한다면 치료를 종료하고 다른 치료자에게 의뢰하는 것이 좋을 것이다.

가끔 내담자는 개인적인 측면에서 우리가 인정하지 않는 행동을 할 수도 있다. 예를 들면, 내담자는 불륜이나 상점에서의 절도, 과도한 음주를 할지도 모른다. 반복적으로 남편을 속이고 불륜을 범한 후 매우 후회하는 한 여성을 생각해 보자. 친구가 이런 이야기를 한다면 틀림없이 우리는 가치관에 따라 반응을 할 것이다. "어떻게 그럴 수가 있어." 또는 "네가 그런 행동을 하다니 정말 의외다."라고 말할 수도 있다. 내담자에 대한 반응은 근본적으로 달라야 한다. 즉, 우리는 자신의 가치관에 따라 반응하지 않아야 한다. 오히려 우리를 믿고 이야기한 그 정보를 통해서 이런 습관이 사례개념화에 어떻게 잘 들어맞는지를 탐색하는 단서로 사용해야 한다. 예를 들어, 반복적으로 불륜을 하고 후회하는 내담자의 경우, 자신이 너무 많은 돈을 낭비하거나, 타인의 감정을 상하게 하는 것과 같은 충동적 행동으로 문제를 겪고 있지는 않은지를 탐색해야만 한다. 즉, 우리는 문제행동을 유발한 원인과 가장 중요한 현재 문제의 유지요인을 파악하기 위한 임상적 기술을 사용해야 한다. 그후 인지행동치료 기법을 통해 문제를 해결할 수 있다. 앞의 사례에서 내담자는 의사결정을 늦추고 가능한 한 행동의 장기적 결과를 검토하는 전략을 배울 수 있다. 내담자를 비난하기보다는 이러한 기술을 가르침으로써 내담자가 행동을 조절할 수 있도록 도울 수 있다. 이것이 치료자가 하고 싶어 하는 것이며, 실제로 친구의 경우에도 도움이 될 것이다.

마지막 전략은 내담자에 대한 당신의 반응이 실생활에서 나타나는 다른 사람들의 반응과 매우 유사하다는 것을 기억하는 것이다. 치료자 자신의 반응을 사례개념화의 정보와 치료에서 효과적으로 적용할 수 있는 단서로 활용하라. 예를 들어, 자신이 이야기를 시작할 때마다 중단시키는 내담자를 치료하고 있는 동료가 있었다. 치료자는 이것이 매우 짜증이 나서 내담자와 회기를 진행하는 것이 두렵게 되었다. 내담자는 대인관계의 문제가 아니라 특정 장애 때문에 치료에 오게 되었지만, 치료자는 이 문제가 해결되지 않는다면 치료를 계속 할 수 없을 것 같이 느꼈다(최소한 좋은 분위기에서 치료가 지속되지는 않을 것이라 예상하였다). 치료자는 결국 직접 이야기하기로 결정하고는 상대방의 말을 중단시키는 습관을 지적하였으며, 치료자의 경험에 대해 이야기하였다. 치료자는 다음과 같이 이야기하였다. "당신은 내가 말하고자 할 때, 내 말을 중단시키는 경향이 있습니다. 이 때문에 내 말을 끝마치지 못해서 당신을 돕기가 어렵습니다. 당신이 나의 제안을 받아들인다면 치료가 더 잘 진행될 것이라 생각합니다." 그 내담자는 다른 사람도 치료자와 동일한 피드백을 해 주었다고 이야기하였는데, 이것은 놀랄 만한 일이 아니다. 그러나 그 내담자는 그러한 습관을 고치는 것을 힘들어했고, 치료자와 내담자는 치료에서 이 주제를 다루기로 계획을 세웠다.

요약하면 내담자는 가끔 부적절한 행동이나 이야기를 한다. 어떤 경우, 치료자가 내담자의 행동을 제한하는 것이 적절하고, 극단적인 경우에는 치료적 관계를 종료하고 다른 치료자에게 의뢰하는 것이 적절할 수 있다. 다른 대부분의 경우, 치료자는 내담자에 대한 자신의 반응을 내담자의 사회적 생활을 반영하는 창으로 활용해야 한다. 치료자는 자신의 반응을 내담자의 사회적 행동을 향상시키고, 실생활에서 이득이 되는 전략을 가르치기 위해 효과적으로 활용할 수 있다.

❖ 문화 적응적 인지행동치료를 제공하기

우리는 치료자로서 다양하고 흥미로운 방식으로 우리와는 다른 사람들을 자주 맞닥뜨린다. 어떤 내담자들은 그들의 생물학적 특성(예, 여성 치료자가 남성 내담자를 치료하거나 또는 남성 치료자가 여성 내담자를 치료하는 것), 생활 경험(예, 독신 치료자가 결혼한 부부를 치료하는 것, 자녀가 없는 치료자가 아이들과 가족을 치료하는 것) 그리고 성적 선호, 종교적 신념, 윤리적 훈육과 문화적 관습의 결과로 우리와 차이를 보일 것이다. 과거보다 더 많은 윤리적 · 문화적 소수 집단이 미국 인구비율을 차지함에 따라 인지행동치료를 수행하는 치료자는 초보이든, 경험이 많은 치료자이든 다양한 개인을 치료할 준비를 하는 것이 필요하다.

이런 현실에도 불구하고, 임상 현장에서 만나게 되는 많은 사람의 다양한 욕구를 맞추는 것은 쉽지 않다. 수련과정에서 다루기는 하지만 우리 대부분은 다양한 인구학적 배경을 가진 내담자를 치료하는 것에 관해 수련을 받지 못한다. 특히 인지행동치료가 모든 심리학자 사이에서 주도적 이론들 중 하나이지만, 주로 유럽과 미국의 문화적 배경을 갖고 있는 사람들에게 적용되어 왔다(Casas, 1988; Iwamasa & Smith, 1996; Suinn, 2003). 또 다양한 인종적·문화적 소수를 대상으로 한 인지행동치료의 연구는 수행되지 않았다(Hall, 2001; Sue, 2003). 인지행동치료를 다양한 인종적·문화적 배경을 지닌 사람을 대상으로 적용할 때, 치료자는 기존 치료절차를 문화적으로 적절하게 수정하여 사용하지 않고 있다. 문화적 차이를 이해하는 것이 소수의 인종적·문화적 집단의 사람들에게 긍정적인 치료효과를 보인다는 연구가 증가하고 있는 것을 감안하면 이것은 놀라운 일이다. 비록 다문화와 다양성에 관한 치료적 관점에 대한 자세한 논의는 이 책의 범위를 넘는 것이지만, 치료자가 문화에 맞는 치료를 제공하기 위해 할 수 있는 일들은 많이 있다.

앞에서 언급한 것처럼 Hays(2006)는 치료자가 먼저 다른 인종, 민족 그리고 문화적 집단에 관한 편견을 재정립할 필요가 있다고 조언하였다. 치료자는 이러한 편견을 재인식한 이후에 비로소 자신의 임상적 치료의 효율성을 생각해 볼 수 있다. 가끔 편견은 지식과 경험의 부족 때문에 생긴다. 그러므로 지식과 경험을 쌓는 것이 편견 극복을 시작하는 좋은 방법이다. 그렇다면 어떻게 이것을 할 수 있는가? 첫째, 우리는 인지행동치료의 원칙에서 특정 집단에 대한 나 자신의 자동적 사고를 기록해 볼 수 있다. 이것은 개인적이지만, 진솔하게 행해질 수 있다. 이렇게 하면 우리는 경험주의 원칙을 습득하고, 이 신념들에 대해 진술해 볼 수 있다. 자료 조사(예, 독서, 강의 듣기, 워크숍 참석, 기록물 보기)

와 전문가와의 토론(예, 종교 지도자, 소수 집단의 믿을 만한 친구)을 통해 왜곡된 신념을 현실적인 생각으로 바꿀 수 있다.

이런 상황을 다루는 방법으로써 우리가 참여한 치료연구를 한 예로 들 수 있다. 내담자는 신앙심이 충실한 이슬람 교도였으며, 치료 팀의 어느 누구도 이슬람 교도를 치료한 경험이 없었다. 그러므로 치료자들은 지역 회교 사원의 성직자와 접촉하여 종교 및 내담자의 신념과 현재의 심리적 문제('완벽해야' 한다는 강박적 사고와 행동)를 구분하여 가르쳐 줄 의향이 있는지를 문의하였다. 성직자는 이 사례에 믿을 만한 자문을 해 주었고, 전체 치료 팀들이 알지 못했던 종교적 신념에 관해 많은 것을 가르쳐 주었으며, 치료가 효과적으로 진행되었다.

'사실'을 배우는 것은 특정 집단에 대한 오랜 편견을 해결하는 데 도움이 되지 않을 때도 있다. 당신이 특정 집단의 내담자를 치료할 때 이런 편견이 지속되고 있음을 느낀다면 지도감독자와 상의하여 더 많은 안내와 피드백을 요청하는 것이 중요하다.

특정 집단에 관해 오래 지속된 편견을 바로 잡는 가장 좋은 방법은 그 집단에 속한 내담자를 실제로 치료하는 것일 수 있다(지금까지 한 조언을 따르면서). 치료자의 경력을 쌓는 과정에서 자주 경험했던 것처럼 실제 행동을 취하면서 가장 잘 배우게 된다. 우리 중 한 치료자는 어떤 몰몬교 가족을 치료하였는데, 그는 과거에 몰몬교도를 만난 적이 전혀 없었다. 첫 번째 가족은 불안장애를 지닌 자녀로 인해 치료에 참가하였으나, 사례와는 관련이 없었기 때문에 몰몬교의 신념은 전체 회기를 통해 거의 토의되지 않았다. 그러나 또 다른 몰몬교의 청년이 미래의 계획에 대한 고민 때문에 치료에 오게 되었다. 이 내담자의 치료에서는 초기에 몰몬교가 내담자에게 요구하고 기대하는 것을 토의하는 것이 필수적이었다. 치료자가 여기에 관한 지식이 있어야만 치료를 적절하게 진행할 수 있었다. 치료자는 내담자를 진실하게 대했고, 종교적 신념에 관해 잘 알지 못한다고 설명하였다. 내담자는 회기 중에 몰몬교의 교리를 설명하여 치료자가 자신을 잘 이해할 수 있도록 하였다.

이 사례에서 보듯이, 치료의 초기에 내담자의 신념을 이해하는 것이 매우 중요하다. 그 내담자가 치료 약속을 위해 전화를 하였을 때, 그는 심각한 불안과 우울증상을 보고하였다. 그는 문제가 대학교 때부터 시작되었는데, 1학년 이후에 점점 악화되었다고 하였다. 1월에 평가를 받으러 오기 직전, 그는 2학기에 등록하지 않기로 결정하였다. 평가를 받으러 왔을 때는 이미 불안은 사라졌고, 기분도 향상되었는데 이것은 놀랄 만한 일이 아니었다. 학교를 떠나니 문제도 사라진 것이다.

해야 할 많은 일 때문에 몇 주 동안은 문제가 없었다. 그해 여름에 소외 받는 사람과 장애인을 위해 2년간 교회의 봉사 업무를 하도록 되어 있었다. '몰몬교의 자녀들이 하는 일'이다. 그러나 공립 고등학교에 입학하였을 때, 비 몰몬교의 자녀들이 대학교 진학, 시간제 아르바이트, 이성 교제와 '파티'를 하는 것을 알게 되었다. 그의 갈등은 거기에 있었다. 자신이 부모와 형제 그리고 교회가 기대하는 '몰몬교의 과정'을 따라야 하는가? 혹은 교회를 벗어나서 자신의 길을 추구하고, 자신의 삶을 탐색해 나가야 하는가? 이 욕구의 한 부분은 순수한 호기심이었다. 이성 교제, 음주, 심지어 다른 종교는 어떤 것인가? 그러나 과거 몇 년간, 내담자는 자신의 정치적 신념과 사회적 관점을 자각하기 시작하였다. 이것은 자신이 알고 있던 몰몬교의 관점과는 일치하지 않았다. 결국 그는 몰몬교의 세계보다 세속적인 세계에서 더 잘 지낼 수 있지 않을까에 대해 고민하고 있었다.

이 내담자에게 최선의 도움을 주기 위해 치료자는 많은 것을 배워야 했다. 젊은 몰몬교도는 이성 교제를 할 수 있는가? 몰몬교도가 아닌 사람과 이성 교제를 할 수 있는가? 음주를 할 수 있는가? 종교적 봉사 여행을 해야만 하는가? 몰몬교의 대학에 진학해야 하는가? 대부분의 사람과 다른 종교적 · 사회적 관점을 공유하지 않는다면 무슨 일이 일어날 것인가? 이런 새로운 지식을 배운 후에 그 치료자는 내담자의 정체성을 해결하는 데 도움이 되는 인지적·행동적 전략을 사용할 수 있었다.

낯선 집단의 구성원과 치료를 시작할 때 따라야 하는 몇 가지 규칙이 있다. 첫째, 치료자는 항상 문화적으로 적절한 평가절차를 수행하고, 내담자의 문화적 환경의 장단점을 평가해야 한다(Hays, 2006 참고). 비록 인지행동치료에서 내담자의 환경은 정신과적 증상과 내담자의 문제를 일으키고 유지하는 데 핵심적인 역할을 한다고 간주되지만, 이러한 환경의 문화적 측면은 치료자에 의해 때때로 간과되고 있다. 문화가 인지적 과정의 발달과 유지에 영향을 미치기 때문에 평가과정에서는 역기능적 행동과 인지에 미치는 문화적 영향이 강조되어야 한다. 몰몬교에 관해 기술한 것처럼 그의 종교는 분명히 장단점을 지니고 있다. 장점은 집단 소속감, 가족 유대감 그리고 미래 몇 년 동안 설정되어 있는 진로를 알고 있는 것(종교 봉사활동과 몰몬교의 부속대학 진학)이다. 그러나 가족과 신념을 벗어나 자신의 정체성을 발전시킬 자유의 부족 같은 단점이 많이 있다. 즉, '동전의 양면'을 모두 이해하는 것이 이 사례를 개념화하는 데 필수적이었다.

둘째, 인지행동치료자는 문제가 있거나 부정적인 환경을 고려하지 않고 내담자의 어려움을 단지 왜곡된 인지의 결과로 발생되었다고 잘못 개념화하지 않도록 조심해야 한다(예, 다른 사람들은 편견을 갖고 있거나 편파적인 행동을 한다는 왜곡된 신념 대 실제적으로 편견과 차별을 경험하는 것). 이와 같은 치료자의 실수들은 내담자의 경험을 부인하거나 틀렸다고 지적하는 것이 됨으로써 내담자와의 관계를 해치고, 더 나아가 그들의 문화권 밖에 있는 타인으로부터 소외감을 느끼게 할 위험이 있다. 또 이것은 내담자를 건강하지 않은 환경에 적응시키도록 하는 실수를 범하게 한다. 그러므로 인지행동치료자는 내담자의 환경을 평가절하하지 않도록 조심하고, 인지재구조화 같은 기법을 주어진 환경에 맞추어 적용하여야 한다.

우리의 몰몬교 내담자는 교회를 떠나게 되면 가족과 친구 그리고 교회로부터 완전히 거부당하지 않을까 하는 두려움을 느끼고 있었다. 내담자의 두려움을 잘못된 것으로 간주하는 것은 내담자를 이해하지 못하는 것이 되었을 것이다(최소한 부분적으로는 틀린 것이 될 것이다). 그러나 포괄적인 신념("모든 사람은 나를 거부할 것이다.")은 탐색할 필요가 있다. 이 목표를 위해 치료자는 매우 호기심 있게 반응하였다. 만약 그가 교회를 떠난다면 정말 집단의 모든 사람들이 그를 피할 것이라는 증거를 갖고 있는가? 내담자에게 그의 문화에 대한 것을 가르쳐 달라고 요청함으로써 내담자가 자신이 가진 신념의 진실성을 검증하도록 하였다. 그는 다음과 같은 결론을 내렸다. 가족이 매우 실망할 것이지만, 자신을 피하지는 않을 것이다. 교회는 자신이 원한다면 나중에 돌아오는 것을 허락할 것이다. 교회의 많은 지인을 잃게 되겠지만, 모든 사람은 아닐 것이다.

마지막으로 치료자는 다양한 인종의 사람들을 치료할 때, 특히 그들이 치료에 왔을 때 특정 집단에 대한 오랜 편견을 경험한 경우라면 매우 조심스럽게 비판단적 입장을 유지하도록 해야 한다. 젊은 몰몬교도 내담자의 사례에서 그 치료자는 자신에게 최선의 관점을 발전시켜 왔다. 그러나 자신의 의견을 내담자와 공유하는 것은 적절하지 않았을 것이다('내가 생각하기에 당신은 ~해야만 한다.'). 친구에게 조언하는 것과 내담자에게 조언하는 것은 차이가 있다. 친구에게는 주어진 주제에 대해 당신의 판단을 말할 수 있지만, 치료에서의 치료자 역할은 내담자가 스스로 자신의 어려움을 극복할 수 있도록 적절한(비판단적인) 질문을 하는 것이다.

❖ 치료적 관계에서의 곤란한 대인관계 상황

이 장의 나머지 부분에서 우리는 치료적 관계의 초기에 전형적으로 나타나는 곤란한 대인관계적 문제를 극복하는 방법을 토의할 것이다. 이것은 자주 나타나는 문제이지만, 초보 치료자들은 이것을 어떻게 다룰지 거의 배우지 않는다. 이와 같은 문제들을 어느 정도 사전에 고려해 보는 것은 어려움을 더 쉽게 다루는 데 도움이 된다.

사적인 질문을 많이 할 때

치료적 관계는 개인정보라는 측면에서 매우 일방적인 관계다. 심지어 내담자와 한 회기를 끝낼 쯤이면 당신은 그가 누구인지에 관해 많은 것을 알게 된다. 치료의 속성상 많은 부분이 개인적인 것들과 관련이 있다. 반대로 많은 시간 동안 함께 치료를 진행한 후에도 내담자는 치료자에 대해 많은 것을 알지 못한다. 어떤 내담자는 이것에 관해 개의치 않는 것처럼 보이고, 개인적 특징에 관해 거의 질문하지 않는다. 또 다른 내담자는 호기심이 있는 것 같고, 당신의 연령, 사는 곳, 고향 혹은 당신이 사귀는 사람이 있는지를 질문한다. 치료자는 치료 학파에 따라 사적인 질문에 대해 서로 다른 관점을 갖고 있다. 어떤 학파의 치료자는 그 질문에 어떤 의미가 내포되어 있는 것으로 보기도 하지만, 다른 학파의 치료자는 거기에 큰 의미를 두지 않는다. 우리는 사례에 따라 그 질문(그 질문이 의미하는 것)을 다루는 것이 적절하다고 생각한다.

▣ 연령과 경험에 관한 질문을 받을 때
초보 치료자들은 연령과 경험에 대해 질문을 받을 수 있다. 특히 당신이 나이

보다 더 젊어 보인다면, 비록 당신이 더 이상 초보 치료자가 아니라 할지라도 이러한 질문을 자주 받게 될 것이다. 우리 중 한 사람은 이러한 질문을 자주 받았고, 어떻게 대해야 할지에 관해 많은 생각을 하게 되었다. 내담자가 치료자의 나이를 질문하는 것은 그들이 치료나 생활의 측면에서 치료자의 실제 경험에 관해 관심을 갖고 있기 때문이다(예, 결혼 문제가 있는 부부는 젊고 미혼인 치료자가 그들의 문제를 어떤 방식으로 관여하고 효율적으로 도울 수 있을지 궁금해한다). 그러므로 이 질문을 다루는 좋은 방법은 실제 나이에 대해 대답하는 것이 아니라, 당신의 경험 수준에 대해 대답하는 것이다. 예를 들어, 내담자가 "매우 젊어 보입니다."라고 말한다면 "저는 여기서 박사 과정의 프로그램을 3년 차 시작하고 있습니다." 혹은 "지금까지 여기서 3년째 치료 업무를 해 오고 있습니다."라고 대답할 수 있다. 이와 비슷하게, 부부 문제를 지닌 내담자가 "당신이 결혼하지 않았다면 내 문제를 어떻게 도울 수 있을지 궁금합니다."라고 말한다면 "저는 지금까지 많은 부부를 잘 치료해 왔고, 당신에게도 도움이 될 수 있기를 바랍니다."라고 대답할 수 있다.

내담자가 치료자의 경험에 관해 걱정을 할 때, 그들은 가끔 직접 질문할 것이다. 초보 치료자로서 당신은 이런 질문을 하는 내담자 또는 이와 비슷한 걱정을 하는 내담자를 전혀 보지 못했을 수 있다. 사실 당신은 아직 한 사람의 내담자도 치료해 보지 못했을 수 있다. 비록 우리는 내담자에게 거짓을 말하기를 원하지는 않지만, 경험이 부족한 것을 강조하는 것도 원하지 않는다. 이 상황에서 좋은 전략은 당신이 근무하는 곳의 지도감독하는 전문가를 강조하는 것이다. 만약 내담자가 "저처럼 공황장애를 갖고 있는 내담자를 본 경험이 있습니까?"라고 질문한다면 당신은 "이 센터는 공황장애를 지닌 내담자를 치료하는 곳으로 잘 알려져 있습니다. 여기서 제공하는 치료는 최신의 치료방법이고, 저는 매우 훌륭한 지도감독을 받고 있습니다."라고 대답할 수 있다. 당신 자신보다는 당신의 훈련 환경에 초점을 맞춤으로써 긍정적이고, 생산적인 방식으로 이 질문에 대답할 수 있다.

만약 이런 전략이 효과가 없고, 내담자가 계속 초보 치료자와 치료하는 것을 걱정한다면 어떻게 해야 하는가? 과학자의 입장으로 돌아가는 것이 한 가지 방법이다. "저는 당신이 주저하는 것을 이해합니다. 치료를 시작하고 몇 회기 동안 치료가 진행되는 것을 살펴보는 것은 어떻겠습니까?" 이것은 내담자가 다른 대안이 별로 없을 때 효과적이다. 경험이 없는 치료자와 치료를 하는 것은 치료하지 않는 것보다는 분명히 더 좋은 선택이다. 우리의 경험에 의하면, 치료에서 어떤 이득을 경험하게 되면 경험이 없는 치료자와 맺어진 것을 불평하는 내담자는 거의 없다.

초보 치료자에게 치료 받는 것을 계속 힘들어한다는 것은 사례개념화에 대한 정보가 될 수도 있다. 우리는 젊은 초보 치료자의 치료를 불평하는 내담자를 치료한 적이 있다. 그 여성은 그 치료자가 배정된 것에 대해 매우 불만족해 했지만, 경험이 많은 다른 치료자를 배정할 수 없었다. 초기 몇 회기에 내담자는 "당신은 나와 같은 문제를 지닌 사람을 치료한 경험이 없어서 나를 이해하지 못할 것입니다." 혹은 "분명 나 같은 사람에게 무엇을 해야 할지 모를 거예요."라고 말하며 그 주제를 계속 언급하였다. 이 초보 치료자는 이 문제에 관해 지도를 받기로 하였다. 여성 치료자는 내담자에게 자신의 능력을 확신시키느라 더 이상의 시간을 소비하고 싶지 않았다. 지도감독자는 치료자가 내담자의 불편을 직접 직면하도록 조언하였다. 이것은 훌륭한 조언이었다. 내담자는 자신이 40세의 경험이 없는 치료자와는 문제가 없었을 것이었지만, 20대의 치료자와 치료를 하는 것은 힘든 일이었다고 하였다. 내담자도 20대였는데 심한 장애를 지니고 있었다. 그 때문에 학교에 다닐 수 없었고, 사회적 지위가 낮은 일을 하였으며, 심리적 문제 때문에 이성관계를 단절하게 되었다. 내담자는 자신보다 교육을 잘 받았고, 경력을 훌륭하게 쌓아 나가면서 외부에서도 틀림없이 성공적으로 살아가고 있을 동갑내기를 보는 것이 '모욕적'이었다.

치료자는 공감적으로 반응하였고, 내담자에게 이것이 매우 힘든 일이었을 것 같아 안타깝다고 말해 주었다. 그 후, 이 생각을 치료에 잘 활용할 수 있는 방법이 있는지를 물어보았다. 내담자는 치료자에게 그렇게 반응했던 것을 통하여 소외된 삶이 아니라 20대의 다른 사람과 같은 삶을 갈망하는 것이 문제였음을 깨닫게 되었다고 설명하였다. 이 회기 이후 내담자는 치료자의 경험을 더 이상 문제 삼지 않았다.

모든 사례가 이렇게 긍정적으로 끝나는 것은 아니다. 어떤 내담자는 완고하게 경험이 없는 치료자를 거절한다. 이러한 경우에는 내담자에게 이유를 설명하거나 그들이 잘못 생각한다는 것을 확신시키기 위해 시간을 낭비해서는 안 된다. 오히려 이 내담자를 적절한 다른 치료자에게 의뢰하여야 한다.

▣ 다른 개인적 질문

치료적 관계의 초기에 가끔 나타나는 사적인 질문은 내담자가 자신의 문제를 개인적으로 경험한 적이 있는지를 묻는 것이다. 대부분의 내담자는 치료자가 자신을 이해하고, 자신의 걱정을 공감할 수 있을지를 확인하기 위해 이와 같은 질문을 한다. 사람들은 공유하는 영역이 있을 때 자연스럽게 마음이 끌리기 때문에 치료자가 이런 개인적 질문에 개방적이고, 진실하게 대답하는지를 궁금해한다. 대부분의 인지행동치료에 지향된 치료 환경에서 정신건강의 과거력을 심층적으로 탐색하는 것은 적절하지 않다. 왜냐하면 내담자는 현재 문제 때문에 바쁜 시간을 내어 치료에 참여하고 경비를 지불하고 있는데 과거에 대한 심층적 탐색은 이에 대한 초점을 흐트러지게 할 수 있기 때문이다. 게다가 치료자가 개인적 경험을 공유할 때, 내담자가 치료과정에 참여하는 것이 어려울 수 있다. 우리 중 한 사람이 40세의 여자 친구를 한 치료자에게 의뢰하였다. 그녀는 자녀가 없고, 혼자인 것에 대해 슬퍼하고 있었다. 치료자는 자신이 자주 유산을 하였으며, 임신의 어려움에 관한 자신의 경험을 공유하였다. 이야기의 핵심은 자신이 자녀가 없음에도 불구하고 의미 있는 삶을 배웠다는 것이었다. 그러나 내담자는 회기 중에 훨씬 더 복잡한 감정을 경험하게 되었다. 그녀는 치료자가 최소한 결혼은 하였고, 자신처럼 독신이 아니라는 것을 시샘하였다. 이 시샘은 점점 눈덩이처럼 커져서 죄의식이 되었다. 내가 그런 큰 상실을 경험한 사람에게 어떻게 시기심을 느낄 수 있단 말인가? 게다가 내담자는 치료자를 좋아하였고 치료자에게 죄의식을 지니고 있었기 때문에 치료자의 상실 경험을 알고 난 후 더 큰 슬픔을 느끼게 되었다. 이상하지만, 그 여자는 치료 회기 중에 자신의 문제보다도 치료자의 삶에 대해 더 우울함을 느끼게 되었다. 비록 치료자는 자신의 이야기를 통해 내담자에 대한 공감을 표현하려고 하였으나, 결과적으로 내담자는 더 슬프고, 공허하며, 죄책감을 느끼게 되었다. 이것은 한 회기를 정리할 때 느낄 그런 감정은 아니었다.

앞의 사례를 통해 개인적으로 자신과 같은 문제를 경험했는지 묻는 내담자의 질문에 대답하는 방법을 생각해 보자. 첫째, 당신은 전문가적 경험을 언급하여야 한다. "나는 공황장애를 갖고 있는 많은 내담자를 치료하였습니다. 그것을 통해 공황장애를 경험한다는 것에 대해 많이 이해하게 되었고, 그와 같은 상황에서 어떤 두려움을 겪는지도 알게 되었습니다." 또한 내담자의 어려움을 보통 경험할 수 있는 평범한 일로 안심시키고, 어떤 측면에서는 당신도 유사한 경험을 했었던 것도 언급하는 것이 적절하다. "불안은 인간 경험의 한 부분입니다. 다른 사람들처럼 나도 때때로 두려워하기도 합니다. 그래서 당신이 오늘 이야기한 감정 중 어떤 부분들은 나도 이해할 수 있습니다." 이러한 전략들은 치료자가 많은 개인적 정보를 밝히지 않아도 내담자가 이해 받는다는 느낌을 주는 데 도움이 된다.

또 다른 많은 개인적 질문이 치료적 관계에서 나타날 수 있다. 많은 개인적 질문은 방해가 되지 않고 또 대답하는 것이 불편하지도 않다. 어떤 내담자는 당신이 사투리를 쓰거나 벽에 걸려 있는 학위를 보고 현재 살고 있지 않은 곳에서 교육을 받은 것을 알면 당신의 고향에 대해 질문을 할 수도 있다. 휴일이나 휴가 전에 내담자는 당신의 계획에 관해 질문할지도 모른다. 이런 질문을 무시하기보다는 단순히 "저는 캐나다에서 왔습니다." 혹은 "연휴 기간에 가족을 만나러 갑니다."라고 대답하는 것이 치료적 관계에 도움이 될 수 있다.

대처하기가 쉽지 않은 다른 질문들이 있다. 특히 질문의 내용이 매우 사적인 경우에 그렇다(예, 당신의 이성 교제, 사는 곳, 휴가 기간에 가려고 하는 곳을 정확히 알고자 하는 것). 이러한 질문은 대처하기가 매우 어렵지만, 내담자가 이런 질문을 계속 한다면 이 질문을 직접적으로 다루는 것이 좋다. 치료적 관계에 내재되어 있는 차이점을 인정할 수 있도록 하는 것이 도움이 될 수 있다. 즉, 내담자는 모든 것을 드러내고 치료자는 상대적으로 알려지지 않는다. 당신이 내담자들에게는 이것이 어려운 문제라는 것을 인정한다면 왜 그런지 설명하는 것이 중요하다. 치료는 내담자들에 관한 것이고 힘든 문제를 지닌 그들을 돕기 위한 것이며, 이 목표에서 벗어나도록 하는 모든 것은 치료에 방해가 된다.

앞에서 언급하였듯이 다양한 내담자의 행동의 의미를 이해하는 것은 중요하다. 반복적으로 치료자에 초점을 두는 내담자는 자신의 문제를 이야기하는 것을 지연시키고자 하는 것일 수 있다. 이러한 가설은 내담자에게 제시되고 논의될 수 있다. 치료자와 다정한 관계를 맺고자 하는 내담자들은 외롭거나 자신의 삶에서 의미 있는 관계가 부족할지 모른다. 다시 말하면, 이것은 내담자가 실제 일상생활에서 새로운 관계를 맺기 위해 대인관계 기술을 적용하도록 하는 좋은 활력소가 될 수 있다(예, 사회적으로 적절한 방식으로 개인적인 질문을 하는 것).

선물을 가져올 때

사람은 누구나 친구 또는 가족 구성원에게 선물을 받는 것을 좋아한다. 그러나 내담자가 선물을 줄 때는 그 느낌이 매우 다르다. 당신은 내담자의 선물을 받는 것을 엄격하게 금지하는 임상적 환경에서 일할 수도 있다. 그러나 대부분의 임상적 환경에서는 명백히 정해진 규칙이 없지만, 당신이라면 이런 경우에 이 주제를 어떻게 다룰지를 산정해야 한다.

치료 중에 받는 선물은 성공적으로 치료를 종결할 때 받는 일회성 선물보다 대처하기가 까다롭다. 또 보통 선물을 주고받는 시기가 아닌 때(예, 성탄절)에 받는 선물도 복잡한 의미를 갖고 있다. 일반적으로 내담자한테 값비싼 선물을 받아서는 안 된다는 규칙이 있는 것 같다. 또 현금은 결코 받아서는 안 된다. 비싸지는 않지만, 선물을 자주 받는 것도 조심해야 한다. 비록 그런 상황이 자주 일어나지는 않는다 해도, 이런 종류의 선물을 거절하는 데 익숙해져야 한다. 비싼 선물을 받거나 돈을 받는 것은 당신이 속한 기관의 정책에 반하는 것이라고 설명해야 한다. 만약 내담자가 반복적으로 선물을 주려고 시도한다면 당신은 그 주제를 탐색하고, 당신이 사례를 이해하는 데 어떤 영향을 미치게 될지를 생각해 보아야 한다. 내담자는 선물을 환심을 사는 수단으로 줄 수도 있다. 예를 들면, 그들은 당신에게 친절하게 하면 당신이 자주 그들의 의견에 동의할 것이라고 생각할지 모른다. 다른 내담자는 당신이 그들을 싫어하지나 않을까 걱정할 수도 있고, 선물을 줌으로써 더 좋아해 주기를 기대할지도 모른다. 선물을 주는 이면의 동기는 명백히 문제가 있기 때문에 인지적 기법을 사용하여 그 동기를 다루어야 한다. 지금까지 토의한 다른 많은 주제처럼 회기 중의 내담자의 행동은 회기 밖의 행동을 반영한다. '친구를 사고 사람들에게 영향을 미치기 위해' 선물을 사용할 수 있다고 믿는 것은 적절하지 않으며, 회기 중에 그런 신념을 바꿀 수 있도록 하는 것은 내담자의 삶에 큰 도움이 될 수 있다.

앞서 언급한 상황들(거의 매 회기마다 선물을 갖고 오는 것, 매우 비싼 선물을 주는 것)은 분명히 문제가 있다. 그러나 명절이나 치료가 끝날 때 주는 선물에 대처하는 방법 또한 어렵다. 앞에서 언급한 것처럼 어떤 곳에서는 분명히 '선물은 안 됨'이라는 정책을 갖고 있을 수 있다. 그렇지 않은 곳에서도 비싼 선물과 현금은 받지 않는다는 기본적인 규칙은 지켜져야 한다. 비싸지 않은 선물을, 특히 치료의 마지막 회기에 받는 것은 멋질 수 있으며, 사실상 이런 선물을 거절하는 것은 당신의 도움에 감사를 표시하려는 내담자의 마음을 상하게 할 수 있다. 개인적 질문에 관해서 대답하는 사례와 같이 선물을 받거나 거절하는 것은 상황에 따라 결정되어야 한다. 어떤 경우에는 선물을 받는 것이 '좋지 않게 느껴질 것'이다. 당신의 훌륭한 직감을 믿고 내담자의 호의를 충분히 인정하지만, 선물을 받을 수 없는 이유를 분명하게 설명하라.

사회적 행사에 나를 초대할 때

내담자에게 선물 받는 것을 정중하게 대처하는 것이 어렵기는 하지만, 더 어려운 것은 내담자로부터 사회적 행사에 초대받는 것이다. 가장 일반적 규칙은 내담자와 함께 골프를 치거나 커피를 마시는 것과 같은 사회적 활동에 결코 참여해서는 안 된다는 것이다. 만약 내담자가 반복적으로 그런 활동을 요청하면 그것이 사례개념화에 얼마나 많은 영향을 미치고 또 치료에서 얼마나 자주 언급될 것인가를 고려하라. 보통 자주 초대를 하는 것은 외로움이나 부적절한 호감의 신호이며, 내담자가 실제 상황에서 적절한 사회적 관계를 형성하도록 하는 데 방해가 된다.

내담자와 함께 사회적 행사에 참여하지 않아야 한다는 규칙에 예외는 없는가? 이것은 흥미로운 질문이다. 우리는 최근 한 사례에서 이런 주제를 좀 더 분명히 생각할 기회가 있었다. 동료 중 한 사람이 자녀 상담을 위해 온 내담자에게 종교적 행사에 초대를 받게 되었다. 치료자는 그 부모의 아동을 꽤 오랫동안 치료하였고, 몇 회의 행사에 참여하게 되면서 가족과 친밀해지게 되었다. 아동은 그때마다 중요한 행사에 치료자가 참석한 것에 대해 자부심을 느꼈다.

치료자는 이 문제를 집단 지도 회의시간에 논의하였다. 많은 찬−반 논의를 거친 후에 치료자가 참여하지 않았다면 아동은 실망과 상처를 많이 받았을 것이라고 결론이 내려졌다. 치료자는 만약 다른 참석자가 그 가족이 치료자를 어떻게 알게 되었는지 묻는다면 어떻게 대답할지 토의하기 위해 가족과의 만남을 미리 가졌다. 아동은 기민하게도 이 문제를 이미 생각하고 있었으며, 아동의 설명으로 인해 치료자는 편안해졌다. 모든 전후 사정이 짜맞추어졌을 때, 치료자와 그의 동료들은 이 계획이 적당하다고 생각하였다.

그 사건의 결말이 흥미로웠다. 그 아동은 치료자가 참석한다는 것이 매우 신이 났다. 치료자도 그것이 자신에게 특별한 날 중 하나라고 이야기하였다. 그러나 치료자는 여기에 참석한 것이 매우 불편하였다. 사람들이 이 행사에 참가하게 된 과정을 물었을 때, 치료자는 자신과 가족이 이미 짜맞춘 이유를 설명하였다. 그러나 행사가 계속되는 동안, 그런 말을 한 것이 불편했고 매우 신경이 쓰였으며, 실수해서 비밀이 탄로되지 않을까 내내 걱정했다. 만약 똑같은 상황이 오게 된다면 치료자는 초대를 거절할 것이라고 이야기하였다.

그렇다면 내담자의 마음을 상하지 않게 초대를 거절할 수 있는 방법은 무엇인가? 가장 좋은 방법은 먼저 초대에 대해 감사함을 표현하는 것이다. 그다음 당신이 그런 행사에 참석하지 않는 규칙을 만든 이유를 설명하는 것이다. 물론 주된 이유는 내담자의 사적 비밀을 보호하는 것이다. 만약 내담자가 이 설명을 납득하기 힘들어하면 당신의 참석이 내담자한테 왜 그렇게 중요한지 그 이유를 탐색하는 것이 유용할 수 있다. 사회적 초대(예, 커피를 마시거나 극장에 가는 것)의 사례와 같이 내담자는 치료자를 가장 친밀한 '친구들' 중의 한 사람으로 생각할 수 있다. 즉, 초대의 이유를 탐색함으로써 내담자가 치료 밖의 삶에서 사회적 관계를 만들어 나갈 수 있도록 동기를 높이는 데 도움을 줄 수 있다.

만약 당신이 결혼식, 종교적 행사(예, 첫 번째 성찬식, 성년식) 또는 졸업식에 초대 받는다면 선물의 사례보다 복잡해진다. 비록 그 행사에 참석하지 않더라도 단순히 감사하다고 말하는 것 이상의 어떤 감사 표시가 있어야 한다. 이것은 앞에 기술한 바로 그 치료자가 다루어야 했던 주제이기도 했다. 집단 지도 감독시간에 그 여자 치료자의 동료들은 자선단체에 기부하는 것을 조언하였다. 치료자는 동물을 매우 좋아하였으므로 지역의 동물보호단체에 그 아동의 이름으로 기부를 하였다. 어떤 치료자들은 단순히 카드를 보내는 것을 더 편안하게 느낄지도 모른다.

이메일을 보내거나 페이스북에 친구로 등록하고 치료 회기를 블로그에 올릴 때

치료자들에게 전자문서의 의사소통과 소셜 네트워킹은 매우 복잡한 문제다. 먼저 이메일을 예로 들어 보자. 많은 치료자가 이메일을 통해 내담자와 의사소통한다. 어떤 사람은 초기 약속과 일정을 조정하기 위한 단순한 목적으로 이메일을 사용한다. 대부분의 사람은 한 주간의 과정에 대해 소통을 하는 데 이메일이 매우 도움이 된다는 것을 알고 있다. 예를 들면, 내담자는 과제에 관해 질문하고, 치료자는 편리하게 그 질문에 답장하는 이메일을 쓸 수 있다. 이러한 '편리한' 의사소통은 치료의 과정을 촉진시킬 수 있다.

그러나 이메일이 문제가 없는 것은 아니다. 내담자는 긴박한 시간에 이메일을 보내지만, 치료자가 그 메일을 확인하기까지 몇 시간 혹은 며칠이 걸릴지도 모른다. 어떤 내담자는 이메일의 장점을 이용하여 자신이 약간이라도 힘들게 느끼면 일주일에 아주 많은 이메일을 보내기도 한다. 하지만 우리는 이메일의 비밀과 안전을 결코 확신할 수 없다. 내담자는 우리의 가족 구성원이나 동료가 그들이 쓴 것을 볼 수 있을 것이라는 것을 생각하지 못한다.

안정성이 부족하다는 측면에서 HIPAA에서는 특정한 개인과 관계된 정신건강의 정보를 소통하는 수단으로써 이메일 사용을 금지하고 있다. 비록 내담자가 이메일에 익숙하고, 치료에 도움이 되는 상황에서 이메일을 쓰고 싶은 유혹이 매우 클지라도, 치료자들은 그렇게 하지 않는 것이 현명하다. 만약 내담자가 이메일을 보내면 전화를 해서 왜 치료자가 이메일을 사용할 수 없는지를 설명하도록 하라. 당신은 정신건강과 관련한 정보를 소통하기 위해 이메일을 쓰는 것이 HIPAA에서는 금지하는 것이라고 간략하게 이야기할 수 있다.

페이스북, 마이스페이스와 같은 소셜 네트워킹은 어떤가? 치료자가 내담자 또는 과거의 내담자와 결코 '친구'가 될 수 없다는 것은 말할 나위가 없다. 그것은 내담자를 불편한 입장에 처하게 한다. 그들은 치료했었던 사실을 드러내고 싶지 않지만, 어쩔 수 없이 당신의 친구 요청을 받아들여야 할 것으로 느낄 수도 있다. 달리 말하면 내담자에게 친구 요청을 시작하는 것은 비밀보장의 위반으로 간주될 수 있고, 과거의 내담자와의 관계에서조차도 있어서는 안 될 일이다.

만약 내담자나 과거의 내담자 또는 내담자의 가족이 페이스북에서 당신을 '친구'로 등록한다면 당신은 어떻게 해야 하는가? 다시 말하지만, 원칙은 '안 된다고 말하는 것'이다. 비록 내담자가 온라인의 영역에서 당신과 친구가 되는 것이 매우 좋다고 주장할 수도 있지만, 그것이 비밀보호와 관련하여 많은 의미를 함축하고 있다는 것을 충분히 고려하지 못한 것이다. 더욱이 당신은 일상의 생각, 휴가 계획, 자녀의 사진을 포함하여 당신의 사적인 생활을 내담자가 아는 것을 원치 않을 것이다. 이러한 상황에서는 내담자에게 전화를 하여 친구 요청을 감사하게 생각하지만, 내담자와 소셜 네트워킹을 해서는 안 된다는 규칙을 설명하라.

인터넷 시대에 블로그나 다른 온라인 기회를 통해 자신의 생각을 표현하는 것은 복잡한 문제가 된다. 만약 당신의 내담자가 온라인에 접속하여 치료에 대해 기록하고 있다면 실명으로 당신에 관해 쓰지 않도록 요청하고 싶을 것이다. 모든 치료적 경험은 각자 개인의 경험에서 취사 선택되기 때문에 내담자가 다른 사람들이 볼 수 있도록 당신의 치료에 관해 부정적으로 쓰는 것은 불행한 일이 될 것이다.

이와 마찬가지로, 치료자는 인터넷에 글을 올리는 것을 신중하게 생각하여야 한다. 당신이 블로그를 운영한다면 개인적 비밀이 보호된다 할지라도 내담자와 있었던 경험에 관해 쓰지 않도록 권한다. 만약 당신이 블로그를 운영하고, 자신에 관해 쓰고 있다는 것을 내담자가 알면(비록 비밀이 보장되어 있지만) 그것은 치료적 관계에 큰 해가 될 것이다. 당신의 개인적 생활에 관해 쓰는 것도 문제가 될 수 있다. 앞에서 언급한 것처럼 치료자의 자기 개방은 내담자를 혼란스럽게 할 수 있는데, 치료자의 삶에서 어떤 어려운 일이 일어나면 내담자는 치료자에 대해 슬픔을 경험할 수 있다. 그것은 분명히 치료자가 자신의 삶의 어려움을 잘 다루지 못한다는 것을 알려 줄 수 있기 때문에 치료적 관계에 해가 될 수 있다. 치료자의 문제가 특별한 영역(부부치료자의 부부 문제에 관한 이야기, 섭식장애치료자의 섭식 문제에 관한 이야기)에서 일어나는 것이라면 더 큰 영향을 미치게 된다. 이러한 모든 것을 고려하였을 때, 치료자는 매우 사적인 블로그를 사용하지 않기를 추천한다.

치료자를 유혹하는 것 같을 때

많은 치료자가 두려워하는 상황은 내담자의 유혹이다. '유혹'은 많은 형태로 나타날 수 있다. 어떤 내담자는 용모나 옷에 대해 칭찬을 할 것이다. 어떤 사람은 "나는 당신 같은 사람과 연애하는 것을 좋아한다."라고 공공연히 관심을 표현하거나 혹은 직접적으로 교제를 요청할 것이다. 내담자가 당신을 부적절한 태도로 응시하는 것은 더 어려운 일이 될 것이다.

내담자가 분명하게 부적절한 행동을 한다면 "당신이 제게 교제를 요청하는 것은 적절하지 않다고 생각합니다."라고 말함으로써 회기 중에 분명한 한계를 정할 수 있다는 것을 명심하라. 그러나 내담자가 당신에게 이런 행동을 하는 이유를 설명하도록 하는 것이 더 유용한 방법이다. 이것은 치료자 스스로 내담자에게 흥미나 유혹을 일으킬 만한 어떤 행동을 했는지(은밀하거나 혹은 은밀하지 않거나) 살펴볼 자기 탐색의 좋은 출발점이 된다. 복장(예, 노출이 심한 옷을 입는 것)이나 부적절한 자기 개방(당신이 독신이고, 외롭다는 것을 내담자에게 알려 주는 것) 또는 심지어 유혹하는 것(예, 자주 내담자의 복장이나 용모를 칭찬하는 것) 등이 여기에 해당된다. 치료자가 취약한 내담자를 아주 혼란스럽게 하고 잠재적으로 해를 끼칠 수 있는 이런 행동을 중단하는 것은 매우 중요하다.

그런 다음 내담자의 부적절한 행동이 사례개념화에 맞는지를 검토하고, 치료에서 어떻게 건설적인 방식으로 논의될 수 있는지 고려하라. 일반적으로 이런 방식으로 행동하는 내담자는 치료 밖의 실제 생활에서 이성관계의 어려움을 갖고 있다. 그들은 사회적 상호작용이 매우 제한되어 있을 것이다. 사실 그들은 삶에서 다른 사람보다는 당신과(그리고 개인적으로 중요한 일에) 더 많은 시간을 함께 할지 모른다. 또 내담자는 이런 종류의 문제 때문에 의미 있는 사회적 관계를 형성하는 것이 제약되어 있을 것이다. 그들은 사람들에게 접근하는 방식에 확실히 문제를 갖고 있을 것이다. 또는 접근은 하지만 다른 사람들이 관계를 맺고 싶어 하지 않는 그런 방식으로 행동할 것이다. 내담자에 대한 당신의 상호작용은 그들의 대인관계적 문제의 특성을 가장 잘 반영할 것이다. 그다음에 통찰을 통하여 이 문제를 내담자를 돕는 수단으로 사용할 수 있다.

만약 내담자의 부적절한 행동 때문에 내담자와 치료실에 함께 있는 것이 불편하거나 혹은 좋은 치료를 할 수 없을 것 같다고 느낀다면 확실하게 치료를 중단하고 적절하게 의뢰하여야 한다. 그런 상황에서는 지도감독자에게 계속 자문을 받는 것이 필수적이며, 치료 종료의 결정도 지도감독자의 지지를 통해 이루어져야 한다.

제8장 다음 회기: 핵심 기술 가르치기

치료의 초기 단계에서 일어날 수 있는 몇 가지 문제를 개념화하고 다루는 방법을 살펴보았으니, 다시 인지행동치료의 과정에 돌아가기로 하자. 대부분의 인지행동치료 계획서에는 심리교육 이후의 회기들은 나머지 치료 기간에 사용하게 될 기술을 내담자에 가르치는 것이 포함되어 있다. 보통 새로운 기법들은 몇 회기를 거치면서 점진적으로 소개되고, 내담자는 새로운 기법들을 이전 회기에서 획득한 기법에 추가해 나가게 된다.

인지행동치료의 초기 내용은 치료의 목표에 따라 매우 차이가 있다. 예를 들면, 폭식증의 인지행동치료에서 초기 회기는 불규칙한 섭식행동을 감소시키기 위하여 규칙적인 섭식행동과 자기통제 전략을 주된 주제로 다룬다(Wilson, Fairburn, & Agras, 1997). 최근의 Wilson 등의 치료계획서에서는 문제 해결과 인지재구조화와 같은 좀 더 표준적인 인지행동치료 기법을 다루고 있다. Barlow의 공황장애치료(Craske & Barlow, 2006)에서 내담자는 심리교육 이후에 인지재구조화를 학습하게 된다. 이 치료계획서의 최근 판에서는 두려움을 야기하는 신체증상과 공황증상을 일으킬 것이라 믿는 공포 상황에 대한 직면의 수단으로 내부 수용성 감각 노출과 실제 상황의 노출을 다루고 있다. 이런 기법들을 배우는 가장 최선의 방법은 지침서를 읽고 좀 더 경험이 많은 치료자가 하는 것을 보는 것이며, 그런 다음 당신의 내담자에게 그 기법들을 적용하기 시작하면서 지도감독자에게 피드백을 받는 것이다. 인지행동치료 적용의 한 예로써, 마이클의 사례를 계속 다루기로 한다. 그의 치료계획에는 인지재구조화와 점진적 노출, 두 가지 핵심 기법이 포함되어 있다.

❖ 3회기: 인지재구조화 소개하기

3회기에서 마이클의 치료자는 기본 회기 양식에 따라 먼저 지난주의 활동을 검토하고, 자기-탐색 과제를 살펴본 후 마이클과 함께 회기의 주제를 설정하였다. 치료계획에 제안되어 있는 것처럼 이번 회기의 주요 주제는 인지재구조화의 과정을 시작하는 것이었다.

대부분의 인지행동치료 지침서는 인지재구조화를 시작하는 방법을 설명하고 있지만, 마이클의 사례에 맞추기 위해 Hope 등(2000)의 방법에 초점을 두고 진행하였다. 지금까지 마이클은 사건과 생각 그리고 감정 사이에 연관성이 있다는 기본 관점에 대해 몇 번 소개를 받았다. 사건 자체가 아니라 사건에 대한 해석으로 인해 부정적인 감정과 행동이 초래된다는 것이 인지행동치료의 핵심이며, 그것은 인지재구조화의 원리로 사용된다. 지난 회기에 마이클은 불안이 야기되는 상황에서 자신의 생각, 감정 그리고 행동을 탐색하는 과제를 받았다. 이 탐색 기록지나 회기에 털어놓는 걱정들은 인지재구조화의 과정을 위한 기초 자료가 될 수 있다.

인지재구조화의 멋진 성과를 얻기 위해 마이클과 치료자는 지난주에 있었던 하나의 사건(그가 지역의 양로원에서 했던 설교)에 초점을 맞추었다. 이 설교는 마이클의 사회불안을 일으키게 했던 '촉발 사건'이었다. 설교 후에 그는 자기-탐색 기록지에 다음과 같은 생각을 기록하였다. "설교를 너무나 형편없이 망쳤어." "나는 절대 설교를 잘할 수 없을 거야." "나는 결코 설교를 계속할 수 없을 거야." 이런 생각으로 마이클은 그날 하루를 매우 우울하게 보냈으며(정서적 반응), 같은 반 학생이 저녁을 함께 하자는 제안을 거절하고 혼자 저녁을 먹었다(행동적 반응). 특정 상황에서의 촉발 사건, 신념 그리고 결과(감정과 행동의 측면에서)를 확인함으로써 마이클은 설교 그 자체가 그를 기분 나쁘게 한 것이 아니라 오히려 그 상황에 대한 자신의 해석이 그렇게 만들었다는 것을 알게 되었다. 그는 사건 자체보다는 사건에 대한 해석이 문제가 있다는 관점을 바로 받아들이고, 부정적인 생각을 재조명하는 것이 도움이 된다는 것을 이해하기 시작하였다.

다음 단계에서 치료자는 마이클이 한 걸음 물러서서 촉발 사건이 시작한 바로 그 시점을 살펴볼 수 있도록 도움을 주었다. 양로원에 도착하기 전에 그는 무엇을 생각하였는가? 이때의 자동적 사고는 다음과 같은 것들이었다.

- "나는 분명 일을 망치게 될 거야."
- "그들은 내가 무능하다고 생각할 거야."
- "그들은 내가 사제로서 자격이 없다는 것을 알게 될 거야."
- "만약 말을 더듬으면 큰 낭패가 될 텐데……."

그 후 치료자는 자동적 사고 때문에 어떤 감정을 경험하게 되었는지를 물어보았다. 마이클은 자동적 사고로 인하여 자신이 불안, 슬픔 그리고 분노를 느꼈다고 하였다. 그는 자동적 사고로 인해 설교에 대해 매우 부정적인 마음을 갖게 된 것을 알게 되었다.

치료자는 마이클이 자동적 사고를 확인하고 그것을 감정과 연관 짓는 것에 익숙해졌다는 것을 확인한 후, Hope 등(2000)의 지침서 84쪽 첫 부분에 요약되어 있는 여러 가지의 사고 오류를 가르치기 시작하였다. 자동적 사고에 내재되어 있는 여러 논리적 오류를 기술하는 많은 단계가 있다. 첫째, 자동적 사고를 확인하고, 둘째 그것에 이름을 붙이는 것이다. 이것은 인지재구조화의 초기 단계에 해당한다. 생각에 이름을 붙이는 것을 통해 우리는 무엇이 잘못되어 있는지를 효과적으로 알게 된다. 한 가지 유의할 점은 어떤 내담자의 경우, 생각에 역기능적인 이름을 붙임으로써 마치 무엇인가가 잘못된 것 같은 느낌을 갖는다. 중요한 점은 모든 사람이 부정적인 자동적 사고를 하고 있으나, 문제는 자동적 사고 때문에 하고 싶은 것을 하지 못하게 되는 것을 토의하는 것이다. 인지재구조화의 과정에서는 사람이 아닌 생각에 역기능적 명칭을 붙이는 것이다.

이것에 주의하면서 자동적 사고가 확인되면 무엇을 할 것인지 생각해 보자. 치료자가 나열된 모든 사고 오류를 말하는 것은 어리석은 일이다. 그 대신 최선의 방법은 소크라테스 대화 방식으로 내담자 자신의 경험과 사고를 통해 그들 자신의 사고 오류를 알 수 있도록 돕는 것이다. 예를 들면, "나는 분명히 일을 망치게 될 거야." "나는 사제로서 자격이 안 될 거야."와 같은 말은 예언오류의 예가 될 것이다(그는 설교와 사제로서의 경력을 시작하기도 전에 잘 못할 것이라 추측하였다). "그들은 내가 무능하다고 생각할 거야."라는 (타인의) 생각-추측 오류의 한 예다(우리는 다른 사람의 생각을 알고 또 그들이 우리 자신에 대해 어떻게 생각하는지를 안다고 가정한다). 말을 더듬는 것에 대한 마이클의 신념을 통해 우리는 정신적 취사 선택의 개념(전체 경험을 무시하고 하나의 부정적인 측면에 주의를 두는 것)을 보여 주고자 하였다. 또 치료자는 마이클이 자신에 대해서는 '무능한' '완전한 실패'와 같이 '낙인화'하지만, 타인을 평가할 때는 그렇게 하지 않는 것 같다고 지적하였다.

마이클이 다양한 종류의 부정적인 생각을 설명하는 것에 익숙해졌을 때, 치료자는 '반대 주장' 혹은 '자신의 부정적인 생각을 논박하기'에 대해 소개하였다. 인지재구조화의 목적은 내담자가 스스로 자신의 생각의 타당성에 의문을 제기하고, 그 생각들이 유익한지 또는 해가 되는지를 검증하도록 하는 '악마의 옹호자'가 되도록 돕는 것이다. 이것을 위해, 자동적 사고를 논박하기 위한 질문 목록이 마이클에게 제시되었다. 여기서도 Hope 등(2000)의 지침서에 제시된 목록을 사용하였다. '논박 질문'의 몇 가지 예를 다음 대화에서 제시하였다.

> 치료자: "나는 틀림없이 일을 망치게 될 거야."라는 생각을 먼저 살펴보기로 하겠습니다. 이 생각에 도전하기 위해서 스스로에게 어떤 질문을 할 수 있겠습니까?
>
> 마이클: 저 스스로 "일을 망칠 것이라는 혹은 사제로서 자격이 안 된다는 증거가 있는가?"라고 물어볼 수 있을 것 같습니다.
>
> 치료자: 좋습니다. 이제 중요한 다음 단계가 있습니다.
>
> 마이클: 무엇입니까?
>
> 치료자: 다음 단계는 질문에 대답하는 것입니다. 당신은 이 신념에 대해 증거를 갖고 있습니까? 설교를 망칠 것이라는 신념을 먼저 살펴보기로 하지요.
>
> 마이클: 이미 이야기했던 것처럼 이 생각을 하고 있을 때 나는 설교를 시작하지 않았습니다. 설교를 망칠 것이라는 것을 어떻게 알 수가 있지요?
>
> 치료자: 맞습니다. 또 다른 어떤 증거를 말할 수 있습니까?
>
> 마이클: 이것이 첫 번째 설교는 아닙니다. 이것이 적절한 논박이 될 수 있을까요?
>
> 치료자: 잘 모르겠습니다. 계속 그 생각에 대해 말해 보겠습니까?
>
> 마이클: 저는 다른 설교를 결코 망친 적이 없습니다.
>
> 치료자: 보통 설교는 어땠습니까?
>
> 마이클: 대부분 잘했습니다. 시작 전에는 걱정을 많이 하지만, 결국 잘하게 되었습니다. 그러나 어떤 이유 때문인지 다시 설교를 할 때면 두려움을

느끼게 됩니다.

치료자: 좋습니다. 많은 도움이 되었습니다. 치료를 계속하면서 그런 생각을 참고하기로 할 것입니다. "그들은 나를 무능하게 생각할 것이다."라는 것에 대해서는 어떻게 생각합니까?

마이클: 우선, 전에 저는 '다른 사람의 생각을 알 수가 없다.'는 것에 관해 토의했습니다. 저는 그것을 잘 이해하고 있습니다. 그러나 설교 후에도 저는 '신도들이 저를 무능하다고 생각할 것이다.'라고 계속 느끼게 됩니다. 이 생각이 설교 전의 생각보다 나를 더 힘들게 합니다.

치료자: 아, 그 생각에 대해 어떻게 대처할 수 있습니까?

마이클: 잘 모르겠습니다.

치료자: 자, 논박 질문지를 보기로 하지요. 어떤 생각이 듭니까?

마이클: "그들이 나를 무능하다고 생각할 거야."라고 말하는 것을 확신하냐고 질문할 수 있을 것 같습니다.

치료자: 어떻게 대답할 수 있겠습니까?

마이클: 나는 사람들이 생각하는 것을 알 수가 없습니다.

치료자: 여기에 있는 몇 가지 질문을 더 생각해 보기로 하지요. 무능하다는 의미가 무엇입니까?

마이클: 아, 그것은 머뭇거리면서 의미 없는 말을 하는 사람입니다. 또 말을 뒤죽박죽으로 하는 사람입니다.

치료자: 당신이 그런 식으로 이야기한다는 것을 어떻게 알 수 있습니까?

마이클: 사람들은 아마 혼란스러운 표정을 할 것 같습니다.

치료자: 당신이 이야기할 때 그런 일이 있었습니까? 사람들이 혼란스러워한 증거를 갖고 있습니까?

마이클: 아닙니다. 만약 내가 정말 그것에 관해 생각해 본다면 그 반대의 증거가 있었습니다.

치료자: 정말입니까? 그것에 관해 이야기해 주십시오.

마이클: 설교 후에 사람들이 나한테 다가와서 설교에 관해 의견을 주고받았습니다. 실제로 어떤 신도들은 몇몇 주제에 관해 더 이야기하고 싶다는 이메일을 쓰기도 했습니다.

치료자: 그렇습니까?

마이클: 만약 그들이 혼란스러워했다면 아마도 이렇게 하지는 않았을 것입니다.

치료자: 마이클 씨, 매우 좋은 관찰입니다. 때때로 사회불안을 지닌 사람들은 자신의 부정적인 신념을 지지하는 것을 선택하는 데 초점을 두어 그것에 반대되는 증거를 놓치게 됩니다.

마이클: 예, 그 점은 전혀 생각을 하지 못했습니다.

치료자: 진도를 나가기 전에 한 가지 질문이 더 있습니다. 우리는 사람들이 두려워하는 일이 실제 결코 일어나지 않을 것이라고는 확신할 수 없습니다. 당신은 설교를 '망치지 않은' 많은 증거를 갖고 있습니다. 우리는 때때로 어떤 강연을 하고 덜 만족스럽기도 합니다. 아마도 전날 충분히 수면을 취하지 못했을 수도 있고, 집중을 잘 하지 못 했을 수도 있으며 또는 삶 속에서 매우 불편한 일이 일어났을 수도 있고, 그것 때문에 주의를 기울이지 못했을 수도 있습니다. 실제 불행한 일을 경험할 확률은 매우 적습니다. 그러나 만약 당신이 말을 자주 머뭇거렸고 앞뒤가 맞지 않는 설교를 한다면 무슨 일이 일어나게 될지를 생각해 보기로 하지요.

마이클: 그것은 끔찍한 일이 될 것입니다.

치료자: 자, 그것에 관해 신중하게 생각해 보기로 하지요. 이 상황에서 무엇이 그렇게 끔찍한 일이 되는 것입니까?

마이클: 당황하게 된다는 것입니다.

치료자: 좋습니다. 그것이 뭐가 그렇게 나쁜 것입니까?

마이클: 그것은 두려운 일입니다.

치료자: 예, 매우 기분 나쁜 일일 수 있습니다. 다른 어떤 결과가 또 있습니까?

마이클: 직장을 잃게 될지도 모릅니다.

치료자: 정말입니까? 한 번 설교를 잘 못해서 말입니까?

마이클: 잘 모르겠습니다. 그렇게 될 것 같습니다.

치료자: 만약 그렇다면 저는 이미 오래 전에 직장을 잃었을 것입니다. 나는 강의를 망친 적이 있고, 앞뒤가 맞지 않는 강의를 한 적도 몇 번 있습니다.

마이클: 당신 말이 옳은 것 같습니다. 직장을 잃기까지는 연속해서 수도 없이 일을 망쳐야 할 것이라고 말씀하고 계시군요.

치료자: 바로 그것이 제가 하고 싶은 말입니다. 어떻게 생각하십니까?

마이클: 동의합니다. 지금 저는 많은 것이 당황스럽게 느껴집니다. 아마도 설교를 망치고 난 후에 오는 것보다 더 당황스러운 것 같습니다.

치료자: 그것에 대해 어떻게 생각하십니까?

마이클: 내가 평상시 했던 것보다는 그렇게 큰 일이 아닐 것 같다는 생각이 듭니다.

치료자: 예, 매우 중요한 말이지요. 그렇지 않습니까?

마이클: 예, 확실히 그렇습니다. 수년 동안 이렇게 말도 안 되는 생각을 해 오고 있었다는 것이 놀라울 따름입니다.

치료자: 지금부터는 생활이 좀 편해질 것 같다는 말씀처럼 들립니다.

마이클: 예, 그렇습니다.

마이클의 치료자는 좀 더 많은 자동적 사고에 관해 논박을 진행하였으며, 그다음 지침서에 따라 합리적 반응의 개념에 대해 소개하였다. '합리적 반응'이란 내담자가 인지재구조화를 통해 배운 것을 간략히 요약함으로써 이후의 사회적 불안을 야기하는 상황에서 주의를 기울이고 합리적으로 반응할 수 있도록 하는 것이다. 마이클에게 이 개념을 설명한 후, 치료자는 다음 설교에서 사용할 전략을 개발하도록 도움을 주었다. 마이클은 "나는 과업을 수행할 때까지 결과를 알지 못한다."라는 합리적 반응을 생각해 내었다.

이와 같은 초기의 인지적 작업 이후에 마이클은 일주일 동안 자동적 사고를 탐색하고, 자신의 방식으로 논박하는 실습을 하도록 요청받았다. 치료자는 이것을 치료 노트에 기록하여 다음 회기에 갖고 오도록 요청했다. 치료자는 이 과제가 완벽해야 할 필요가 없다는 것을 상기시켜 주었다. 단지 인지재구조화가 어떻게 작용하는지를 확인하고, 다음 회기에 토의할 주제를 갖고 온다는 자체가 중요한 것이었다. 회기를 마칠 때, 마이클은 좋은 말을 찾아내어 자신의 목록에 다음과 같이 기록하였다. "나는 내 생각을 법처럼 간주할 필요가 없다. 내 생각에 의문을 제시하고, 그것이 합리적인지를 확인해야 한다."

❖ 4회기: 인지재구조화의 지속과 첫 노출 계획

지난 회기와 같이 4회기도 마이클의 한 주간의 생활과 인지재구조화 기록에 대한 과제를 검토하는 것으로 시작했다. 마이클은 이번 회기에 왔을 때, 훨씬 활발해 보였다. 그는 인지재구조화를 정확히 받아들이고, 그 주에 있었던 몇몇 상황에서 불안을 덜 느끼게 되었다. 예를 들면, 회기 전날 저녁에 마이클은 수업을 준비하고 있었는데, 그 수업에서는 모든 학생이 최소한 한 번은 질문을 받게 되었다. 마이클은 자신이 호명될 것은 알았지만, 어떤 질문을 받게 될지 모르기 때문에 평상시에는 이 특별한 수업 전날에는 밤을 샜다. 그는 밤 11시경에 매우 피곤해서 잠자리에 들고 싶었다. 하지만 이 생각은 다른 생각에 의해 부정되었다. "만약 내가 여기에 좀 더 시간을 투자하지 않는다면 나는 웃음거리가 될 거야." 바로 그때 마이클은 자신이 자동적인 생각을 하고 있다는 것을 깨달았고, 치료 노트를 꺼내서 인지재구조화의 과정을 살펴보았다. 그는 두 가지 중요한 것을 알게 되었다. ① 그는 자신이 웃음거리가 될 것이라는 어떠한 증거도 없으며, ② 평상시 전날의 피로로 수업시간에 최선을 다할 수 없었다는 것이다. 그는 '활기찬 마음이 나를 더 좋게 할 거야.'라는 합리적 반응에 도달하게 되었다. 결국 그는 수면을 취했다. 그날 수업시간, 마이클은 자신이 알고 있는 질문을 받았고, 만족스러운 대답을 하였다.

이것은 마이클에게 여러 측면에서 중요한 경험이 되었다. 그는 치료에 적극적으로 참여하게 되었으며, 치료에서 배운 것을 실제적이고 유용한 방법으로 적용하였다. 이것을 통해 그는 자신이 상황을 통제하게 되었다는 것과 사회불안 때문에 영원히 무기력하게 되지는 않을 것이라는 것을 알게 되었다. 더 나아가 마이클은 스스로 노출계획을 세웠다. 그는 평상시보다 덜 준비한 채 수업에 참여해서 무슨 일이 일어나게 될 것인지를 관찰하였다. 그렇게 함으로써 마이클은 자신의 신념을 바꾸게 되었다. 이것은 부분적으로 인지재구조화에 의해 달성된 것이지만 실제 경험에 의해 확고해졌는데, 마이클은 이 경험을 통해 자신의 신념이 비합리적이라는 것을 알게 되었다. 치료자는 소크라테스식 질문을 사용하여 그가 분명하게 이 과정을 알고 있음을 확인하였다.

이 시점에서 마이클과 치료자는 일주일 동안의 다른 인지재구조화 과제를 검토하였다. 치료자는 사고를 논박하기 위한 다른 방법의 지침을 제공하였고, 좀 더 간결한 합리적 반응을 이끌어 낼 수 있도록 '세밀한 조정'에 약간의 시간을 할애하였다. 그러나 분명한 것은 마이클이 인지재구조화를 이해하게 되었으며, 지난주에 긍정적인 경험을 하였다는 것이다.

다음 회기의 첫 노출에 대한 계획이 세워졌다. 마이클과 치료자는 이 첫 노출에서 알지 못하는 사람과 평범한 대화를 하기로 하였다. 이 상황은 불안과 회피의 위계(〈표 6-3〉 참고)에서 50에 위치하는 것이었다. 중간 수준의 불안 촉발 상황은 보통 초기 노출에서 좋은 지점이다. 여성과의 일상 대화는 위계에서 더

높은 단계에 위치하고 있었기 때문에 첫 노출을 남성과 하기로 의견의 일치를
보았다.

❖ 5회기: 첫 노출

5회기에서 마이클과 치료자는 지난주 동안의 생활을 점검하고, 주제를 설정
했으며 과제를 검토하였다. 과제는 일상에서 불안이 야기되는 상황을 경험할
때, 인지재구조화를 숙달하는 것이었다. 마이클은 과제를 잘 수행하였고, 이번
주에는 인지재구조화를 더 많이 사용하는 기회를 갖게 되어 스트레스 상황을
대처하는 데 도움이 되었다. 마이클이 과제를 '덜 완벽하게' 하는 것은 의미가
있는 일이었다. 그는 더 이상 과제를 타이핑 하지 않았다. 즉, 완벽한 문장을 작
성하기보다는 핵심 요점을 기록하였으며, 치료 초기에 했던 것처럼 철자를 실
수하는 것에 대해 크게 걱정하지 않는 것 같았다.

첫 노출을 하기 전에 마이클과 치료자는 심지어 불안이 야기되는 바로 그 상
황일지라도 불안이 자연스럽게 사라지는 것을 확인하는 것과 신념을 검토할
기회를 갖는 것이라는 노출의 목적을 검토하였다. 노출 변수는 잘 정의되었다.
마이클과 치료자는 마이클이 어떤 토의 주제도 정하지 않고 의자에 앉아 낯선
남성과 이야기를 하기로 의견의 일치를 보았다. 마이클의 실습을 위해 치료실
에서 일하는 대학원생이 치료 보조자로서 봉사하였다. 그 대학원생은 단순히
평상시와 같이 행동하면서 반 친구나 혹은 파티에서 만난 사람처럼 마이클과
이야기하도록 요청받았다. 접수자, 다른 치료자, 행정 직원 같은 임상 환경의
모든 사람은 이 역할을 잘할 수 있다. 그러나 어떤 내담자는 이 사람들과의 역
할연기를 거부한다. 이런 경우, 노출은 치료자와 함께 진행될 수 있다.

노출 변수로써 마이클이 자동적 사고를 확인하고, 그것을 논박하며, 합리적

반응을 통해 노출 상황에 편안하게 머물 수 있도록 하는 것이 결정되었다. 마이클의 주된 자동적 사고는 자신이 대화 중에 어떤 이야기를 해야 할지 모른다는 것이었다. 그 결과, 그는 침묵 때문에 불편을 느끼는 것이다. 이 사고를 논박한 후, 마이클은 타인도 대화의 진행에 책임이 있다는 것을 상기하기 위해 "대화는 양방향 도로야."라는 합리적 반응을 찾았다. 노출 시행 전에 마이클은 몇 가지 목표를 설정하도록 요청을 받았다. 처음에 마이클은 '불안하지 않는 것'이라는 목표를 세웠으나, 치료자는 감정보다는 해야 할 행동에 기초하여 객관적이면서 측정 가능한 목표를 세울 수 있도록 지지하였다. 마이클은 타인에게 자신에 관해 세 가지의 사실을 이야기하는 것과 타인에게 세 가지의 질문을 하는 것을 목표로 설정하였다.

마이클은 노출을 수행하였다. 대화는 잘 진행되었다. 자신에 대한 이야기를 해 주고, 그 친구 역할의 동료에 관해 질문을 하였다. 그러나 노출의 회기가 아직 끝난 것은 아니다. 비록 노출활동이 치료자에게는 계획한대로 잘 진행된 것처럼 보였어도 내담자는 이것과는 다른 경험을 했을 수 있다. 그러므로 노출기법의 마지막 단계에서는 사후과정에 참여하여 내담자가 노출을 통해 무엇을 배웠는지를 토의하는 것이다.

첫째, 마이클은 자신의 목표를 달성했는지에 관해 질문을 받았다. 그는 자신에 관해 많은 것을 이야기해 주었으며, 자신의 질문을 통해 동료 친구에 관해 많은 것을 배웠음을 알게 되었다. 대화 중에 불안을 느꼈는지를 물었을 때, 마이클은 특히 초기에 불안을 경험하였다고 대답하였다. 치료자는 자신이 관찰한 것에 의하면 대화는 잘 진행되었으며, 마이클이 불안을 경험하였음에도 불구하고 목표를 달성하였다는 것을 강조하였다. 그다음 마이클은 그의 초기 자동적 사고를 재평가하도록 질문 받았다. 마이클은 자동적 사고는 타당하지 않았다고 대답하였다. 그는 할 말이 많았으며 대화 사이에 단절은 없었고 대화는 물 흐르듯이 잘 진행되었다. 마지막으로 마이클은 노출을 통해 무엇을 배우게 되었는지 질문 받았다. 그는 최선의 학습도구는 항상 감정과 행동을 구분하는 것이라고 대답하였다. 그는 사회적 상황에서 중요한 것은 무엇을 하는 것이지, 어떻게 느끼는 것은 중요하지 않다고 설명하였다. 이것에 관해 더 이야기를 하면서 마이클은 그가 자주 사회적 상황을 감정에 근거하여 평가하였다는 것과 (예, "내가 불안하게 느꼈기 때문에 설교는 엉망이었어.") 또 이러한 종류의 판단이 추후에 같은 상황을 경험할 때 그의 신념에 영향을 미쳤다(예, "지난 번에 긴장했었으므로 이번에도 역시 재앙이 될 거야.")는 것을 알게 되었다.

회기 내의 첫 노출이 종료된 후, 마이클은 유사한 노출 과제를 받았다. 몇 명의 반 친구들이 다음 날 그를 점심식사에 초대하였다. 그는 노출을 하기 전에는 할 말이 없을까 봐 두렵다는 이유를 대면서 초대를 거절하였을 것이다. 과제를 위해서 그는 점심식사 초대를 승낙하고, 점심식사를 하나의 노출로써 수행할 것을 요청 받았다. 치료자는 만약 그가 망설이게 된다면 중요한 메시지 목록을 다시 살펴볼 것을 권하였다. 회기 내의 첫 노출 이후, 마이클은 도움이 될 만한 두 가지의 중요한 메시지를 추가하였다. "무엇을 한다는 것은 그것에 관해 생각하는 것보다 훨씬 쉽다."와 "내가 느낀 것이 아니라 내가 한 것에 대해 판단하는 것이 더 중요하다."

또 마이클은 노출을 수행하는 데 도움이 되는 안내문을 받았는데, 거기에는 노출 전 준비사항(인지재구조화, 합리적 반응 이끌어 내기, 목표를 진술하기)과 노출 후 간략한 평가(당신은 목표를 달성하였는가?, 무엇을 배웠는가? 등)가 포함되어 있었다. 노출이 바로 다음날 예정되어 있었기 때문에 마이클과 치료자는 그날 오후에 전화를 통해 회기를 진행하기로 하였다. 여기에는 두 가지 목표가 있다. 내담자가 처음 노출을 수행할 때, 내담자 자신이 최악의 적이 될 수 있으며 행동이 아니라 감정에 기초하여 성공을 판단하는 과거의 습관에 빠지게 될 수 있다. 전화로 검토하는 것은 노출을 통해 잘한 행동을 확신시켜 주는 데 도움이 될 수 있다. 전화통화의 또 다른 장점은 내담자가 노출을 약속하였지만,

집에 가서는 실제 노출을 할 수 없을 때 문제 해결의 기회를 제공해 준다. 만약 마이클에게 이런 일이 일어났다면 치료자는 과제를 수행하기 위한 정보를 줄 수 있었으며 혹은 대안적으로 원래의 과제가 너무 어렵거나 과제를 수행할 기회가 지나갔다면 새로운 과제를 줄 수 있었을 것이다. 이런 방식을 통해서 내담자는 다음 회기까지 전체 일주일을 낭비하지 않고, 또 과제를 하지 못한 무능력으로 의기소침한 감정을 느끼면서 일주일을 소비하지 않게 된다.

❖ 6~10회기: 인지재구조화와 불안 상황에 대한 노출을 계속하기

마이클의 치료는 이후 5회기 동안 매우 자연스럽게 계속되었다. 회기 내에서 그는 남성과 여성의 보조치료자들과 평범한 일상대화를 수행하였으며, 다양한 수준의 많은 설교를 시도하였다. 또 그는 과제를 수행하면서 실제 생활에서 일이 있을 때마다 자연스럽게 추가적인 노출을 실시하였다.

치료가 진행되면서 행동과 인지의 변화가 나타났다. 마이클은 일상생활에서 불안이 크게 감소하였으며, 생활의 기능이 향상된 것을 알게 되었다. 수업을 잘 하였고(훨씬 준비를 덜 하면서), 설교할 기회를 가졌으며, 신도들과 만나 이야기를 하였으며(그들을 피하기보다는), 같은 반의 많은 학생과 친밀하게 지내게 되었다. 10회기를 지나면서 그는 실수하고 거부당하는 것에 대한 신념에서 많은 변화를 경험하였다. 그는 자신이 예상했던 것보다 실수를 적게 하고, 실수를 하였을 때(예, 설교 중 말을 머뭇거리거나 혹은 점심식사 중에 사람들이 '이해'하지 못하는 농담을 하는 것)도 어떤 나쁜 결과가 일어나지 않는다는 것을 깨닫게 되었다. 신도들은 그가 실수하였을 때도 예배에 왔으며, 반 친구들은 그가 이상한 유머를 말하였어도 관계를 단절하지 않았다. 굳이 무슨 일이 생겼다고 말한다면 마이클은 사회적 행동이 점점 증가하면서 매우 긍정적인 결과들을 경험했다는 것이다.

이 기간 동안 사례개념화와 치료계획은 어떻게 바뀌었는가? 첫째, 사회불안의 치료에 20주의 시간이 필요하지 않다는 것이 분명해졌다. 마이클은 매우 **빠른** 효과를 보였으며, 사회불안을 극복하기 위하여 일상생활에서 일어난 모든 기회를 활용하였다. 마이클의 치료자는 치료계획을 수정하여 2~3회기의 노출회기와 목표 설정과 재발방지를 토의하기 위해 추가 2회기를 설정하였다.

마이클의 문제목록에 있는 다른 항목들은 무엇인가? 문제들의 상태는 어떤가? 그것들을 다루기 위해 어느 정도의 시간이 필요할 것인가? 치료가 향상되면서 마이클이 성직자의 직업을 계속 추구할지에 관해 확실하게 결정할 수 있을 정도로 사회불안이 감소하였다는 것은 분명해졌다. 사회불안으로 인한 걱정이 줄어들면서 마이클은 그의 직업을 즐기게 되었고, 신도들과 교제하고, 종교적 봉사를 하며 설교하고, 종교적 삶의 다른 측면을 포함하여 자신의 삶을 쉽게 설계할 수 있었다.

마이클이 그의 직업에 좀 더 확신을 갖게 되자, 가족도 자신의 선택에 더 많이 '함께하고 있다.'는 것을 알게 되었다. 부모님은 그를 자주 찾아가고, 그가 주도하는 봉사활동에도 참석하였다. 그들은 봉사활동을 마친 후에 마이클이 성당의 신도들과 만나 이야기하는 방식에 감명을 받았다. 비록 마이클은 만약 자신이 성직에 들어가게 되면 자신의 가정을 꾸리는 것을 포기해야 하기 때문에 아직은 부모님이 불만족스럽게 느낀다는 것을 알지만, 그는 이 현실을 받아들이기 시작하였다. 그는 이 주제에 관해 부모님과 긍정적인 토론을 하였고, 모두가 자신들의 의견을 표시할 기회를 가졌다는 것을 느꼈다. 궁극적으로 마이클은 만약 자신이 사제가 된다 할지라도 부모님은 그를 계속 지지할 것이며, 자신이 결혼하지 않거나 혹은 자녀를 갖지 않는 것에 대한 실망을 극복할 것이라는 것을 알게 되었다.

이 주제와 관련하여 결혼과 자녀에 대한 마이클 자신의 생각은 치료의 회기 중에 언급되지는 않았다. 치료자는 특별히 마이클이 이 주제를 토의하기 위해 치료에 온 것이 아니기 때문에 이 주제를 강요하지 않았다. 그러나 제10장에서 토의하겠지만, 이것은 나중에 주제로 다루어졌다. 이 시점에서 내담자와의 치료를 기록하는 방법에 관해 이 장의 나머지 부분에서 토의하기로 하자.

❖ 내담자의 기록을 잘 보존하기

기록 보존의 이유

내담자의 기록들은 '법적 · 윤리적 책임'과 '좋은 임상 활동'이라는 두 가지 이유 때문에 중요하다.

먼저 책임에 대해 살펴보자. 기록을 잘 작성하는 것은 당신이 징계에 처해지게 되는 경우에 당신을 보호하는 훌륭한 방법이다. 심리학적 보고서와 같이 당신은 그 기록이 단지 '당신 혼자만' 보는 것이 아님을 주의해야 한다. 다른 전문가 혹은 내담자 자신이 그 기록을 읽을지도 모른다. 가끔 기록은 법적 소송에서 증거로 제출된다. 가능한 한 모든 잠재적 독자를 감안하여 치료자는 내담자에 대해 경멸적인 언급을 피해야 한다. 기록은 간결하고, 또렷이 작성하되 불필요한 곳에는 전문용어를 삼가야 한다. 더욱 중요한 것은 기록에는 모든 회기의 내용, 내담자와 만난 회기 밖의 접촉 그리고 다른 전문가 혹은 내담자의 주변 사람들과 한 모든 대화가 포함되어야 한다. 치료자는 책임과 관련하여 "만약 기록이 작성되어 있지 않으면 어떤 일도 일어나지 않았다."라는 의미임을 기억하는 것이 좋다.

기록을 매번 작성하는 것은 임상의 유용성의 측면에서 더 중요하다. 특히 당신이 많은 내담자를 치료하고 있다면 기록을 통해 당신은 회기 전에 내담자에 관한 것을 기억할 수 있다. 내담자에 관해 자세한 것을 기억하는 것이 문제가 안 될 때라도 할당된 과제 기록과 다음 회기에 해야 할 정보를 포함하고 있는 기록은 회기를 계획하는 데 도움이 된다.

치료의 향상을 기록하는 것은 사례개념화의 측면에서도 매우 중요하다. 매 회기를 기록하기 위해 시간을 냄으로써 당신은 사례를 재검토하게 되고, 사례를 이해하기 위해 어떤 수정이 필요한지 또는 치료계획에 어떤 수정이 필요한지를 결정하게 된다.

기록의 또 다른 장점은 전문가 사이의 소통을 촉진시킨다는 점이다. 특히 이것은 치료가 끝나기 전(수련 장소의 변경, 수련 종료)에 다른 치료자에게 사례를 의뢰하는 초보 치료자일 때 더 중요하다. 사례에 관해 다른 치료자의 기록을 읽을 수 있다는 것은 가치 있는 경험이다. 다른 전문가와 사례를 토의할 때(예, 정신과 전문의, 당신이 치료했던 내담자를 치료하는 치료자), 그들에게 모든 기록을 전달해 주지 않을 때도 있다는 것을 기억하라. 첫째, 모든 기록을 전달하는 것은 효율적인 의사소통의 수단이 아니다. 가치는 있지만 많은 회기의 기록을 읽는 것은 시간 낭비가 될 수 있다. 더욱이 기록은 다른 치료자가 치료를 효율적으로 하는 것과는 관련이 없는 내용을 포함할 수 있다. 그러나 기록이 자세하게 작성되어 있다면, 당신은 다른 전문가들이 읽기에 더 간결하고 중요한 기록이 될 수 있는 요약 보고서를 작성할 수 있게 될 것이다.

기록의 내용

보통 내담자의 기록에 포함되는 내용이 〈표 8-1〉에 요약되어 있다. 먼저 내담자의 이름, 생년월일, 연락처 정보(주소와 전화번호) 그리고 긴급 연락 정보와 같은 인구학적 정보가 포함되어 있어야 한다. 만약 연락과 관련하여 특별히 언급할 내용이 있다면(예, 집 주소로 편지 보내지 않기, 자동응답 전화기에 임상센터의 이름을 남기지 않기) 기록되어야 한다. 이 사례를 토의하기로 계획한 다른 전문가의 연락처도 포함될 수 있을 것이다.

표 8-1 내담자 기록에 포함되는 내용

인구학적 정보
- 내담자 이름
- 생년월일
- 내담자 연락처
- 특별한 연락 주의사항
- 위급한 상황에서 연락처

서명 날인한 동의서와 HIPAA 양식
- 평가 동의서
- 치료 동의서
- 다른 정신건강전문가의 자문 동의서
- 치료와 결석 비용에 대한 동의서
- HIPAA 기록물

초기 평가 보고서

치료(회기) 향상 기록(필요한 경우 지도감독자의 서명)

작성된 자기관찰 기록지, 위계표, 과제 기록지, 다른 자료

내담자와의 모든 접촉의 기록(예, 전화, 이메일)

사례에 포함된 다른 사람과의 접촉 기록

서명 날인을 한 동의서(평가 동의서, 치료 동의서)와 HIPAA 양식 그리고 다른 정신건강전문가와 토의하는 것을 동의한 서명이 기록에 포함되어야 한다. 치료와 결석 회기에 대한 치료비 동의서 등과 같은 것은 물론 초기 평가보고서도 기록에 포함되어야 한다.

추가로 매 회기의 치료 진행에 관한 기록도 포함되어야 한다. 평가보고서와 같이 치료 진행을 기록하는 여러 가지 방법이 있다. 당신의 지도감독자가 어떤

것을 선호하는지 물어보는 것이 최선의 방법이다. 시간이 지남에 따라 당신은 자신의 스타일을 발전시킬 것이다. Wiger(1998)는 DAP 양식을 추천하였는데, 여기에는 자료(data), 평가(assessment) 그리고 계획(plan)을 포함하고 있다. 마이클의 치료 회기 중 한 회기를 선택해서 회기 진행기록의 예시를 작성하여 〈표 8-2〉에 예시하였다.

표 8-2 마이클의 치료 진행에 관한 기록의 예, 2회기

이름: Michael, J.
회기 번호: 2
축 1: 사회공포
축 2: 평가되지 않음
치료자: T 박사
날짜: 2009. 11. 4.

회기 목표와 주제: 심리교육과 불안 및 회피 위계표 작성을 완성하기

자료
지난 회기의 과제: 마이클은 스트레스가 되는 사회적 상황에서 불안의 3요소를 관찰하는 과제를 모두 수행하였다. 마이클은 과제를 타이핑하고 매우 상세하게 기록하였다는 것이 특이한 점이다. 이것은 그가 과제를 완벽하게 하지 않았을 때, 부정적으로 평가되는 것을 걱정하고 있다는 것을 시사한다.

기능의 손상: 마이클은 학교 수업, 성당에서의 식사 봉사활동 그리고 지역 대학생을 위해 일요일 오전에 봉사를 지도하는 것으로 일주일을 매우 바쁘게 지냈다. 그는 이 모든 과제를 수행할 수 있었으나 스트레스를 받았다. 토요일 밤, 설교 연습 때문에 늦게까지 잠을 자지 못했으며, 이로 인해 일요일 오전이면 매우 피곤하였다. 또 이번 주에 마이클은 한 수업의 집단 과제를 완성해야만 했다. 그 과제를 위해 노력을 많이 하였으나, 다른 동료에게 구두 발표를 대신해 주기를 요청하였다. 마이클은 그의 성적에 영향을 미칠 것이라는 것을 알고 있음에도 불구하고 이렇게 하기로 결정하였다.

현재의 주 문제/주제/스트레스 상황: 앞에서 언급한 것처럼 마이클은 사회불안 때문에 지난 주에 많은 불편을 겪었다. 일상의 활동을 수행하였음에도 불구하고, 그는 자신에 대해 스트레스를 경험하였다. 그러나 그는 성당에서의 식사 봉사활동을 즐겼으며, 식사하러 온 사람과 즐거운 대화를 나누었다고 보고하였다.

개입: 오늘 회기에서 지난 회기에 다루었던 심리교육 자료를 검토하였으며, 사회불안의 원인을 설명하는 나머지 자료를 검토하였다. 심리교육을 통해 마이클은 사회불안의 치료에 대한 인지행동치료의 접근법을 잘 이해하고 있다. 남은 시간 동안 마이클의 위계표를 작성하였다. 마이클은 자료를 복사하여 집으로 갖고 갔으며, 그 위계표에 다루고 싶은 추가 항목을 기록하기로 하였다.

관찰: 마이클은 치료 프로그램에 잘 참여하고 있는 것 같다. 그는 이번 주의 설교 준비에 많은 시간을 소비한 것을 걱정하였으며, 수업시간에 발표를 포기한 것이 매우 화가 난다고 보고하였다. 그는 이 상황을 더 잘 다루는 방법을 배우고 싶다고 보고하였다.

평가
치료 초기 2회기는 잘 진행되었다. 마이클은 인지행동치료의 접근법을 잘 이해하였으며, 인지행동치료의 기법을 자신의 사회불안에 적용하고 싶어 한다.

계획
- 다음 주에 불안의 3요소를 계속 관찰하기
- 필요한 경우, 위계표에 항목을 추가하기
- 다음 주에 인지재구조화를 시작하기

시작 시간: 오후 4시
종료 시간: 오후 5시
회기 기간: 1시간
다음 약속: 2009. 11. 11. 오후 4시

치료자 서명 _____

지도감독자 서명 _____

내담자의 차트에는 내담자의 자기관찰 기록지나 과제, 위계표, 사고 기록지와 같은 것들을 포함하여야 한다. 이 항목의 대부분은 복사하여 내담자의 치료진행기록지에 기록될 것이다. 이러한 추가 자료는 치료목표에 따라 매우 다를 수 있다. 또 회기 기록에 추가하여 내담자 혹은 사례에 포함된 다른 사람과의 모든 접촉에 관한 것도 차트에 기록되어야 한다. 만약 내담자가 치료자와 어떤 것을 토의하기 위해 전화를 했다면 전화 온 날짜와 시간 그리고 토의된 내용이 무엇인지 기록되어야 한다. 만약 내담자가 이메일을 보낸다면 출력하여 차트에 보관하여야 한다(치료자의 답장을 포함하여). 또 치료자가 사례에 관련이 있는 다른 전문가와 가족 구성원 혹은 내담자의 친구와 이야기를 했다면 이 대화 내용도 기록되어야 한다.

제9장 인지행동치료에서 내담자의 비순응을 다루기

   이 장에서는 내담자의 비순응 또는 저항의 문제에 초점을 둔다. 인지행동치료는 구조화된 치료이기 때문에 내담자가 자신의 치료와 기능 향상을 위해 특별한 과업에 참여해야 한다. 치료의 초점에 따라 생각을 기록하는 것, 회기 내와 밖에서 노출을 실습하는 것 또는 음주와 폭식 같은 특정 행동을 바꾸는 것과 같은 과업이 있을 수 있다. '비순응'이라는 것은 내담자가 치료의 긍정적인 효과에 필수적이라는 것을 알면서도 특정 활동에 참여하는 것을 꺼리는 것으로 정의된다. 그러므로 비순응은 분명히 인지행동치료에서 중요한 장애물이 될 수 있다(이 주제에 관한 참고문헌, Robert L. Leahy's, Overcoming Resistance in Cognitive Therapy, 2001; Judith Beck's, Cognitive Therapy for Challenging Problems, 2005). 심지어 매우 숙련된 치료자도 치료에서 자신의 역할을 하지 않으려는 내담자를 치료하는 것은 매우 어렵다. 이런 경우, 치료자는 마치 하루 종일 일한 것처럼 지쳐서 회기를 마치게 된다. 회기 중에 내담자에게 치료의 근거나 특정 과제의 이득에 대해 설명하거나 경직된 신념에 대해 함께 토의할 수 있다. 인지행동치료의 적극적 특성에 따라, 대부분의 치료 회기는 어려운 작업을 포함하고 있지만, 함께 산을 오르는 것과 뒤에 있는 내담자를 끌면서 산을 오르는 것은 분명히 차이가 있다.

그러나 회기의 모든 어려움을 내담자의 비순응 때문이라고 하기 전에 치료의 과정에서 당신이 현재 어느 위치에 있는지를 생각해 보라. 치료자가 치료 초기에는 좀 더 적극적인 역할을 한다는 점에는 의심의 여지가 없다. 심지어 내담자를 효율적으로 참여시키는 심리교육의 단계에서도 주로 당신이 이야기를 하게 될 것이다. 당신은 인지적 작업의 초기에도 내담자가 자동적 사고를 확인하고, 인지재구조화에 참여하도록 적극적인 역할을 하게 될 것이다. 처음 행동실습을 하게 될 때, 이 실습이 어떤 것인지를 결정하는 유일한 사람도 바로 당신이다. 물론 이것이 내담자를 치료에 참여시키지 않는다는 것을 의미하는 것은 아니다. 내담자는 많은 안내를 필요로 할 것이다.

내담자가 인지행동치료의 핵심을 이해하였다면, 치료의 중기에 치료의 내용과 과정을 결정하는 데 좀 더 적극적인 역할을 하기 시작해야 한다. 그렇게 함으로써 그들이 자신의 치료자가 되는 과정에 들어서게 될 것이다. 어떤 내담자들은 이 역할을 잘 수행하여 치료가 종료된 후에도 계속적인 향상이 있을 것이다.

그러나 다른 내담자들은 많은 어려운 도전적인 자세를 취하기도 한다. 우리의 견해에 따르면, 치료자들 사이에 비순응을 지각하는 방식에는 큰 차이가 있다. 비순응을 좌절과 짜증으로 간주하기보다는 호기심을 가지고 살펴보되 사례개념화를 보완하기 위한 것으로 활용하라. 비순응을 일으키는 것이 무엇인지를 이해하기 위해 노력하고, 그런 후에 확인한 장애물을 해결하기 위한 방법을 찾도록 하라. 비순응을 개인적인 문제로 간주하기보다는 그것으로부터 정서적 거리를 유지하면 치료적 관계에 분명하게 도움이 되고, 내담자를 돕는 방법에 초점을 유지할 수 있을 것이다. 치료에 비순응적인 내담자가 치료에 참여하여 긍정적인 성과로 종결될 때, 치료는 최대의 보상이 될 수 있다. 다음에서 내담자의 비순응으로 표현되는 두 가지 장애물을 토의하고, 이것을 극복하여 치료과정의 진행에 도움이 될 몇 가지 안을 제시할 것이다. 또 언급한 제안이 특정 내담자에게 효과적이지 않을 경우, 활용 가능한 다른 치료적 기법에 대해서도 토의할 것이다.

❖ 장애물 1: 인지행동치료의 과정에 참여시키는 어려움

인지행동치료를 효과적으로 하기 위해서는 내담자가 이 접근법을 성공 가능한 것으로 받아들이고 치료의 핵심적 기법에 기꺼이 참여해야만 한다. 인지행동치료의 접근법을 이해하지 못하거나 어떤 이유에서든지 변화에 대한 동기가 없는 내담자는 치료의 과정에 방해가 되는 여러 행동을 하게 될 것이다. 이런 행동들을 인식하고, 해결책을 아는 것은 인지행동치료자로서 획득하고 숙달해야 할 필수적인 기술이다.

반복적으로 회기에 결석하거나 지각하는 내담자

어떤 내담자들은 미리 연락하지 않은 채 자주 회기에 결석하기도 하고 또 시간을 변경하거나 늦게 도착해도 되는지를 문의한다. 이러한 내담자들은 인지행동치료를 매우 두려워하거나 변화의 가능성을 의심할 수 있다. 회기에 참석하지 않음으로써 내담자는 치료의 어려움을 회피할 수 있다. 지각하는 것도 회피행동의 한 예로 간주될 수 있다. 내담자는 늦게 도착하여 남은 시간 동안 지각한 이유에 대해 토의하면서 시간을 소비하게 된다. 치료의 어려운 과업은 다음 회기로 연기된다. 또 결석과 지각은 자기 핸디캡 전략(self-handicapping)으로 간주될 수도 있다. 만약 내담자가 치료에서의 과업을 하지 않는다면 치료가 효과적이지 않았을 때, 자신에 대해서 나쁜 감정을 느끼지 않을 수 있다.

▣ 문제 해결

이 상황에서 내담자의 압력에 굴복하는 것은 치료자와 내담자 모두에게 해가 될 것이다. 치료자의 입장에서 보면 결석과 지각은 큰 좌절감을 준다. 처음 몇 분간은 내담자가 도착하기를 기대하면서 다른 일을 하게 되지만, 결국 내담자가 도착하면 중단하게 되어 그 일에 몰두하지 못하게 된다. 내담자가 오지 않는다는 것이 분명해지면 다음 내담자가 오기 전에 다른 생산적인 일을 하기에 시간이 충분히 남지 않게 된다. 내담자가 늦게 도착하면 치료자는 무료하게 기다리게 된 것과 회기를 계획한대로 진행하지 못한 것에 대해 화가 날 수 있다. 반복적으로 지각하는 내담자에게 치료자는 또 다시 지각한 것에 대해 회기의 시간을 소비하게 되어 기분이 나쁠 수도 있다. 이러한 회기들은 초보 치료자에게는 심한 짜증과 불안을 유발하게 된다. 초보 치료자는 이 상황에 대해 좋은 치료를 할 기회가 없어졌다고 믿게 되고 또 내담자의 반복적인 결석과 지각에 대한 지도감독자의 반응을 걱정하게 된다. 결석과 지각은 확실히 내담자가 치료를 통해 얻을 수 있는 이득을 없애 버린다.

내담자가 지각했거나 결석했을 때, 그 이유에 대해 직접적으로 질문하는 것이 좋다. 어떤 내담자는 솔직하게 "나는 오늘 계획한 노출을 하고 싶지 않았어요." 또는 "지난 밤에 술을 많이 마셔서 제시간에 일어날 수 없었어요."라고 말한다. 내담자가 이런 식으로 솔직하다면 그들의 걱정을 직접 다룰 수 있다. 만약 내담자가 자신이 왜 그런 행동을 하는지 모를 경우, 치료자는 가능한 이유를 제시할 수 있을 것이다.

지난 회기에 부정적인 경험을 하였는지, 회기에 하기로 약속하였던 것에 대해 어떤 걱정이 있었는지 혹은 과제를 수행하지 않은 것 때문에 부정적으로 평가되는 것을 걱정하였는지를 내담자에게 질문해야 한다. 또 치료에 대한 생각이나 긍정적 변화에 대한 자신의 능력을 불신하는 것이 치료를 방해하고 있는지도 질문해야 한다. 예를 들어, "치료가 도움이 되지 않을 것이라 걱정하나요?"라고 질문할 수 있다. 마지막으로 지각과 결석이 현재 문제와 관련이 있는지를 질문해야 한다. 한 우울한 내담자는 회기에 참석할 동기가 적을 수 있으며, 강박 내담자는 의례로 인해 집에서 출발하는 시간이 지연될 수 있다. 다른 내담자는 너무 불안하여 회기 시간이 자신에게 맞지 않다고 말하지 못할 수도 있다. 잘 구성된 사례개념화는 문제 발생 전에 어떤 종류의 문제가 예상되는지 단서를 제공해 주어야 하고, 치료자가 이것에 관해 알고 있으면 좋을 것이다. 예를 들어, 내담자가 삶의 다양한 영역에서 주장행동에 어려움을 지닌 경우라면 치료자는 주장행동의 부족은 치료적 관계에도 영향을 미칠 것이라는 것을 예상해야 한다(자신에게 매우 불편한 시간임에도 계속 회기에 오는 내담자). 이러한 질문은 내담자의 정확하고 정기적인 참석에 방해가 되는 것을 알아내고자 하는 것이다. 장애물이 확인되면 그것을 극복하기 위해 인지적·행동적 기법들이 사용될 수 있다. 예를 들어, 주장행동의 문제가 있는 내담자에게 일주일에 몇 회 이상의 전화를 하여 치료자에게 회기 시간의 변경을 요청하는 과제가 제시될 수 있다. 내담자가 이 과제를 완수한다면 추가적으로 회기 내의 실습과 과제가 주장행동을 향상시키기 위해 설계되어야 한다.

마지막으로 언급할 한 가지 주제는 초보 치료자들의 경우, 내담자가 자신을 좋아할지에 대해 걱정한다는 것이다. 그러므로 그들은 약속을 변경하거나 심지어 내담자가 매우 늦게 도착했음에도 치료 회기를 시작하는 것에 관해 과도하게 유연한 경향이 있다. 대부분의 내담자가 가끔 결석과 지각을 할 수는 있지만, 반복적인 지각과 결석에 타협하는 것은 결코 도움이 되지 않는다. 치료에서 내담자의 행동은 치료 밖의 일상생활에 대한 창이라는 것을 명심하라. 아마 이런 내담자들은 직장과 사회적 약속 그리고 다른 약속에서 동일한 문제를 갖고 있을 것이다. 비록 치료자로서 그런 문제를 이해한다 할지라도, 내담자의 '현실 세계'에 있는 다른 사람들은 이것에 대해 관대하지 않을 것이다. 치료는 지각과 결석이 타인과 자신에게 부정적인 영향을 미친다는 것을 알게 해 줄 수 있는 완벽한 장소다.

회기 내의 작업을 거부하는 내담자

내담자가 치료 회기에 꾸준히 참석은 하지만 해야 할 대부분의 작업을 완고하게 거절하는 것은 숙련된 치료자에게도 흥미로운 경험이다. 이것은 마치 마술 지팡이를 흔들어 모든 문제를 사라지게 하는 치료자를 좋아하는 것과 같다. 결석과 지각을 하는 내담자의 경우와 마찬가지로 치료자는 그런 내담자와 시간만 허비하고 있음을 알고, 노력해야 하는 내담자가 아무런 노력 없이 자리만 차지하면서 치료를 기다리고 있다는 것에 대해 분노를 느낄 수도 있다. 비록 이런 상황들이 좌절적이기는 하지만, 무엇이 내담자의 향상을 방해하는지 이해하려고 노력해야 한다.

▣ 문제 해결

치료에는 참석하지만 요구되는 작업을 하지 않는 내담자의 장애물은 주로 두려움과 불확실성이다. 여기서 우리는 이 장애를 넘어서는 방법을 토의할 것이지만 그 전에 한 가지 주의할 점이 있다. 가끔 내담자는 회기에 참석한다는 이유만으로 유의한 보상을 받기 때문에 치료에 참석하지만 작업을 거부하게 된다. 이런 내담자의 경우, 경제적 이득(예, 장애 연금)이나 다른 이득(예, 배우자에게 '노력하고 있다.'는 것을 확신시키기)이 실제 변화보다 더 중요할 것이다. 치료자는 치료에 참여하지 않으려고 하는 내담자를 치료할 의무가 없다는 것을 기억하는 것은 중요하다. 또 그렇지 않은데도 불구하고 내담자가 치료에 진심으로 참여한다는 서류(예, 장애 연금을 위하여)를 발급하는 것은 비윤리적이다.

앞에서 이야기했듯이, 만약 인지행동치료를 한다면 어떤 일이 일어날 것인지를 걱정하는 내담자처럼 좀 더 일반적인 상황으로 돌아가 보자. 이 경우, 내담자에게 단순히 무엇을 두려워하는지 질문하는 것은 좋은 출발점이 된다. 때때로 그들은 매우 비합리적이고, 간단한 심리교육과 인지재구조화를 통해 바뀔 수 있는 두려움을 확인하게 될 것이다. 예를 들어, 많은 섭식장애 내담자들은 '정상적'인 식사를 시작하면 체중이 늘 것이고, 결국 무한정 늘어나게 될 것이라고 두려워한다(예, 약 45kg의 몸무게가 약 136kg로 늘어나게 될 것이다). 공황장애가 있었던 우리 센터의 한 내담자는 만약 공황증상을 경험하면, 그녀는 결코 '그것으로부터 벗어날 수 없고' 이것이 정신병으로 발전할 것이라고 두려워했다. 내담자는 증상이 악화되어 여생을 문이 잠긴 정신병원에서 보낼지도 모른다는 두려움 때문에 이 결과에 맞서기보다는 거의 집을 벗어나지 않았다. 집은 그녀가 공황증상을 경험하지 않는 유일한 장소였다. 비록 정상적인 식사가 약간의 체중을 증가시키겠지만, 체중 증가가 계속되는 것은 아님을 교육하기 위해 간단한 심리교육을 실시할 수 있을 것이다. 또 공황증상이 정신병으로 발전한다는 어떤 증거도 없다는 것도 교육할 수 있다. 어떤 내담자들에게는 두려움을 감소시키고 치료 참여를 촉진하기 위해서 심리교육이면 충분하다.

하지만 다른 내담자들에게는 심리교육이 충분하지 않을 수 있다. 직접적인 경험을 통해서 내담자의 잘못된 신념을 변화시키는 것이 가장 최선의 방법이지만 쉽지는 않다. 예를 들어, 정상적인 식사를 통해 내담자는 체중이 무한정 증가하지 않는다는 것을 배울 것이다. 또 공황증상을 유발시킴으로써 내담자는 정신병자가 되지 않고 증상을 잘 대처할 수 있다는 것을 배우게 될 것이다. 그러나 이것을 내담자에게 시행하는 것은 가끔 어려운 일이다. 한 가지 도움이 되는 것은 인지행동치료에서 변화는 점진적으로 일어난다는 것을 상기시키는 것이다. 치료 시작 후 바로 어떤 변화가 있을 수도 있지만, 내담자가 자기 확신과 역기능적 신념을 극복해 나감에 따라 점차 어려운 일을 잘 다루게 될 것이므로 인지행동치료의 경험을 쌓아갈 수 있도록 격려할 필요가 있다.

저항적인 내담자가 반복적으로 하는 말은 "나는 준비되지 않았어요."다. 다시 말하지만, 이런 공통적인 상황에 대처하는 데 도움이 되는 것은 인지재구조화다. 치료자는 "'준비'라고 하는 것이 어떤 의미입니까?" 혹은 "'준비'가 되지 않았다는 것을 어떻게 압니까?"라고 질문해야 한다. 가끔 내담자는 만약 현재의 문제가 사라지면 준비가 될 것이라고 말한다. "내가 '불안'하게 느끼지 않게 된다면 그런 공적 연설에 대한 노출을 할 준비도 될 것입니다." 혹은 "더 이상 우울하지 않다면 집안 청소를 할 준비가 될 것입니다." 내담자가 이렇게 말한다면 치료자는 먼저 공감을 해야 하지만, 내담자가 자신의 내면의 문제를 알 수 있도록 재빨리 도움을 주어야 한다. 치료자는 다음과 같이 말할 수 있다. "아, 나도 정말 그렇게 되기를 바랍니다. 그러나 내가 인지행동치료자로서 잘 알고 있는 것은 집안 청소를 하는 것이 실제로 당신의 우울을 이겨내는 데 도움이 될 것이라는 겁니다. 우울이 없어질 때까지 기다리는 것은 더 많은 우울을 유발하게 됩니다." 가끔 치료 밖의 내담자의 삶에서 사랑하는 사람은 내담자가 더 좋게 느낄 수 있도록 하기 위해서 이런 종류의 신념에 동의를 해 왔으며, 지속적으로 회피행동을 촉진시켜 왔다. 그들의 비생산적인 사고를 논박하도록 돕는 치료자는 때때로 그들이 행동하도록 약간의 충격을 줄 수 있다.

우리가 발견한 또 다른 유용한 도구는 내담자로 하여금 만약 그들이 어려운 작업을 완수하게 된다면 어떤 감정을 느끼게 될 것인지를 생각해 보도록 하는 것이다. 내담자들은 가끔 '자신에게 문제가 없다면……'이라는 비유적 측면에서 생각하기를 좋아한다. 하나의 도움이 되는 예는 운동이다. 우리 중 어느 누구도 오전 6시에 운동하기 위해 침대에서 급하게 일어나지는 않는다. 그 이른 시각에 일어나기 위한 좋은 전략은 운동이 다 끝나면 어떤 감정을 느끼게 될 것인가를 상기하는 것이다. 운동을 하지 않는다면 하루를 후회하면서 보낼 것이다. 운동을 한다면 분명히 긍정적인 생각을 하게 될 것이다. 공황증상의 결과, 정신병 발병을 두려워하는 내담자가 가까운 장래에 자녀를 학교에 데려다 줄 수 있게 된다면 어떻게 느낄지에 관해 질문을 받았다. 그녀는 즉각 끔찍할 것이라고 대답하였다. 치료자는 "그러나 당신이 그것을 할 수 있고, 두려운 결과가 일어나지 않는다면 어떻겠습니까?"라는 질문을 계속하였다. 이전에 결코 자녀를 학교에 데려다 준 경험이 없었던 그녀는 치료자를 매우 놀란 표정으로 쳐다보며 "그것은 놀랄 만한 경험일 거예요."라고 대답하였다. 성취감의 느낌에 대한 이런 생각은 내담자를 매우 동기화시킨다. 치료의 전 과정 동안, 그녀는 가끔 어려운 작업을 완수하면 어떻게 느끼게 될지를 상기하였다.

좀 더 장기적인 관점에서 내담자가 비용-이득 분석을 해 보도록 돕는 것이 유용하다. 치료의 잠재적 이득이 치료에 들어가는 비용을 초월하는가? 필연적으로 내담자는 잠재적 이득이 잠재적 손실을 초월한다는 것을 인식하게 된다. 가끔 직면하게 되는 한 가지 문제는 내담자가 취하고자 하는 이득을 알지 못한다는 것이다. 어떤 내담자들은 그렇게 큰 불편과 장애를 초래한 문제를 더 이상 경험하지 않게 된다면 그들의 삶이 어떻게 될지 분명히 이해하고 치료에 참여한다. 그들은 아마도 자녀와 교제나 학교에 재입학 혹은 원하는 직업을 추구하는 데 더 많은 시간을 보내기를 원할 것이다. 이런 소망을 분명히 하게 되면 내담자들의 동기는 매우 강력해질 수 있으며, 특정 개입에 저항하게 될 때 치료과정으로 다시 이끌어 주는 '연결고리'로 이것을 사용할 수 있다.

어떤 내담자들은 "생활이 어떻게 될까요……?"라는 상황을 분명히 하는 데 어려움을 갖고 있다. 문제가 매우 오래 지속된 내담자의 경우에는 이런 일이 종종 일어난다. 그들은 아마 다시 돌아가고 싶은 좋은 기초적인 기능(baseline of functioning)을 갖고 있지 못할 것이다. 이러한 내담자의 경우에는 목표를 세우고, 목표달성의 방법에 관해 문제 해결 전략을 세우면서 어느 정도 시간을 보내는 것이 가치가 있다. 예를 들어, 성인 생활을 독립적으로 살아보지 못한 내담자의 경우, 직업상담을 의뢰하는 것이 도움이 될 것이다. 내담자가 장기적 목표를 세울 수 있도록 조력하는 것은 치료과정에서 매우 동기를 높일 수 있다.

　요약하면, 치료에 계속 오지만 치료 작업을 거부하는 내담자는 분명히 치료자를 당혹스럽게 한다. 이런 내담자의 행동으로 인해 치료자는 좌절할 수도 있지만, 다른 한편으로 이것은 변화를 원하지만 무엇인가가 내담자의 변화에 방해가 되고 있음을 의미한다. 장애물이 무엇인지를 찾아내는 것이 우리의 임무다. 그것이 두려움이라면 내담자가 그것을 극복하도록 돕기 위해 인지행동치료의 기법을 사용할 수 있을 것이다. 다른 경우에는 변화에 대한 내담자의 동기가 문제가 되는 것이다. 내담자가 어렵기는 하지만 어느 정도 변화한다면 삶이 어떻게 될 것인가를 알도록 도움으로써 치료과정에서 매우 긍정적인 진전이 일어날 수 있다.

주의를 돌리는 전략을 사용하는 내담자

　어떤 내담자들은 치료에 참석하여 기꺼이 작업에 임하는 것처럼 하지만, 애초에 치료하고자 했던 문제에 대한 작업을 끊임없이 연기하려고 한다. 매주 새로운 스트레스 사건을 경험하는 것 같은 내담자에게서 이런 일이 자주 일어난다. 예를 들어, 광장공포가 있는 공황장애의 치료를 위해 온 내담자를 살펴보자. 치료 프로그램에 대한 소개가 끝났을 때, 내담자는 두려운 상황과 증상에 자신을 노출한다는 생각에 매우 큰 두려움을 느꼈다. 노출이 막 시작되는 시점에서 내담자는 매주 응급한 사건을 경험하기 시작하였다. 한 주에는 여자 친구와 결별하였고, 그다음 주에는 직장 동료와 언쟁하였으며 그리고 그다음 주에는 막 수술을 받은 어머니에 대해 매우 걱정을 하였다. 이 내담자는 치료에 와서 자신의 공황증상보다는 이와 같은 스트레스 사건에 대해 토의하고 싶어 했다. 이러한 장면은 초보 치료자를 곤경에 빠뜨린다. 한편으로는 치료목표에 머물러야 하는 부담이 있고, 다른 한편으로는 내담자의 다른 어려운 문제를 다루지 않는다면 공감이 부족하다는 인상을 줄 수 있다.

▣ 문제 해결

가끔 스트레스 사건과 현재 치료하고자 하는 문제 사이에는 서로 의미 있는 방식으로 연결되어 있기 때문에 그 연관성을 검토하는 것이 매우 중요하다. 이러한 관련성을 인식할 수 있도록 도움으로써 치료의 경로를 유지하고자 하는 내담자의 소망을 북돋아 줄 수 있다.

> 치료자: 탐, 지난 몇 주 당신의 삶에서 일어났던 것과 공황증상 사이에 어떤 연관성이 있는지를 알고 있습니까?
>
> 탐: 이 모든 스트레스 때문에 나는 확실히 더 많은 공황발작을 경험하고 있습니다.
>
> 치료자: 중요한 관찰입니다. 그럼 이 관계가 어떻게 반대 방향으로 작용하는지 생각해 보았습니까? 공황발작이 현재 경험하고 있는 스트레스에 어떤 영향을 미치고 있습니까?
>
> 탐: 무슨 의미입니까?
>
> 치료자: 자, 먼저 몇 주 전에 앤과 결별하였을 때의 어려운 상황에 대해서 이야기를 시작하면 좋겠습니다. 공황발작이 그 사건과 어떤 연관이 있었습니까?
>
> 탐: 물론입니다. 앤은 모든 것에 싫증을 냈습니다. 아시다시피 나는 극장에 갈 수 없고, 여행도 할 수 없으며, 운동도 하러 갈 수 없습니다. 하지만 이러한 것들은 전에는 함께 했었던 것입니다. 나는 이제 어느 것도 할 수 없는 약한 사람이 되었습니다.
>
> 치료자: 직장에서의 갈등은 어땠습니까?
>
> 탐: 메리는 나한테 매우 화를 냈습니다. 우리는 프로젝트를 함께하고 있었는데, 기한이 2일 남았을 때까지도 작업을 마치지 못했습니다. 아침에 일어났을 때 기분이 매우 좋지 않았습니다. 침대에서 막 일어났을 때 불안

했고, 직장에 나간다면 하루 종일 공황에 시달릴 것을 바로 알았습니다. 메리는 전체 프로젝트를 혼자 끝내야 했습니다.

치료자: 다시 이야기하지만 당신은 공황장애와 이런 스트레스 사이의 관계를 분명히 잘 알 수 있을 것입니다.

탐: 예, 알고 있다고 생각합니다.

치료자: 당신은 매주 치료에 와서 주중에 있었던 스트레스 사건에 대해 이야기하고 싶어 합니다. 우리가 방금 토의했던 것을 생각해 보면 당신의 문제를 다룰 수 있는 다른 방법이 있지 않을까요?

탐: 모르겠습니다. 나는 여기에 와서 지난 일주일 동안 있었던 스트레스에 대해 매우 힘들었다는 것만 생각하고 있습니다.

치료자: 다음 주에 더 많은 스트레스를 경험하지 않는다면 어떻겠습니까?

탐: 물론, 그랬으면 좋겠습니다.

치료자: 이제 다음과 같은 점에 대해 생각해 보지요. 만약 공황이 대인관계의 문제에서 어느 정도 영향을 미친다면, 공황에 대해 작업을 하면 어떻겠습니까?

탐: 아, 그러니까 내가 공황에 대해 치료를 받았다면 앤이 나와 결별하지 않았을 것이고, 메리도 내게 화를 내지 않았을 것이며, 나의 삶이 완벽해질 것이라고 말씀하시는군요.

치료자: 그것을 알 수 있는 방법은 없습니다. 그리고 이미 지나간 일을 바꿀 수도 없습니다. 그러나 당신이 새로운 여성과 교제를 시작한다는 측면에서 생각해 보거나 혹은 다음번에 직장에서 집단 발표를 할 때 더 잘하게 될 것을 생각해 보면 어떻습니까?

탐: 만약 공황을 잘 대처하면 좀 더 편안한 시간을 갖게 될 것이라고 말씀하시는 군요.

치료자: 그렇게 되기를 원하시지요?

탐: 음, 지금 현재는 교제하는 여성은 없습니다. 나는 거의 집 밖을 나서지 못하고 있습니다. 아, 그리고 다음에 해야 하는 발표 때문에 걱정하고 있는 중이었습니다.

치료자: 다음 몇 주 동안은 진실로 공황에 초점을 두어 일상생활에 어떻게 영향을 미치는지 확인해 보는 것이 가치가 있을 겁니다.

탐: 공황 문제로 돌아가서 노출을 하자는 말씀이지요?

치료자: 예, 바로 그것입니다.

탐: 원하는 것은 아니지만 할 수 있는 것은 그 일밖에 없는 것 같습니다.

때때로 생활 사건과 현재의 문제 사이에는 연관성이 분명하지 않고 또 가끔은 아무런 연관성도 없다. 이런 경우에 두 가지 가능성이 있다. 내담자가 치료에 올 때는 치료 밖의 삶은 계속되면서 치료 받고자 하는 문제 이외에 다른 힘든 문제가 대두된다. 현재의 치료 문제에서 벗어나 잠시 동안 이 '시급한 것'에 초점을 두는 것이 적절하다. 이것은 문제가 매우 힘들어서 다른 어떤 것에도 주의를 두기 힘든 경우(예, 결혼의 파경, 사랑하는 지인의 죽음) 혹은 문제를 해결하고자 하는 욕구가 시간에 민감한 경우(예, 특정 기한 내에 입사 통지를 받아들일 것인가를 결정해야 하는 문제)에 해당할 수 있다. 그런 경우에 내담자와 치료자는 위기 상황을 작업할 회기의 수에 합의하고, 그 이후 시점에는 원래의 치료 문제에 다시 돌아와야 한다.

다른 내담자는 어떤 특별한 위기 문제, 즉 특별히 의미가 있거나 힘든 것 같이 보이지 않는 문제를 치료 시간에 끄집어 낸다. 이때 치료자는 내담자가 단순히 두려움 때문에 치료에서 다루고자 하는 '실제' 문제를 회피하고자 하는 것인지를 고려해야 한다. 앞에서 언급한 공황장애 내담자의 사례에서 첫 노출 후의 회기를 살펴보기로 하자.

탐: 지난주에 지하철을 함께 탄 이후로 더 좋아진 것이 없다고 말씀 드리고 싶습니다. 나는 어머니 일 때문에 걱정이 매우 크고, 오늘은 그것에 대해 이야기하고 싶습니다.

치료자: '더 좋아진 일이 없다는 것'에 대해 좀 더 자세히 말씀해 주시겠습니까?

탐: 이번 주에 많은 공황발작을 경험하였습니다. 그래서 그것 때문에 다른 많은 일을 하고 싶지 않았습니다.

치료자: 잠시 이번 주에 우리가 설정한 목표에 관해 생각해 보기로 하겠습니다. 목표가 무엇인지 기억하고 계십니까?

탐: 치료 노트에 그 경험을 기록하는 것이라고 생각은 나는데, 정확하게 기억할 수는 없습니다.

치료자: 자, 치료 노트를 보기로 하지요.

탐: 여기에 '나의 목표는 이번 주에 3회의 지하철을 타는 것이다.'라고 쓰여 있습니다.

치료자: 그런데요?

탐: 나는 그것을 하지 않았습니다. 매우 긴장이 되었습니다. 나는 계속 공황발작을 하고 있었고, 지하철을 탄다면 분명히 다시 공황을 경험할 것이라는 것을 알고 있었습니다.

치료자: 좋습니다. 몇 가지 일들을 살펴보지요. 지난주에 우리가 함께 지하철을 탔을 때 어땠습니까?

탐: 아주 좋았습니다.

치료자: 단지 좋았습니까?

탐: 나는 지난주 회기 이후로 정말 기분이 좋았습니다. 고등학교 이후로 지하철을 타 본 적이 없었습니다.

치료자: 그 노출에서 우리의 목표는 무엇이었습니까?

탐: 단지 지하철을 타는 것이었습니다. 당신은 내가 지하철을 타서 공황을 경험하지 않도록 하는 목표를 세우도록 하지는 않았습니다.

치료자: 왜 그랬습니까?

탐: 음, 왜냐하면 "중요한 것은 그것을 하는 것이다. 어떻게 느끼는가 하는 것은 아니다." 라고 말씀했습니다.

치료자: 다시 말해, 당신이 공황을 경험하는가 하지 않는가는 중요한 것이 아니었습니다.

탐: 그것이 중요하지 않다고 생각하지는 않습니다.

치료자: 맞습니다. 그러나 내가 의미하는 것은 노출의 결과는 중요하지 않다는 것입니다.

탐: 맞습니다.

치료자: 자, 당신이 이번 주에 지하철을 탔다면 무슨 일이 일어났겠습니까?

탐: 아마도 공황을 경험하였을 것입니다.

치료자: 그랬을 수도 있습니다. 그럼에도 그것이 유용한 경험이 아니었을까요?

탐: 그럴지도 모릅니다. 내가 생각하기에 중요한 것은 공황을 경험할 때, 그것을 다룰 수 있는지를 확인해 보는 것입니다.

치료자: 맞습니다. 한 가지 질문을 하도록 하겠습니다. 당신이 이번 주에 지하철을 탄 후 어떤 긍정적인 경험을 하였다면 오늘 회기와는 다른 감정을 느낄 것이라 생각합니까?

탐: 아마도 그럴 것입니다. 지하철을 타서 잘 대처하였다고 느꼈다면, 오늘 회기에서는 아마 다음 할 것을 준비하였을 것입니다.

치료자: 매우 흥미로운 생각입니다. 이것을 기억하면서 오늘 우리가 해 보는 것이 유용할 것 같은데 어떻게 생각하십니까?

탐: 예, 오늘 큰 건물에 있는 엘리베이터를 타 보기로 하겠습니다. 아마 그

건물 옆의 지하철도 타 봄으로써 약간의 실습도 더 할 수 있을 것입니다. 그러니까 오늘 두 가지 일을 할 수 있을 것입니다.

치료자: 매우 좋은 생각입니다. 그리고 회기의 마지막에 약간의 시간을 남겨서 당신의 어머님이 어떠신지, 이런 상황에서 그 스트레스를 어떻게 대처할 수 있는지에 관해 이야기를 해 보면 좋겠습니다.

탐: 좋습니다.

요약하면, 주의 돌리기 전략을 사용하는 내담자를 다루는 여러 가지 방법이 있다. 가장 중요한 점은 치료하고자 했던 원래의 문제에서 다른 곳으로 주의를 돌리는 이유를 찾아 내담자와 함께 해결하는 것이다. 때때로 가장 문제가 되는 주제는 시간이 지남에 따라 바뀔 수 있기 때문에 치료는 융통성이 필요하다. 다른 경우에는 내담자가 주된 문제의 작업을 회피하기 위한 수단으로 이 전략을 활용하는 것이며, 가끔 삶의 많은 문제들 사이의 연관성을 인식하지 못한다. 내담자가 이 연관성을 인식하도록 도움으로써 원래의 치료 방향으로 돌아갈 수 있다. 한 가지 유의할 점은 내담자가 치료계획과 일치하지 않는 문제를 가지고 올 때 이것을 무시하지 않아야 한다는 것이다. 이것은 내담자에게 공감, 이해, 연민의 부족을 느끼게 한다. 오히려 치료가 본 궤도에서 심하게 벗어나지 않도록 하면서 다른 주제를 의제에 포함시켜서 그것을 다룰 수 있는 약간의 시간을 남겨두라. 이때 이 주제에 더 많은 시간이 할당되어야 하는지도 평가하라.

과제에 저항하는 내담자

비록 많은 내담자가 처음에는 삶에서 또다시 과제를 한다는 생각에 대해 머뭇거리지만 대부분의 내담자는 그 근거를 이해하게 되면 과제에 대해 동의한다. 불행하게도, 좋은 의도가 항상 좋은 행동을 일으키는 것은 아니다. 당신은 과제를 하지 않고 회기에 오는 내담자를 많이 접하게 될 것이다. 과제를 하지 않는 많은 요인이 있지만, 과제를 더 잘 수행할 때 미래에 무슨 일이 일어날지를 이해하는 것이 매우 중요하다.

■ 문제 해결

과제의 비순응과 관련된 어려움은 일반적으로 내담자에게 그 근원을 찾을 수 있지만, 종종 치료자로 인한 것일 수도 있다. 내담자에 의한 문제를 고려하기 전에 치료자가 과제의 순응을 고취하기 위해 필요한 것을 강조하는 것이 중요하다. 치료자는 가끔 충분히 주의를 기울이지 않고 과제를 제시한다. 회기의 마지막에 과제를 제시하는 것을 잊을 수도 있고, 과제를 제시하지만 다음 회기의 초에 과제를 검토하는 것을 잊을 수도 있다. 이것은 내담자로 하여금 과제는 치료에서 중요하지 않다고 믿게 하고, 결국 비순응을 일으키게 할 것이다.

회기 의제가 이 문제를 다루는 데 매우 도움이 된다. 과제를 주기 위해 회기 마지막에 시간을 충분히 갖도록 하라. 내담자가 치료 노트북에 과제를 기록하도록 지지하여 주중에 무엇을 할 필요가 있는지 기억할 수 있도록 하라. 당신도 역시 과제를 기록하고, 다음 회기 의제의 첫 항목은 과제에 대한 것이어야 하며, 과제에 대한 각 항목을 토의하라.

또 다른 문제는 치료자가 과제 제시에 대해 너무 많은 통제를 한다는 것이다. 치료의 초기에는 치료자가 과제를 설계하는 것이 적절하다. 나중에는 내담자가 과제를 설계해야 한다. 치료자가 이 과정에서 안내자의 역할을 해야 하는 것은 분명하지만, 내담자는 자신이 설계하였을 때 훨씬 더 잘 수행하게 될 것이다. 동일한 맥락에서 과제는 내담자의 문제에 중요한 것이어야 한다. 만약 광장공포가 있는 공황장애 내담자가 큰 도시에서 떨어진 소도시에서 살면서 도시에 나갈 기회가 거의 없는데, 지하철을 타거나 큰 빌딩의 엘리베이터를 타는 과제를 주는 것은 유용하지 않다. 오히려 내담자는 지역의 상점을 방문하고, 자녀를 도서관에 데려다 주는 것을 원하지도 모른다. 내담자는 그들에게 중요한 과제를 더 잘하게 될 뿐만 아니라 일상생활에서의 기능 향상이라는 측면에서도 치료에서 더 많은 이득을 얻게 될 것이다.

또 치료자는 과제가 수행되는 방식에 대해서도 융통성이 있어야 한다. 수년 동안 우리는 생각을 기록하고 활동을 탐색하며 글을 쓰고 기록하는 과제에 대해 펜과 종이에 의지해 왔다. 새로운 기술이 대두된 최근에는 과제를 하는 방식이 좀 더 창의적이라면 과제를 더 잘 수행할 수도 있다. 내담자가 좋아하는 도구를 사용하도록 지지하라. 컴퓨터, 수첩(pretty journal), 개인 디지털보조기(PDA). 최근에 노트북에 있는 카메라에 사고기록을 이야기하여 저장하는 젊은 내담자가 있었다. 그는 기분 변화를 일으키는 주제는 어떤 것이든 간에 '뱉어' 내기 시작하고, 깊은 숨을 들이쉬고(동영상 화면에서 나타남), 그런 후에 매우 좋은 인지적 도구를 사용하여 잘못된 생각을 논박하였다. 이 내담자는 그다음 회기에 와서 이 동영상을 치료자와 공유하였다. 그것은 매우 효과가 좋았다. 치료자는 촉발 상황의 중요한 순간에 그의 분노에 대해 이해하게 되었고, 내담자가 그 분노를 해결하기 위해 스스로 무슨 말을 해야 하는지 매우 적절한 조언을 할 수 있었다. 그런데 그는 사고기록지 작성을 거부한 몇 달 후에 이 동영상을 가져오게 되었다. 그 내담자는 자신에게 좀 더 편리한 형식을 알고 있었으며, 그후부터 치료는 진전을 보이게 되었다.

마지막으로 치료자로부터 초래되는 또 하나의 문제는 과제 수행에 대해 내담자를 적절하게 강화하는 데 실패하는 것이다. 비록 내담자가 과제를 수행했다는 것에 대해 스스로가 좋은 느낌을 갖는 것은 중요하지만, 치료자에게 격려를 받는 것도 큰 효과가 될 수 있다. 치료자는 내담자가 하는 매우 어려운 일에 대해 가끔 지지자가 될 필요가 있다.

또 과제의 비순응은 내담자와 관련된 요인들로 인해 나타날 수 있다. 과제 비순응의 가장 일반적인 이유 중 하나는 시간의 부족이다. 내담자들에게 공감적이고자 하는 초보 치료자들은 시간 부족을 하나의 이유로 받아들이는 함정에 빠진다. 이것은 내담자에게 해가 된다. 내담자가 그들의 문제에 대해 작업하는 시간이 많을수록 치료에서 더 많은 긍정적인 이득을 얻게 되기 때문에 과제는 인지행동치료의 핵심적인 부분이다.

"시간이 없었습니다."라는 사과의 표현은 치료 초기에 다루어져야만 한다. 내담자가 언제, 어떻게 과제를 해야 할지에 대한 계획을 세울 수 있도록 돕는 것이 한 해결책이다. 이것은 매우 단순해 보이지만, 많은 내담자에게 있어서 중요한 장애물이 될 수 있다. 내담자들은 삶의 다른 많은 일에 압도되어 계획한 것을 실천하는 것이 어렵다. 예를 들어, 공황장애가 있는 내담자인 탐은 치료자와 함께 지하철을 타는 실습을 한 그다음 주에 지하철에 대한 노출계획을 세울 수 있었다. 만약 탐이 지하철 타는 것을 회피하기 위해 직장에 걸어다니고 있을 때의 그 주간에는 매일 지하철을 타고 출근하는 과제 수행계획을 세울 수 있었다. 이렇게 함으로써 과제를 위해 굳이 따로 시간을 할애할 필요가 없다. 오히려 빡빡한 일정 가운데 지하철을 타고 일찍 출근함으로써 시간을 절약했다.

과제가 항상 내담자의 하루 일정에 잘 통합될 수 있는 것은 아니다. 오히려 내담자들은 과제를 위해 시간을 내야 하는 것이 얼마나 중요한지 알 필요가 있다. 그것은 친구에게 전화하거나, 세금을 납부하거나, 운동을 하러 가기 위해 시간을 내야 하는 것과 같다. 삶에서 일이 많은 내담자는 과제를 하기 위해 다른 활동을 중단할 필요가 있을 수도 있다. 만약 내담자가 과제를 하기 위한 시간을 거부한다면 그 근거를 설명하고, 과제가 치료에서 중요한 이유에 대해 검토를 하는 것이 좋은 전략이 된다. 인지행동치료가 어려운 작업이라는 것에는 의심의 여지가 없다. 변화는 노력 없이 오지 않을 것이라는 것을 강조해야만 한다. 그러나 동시에 내담자들은 과제 수행에 대해 자신 스스로 보상할 수 있도록 지지되어야 한다. 내담자들은 스스로에 대한 보상으로써 좋아하는 음식 (예, "이 과제를 한 다음 초콜릿 과자를 먹는다.")이나 혹은 활동(예, "생각을 기록한 후에는 TV 쇼를 볼 것이다.")을 선택할 수 있을 것이다. 우리가 치료한 어떤 내담자들은 치료가 종료되면 주말여행이나 혹은 새 옷을 사는 것과 같은 스스로에 대한 보상을 계획하였다.

과제의 비순응에 대한 또 다른 장애물은 치료자나 내담자 또는 모두에 의해 초래될 수 있는데, 너무 어렵거나 너무 많은 시간을 소비하는 과제를 제시하는 것이다. 어떤 내담자들은 과제에 문제가 있다고 이야기할 것이다. 다른 내담자들은 과제를 할 시간이 없다고 이야기할 것이다. 그러나 이것이 진짜 그럴 것인지 미리 시험적으로 해 보는 것도 도움이 될 것이다. 우리는 치료 초기에 내담자들이 긍정적인 경험을 하기를 원한다. 우리는 내담자들이 치료를 감당할 수 있는지 그리고 긍정적인 효과를 경험하고 있는지 확인하기를 원한다. 그러므로 내담자가 치료 초기에 과제가 너무 많거나 어려워하면 적절하게 조정하는 것이 좋다. 과제를 완전히 없애지 않도록 하라. 조금이라도 감당할 수 있는 정도의 과제를 제시하라. 비록 과제가 언뜻 보기에 단순해 보일지라도, 과제 수행에서 성공하는 내담자는 앞으로의 과제도 더 잘 수행하게 될 것이다. 치료의 후반부에 내담자는 과제를 설계하는 데 있어서 더 많은 역할을 하도록 지지되어야 한다. 때때로 내담자들은 '능력보다 더 많은 것을 하려고 하여' 계획하였던 것을 수행하지 못하였다고 부끄러워한다. 이상적으로 과제가 설계될 때 이와 같은 문제를 치료자는 알고 있을 것이다. 만약 그렇지 않고 내담자가 다음 회기에 과제에 대한 '실패'를 보고한다면 치료자는 과제를 하는 데 방해가 된 요인을 확인하고, 다음 과제에서는 이 요인을 고려하여 과제를 설계할 수 있도록 내담자를 도와야 할 것이다.

마지막으로 어떤 내담자들은 과제를 '부정확하게' 해서 치료자로부터 부정적으로 판단될 것이 두려워 과제를 회피한다. 이 문제를 다루는 가장 좋은 방법은 치료 시작부터 그것을 방지하는 것이다. 첫 과제를 제시할 때, 내담자에게 많은 다른 내담자들도 자신이 수행한 과제를 치료자가 판단할 거라는 걱정 때문에 과제를 전혀 하지 못한다는 것을 알려 주도록 하라. 그러면서 내담자를 평가하기 위해서가 아니라 새로운 기술을 가르치기 위해 당신이 거기에 있다는 것을 말하라. 이것은 치료 전 과정을 통해 반복적으로 전달되어야 한다.

이 문제를 예방하는 또 다른 방법은 내담자의 과제에 대한 당신의 반응을 사려 깊게 하는 것이다. 특히 치료 초기에는 내담자들이 우리가 기대한 만큼 정확하게 과제를 못한다. 실수를 교정하는 것이 중요하지만, 더 중요한 것은 관계를 해치지 않는 것이다. 내담자가 수행한 것을 정확하게 바로 잡고자 한다면 먼저 내담자가 수행한 과제를 강화하고 난 다음에 과제의 향상을 위해 몇 가지 제안을 부드럽게 하라.

한 가지 생각해 볼 문제: 내담자들은 심리적 문제가 해결된 후의 삶을 두려워하는가

어떤 내담자들은 치료에 와서 겉보기에는 변화에 열중하는 것 같지만, 자신을 변화하고자 하는 방향으로 거의 행동하지 않는다. 회기에 참석하지 않거나 늦게 오고, 참석해도 제안에 저항한다. 치료자는 내담자가 문제가 해결되면 어떤 삶이 시작될 것인가에 대한 두려움 때문에 변화를 두려워하는 것은 아닌가를 항상 고려해야 한다. 앞에서 언급했듯이, 어떤 내담자들은 자신의 문제가 해결되면 자신의 삶이 어떻게 전개될지 분명하게 예상을 하고 있다. 이것은 특히 과거에 잘 기능하였던 내담자의 경우에 해당될 수 있다. 그들은 자신이 좋아하였던 직장으로 돌아가기를 원하며, 친구와 가족과 더 많은 시간을 함께할 수 있고, 아마도 심리적 문제로 인해 방해 받았던 새로운 목표를 달성하고자 할지도 모른다. 다른 내담자들은 다시 회복하고 싶은 것이 없을 수도 있지만,

더 나은 삶에 대한 예상을 할 수 있을 것이다.

오랜 시간 동안 심리적 문제로 고통을 받은 내담자들은 자신의 문제가 사라진 것이 마치 삶에서 뭔가를 놓친 것처럼 느낄 수 있다는 것을 인식하는 것은 중요하다. 그들은 주변을 돌아보고 자신과 함께 성장하였던 사람들(친구, 형제, 학교 친구)이 자신은 할 수 없었던 많은 성취를 이루었다는 것을 알게 될 것이다. 예를 들어, 내담자의 형제는 집을 구입하고, 결혼하고, 자녀를 가졌으며 그리고 경력을 쌓았을 것이다. 부분적으로 심리적 문제 때문에 독신으로 남아 있으며, 친구들은 떠나고, 경력도 쌓지 못하였으며, 경제적으로 곤궁한 내담자의 경우라면 이것을 비교하는 것은 매우 큰 충격이 될 수 있다. 더군다나 내담자는 이제 '터전을 잃었고' 이것들을 달성하기에는 너무 늦었다고 느낄 수 있다. 분명한 것은 이것이 치료에 열심히 임할 동기를 저하시킬 수 있다는 것이다. 왜냐하면 터널 끝의 불빛은 아직 희미하기 때문이다.

치료자는 내담자의 이런 신념에 대해 알고 있어야 한다. 이런 신념들은 대부분 치료에 대한 비용과 이득에 대해 질문함으로써 드러난다. 또 이와 관련하여 치료가 끝나면 삶을 어떻게 계획할지에 관해 질문함으로써 알 수 있다. 그들이 현재 상실했다고 느끼는 것이 무엇인지를 명확히 하고, 이 간격을 좁히기 위해 문제 해결 전략을 사용함으로써 '터전을 잃은' 것에 대한 걱정을 치료에서 함께 다루어야 한다. 예를 들어, 만약 내담자가 치료의 종결 시점에서 이전에 경력을 쌓지 못했기 때문에 자신을 돌볼 수 없을 것이라고 걱정한다면, 경력과 관련한 주제를 다루거나 직업상담사에게 의뢰하는 것이 좋을 것이다. 이와 비슷하게 당신은 치료에서 내담자가 새로운 친구나 이성 친구를 사귀는 주제를 함께 다룰 수 있을 것이다. 내담자가 이와 같이 중요한 목표를 달성하는 데 방해가 된다고 생각하는 장애물을 극복하도록 돕기 위해서는 인지적 · 행동적 기법을 사용하는 것이 좋은 방법이다.

❖ '전통적인 인지행동치료'를 초월하여 장애물을 해결하는 것은 어떤가

지금까지 우리는 내담자가 인지행동치료의 과정에 참여하는 데 있어서의 어려움에 초점을 맞추었다. 이러한 일반적인 도전들에 관해 몇 가지 가능한 해결책이 제시되었다. 대부분의 경우에서 해결책들이 효과가 있을 것이다. 다른 말로 하면, 치료자와 내담자는 치료과정을 방해하는 장애물을 극복할 수 있을 것이다. 그러나 가끔 치료과정은 '멈추어' 여전히 답보 상태일 수 있으며, 치료자와 내담자는 모두 진전이 이루어지지 않아 점점 좌절할 수도 있다. 지난 몇 년 동안 전통적으로 인지행동치료와 매우 유사하게 많은 심리장애의 치료적 접근법이 새롭게 발전하였다. 수용전념치료(Acceptance and Commitment Therapy: ACT; Hayes, Strosahl, & Wilson, 1999), 동기 면접(Motivational Interviewing; Arkowitz, Westra, Miller, & Rollnick, 2007), 마음챙김에 기초한 치료(예, Williams, Teasdale, Segal, & Kabat-Zinn, 2007) 그리고 변증법적 행동치료(Dialectical Behavior Therapy: DBT; Linehan, 1993) 등이 여기에 속한다.

치료의 진행이 지지부진할 때, 치료자는 내담자가 직면한 장애물을 극복하기 위해 이런 다른 치료적 기법으로부터 여러 가지 것을 사용하고 싶어 할 것이다. 초보 치료자에게 치료 초기에는 이 책에서 지금까지 제안한 전통적인 인지행동치료와 일치하는 해결책을 시도하기 전에 가끔 이러한 '섞어 맞추고' 싶은 욕구가 생긴다. 매력적으로 보이겠지만, 특히 인지행동치료의 기초를 배우는 초보 치료자에게는 이것을 치료에 적용하도록 권하지는 않는다. 그 이유를 생각해 보자.

첫째, 몇 가지 특별한 예외에도 불구하고 이러한 혼용적 접근법은 연구에 의해 지지되지 않는다. 특별한 순서 없이 다른 치료 기법의 여러 기법을 실행하는 것은 어떤 한 가지 치료의 잠재성을 저하시킬 수 있다. 둘째, 초보 치료자는 고통의 기원과 그 해결책에 대한 여러 가지 가정과 관련이 있는 다양한 접근법을 적절하게 통합할 수 있는 임상적·개념적 기술을 아직 구비하고 있지 못하다. 그런 필수적인 기술 없이는 당신과 내담자 모두 혼동의 위험에 빠지게 된다.

한 예로써, 전통적인 인지행동치료와 수용전념치료에서 가정하는 문제 사고에 대한 접근법을 생각해 보자. 전통적인 인지행동치료에서 문제 사고는 일반적으로 의문의 여지가 있는 것들이다. 그 생각들이 과도하거나 비논리적이지 않은가? 만약 생각들이 비논리적인 것으로 판명되면(부정적인 감정을 일으키는 대부분의 생각이 이 경우에 해당된다) 그 생각들은 좀 더 합리적인 것으로 재구성된다. 내담자들은 주어진 상황에서 새로운 사고방식의 과정을 발전시키게 된다. 수용전념치료에서는 문제적 사고에 대한 접근법이 다르다. 생각이 평가되거나 논박되지 않는다. 사실 수용전념치료의 관점에서 사고와 다른 사적 경험(예, 기억, 감정, 감각)에 대한 비판적 평가와 그에 수반하여 그것을 바꾸고자 하는 시도는 심리적 고통의 주된 원천이다. 마찬가지로 내담자들은 사고에서 탈융합(defusion)하여 자신을 이 사고로부터 거리를 두도록 교육을 받는다. 내담자는 생각이 나뭇잎 위에 있는 것을 상상하고, 그 후 그것이 바람에 날려가는 것을 상상할 수 있다. 혹은 내담자는 "나는 살쪘다."라고 말하는 대신에 "나는 내가 살쪘다는 생각을 갖고 있다."라고 말할 수도 있다. 전통적인 인지행동치료와는 달리, 내담자는 생각을 알아차린 후 그것을 수정하고자 하는 시도가 뒤따르지 않는다. 이것이 바로 혼동될 수 있는 경우인데, 숙련된 인지행동치료자는 이 두 가지 접근법을 채택하여(Heimberg & Ritter, 2008 참고) 내담자에게 주의와 재구성이 필요한 생각과 옆에 내버려 둘 생각을 구분하도록 가르친다. 그러나 가장 단순한 수준에서 이야기하면 인지행동치료자와 수용전념치료자는 문제적 사고를 다른 방식으로 다룬다.

전통적인 인지행동치료를 시작하여 인지재구조화의 과정을 힘들어하면서 애쓰는 내담자를 상상해 보자. 치료자는 "이 내담자에게 인지행동치료는 효과가 없어. 나는 다른 것을 할 필요가 있어."라고 말하면서 현재의 경로에서 벗어나고 싶어 할지 모른다. '다른 어떤 것'을 수용전념치료라고 생각해 보자. 그렇다면 일주일 전에 부정적인 생각이라는 것은 본질적으로 비논리적이며, 논박되어야만 한다고 들은 내담자가 그다음 주에는 사실 생각을 바꾸려고 하는 시도가 문제의 원인이 되는 것이며, 우리는 어떤 생각을 하든지 그것을 수용해야 한다고 듣는다면 혼동될 수 있다. 경험이 많은 인지행동치료자는 가끔 이렇게 할지라도 초보 치료자에게는 감당이 안 될 수 있다. 이와 같은 경우에 전통적인 인지행동치료의 범위 안에서 약간의 기법의 변화가 내담자에게 더 쉽게 받아들여질 수 있다. 한 예로써 공식적인 인지재구조화에 저항하거나 그것에 어려움을 갖고 있는 내담자는 가끔 행동적인 기법에 기초한 치료에 더 효과를 보여 준다. 비록 인지 변화가 간접적으로 일어난 것일 수 있지만 인지 변화는 가끔 행동 변화의 부산물이다.

다른 치료적 양식이 많은 것을 제공하는데, 우리가 이것을 평가절하하는 것이 아니라는 것을 분명히 하자. 여기서 우리가 말하고 싶은 것은 초보 치료자나 내담자에게 혼란스러운 상황이 생긴다는 것이다. 여기서 기술적 절충주의(technical eclecticism)와 인식론적 절충주의(epistemological eclecticism)를 구분하는 것이 매우 중요하다. 어떤 치료적 기법에서 발견하든지 간에 기술을 취하는 것은 충분한 이유가 있지만(기술적 절충주의), 그 기술은 치료자의 기본 이론과 이론적 지향 그리고 사례개념화와 일치하는 방식으로 사용될 필요가 있다. 실제로 우리 저자 중 한 사람(R.G.H.)과 그 동료들은 범불안장애의 치료를 위해 정서중심치료(Emotion-Focused Therapy: EFT; Greenberg & Paivio, 2003)의 기술을 인지행동치료에 통합한 치료로 발전시키고 있다. 그러나 EFT의 기술을 사용하는 것은 우리의 불안 이론에 기초하고 있고, 통합적 치료의 나머지 다른 부분과도 일치한다. 반대로 당신이 기술들을 바꾸어 사용할 때, 당신이 현재 근거하는 이론을 변화시키는 것은 옳지 않다(인식론적 절충주의).

그러나 치료자가 훌륭한 문제 중심적 인지행동치료[예, 치료 지침서에 기초한 뚜렛(Tourette) 증상과 혹은 신경성 폭식증의 치료]를 지금까지 충분할 정도로 진행해 왔고 또 앞에서 언급한 다양한 장애물을 해결하고자 최선을 다한 후에 다른 양식의 치료를 채택하고자 하는 경우에는 두 가지 조건이 있다. 첫 번째 조건을 '중지, 재초점 그리고 돌아가기(pause, refocus, and return)' 조건이라는 용어를 쓰기로 하자. (해결되지 않는) 한 가지 문제에만 초점을 두어 인지행동치료를 고집스럽게 계속 하는 것은 비생산적이고 심지어는, 역효과를 일으킬 수 있는 조건들이 분명히 있다. 그런 경우에는 중지하고 초점을 다시 맞춰 돌아가는 것이 적절할 수 있다. 우리가 의미하는 것은 ① 초기의 치료를 옆에 내버려 두고, ② 중요한 장애물을 해결하는 데 도움이 되는 다른 치료(물론 당신의 기본 이론과 이론적 지향 그리고 사례개념화에 일치하는)를 채택하고, ③ 장애물이 해결되면 초기의 치료로 돌아가는 것이다. 여기서의 계획은 '뒤죽박죽'이 아니며, 초기 계획에서 이탈하는 것이 아니다. 그것은 장애물을 해결하고, 그 후 현재의 문제에 돌아와 치료를 계속하기 때문에 매우 조직적이며 목표 지향적이다.

중지, 재초점, 돌아가기의 두 가지 사례를 생각해 보기로 하자. 때때로 내담자는 치료에 와서 변화에 대해 양가감정을 느낀다. 이미 언급하였듯이, 그런 내담자를 변화에 대해 압박할수록 그들은 현재의 입장을 더 고수하게 된다. 생산적인 작업은 거의 불가능해진다. 이런 시점에서 이 문제를 치료하기 위해서 계속 애를 쓰는 것은 역기능적이 될 수 있다(예, 여기서 언급한 장애물에 대한 다른 모든 해결책이 이미 실패하였다.). 오히려 치료를 '멈추고' 동기 면접(Motivational Interviewing: MI; 예, Rosengren, 2009)의 과정을 수행하여 '재초점'을 맞추는 것이 적절할 수 있다. 동기 면접은 내담자가 변화에 대한 준비가 되었는지 아닌지를 평가하기 위하여 매우 특별한 입장을 취한다. 내담자가 변화에 대해 준비가 되었다면, 치료자는 현재 문제에 초점을 둔 치료로 점잖게 '돌아올' 수 있다.

또 다른 예는 공병(comorbidity)에 관한 것이다. 마이클이 사회불안뿐만 아니라 심각한 우울도 같이 있다고 가정한 후, 마이클이 했던 치료를 시작한다고 생각해 보자. 아침에 일어날 수 없고 가장 기본적인 집안일조차 할 수 없는 내담자의 경우, 치료에 적극적으로 참여하는 것은 불가능할 수 있다. 이 시점에 행동적 활성화(Martell, Dimidjian, & Herman-Dunn, 2010)를 치료 프로그램에 통합하는 것이 적절하다. 치료자는 치료의 처음 몇 주를 내담자가 비사회적 활동을 해서 숙달감(mastery)과 즐거움(pleasure)을 얻을 수 있도록 계획할 수 있다. 우울에서 어느 정도 벗어나기 시작하면 내담자는 사회불안의 치료를 시작하는 데 좀 더 준비가 될 것이다(Huppert, Roth, & Foa, 2003 참고).

치료자가 다른 양식의 치료를 채택하는 또 다른 조건은 '기어 변환(shifting gears)' 조건이라는 용어를 쓸 수 있다. 인지행동치료가 매우 효율적인 치료이긴 하지만, 초보 치료자는 우리가 모든 사람을 도울 수 없다는 것을 기억하는 것이 중요하다. 어떤 내담자는 단순히 우리가 알기 때문에(아마 그들도 알 수 있을 것이다) 더 잘 기능하게 할 수 없거나 하려고 하지 않을 수 있다. 때때로 우리는 할 수 있는 모든 것을 시도한 후에 인지행동치료를 중단하고, 다른 방식의 치료로 바꾸어야 한다. 매우 심한 강박장애와 완고한 신념을 지닌 내담자를 생각해 보자. 이 내담자는 긴 바지와 긴 소매의 옷을 입고, 계절과 상관없이 장갑을 껴야만 공공장소에 나간다. 집에 돌아온 후에는 아파트 복도에서 옷을 벗고, 다 벗은 몸으로 자신의 집에 들어가 물과 표백제를 타서 목욕을 한다. 이 오염제(decontamination)를 위한 목욕 의례는 몇 시간이 걸렸다. 그는 정기적으로 옷을 버리고는 새 옷을 구입하였는데, 목욕 의례가 끝난 후에 '오염된' 옷을 세탁하지 않아도 되었기 때문이다. 이 남성은 시간제 직장에 다니고 있었으며, 몇몇의 친한 이성과 교제를 하고 있었다. 그가 옷으로 몸을 둘러싸고 세상으로 나간 후, 그날 저녁 집에 돌아와 특별한 의례를 통해 오염제거를 할 수 있는 경우에는 모든 것이 문제가 없었다. 그러나 친구를 초대하고, 성적 교제를 갖고, 식당에서 식사를 하고, 대중교통을 타는 것 등과 같은 때는 그렇게 할 수 없었다. 그의 경제 상태는 형편 없었고, 피부는 머리부터 발끝까지 심각하게 손상을 입었다.

안타깝게도 이 남성은 어떤 노출도 거부하였다. 더군다나 오염에 대한 두려 움 때문에 그는 노출치료를 좀 더 수월하게 할 수 있는 약물복용도 거부하였 다. 내담자와 치료자의 많은 노력 후에 내담자는 숙련된 수용-전념치료자에게 의뢰되었다. 치료의 목표는 강박사고를 제거하는 것으로부터 심각한 강박사고 에도 불구하고 의미 있는 삶을 살도록 돕는 것으로 바뀌었다.

'기어 변환'이 필요한 상황에서는 누가 치료를 제공하는가? 때때로 동일한 치료자가 두 가지 치료를 제공한다. 예를 들어, 수련센터에서 초보 치료자는 매우 힘든 내담자를 다양한 방식의 치료를 계속하도록 지지될 수 있다. 이것은 개인센터에서 다양한 방식의 치료를 훈련하는 치료자에게도 해당될 수 있다. 동일한 치료자가 치료방식을 바꾼다면 내담자와 함께 명확한 계획을 세우는 것이 매우 필수적이다. 내담자에게 왜 당신이 치료방식의 변경을 결정한 이유 (예, "노출치료가 강박장애에 대해 가장 좋은 치료방법이지만, 당신이 이 과정에 참 여하는 것을 매우 힘들어하는 것을 알고 있습니다.")를 설명하고, 새로운 방법을 개관하면서 그것이 인지행동치료와 어떻게 다른지를 설명하라. 그러나 하나의 중요한 변화가 다루어지고 있는 중이라면, 믿을 만한 동료 치료자에게 내담자 를 의뢰하는 것이 가장 좋을 것이다. 새로운 기법을 시도할 때, 내담자가 새로 운 치료자와 작업을 하는 것은 매우 유익하고, 한 접근에서 다른 접근으로 바 뀔 때의 본질적인 혼란을 줄일 수 있다.

❖ 장애물 2: 치료적 관계에서의 내담자의 어려움

가끔 내담자들은 매우 비판적인 가정환경에서 성장하였다. 가정에서는 감정을 표현하는 것이 받아들여지지 않았거나 심리적 문제가 있는 것을 부끄럽게 여겼다. 성인이 되었을 때, 중요한 주변 사람으로부터 도움과 지지를 요청하고자 하였으나 초기 어린 시절과 마찬가지로 거절당했을 수도 있다. 사람들은 삶에서 내담자의 문제로 인해 '끌려 들어가길' 원치 않았을 것이며, 그들의 문제를 이해하는 데 어려움을 겪었을 것이다. 어떤 내담자들은 주변 사람으로부터 지지를 받지만, 가끔 그들의 조언이 도움이 되지 않는다(예, "기운 내."). 사례개념화를 잘 구성하면 이런 경험이 치료적 관계에 어떻게 영향을 미치는지 잘 알 수 있다. 내담자는 가끔 그들의 삶에서 관계를 맺었던 다른 사람들과 같은 방식으로 치료자도 반응할 것이라고 예상한다. 다른 말로 하면, 그들은 이해되지 못하고 지지되지 못할 것이라 예상할 수 있다. 그들은 치료자가 말하는 어떤 것도 도움이 되지 않을 것이라고 예상할 수 있다. 이러한 예상 때문에 내담자는 치료적 관계에 부정적 영향을 미칠 행동을 하게 된다. 이미 언급한 것처럼 치료를 방해하는 행동에 대해 부정적으로 반응하는 것보다는 그런 행동이 내담자의 삶과 어떻게 연관되어 있는지를 이해하고, 내담자의 행동을 치료적 환경 안에서 좀 더 생산적인 방식으로 바꾸어 갈 수 있도록 도와라.

"자기 개방을 하지 않으려고 한다."

내담자를 편하게 대해 주면서 문제를 공유하는 것에 대해 편안하게 느낄 수 있도록 최선의 노력을 했음에도 불구하고, 어떤 내담자들은 개방하는 것을 매우 꺼린다. 어떤 내담자는 많은 이야기를 하지만 자신의 어려움에 관해서는 충분히 이야기하지 않는다는 느낌을 받을 수 있다. 그들은 당신의 질문에 단답식으로 대답하거나 단순히 기본적인 정보만 이야기할 수 있다. 몇몇 내담자는 어떤 질문에는 전혀 대답하지 않는다. 이것이 치료를 불가능하게 하는 것은 아니지만 치료를 어렵게 만든다.

▣ 문제 해결

이 문제를 다루는 가장 좋은 방법은 직접적이면서도 공감적 방식으로 이야기하는 것이다. 첫째, 내담자를 관찰하고(예, "당신은 자신의 문제를 내게 말하는 데 주저하고 있는 것 같습니다.") 개방적인 질문을 하라(예, "당신이 걱정하는 것은 무엇입니까?"). 저항적 내담자들은 계속 짤막한 대답을 선호하여 사용하기 때문에 폐쇄적 질문(예, "불편하게 느끼시나요?")을 하는 것은 좋은 전략이 아니다.

내담자가 개인적 정보를 치료자와 이야기하는 것을 주저하는 이유는 무엇일까? 어떤 내담자는 비밀보장에 대해 걱정한다. 과거의 치료자에 대한 부정적인 경험이 있었거나 믿었던 사람에게 실망했던 경험을 했을 수도 있다(예, 형제가 개인적인 정보를 부모님께 이야기함). 비밀보장에 대한 주제가 상호작용의 초기에 다루어지기는 하지만, 비밀보장에 대한 걱정과 그것을 보장하기 위한 당신의 노력을 반복적으로 언급하는 것이 과묵한 내담자에게는 큰 도움이 된다.

내담자의 또 다른 공통적인 걱정은 자신의 문제 때문에 치료자에게 부정적으로 평가될 것이라는 점이다. 이 두려움에는 충분한 이유가 있다. 그들은 과거에 자신의 어려움을 타인에게 이야기한 적이 있고, 실제로 부정적으로 평가를 받은 적이 있을 수 있다. 어떤 내담자들은 부정적으로 평가되는 것을 매우 두려워하여 과거에 결코 어떤 사람과도 개인적 문제를 이야기하지 않았을 수 있다. 그들은 이야기를 할 때 다른 사람들이 부정적인 반응을 보일 것이라는 그들의 견해를 반박할 만한 어떤 증거도 경험하지 못하였을 것이다.

정확하게 무엇이 내담자를 두려워하게 하는가? 폭넓은 관점에서 보면 어떤 내담자들은 단순히 정신적인 건강 문제를 지니고 있다는 것 때문에 타인에 의해 부정적으로 평가 받아 왔을 것이다. 치료에 참여하는 것은 내담자가 정신적인 건강 문제를 지니고 있고, 도움을 필요로 한다는 것을 인정한다는 의미가 된다. 이것은 정신적인 건강 문제는 약함의 신호라고 믿으면서 성장하였거나 이런 신념을 지니고 있는 사람이 주변에 있는 내담자에게는 매우 힘든 상황이 된다. 그런 경우에 인지재구조화를 통해 내담자가 그들의 상황을 다른 측면에서 볼 수 있도록 도울 수 있다. 어떤 내담자는 치료를 찾는 것을 약함의 신호로 간주하겠지만 분명히 용기의 신호로도 볼 수 있다. 내담자는 그들의 삶을 향상시키기 위해 어려운 결정을 내린 것이다. 이런 관점에서 치료를 보는 것은 약함의 신호로써 보는 것보다 훨씬 더 긍정적이고 동기를 높이는 것이다.

좀 더 특수한 경우, 어떤 내담자들은 그들이 지닌 증상 때문에 비판적인 피드백을 받아 왔다. 타인에 의해 기괴하고, 이상하며, 미친 것으로 낙인이 찍혔을 수 있다(혹은 타인에 의해 낙인을 받게 될 것을 두려워하였을 수 있다). 따라서 이 증상을 치료자에게 밝히는 것은 전과 같은 반응을 일으킬 것이라며 지레 두려워할 수 있다. 때때로 내담자는 이러한 영향에 대해 다음과 같이 이야기한다. "나는 정말 무슨 일이 일어나고 있는지 당신에게 말할 수 없습니다(당신은 내가 전적으로 미쳤다고 생각할 것입니다)." 혹은 "나는 내 문제에 대해 모든 것을 이야기할 수 없습니다(당신은 나와 같은 경험을 한 다른 내담자를 결코 본 적이 없을 것입니다)." 이러한 상황에서는 당신이 그들을 돕기 위해 있는 것이지 평가하기 위해 있는 것이 아니라는 것을 알려 주는 것이 중요하다. 이것을 확신시켜 주는 가장 좋은 방법은 그들이 정보를 밝히기 시작했을 때, 당신이 비판적이지 않고 지지적이고 공감적으로 반응하는 것이다.

삶의 중요한 타인이 문제의 기원과 '문제를 해결하는' 내담자의 능력에 대해 스스로를 부정적으로 느끼게 만들 수 있다. 성폭행을 당한 후 5년이 지나 외상 후 스트레스 장애를 경험하는 에빌른이라는 젊은 여성의 사례를 생각해 보자. 에빌른은 치료를 받는 동안 자신의 상세한 경험을 치료자에게 이야기하는 것을 매우 주저하였다.

치료자: 무슨 일이 일어났는지 이야기하는 데 매우 힘들어하는 것 같습니다.

에빌른: 예, 생각했던 것보다 더 어렵습니다.

치료자: 당신에게 일어난 일에 대해 이전에 다른 사람에게 이야기한 적이 있나요?

에빌른: 두 명에게 이야기했습니다. 한 명은 남자였는데, 그것은 (빈정거리는 투로) 매우 좋은 경험이었습니다.

치료자: 좀 더 자세히 이야기해 주실 수 있겠어요?

에빌른: 그러니까 전에 이야기했던 것처럼, 대학교 다닐 때 잘 모르는 한 남자에게 성폭행을 당했습니다. 그 일이 일어난 며칠 후, 같은 방 친구에게 이야기를 했는데 정말 좋지 않았어요.

치료자: 그 여자 친구가 어떻게 반응했습니까?

에빌른: 음, 그 친구 말이 내가 자초했다고 했습니다.

치료자: 그것은 정말 당신에게 매우 힘들었겠습니다. 더군다나 그 일이 일어난 지 얼마 되지도 않았는데 말입니다.

에빌른: 아마 당신도 똑같이 생각할 것입니다. 그러니까 잘 알지 못하는 남성과 집에 같이 가는 것이 문제를 초래한 것이라는 데 동의하지 않습니까?

치료자: 나는 어떤 여성도 '성폭행을 요청한다고' 생각하지 않습니다.

에빌른: 그 남성하고 한 번 데이트를 했고, 남학생 클럽 회관으로 초대를 받아 갔는데 술을 한 잔 마신 뒤 그가 나를 성폭행했습니다.

치료자: 그런 두려운 경험을 한 다음 친구한테 어떤 지지나 도움을 받지 못한 것이 매우 힘들었을 것입니다.

에빌른: 한 번 더 이야기를 한 적이 있는데, 그때도 좋지 않았습니다.

치료자: 언제였습니까?

에빌른: 약 3년 전입니다. 남은 대학 시절 동안에는 전혀 교제를 하지 않았습니다. 3년 전에 마침내 교제를 시작하게 되었고, 정말 좋아하는 남성을 만났습니다. 그러나 그 남성이 성적 관계를 요구할 때마다 나는 놀라면서 아직 준비가 되지 않았다고 말했습니다. 그는 많은 점에서 나를 많이 이

해하지 못하는 것 같았습니다.

치료자: 그래서 성폭행에 대해 그에게 이야기했습니까?

에빌른: 예. 그가 어떤 말을 했는지 아십니까?

치료자: 무슨 말을요?

에빌른: 그는 그것은 3년 전의 일이고, 이제 그만 거기에서 벗어나라고 이야기했습니다. 그는 그런 일이 어떻게 아직도 나를 그렇게 많이 힘들게 하는지를 이해하지 못했습니다.

치료자: 도움을 받고자 하였을 때 그런 부정적인 경험을 한 것이 안타깝습니다. 치료를 받으러 온 것에 대해 정말 잘했다고 생각합니다. 그런 경험 때문에 지금 여기서도 힘들어하는 것 같습니다. 내가 정확하게 이해하고 있나요?

에빌른: 내가 어떤 사람도 믿지 못한다는 것을 지금 막 알게 되었습니다. 내 이야기를 듣는 모든 사람은 그것이 내 잘못이며, 내가 좀 더 노력을 했다면 그것을 극복할 수 있었을 거라 생각할 거라고 내가 믿고 있다는 것을 지금 막 알았습니다.

치료자: 당신은 일어났던 이야기를 내게 말해 주었습니다. 그리고 나는 전혀 그런 반응을 하지 않고 있습니다. 사실은 정반대입니다.

에빌른: 무슨 뜻입니까?

치료자: 자, 나는 여기서 성폭행을 당한 많은 여성들을 치료합니다. 나는 자신에게 일어났던 일에 대해 도움을 구하는 한 사람을 만나고 있는 중입니다. 그런데 나는 여러 해 동안 자신의 문제를 스스로 해결하려고 노력해 왔지만 자신의 힘으로는 할 수 없는 많은 여성을 치료해 왔습니다. 여기에 와서 도움을 얻고자 하는 것은 매우 용기 있는 행동이라 생각합니다.

에빌른: 내 어려움에 관해 당신과 이야기하는 것에 대해 괜찮다고 느껴야 한다고 말씀하시는 것입니까?

> 치료자: 나는 당신이 어떻게 '느껴야 된다.'고 말하고 싶지는 않습니다. 당
> 신에게 말할 수 있는 것은 내가 당신에게 지금 하고 있는 반응은 당신의
> 같은 방 친구나 남자 친구가 했던 것과는 매우 다르다는 것입니다. 그런
> 경험 때문에 당신이 주저하는 것을 이해합니다. 그러나 당신이 여기서
> 좀 더 편안하게 느끼고, 평가된다는 느낌 없이 많은 것을 이야기할 수 있
> 다는 믿음을 갖기를 바랍니다.
>
> 에빌른: 당신과 좀 더 많은 이야기를 해도 좋다는 생각이 듭니다.

요약하면, 공유하기를 꺼리는 내담자를 다룰 때 치료자가 먼저 해야 하는 것은 내담자가 무엇을 두려워하는 지를 이해하려고 하는 것이다. 비밀보장이 깨질 것을 두려워하는가? 치료자가 자신을 약하거나 미쳤다고 생각할까 봐 두려워하는가? 치료자가 과거에 다른 사람이 했던 것처럼 도움이 되지 않고 비난하는 방식으로 반응할 것을 두려워하는가? 만약 치료자가 이러한 걱정들을 분명히 표현할 수 있도록 돕는다면 내담자가 치료적 관계는 일상적인 관계와는 다르며, 부정적인 평가보다는 지지와 공감에 기초하고 있다는 것을 알도록 하는 데 도움이 될 수 있다.

"너무 많은 말을 한다."

비순응의 다른 반대편에는 모든 것을 이야기하고 싶어 하는 내담자가 있다. 이러한 종류의 내담자는 특별히 매우 구조화된 평가도구(예, 구조화된 인터뷰)나 치료적 개입(예, 인지행동치료)을 할 때 문제가 될 수 있다. 말이 많은 내담자를 중단시키는 것은 매우 어려울 수 있다. 치료는 자기 탐색이 가능한 내담자에게 효과가 있지만, 관련이 없는 많은 정보를 이야기하는 것은 역효과를 일으킨다. 더군다나 내담자가 많은 정보를 쏟아내면 치료에 중요하고 가장 의미 있는 정

보를 선택하기가 어려워질 수 있다.

▣ 문제 해결

이야기하기를 주저하는 내담자의 경우처럼, 너무 많은 이야기를 하는 내담자를 다룰 때는 직접적으로 왜 내담자가 간결하게 이야기하지 못하는지 이유를 찾아야만 한다. 특히 평가과정에서의 간단한 한 가지 이유는 내담자가 치료적 맥락에서 말하는 방법을 모르기 때문이다. 내담자는 치료자가 사례개념화와 적절한 치료계획 발전을 위한 정보를 얻기 위해 평가자가 질문하는 방식을 모를 것이다. 이런 이해가 없으면 내담자는 치료자가 자신의 문제를 이해할 수 있도록 하기 위해 많은 정보를 제공해야 한다는 부담감을 느낄 수 있다. 치료자는 이것을 이해하고, 질문에 대한 형식이 있음을 내담자에게 말해 주는 것이 좋다. 예를 들어, 다음과 같이 이야기할 수 있다. "오늘 회기에는 당신의 문제와 관련된 모든 종류의 주제에 관해 질문을 할 것입니다. 그중 어떤 것은 당신에게 해당이 될 수 있고, 그럴 때는 그것을 좀 더 토의하게 될 겁니다. 당신에게 해당되지 않는 질문들에서는 다음 질문으로 넘어가게 될 것입니다. 평가 마지막에는 빠진 중요한 정보가 있는지 질문할 것입니다. 그러므로 회기의 마지막에 당신의 문제를 잘 이해했다는 것을 확인하기 위해 많은 이야기를 할 기회가 있을 것입니다." 이런 형식에 대한 소개를 통해서 내담자는 회기에 대한 윤곽을 알게 되고, 회기 마지막에는 간과된 관련 정보가 있을 경우에 자신이 '보충 설명을 할 수 있다.'는 것을 확신하게 된다.

장황함에 대한 또 다른 공통적인 이유는 불안이다. 많은 사람(심리적 문제가 없는 사람을 포함하여)은 불안하면 말이 많아진다. 어떤 내담자들은 치료의 첫 회기 또는 두 번째 회기에 매우 말이 많지만, 다음 회기부터는 적당히 말하기 시작한다는 것을 알 수 있다. 비슷하게 어떤 내담자들은 회기 초반에 말이 많지만 점차 적응이 되어 가면서 좀 더 차분해져 가는 것 같다. 이러한 내담자는 치료자와 치료에 적응이 되기 시작하면서 스스로 말이 많은 것을 고쳐 나가기 때문에 문제를 지적할 필요는 없을 것이다.

어떤 내담자는 당신이 생각하기에 불안이 많이 감소되었을 텐데도 계속 말을 많이 할 수 있다. 이런 내담자들은 가끔 다른 곳으로 빠져 치료와는 직접적인 관계가 없는 내용을 이야기한다. 이것은 주의 돌리기 전략으로 간주할 수 있는데, 매주 반복적으로 새로운 주제를 갖고 치료에 오는 내담자의 행동과 유사하다. 이 문제를 다루는 좋은 방법은 대부분의 치료 시간에는 구조화된 방식으로 문제와 직접 관련이 있는 것을 이야기하고, 회기의 마지막에 약간 시간을 내어 자유로운 방식으로 '잡담'을 하는 것이다.

과도한 장황함은 사회적 기술의 부족으로도 볼 수 있다. 이미 여러 번 이야기했듯이, 치료는 치료실 밖의 내담자의 삶을 반영하는 창이다. 만약 치료자가 내담자의 상호작용에서 짜증을 느낀다면 다른 사람들(파트너, 친구, 직장 동료)도 같은 방식으로 느낄 것이라 가정할 수 있다. 치료 밖의 중요한 타인은 치료자처럼 인내심이 있지는 않을 것이다. 우리는 실제 내담자가 이런 문제를 치료에 가져옴으로써 더 좋은 사회적 기술을 얻을 수 있도록 도와줄 수 있다. 만약 과도한 장황함이 몇 회기가 지나도 계속 된다면, 치료자는 다음과 같이 말할 수 있다. "내가 질문을 했을 때, 당신이 길게 대답을 해서, 내가 이해를 못할 때가 있습니다. 이전에 이런 문제를 당신에게 지적한 사람이 있었습니까?" 비슷하게 '호기심'을 보임으로써 장황함에 개입하는 데 사용할 수 있다. "내가 이야기를 하려고 할 때 당신이 동시에 그 이야기에 끼어든다는 것을 알게 됐습니다. 그러면 내가 말하고 싶은 내용을 잃어버리기 때문에 곤란할 때가 있습니다. 이전에 이 점에 대해 지적한 사람이 있었습니까?" 대부분의 내담자는 다른 사람들도 그들의 장황함과 끼어드는 경향에 대해 불평하였음을 틀림없이 대답할 것이다. 심지어 그것이 대인관계와 직업적 문제를 야기시켰음을 보고할지도 모른다. 만약 그런 경우라면 치료자는 이 문제를 다루기 위해 약간의 치료

시간을 제안할 수 있다. 치료자는 헤어지자고 하거나, 대인관계의 기술 때문에 내담자를 해고하는 일은 없을 것이기 때문에 치료는 '안전한' 대인관계다. 치료자와 내담자는 치료 시간에 중립적 주제에 관해 평범한 대화를 나눌 수 있으며, 치료자는 잠시 대화를 '멈추어' 사회 기술을 조언할 수 있다. 그 후 대화를 계속 진행하면서 내담자에게 새로운 기술을 실습할 기회를 제공할 수 있다. 비록 이러한 전략이 어느 정도 위험을 내포하고는 있지만 정확하게 행해진다면 (약간의 유머와 함께) 내담자는 잘 따라오게 되고, 피드백에 매우 고마워한다.

　치료자가 유의해야 할 마지막 한 가지는 장황함이 특정 심리적 문제와 관련이 있을 수 있다는 것이다. 예를 들어, 강박장애가 있는 어떤 내담자는 '옳은 것만' 말하기 또는 확실한 정보만 제공하기와 같은 걱정과 관련되어 있다. "완벽하게 이야기했다는 것을 확인하기 위해 이미 말한 것을 반복할 수 있으며, 또 아주 사소한 것을 빠뜨릴지도 모른다는 불안감에 관련 없는 모든 종류의 정보를 이야기할 수도 있다. 이런 상황에서 치료자는 내담자의 이런 행동을 주목하고, 그것이 현재 치료 중에 있는 문제와 관련이 있는지를 탐색해야만 한다. 만약 관계가 있다면 장황함은 치료 프로그램에 통합될 수 있다. 예를 들어, 앞에서 언급한 강박장애의 내담자는 점진적으로 복잡해져 가는 질문에 단순한 문장으로 대답하는 작업을 할 수 있을 것이다.

"항상 화가 나 있고 짜증을 낸다."

　극단적으로 비판적이고, 짜증과 화를 내는 내담자를 다루는 것은 치료자에게 매우 큰 도전이 될 수 있다. 초보 치료자가 이런 행동을 개인화하는 경향이 있다는 것은 놀라운 일이 아니다. 그들은 내담자가 자신을 좋아하지 않거나 치료에 불만족해 한다고 가정한다. 어떤 치료자는 이에 매우 방어적이고, 심지어는 내담자를 언어적으로 비난하기도 한다. 또 다른 치료자는 큰 모욕감을 느끼고, 두려움을 보일까 봐 걱정하거나 내담자가 비난할 때는 울기도 한다. 비록 그것이 진실한 반응이고, 일상생활에서 내담자와 관여하는 다른 사람의 반응을 반영하는 것일지라도 이런 반응들은 치료적 관계의 측면에서 도움이 되지 않는다.

▣ 문제 해결

이런 상황에 대해 초보 치료자에게 가장 좋은 조언 중의 하나는 분노에 '휘말리지' 않는 것이다. 그 대신 사례를 개념화하고, 현실세계에서 내담자에게 이득이 될 치료개입을 발전시키는 데 도움이 될 수 있도록 그것을 내담자의 생활을 보여 주는 하나의 창으로 간주하라. 내담자가 치료적 관계에서 화를 불러일으키는 것은 무엇인가? 한 가지 가능한 이유는 내담자가 도움에 대해 자포자기하였기 때문이다. 그들은 스스로 자신의 삶을 향상시키고자 노력했지만 한계에 부딪혀 왔을 것이다. 아마도 그들은 주변의 다른 사람이나 다른 정신건강전문가의 도움을 받으려 하였으나 이러한 전략들 역시 도움이 되지 않았을 것이다. 내담자들은 자신의 상황이 희망이 없고, 어떤 것을 시도해도 별로 다르지 않을 것이라고 불안해할 수 있다. 어떤 내담자들은 치료자에게 이런 걱정을 간단하게 드러내는데, 이것은 매우 좋은 문제 해결 전략이다. 다른 내담자들은 문제해결에 미숙해서 이러한 걱정을 억누를 수가 있다. 이런 사람들은 좌절감을 느낄 수 있고, 이때의 좌절감은 분노로 나타난다. 내담자가 치료자를 비난할 때, 내담자가 지니고 있는 생각을 파악하는 한 가지 방법은 이렇게 말하는 것이다. "당신은 오늘 매우 좌절감을 느끼고 있는 것 같습니다. 왜 그런지 말씀해 주시겠어요?" 좌절감을 지적하는 것은 분노를 지적하는 것보다 덜 위협적이다.

내담자가 주변의 다른 사람과 어떻게 관계를 맺고 있는지도 고려해야만 한다. 치료자에게 반복적으로 화를 내는 내담자는 분노가 자주 표현된 가정에서 성장하였을 것이다. 성인으로서 그들은 분노가 전형적인 관계의 양식인 대인관계에서 계속 살아왔을 것이다. 간단히 말해서, 이런 내담자들은 자신이 화를 냈을 때만 타인이 자신의 이야기를 들어준다는 신념을 발전시켜 왔을 것이다.

내담자가 왜 분노와 결부되었는지와 상관없이 그것은 반드시 다루어야 한다. 치료자는 자신이 치료 회기의 분위기를 통제한다는 것을 항상 알고 있어야 한다. 내담자로 하여금 치료에서 어떤 행동이 받아들여질 수 없는지를 알도록 하는 것이 좋다. 다음과 같이 말할 수 있다. "오늘 회기에서 내가 제안하는 것을 당신이 꺼려한다는 것을 알고 있습니다. 그 주제에 관해 좀 더 토의하는 것이 좋다고 생각합니다. 내가 좋지 않게 느끼는 것은 치료 중에 소리치는 것입니다. 그것은 매우 비생산적이고, 치료에서 소리치는 것은 안 된다는 것을 말하고자 합니다."

이와 같은 기본적인 규칙은 매우 큰 효과가 있을 것이다. 초보 치료자들은 경험이 적음에도 불구하고 자신이 치료를 관장하고 있다는 것을 내담자들에게 알려 줄 수 있다. 큰 소리로 말하지 않아도 자신의 말이 전달된다는 것을 경험하는 것은 내담자에게는 아주 독특한 의미로 여겨질 것이다. 내담자가 분노와 공격성을 전제로 한 의사소통이 아닌 다른 방식의 의사소통이 있다는 것을 아는 것은 매우 강력한 경험이 될 수 있다.

임상가에게 드러내던 분노를 줄이기 위해 노력한 이후에도 어떤 내담자들은 분노 표현 문제가 지속될 수도 있다. 이런 경우에는 분노 조절에 대한 치료 가능성에 대해 회기에서 논의할 수 있다. 치료 중에 분노 표현의 문제를 보이는 몇몇 내담자는 실제로 분노 문제 때문에 치료에 왔기 때문에 이것은 어려운 일이다. 그러므로 치료자는 비난하지 않는 방식으로 내담자에게 이 주제를 소개하고, 더 분명한 대인관계의 문제를 작업할 수 있는 '연결고리'를 찾아야 한다.

우울로 인해 인지행동치료를 받고자 온 제프의 사례를 보자. 치료 초기에 내담자는 일주일 동안 매일 사고기록지를 작성하도록 요청받았다. 첫 시간에 사고기록지에 관해 소개하였을 때, 내담자는 기록하는 것을 거부하였다. 그는 치료자에게 학교에서 수년간을 그와 같은 일을 했고, 더 이상 숙제를 하지 않을 것이라고 소리쳤다. 치료자는 내담자의 행동 때문에 당황했다. 처음에 치료자는 차분하게 사고기록에 관한 이론적 근거를 반복하여 설명하고자 하였다. 치료자는 아마 내담자가 왜 사고기록이 그렇게 중요한지를 이해하지 못했을 것이라고 추측하였다. 결국 내담자는 과제를 해야 하는 이유를 완전히 이해하였으나 자신이 그것을 수행해야 한다는 것에 대해서는 공격적인 방식으로 계속 거절하였다. 다음 대화를 살펴보자.

> 치료자: 지난주 회기에 사고기록에 관해 이야기하였을 때, 매우 화가 난 것 같았습니다. 나는 오늘 회기에 그것에 대해 이야기를 하면 좋겠다고 생각합니다. 치료 밖의 생활에서 당신이 마지막으로 분노를 느꼈던 때는 언제였습니까?
>
> 제프: 마지막으로요? 음, 어려운 질문입니다. 나는 쉽게 화를 내는 성격입니다.
>
> 치료자: 자, 생각해 보기로 하지요. 오늘 어떤 사람이나 혹은 어떤 일에 화가 난 적이 있었습니까?
>
> 제프: 아닙니다. 이제 겨우 오전 9시인걸요. 박사님, 지금까지는 다 좋습니다.
>
> 치료자: 좋습니다. 어제는 어땠습니까?
>
> 제프: 어제는 안 좋았습니다. 몇 가지 일이 있었습니다. 아침에 늦어서 직장에 가는 것을 서둘러야 했는데, 앞차가 엉금엉금 기어가고 있었습니다. 속에서 막 화가 끓어올랐습니다. 그 멍청한 운전자가 얼마나 천천히 운전을 하는지 미칠 것 같았습니다. 우리는 일방통행로로 가고 있었는데, 1차선이었습니다. 나는 너무 화가 나서 그 차 옆으로 다가가서 손가락으로 욕을 하고 난 후에 추월했습니다. 나는 길이 좁은 커브 길을 만나 도로를 이탈했습니다.
>
> 치료자: 그다음에 무슨 일이 일어났습니까?
>
> 제프: 나는 정말 화가 났습니다. 직장에 도착했는데 비서가 어제 남겨 놓

았던 팩스를 보내지 않았지 뭐예요. 나는 그녀에게 고함을 질렀습니다.
그녀는 금방이라도 울 것처럼 보였습니다.

치료자: 그것 때문에 당신 기분은 어땠습니까?

제프: 진정이 될 때까지 기분이 나빴습니다. 팩스는 9시가 아닌 9시 30분에
보냈습니다. 그런데 지나고 나니까 그렇게 큰 일이 아닌 것처럼 느껴졌
습니다.

치료자: 어제 또 다른 일이 있었나요?

제프: 당신은 지금 내가 문제가 있다고 생각하시는 거지요?

치료자: 무슨 뜻입니까?

제프: 당신은 지금 나를 비난하고 있습니다.

치료자: 아닙니다. 나는 지난주 회기에서 당신에 대해 조금이지만 알게 된
것이 있었습니다. 나는 다만 그것 때문에 회기 밖의 당신의 일상생활이
어떤지를 알고 싶을 뿐입니다. 당신은 매우 화가 났고, 내 생각으로는
그것이 생산적으로 회기를 진행하는 데 방해가 되었습니다. 나는 그것이
그날 있었던 하나의 우연한 사건인지, 치료 밖에서도 가끔 일어나는 일
인지를 알고 싶었을 뿐입니다.

제프: 음, 내가 비난 받는 중이군요. 매우 화가 납니다. 당신이 무엇을 할 수
있습니까?

치료자: 우리가 무엇을 할 수 있는가라는 말씀인가요?

제프: 자, 나는 화를 좀 덜 내는 것을 배우러 여기에 온 것이 아닙니다. 나는
우울 때문에 여기에 왔습니다.

치료자: 지난주에 내가 걱정했던 것은 분노와 짜증이 치료를 계속 방해한다
면 우울을 다루는 데도 문제가 있을 것이라는 것입니다.

제프: 무슨 뜻인가요?

치료자: 당신은 분노와 우울이 어떤 식으로든 서로 일치하는 것이라고 생각

하지 않습니까?

제프: 그런 일이 있고 난 후에는 기분이 안 좋습니다. 나는 인내심도 없고, 사람과 관계 맺는 능력도 없는 형편없는 사람처럼 느껴집니다. 그것이 나를 가장 힘들게 하는 것입니다.

치료자: 그것이 당신의 생활에 하루하루 어떤 식으로 영향을 미치고 있습니까?

제프: 나는 항상 혼자입니다. 화내는 성질 때문에 여성들은 나와의 관계를 끊는 것 같습니다.

치료자: 흥미로운 일입니다. 당신이 처음 치료 받으러 왔을 때는 매우 슬프고 외롭다고 느꼈기 때문입니다. 분노와 우울한 기분이 관련이 있을 수 있는 것 같습니다. 그런 식으로 생각해 보면 분노 조절을 위해 약간의 작업을 한다는 것이 이해가 되십니까?

제프: 예, 좋습니다.

요약하면, 내담자들은 여러 가지 이유 때문에 분노를 표현할 수 있다. 그들은 치료자의 한계를 시험해 볼 수도 있고, 두려워하거나 좌절감을 느낄지도 모른다. 혹은 좀 더 차분하고 균형적인 감각으로 타인과 의사소통하는 경험이 적을 수도 있다. 내담자는 치료자가 통제력이 있고 두려움과 불안을 다룰 수 있다는 것을 알게 되면(심지어 치료자가 차분한 분위기에서 의사소통을 할 때는) 분노가 감소된다. 분노가 계속 되는 경우, 치료자는 분노 조절에 좀 더 초점을 맞추기 위해 어떤 '연결고리'를 찾도록 해야 한다. '연결고리'는 분노가 내담자의 목표나 현재 문제에 관계를 맺고 있는 방식을 의미한다. 특히 내담자가 치료 밖의 관계에서 분노의 영향을 확인할 수 있도록 돕고(제프의 사례에서 예로 든 것처럼), 만약 분노 문제가 감소하면 이 관계가 향상될 수 있다는 것을 인식할 수 있도록 도와야 한다.

"너무 순응한다."

비순응에 대해 초기에 토의했던 점에 비추어 보면, 내담자가 어떻게 과도하게 순응할 수 있을까를 궁금해할 것이다. 어떤 내담자는 치료자가 말하는 모든 것에 동의를 하고 과제를 흠 없이 완수하며, 심지어는 치료자가 제안했던 것 이상으로 하기도 한다. 예를 들어, 강박장애의 내담자는 더러운 것을 집 주변에 어지럽혀 놓도록 하는 과제를 받았다. 이 과제는 그녀의 자녀가 방과 후에 집에 가방을 갖고 들어오도록 허락하고(전에는 가방을 집 주차장에 놓아 두도록 하였다), 외부에 벗어 놓았던 신발을 신고 집 주변을 걸어다니며, 오염되었다고 간주한 천 조각들을 그녀가 아끼는 팔걸이의자나 침대와 같은 오염되지 않은 것에 접촉하는 것을 허용하는 것이었다. 내담자는 그다음 주에 이 모든 과제와 그 이상의 것을 수행하고 회기에 참석하였다. 가장 공포스런 활동 중 하나는 생닭이나 생고기 덩어리를 만지는 것이었다. 그녀는 이것을 만지면 병에 걸리거나 자녀에게 오염을 옮기게 될 것이라고 두려워하였다. 오염된 천으로 의자와 침대를 닦고 이제 이것을 견딜 수 있다는 것을 알게 된 후, 그녀는 닭고기를 들고 그것을 의자와 침대에 문질렀다. 이것은 치료자가 결코 제안하지 않았던 것이었다. 생닭의 진물이 묻은 의자에 앉거나 침대에서 잠을 잔다는 것은 매우 불쾌한 일일 것이다(잠재적 비위생을 말하는 것이 아니다). 치료자는 내담자와 함께 이 걱정을 다루기 위해 충분히 숙고했겠지만, 치료자는 점심을 위해 닭고기를 준비하게 하고 그 후 손과 식기를 과도하게 세척하는 것을 제한하는 것 등과 같은 좀 더 합리적인 방식을 확실하게 제안했어야 했다.

▨ 문제 해결

다른 행동과 마찬가지로 치료적 맥락에서 내담자가 과도하게 순응할 때, 이것을 치료 밖의 생활 모습에 대한 단서로 활용하여야 한다. 이것은 과제를 '초과하여' 수행한 강박장애 내담자가 확실히 그런 경우다. 그 내담자는 부드럽게 이야기하고 예의 바른 여성인데, 변덕스러운 기질의 매우 비판적인 남성과 결혼을 하였다. 결혼 초기에 그녀는 남편이 자신에게 친절하게 대해 줄 것을 반복적으로 요청하였다. 그는 그때마다 그녀에게 그녀가 집을 깨끗하게 하고, 음식을 잘하고, 자녀를 잘 양육한다면 친절하게 할 것이라고 말하였다. 한편으로 남편의 기준을 맞추기가 불가능하다는 것을 알고 있었지만, 다른 한편으로는 매우 종교적인 여성으로서 결혼을 포기하는 것은 고려 대상이 아니었다. 그래서 그녀는 점차 청소와 정리정돈에 더 많은 시간을 소비하게 되었다. 처음에 이런 행동은 남편을 기분 좋게 하려는 수단이었다. 그러나 나중에는 강박사고로 발전되어 청소와 정리정돈을 잘하지 않으면 자신과 사랑하는 사람들에게 나쁜 일이 일어날 것이라고 걱정하게 되었다.

이 사례에 대해 사례개념화를 명확하게 함으로써 치료자는 내담자가 치료자에게도 같은 노력을 하고 있다는 것을 알게 되었다. 비록 치료자가 분명히 비판적인 사람이 아니고 치료를 '완벽하게' 하도록 과도하게 압박을 준 것은 아니었지만 내담자의 그런 행동에는 두 가지 이유가 있었다. 첫째, 그녀는 치료를 완벽하게 하지 않으면 사랑하는 사람에게 나쁜 일이 일어날 것이라며 불안해했다. 둘째, 치료를 성공적으로 완수하지 못하면 치료자가 자신을 가치가 없는 사람으로 여길까 봐 두려워하였다. 이것은 남편이 일상생활에서 그녀를 판단하는 것에 대한 두려움과 같은 것이었다. 치료를 잘하려고 하는 동기는 강박장애를 극복하고자 하는 내재적 동기가 아니라 타인을 즐겁게 해 주려고 하는 욕구 때문이었다. 이 점이 치료에서 문제점이었다. 이것 때문에 치료자는 치료가 종료되면 내담자가 더 이상 자신의 강박장애에 대해 노력하지 않을 것을 걱정하였다. 왜냐하면 강박장애를 극복하고자 하는 강화자(치료자)는 더 이상 그녀의 삶에 함께 있지 않을 것이기 때문이다.

치료자는 내담자와 이 점을 토의하였다. 그녀는 치료를 정확하게 하는 것에 대해 매우 걱정을 하였고 충분히 노력하지 않으면 치료자가 자신에게 화를 낼 것을 두려워하였다고 인정하였다. 치료자는 그녀의 왜곡된 지각을 수정하였고, 치료적 관계를 지지적이고 판단하지 않는 분위기로 만들었다. 더 나아가 그들은 회기에서의 노출과 과제 설정에서 내담자가 좀 더 적극적인 역할을 하기로 결정하였다. 더 적극적인 역할을 함으로써 내담자는 치료자가 아니라 자신에게 더 책임이 있다는 것을 느끼게 되었다.

❖ 결론: 도전에 직면하여 긍정적으로 머물기

당신이 이 장을 읽고 비관하고 있다면, 치료는 일반적으로 아주 부드럽게 진행된다는 것을 기억하라. 우리 모두는 치료에 순응하고 기능과 삶의 질이 매우 향상되어 치료를 종결하는 내담자와 작업함으로써 상당한 기쁨을 경험한다.

이 장에서는 매끄럽게 진행되지 않는 사례에 초점을 두었다. 그러나 그런 사례를 치료하는 것은 우리의 작업에 도전과 흥미를 가져다준다. 치료자가 된 것에 대한 특별한 한 가지는 내담자가 치료에 참여하는 데 방해가 되는 과거의 장애물을 극복하도록 돕고, 결국 그들의 삶에서 긍정적인 변화가 이루어질 때 느끼는 특별한 감동이다. 우리 모두는 치료의 어떤 부분에서 내담자가 목표로 설정한 변화를 달성하지 못할 것 같은 절망감을 느낀 많은 사례를 기억할 수 있다. 내담자의 여정에서 방해가 되는 것이 무엇인지를 이해하고, 그것을 다룰 수 있도록 돕는 것이 우리의 직업에서 가장 만족스러운 것 중의 하나가 될 것이다. 좌절감을 느낄 때마다 인간 행동은 아주 흥미로운 것임을 기억하라. 당신의 호기심을 활용하여 내담자가 자신의 세계에서 더 잘 기능하도록 돕기 위하여 당신이 발견한 것을 사용하라.

제10장 치료 종결하기

앞 장에서 우리는 치료와 평가의 진행과정에 대해 기술했으며, 치료과정에서 발생할 수 있는 다양한 어려움을 어떻게 다룰지에 대해 고려해 보았다. 이 장에서는 종결 시점과 종결방법 그리고 종결과 관련하여 나타날 수 있는 어려운 임상적인 문제에 초점을 둘 것이다.

❖ 종결 시점 유지하기

인지행동치료는 치료에 있어 시간이 한정된 접근법이다. 치료를 시작하자마자 이 기본적인 사실을 내담자에게 알려 줄 필요가 있다. 치료과정에서 명확한 종결의 시점이 있다는 것은 많은 측면에서 유익하다. 이로 인해 내담자는 특정 시간 안에 변화해야 한다는 외적인 압박감을 느끼게 된다. 4~5회기밖에 남지 않았다는 것을 아는 것만으로도 내담자는 가장 어려운 목표를 완성하려는 동기를 유지할 수 있게 된다. 치료를 무기한으로 질질 끌 수 있다고 믿는다면 내담자는 그들이 해야 하는 것보다 더 느리게 진행할지도 모른다.

또 종결 시점이 있다는 것을 기억함으로써 치료자는 사례개념화와 치료계획이 잘 진행되고 있는지를 지속적으로 재평가하게 된다. 치료가 시간제한적일 경우, 목표 없이 여러 회기를 진행하지는 않을 것이다. 오히려 각 회기는 구조화되고 목표지향적이 된다. 특히 각 회기는 다음 회기에 영향을 미치게 되어 결국 종결의 과정으로 이어지게 된다. 각 회기를 마친 뒤 치료자는 "치료목표에 도달하기 위해 다음 회기에 무엇을 할 필요가 있는가?"라고 스스로 질문해야 한다.

마이클의 경우, 치료의 주 목표는 그의 사회불안 문제를 돕는 것이었다. 목표설정과 재발방지를 위한 마지막 시간까지 포함하여 16회기에 걸친 사회불안장애의 치료계획이 수행되었다. 그러나 치료계획은 유동성이 있기 때문에 마이클과 치료자는 몇 가지 문제를 더 다룰 수도 있을 것이다. 마이클의 경우, 불안위계는 치료를 위한 일정표로 활용되었다. 인지재구조화 기법은 노출 준비와 노출에서 배운 것들을 토의하는 과정에서 사용되었다. 회기 내에서 노출이 수행되었을 때는 비슷한 노출이 과제로 제시되었다. 만약 마이클이 다음 회기에 그 노출 상황에 대해 무엇인가 더 다룰 필요가 있다고 느꼈을 때는 또 다른 회기에서 이 문제를 다룰 수 있었다. 그렇지 않았다면 위계의 상위 목록에 있는 주제를 선택하게 되었을 것이다. 마이클이 치료과정 동안 모든 상황에서 모든 것을 완벽하게 숙달하는 것이 중요한 것은 아니었다. 그것보다는 치료가 끝났을 때, 어떤 상황에도 직면할 수 있는 기술을 갖추도록 하는 것이 목표였다. 다른 말로 하면, 치료의 목표는 마이클이 스스로 자신의 치료자가 되어 치료가 끝났을 때도 사회불안에 대해 지속적으로 대처할 수 있도록 하는 것이었다.

❖ 자신의 치료자가 되도록 내담자를 가르치기

내담자 스스로 자신의 치료자가 될 수 있도록 가르친다는 원칙 때문에 인지행동치료의 내담자들은 더 기분 좋게 종결을 준비해 나간다. 종결이 하나의 고통스럽고 두려운 과정으로 설정되기보다는 하나의 긍정적인 단계로 설정(치료 초기부터)되는 것이다. 치료를 종결한다는 것은 내담자들이 새로 획득한 기술을 사용하여 자신의 어려움을 스스로 다룰 준비가 되었다는 것을 의미한다.

우리는 내담자가 자신의 치료자가 될 준비가 되었다고 어떻게 확신할 수 있는가? 이 목표를 달성하는 데 있어 한 가지 핵심적인 것은 치료가 진행됨에 따라 내담자의 참여가 점차 늘어나는 것이다. 회기를 계획하고 또 과제를 설계함에 있어서 내담자들이 점차 더 적극적인 역할을 맡도록 격려해야만 한다. 치료 초기에는 치료자가 회기 내용과 해야 할 과제를 정하는 데 좀 더 지시적일 것이다. 예를 들면, 마이클의 치료자는 첫 번째 노출을 평상적인 대화로 하는 것을 제안했고, 그런 다음 마이클과 치료자는 함께 노출의 지표를 정의하는 작업을 했다. 노출 후에 치료자는 보다 평상적인 대화를 과제로 제시하고, 주중에 이 과제를 적용할 기회가 될 사건들을 확인할 수 있도록 도왔다. 치료자는 이 시점에 지시적이 됨으로써 본질적으로 과제와 현실의 '연결점'을 내담자에게 알려 줄 수 있다. 내담자는 체계적으로 노출을 선택하고, 그 지표를 정의하며, 그것을 수행하는 방법을 배우게 되고, 그다음에는 적절하게 연습과제를 계획하기 위하여 그 방법을 활용하게 된다.

치료 후반에는 내담자 스스로 이와 같은 결정을 하기 시작하는 것이 매우 중요하다. 회기를 시작하면서 주제를 설정하는 데 내담자가 적극적인 역할을 해야만 하고, 회기를 마칠 때는 스스로 과제를 적절히 계획해야만 한다. 특히 내담자가 처음 이런 역할을 하게 될 때는 치료자의 지지가 중요하다. 만약 당신이 보기에 내담자의 과제 계획이나 설정이 당신에게 유익해 보이지 않는다 해도 비판하지 않도록 하라. 그 계획이 도움이 될 거라고 생각하는 이유를 물어본 후, 계속 미흡하다고 생각되면 적절히 수정하도록 부드러운 방식으로 내담자를 안내하라. 이때 직접적인 지시보다는 소크라테스식 질문을 통해 이루어져야 한다.

마이클의 사례로 돌아가 이 부분을 살펴보자. 마이클의 첫 번째 노출(5회기)은 낯선 남성과의 일상적인 대화였다. 과제로써 마이클은 같은 반에 속한 몇 명의 친구들과 점심을 먹었고, 보다 일상적인 대화에 참여해야 했다. 마이클이 6회기에 왔을 때, 점심식사 때 매우 좋은 경험을 하였으나 얼굴 붉어짐에 대해 크게 걱정하고 있었다고 보고하였다. 그는 남들이 분명히 그것을 알아차릴 만한 것이라 생각하였으며, '내 얼굴이 붉어진다는 것을 알아차렸을 때 사람들은 내가 긴장하고 있으며 그렇게 똑똑하지는 않다고 생각할 것'이라고 설명하였다. 즉, 마이클은 과제를 수행하면서 사회적 상황에서 자신에 대한 아주 구체적인 몇 가지 예언을 했다. ① 사람들은 내 얼굴이 붉어짐을 알아차릴 것이다. ② 이런 신체적인 증상으로 인해 사람들은 내가 똑똑하지 않을 것이라 생각할 것이다. 그 결과 6회기에 마이클은 낯선 남성과 또 다른 대화(5회기 노출의 반복)를 시도했지만, 이번에는 이전 회기에서 탐색되지 않았던 몇 가지 다른 예언들을 평가하기 위한 것이었다. 이 노출 역시 마이클에게 매우 유익했다. 대화 보조자는 마이클의 얼굴이 붉어지는 것을 전혀 알지 못하였으며 얼굴이 붉어지는 사람에 관해 어떻게 생각하고 있는지를 물었을 때, "그냥 그럴 뿐입니다. 어떤 사람들은 더 얼굴이 붉어집니다. 그것은 별다른 의미도 없습니다."라고 보고했다. 마이클은 이 피드백이 매우 도움이 되었으며, 6회기가 지난 그 주 점심식사 시간에 학급 친구들을 다시 만났을 때 얼굴 붉어짐에 대해 훨씬 덜 걱정하게 되었다고 이야기하였다.

7회기 때, 치료자는 위계 목록을 살펴보게 하면서 계속할 노출을 마이클에게 제안하였다.

> **치료자:** 마이클, 오늘 회기에는 무엇을 하고 싶으세요?
>
> **마이클:** 나는 또 다른 일상적인 대화를 하고 싶습니다. 지난 2주일 동안 매

우 도움이 됐던 것 이상을 하고 싶습니다.

치료자: 좋아요. 당신은 과제에서도 몇 가지 일상적인 대화를 했지요?

마이클: 맞아요. 그것들은 정말로 잘 진행됐습니다. 나는 친구들과 점심시간에 좋은 대화를 할 수 있다는 것을 알게 됐습니다. 지난주 이후로는 얼굴 붉어짐에 관해 훨씬 덜 걱정하고 있습니다.

치료자: 좋아요. 오늘 더 많은 일상적인 대화를 하는 것이 도움이 될 것이라 생각하나요? 아니면 다른 주제로 바꾸는 것이 좋을까요?

마이클: 음, 나는 대화에 대해 아주 좋은 느낌을 가졌다고 생각해요. 그것을 좀 더 이야기하고 싶었습니다. 그러나 지금은 다른 주제에 대해 이야기하는 것도 좋다는 생각입니다.

치료자: 왜 그렇죠?

마이클: 음, 이제 일상적인 대화에서 상당히 괜찮다고 느끼고, '실제 세상'에서 더 이상 회피하지 않을 겁니다. 지난주에 정말 많은 기회를 경험하였고, 이번 주에도 계속할 것입니다. 회피하지 않을 거고, 잘하고 있다고 느끼기 때문에 좀 더 높은 위계에 있는 항목을 다루어야 할 것 같은 생각입니다.

치료자: 예, 아주 좋은 생각이에요, 마이클. 생각하고 있는 것이 있나요?

마이클: 음, 내가 모든 종류의 대화를 해 본 것은 아닙니다. 나는 지금 남자들과 일상적인 대화를 하는 것에는 상당히 괜찮지만, 여자들과의 대화는 매우 어렵습니다. 그것을 해도 괜찮을까요?

치료자: 아주 좋은 생각인 것 같아요. 그럼 오늘의 주제를 '여자들과의 일상적인 대화'로 정하지요.

치료자는 마이클의 잘못을 단순히 수정하는 것이 아니라, 그가 자신의 치료자가 되어 회기의 다른 대안들을 생각해 보도록 하였다. 그렇게 함으로써 마이클은 일상적인 대화(남자 동료들과)의 한 측면을 수행했다는 것을 깨닫게 되었으며, 그것이 회기를 긍정적인 분위기로 만들어 위계의 상위 항목(여자 동료들과 대화하기)에 대해 자신감을 이끌어 내는 데 도움이 되었다.

내담자 스스로가 치료자가 되도록 돕는 또 다른 좋은 방법은 치료자의 역할을 하게 하는 것이다. 여기에는 몇 가지 방법이 있다. 내담자가 문제가 된 어떤 것을 이야기하거나 예상되는 문제에 대한 걱정을 이야기할 때, "당신이 치료자라면 무슨 제안을 할까요?"라고 말할 수 있다. 한 가지 주의할 것은 치료에서 너무 이른 시기에 이와 같은 질문을 하지 않아야 한다는 것이다. 이것은 내담자에게 위협이 될 수 있으며, 어떻게 할지에 대해 내담자에게 말해 주지 않는다면 자신이 왜 치료실에 오는지 내담자들은 의아해할 것이다. 그러나 내담자와의 관계 형성이 확고하고, 내담자가 그 질문에 어떻게 대답할 지를 안다고 확신한다면 이 기법은 매우 효과적일 수 있다. 내담자는 당신이 그를 돕는 것처럼, 그도 자신을 도울 수 있다는 것을 알게 된다. 내담자가 '치료자가 되는' 또 다른 방법은 치료자가 내담자의 역할을 맡는 역할극을 하는 것이다. 내담자가 어떤 문제를 해결하는 방법을 이 가상의 내담자에게 설명하는 것이다. 마지막으로 특히 치료의 막바지에 치료자는 내담자에게 치료가 끝나게 되면 경험하게 될 가상적인 문제 상황을 제시하고, 이것을 대처할 수 있는 방법을 질문할 수 있다.

내담자가 자신의 치료자가 될 준비가 되었는지 확인하는 또 다른 탁월한 방법은 치료자로서의 가능성을 찾고 그 능력을 강화하는 것이다. 어떤 상황이 내담자의 생활 속에서 우연히(예, 과제로 할당된 것이 아닌) 일어났을 때 그리고 내담자들이 인지행동치료 기술을 사용하여 이들 사건을 효과적으로 다룰 때 이 가능성을 가장 잘 확인할 수 있다. 우울치료를 위해 온 내담자와의 회기에서 발췌한 다음의 예를 살펴보자.

내담자: 나는 이번 주에 별로 좋지 않았어요. 치료가 거의 끝나가기 때문에 느끼는 그런 긴장감 같은 것입니다.

치료자: 그것에 대해 좀 더 이야기해 주겠어요?

내담자: 월요일에 일하는 중이었어요. 검토할 서류를 사장님께 드렸는데, 그것을 빨간 글씨로 여기 저기 수정해서 되돌려 주었어요. 그건 정말 끔찍했습니다.

치료자: 당신이 그 서류를 돌려받을 때 무슨 생각을 했나요?

내담자: 먼저, 오늘 완전히 망쳤다는 생각이 들었고 기분이 매우 우울해졌어요. 정말 실패자 같은 기분으로 거기에 그냥 잠시 앉아 있었어요.

치료자: 그리고 그다음에는요?

내담자: 그런 다음 기운을 내서 그것에 대해 진지하게 생각했어요. 그 서류는 '정확하게' 해야 한다고 사장님이 여러 번 강조한 아주 중요한 것이었습니다. 서류의 중요성에 대해서는 서로 이야기를 했지만, 우리가 서류에서 실제로 표현하고자 했던 것에 대해서는 자세하게 검토를 하지 않았다는 것을 알고 좀 놀랐습니다. 그래서 나는 다시 자세하게 검토를 해 보았고, 내가 했던 것이 사장님이 원했던 것에 부합되지 않았다는 것을 알게 됐습니다.

치료자: 그리고요?

내담자: 음, 그런 다음에는 기분이 그렇게 나쁘지 않았어요. 사장님은 이것에 대해 많이 생각해 오고 있었으며, 이 문서가 어떤 내용을 포함해야 할지에 대해 명확한 비전을 갖고 있었어요. 왜 사장님이 내가 한 것을 많이 수정했는지 알 수 있게 되었어요. 그것은 정말 나 개인과는 상관없는 일이었어요.

치료자: 그래서 그 서류를 고쳤나요?

내담자: 예, 그랬어요. 그리고 사장님 방에 가지고 갔어요. 그는 하던 일을

멈추고 나를 올려다보더니 원본 서류에 붉게 표시한 모든 것에 대해 사과했어요. 그는 초안을 마음속에 가지고 있었고, 자신이 그것을 썼어야 했다고 말했어요. 내 보고서도 훌륭했지만, 그는 지난 주말 동안에 생각했던 것을 실행할 방법을 고민하고 있었다고 했어요.

치료자: 그것은 마치 당신이 한 발 물러서서 초기의 자동적인 사고를 신중하게 생각해 볼 수 있었다는 것처럼 들리네요. 정말 놀라워요. 그것에 대해 어떻게 느끼나요?

내담자: 기분이 매우 좋습니다. 몇 달 전이었다면 화장실에 가서 울었을 테고, 그런 다음에도 며칠 동안은 울적해 있었을 겁니다. 이번 주에는 약 5분 정도 기분이 나쁘다가 거기에서 벗어날 수 있었어요. 정말 행복했어요.

내담자가 자신의 치료자가 되는 것을 배우는 것과 관련하여 마지막으로 강조할 만한 점이 하나 있다. 많은 치료자, 특히 초보 치료자는 내담자의 긍정적인 노력을 강화하는 것을 잊는다. 내담자가 그들이 배웠던 것을 생활 속에서 실천하거나 회기 동안 아주 유용한 통찰력을 갖게 되었을 때, 우리는 그들을 칭찬해야 한다. 이것은 내담자들을 과도하게 칭찬하라는 것을 의미하는 것이 아니다. 오히려 우리가 생각하기에 도움이 될 만한 어떤 것을 하였을 때, 그것을 알려 주어야 하며 진심으로 잘했다고 하여야 한다. 치료자의 긍정적인 피드백과 중요한 환경 속에서 자연스럽게 경험하는 모든 긍정적인 강화는 생활 속에서 긍정적인 변화를 만들어 낼 수 있다는 희망을 내담자에게 심어 주게 된다.

❖ 치료의 마지막 몇 회기에서 해야 할 일

내담자가 자신의 치료자가 되는 방법을 알고 있다고 치료자와 내담자가 함께 확신하게 될 때가 치료를 종결할 시점이 된 것이다. 그러나 끝마치기 전에 다루어야 할 몇 가지의 중요한 주제가 있다. 내담자는 자신이 무엇을 달성했는지를 분명히 알고, 미래의 몇 가지의 목표를 설정할 필요가 있다. 또 치료자는 내담자가 미래에 대한 현실적인 기대를 가지고 있는지 확인해야 하고, 내담자는 만약 증상이 다시 났을 때 무엇을 해야 할지 알고 있어야 한다.

치료에서 달성했던 것을 알 수 있도록 돕기

치료가 진행되면서 내담자의 기능이 더 나아지기 시작하면 흔히 그들이 치료를 시작했을 때 어떤 상태에 있었는지를 잊어버리곤 한다. 얼마나 많은 진보를 이루었는지를 내담자가 알도록 돕는 것이 매우 중요하다. 종결이 다가오면 내담자들은 그들이 많이 바뀌지 않았고 그래서 '완벽'해질 때까지 계속 치료할 필요가 있다고 걱정한다는 것을 명심해야 한다. 물론 완벽은 달성하기 불가능한 목표다. 비록 몇몇 어려움이 남아 있을지라도 얼마나 많은 진보를 이루었는지를 알게 함으로써 내담자가 치료를 종결할 준비를 느낄 수 있게 된다. 특히 내담자가 치료에서 점진적으로 좀 더 적극적인 역할을 해 왔다면 치료가 향상되는 과정에서 자신의 역할과 앞으로 계속하게 될 역할(예, 자신의 치료자로서 행동하기)이 촉진될 수 있다.

내담자들이 달성한 긍정적인 변화들을 알게 할 방법은 무엇인가? 이를 위한 탁월한 방법은 초기 평가의 측정치와 현재 내담자가 하고 있는 것을 비교하는 것이다. 대부분의 환경에서 치료의 종결 시점에서는 상세한 면접이 이루어지지 않는다. 그렇지만 면접 기술을 활용하여 내담자의 일상생활의 변화를 파악할 수 있다. 만약 초기에 구조화된 임상적인 인터뷰가 사용되었다면 특정 장애의 진단 기준이 아직 남아 있는지를 평가해 볼 수 있다. 초기 평가의 구조화 여부와 상관없이 치료가 시작된 이래 삶의 질이 어떻게 변화되었는지에 대해 토

의하는 시간을 갖는 것도 매우 유용하다. 만약 내담자가 치료 초기에는 아침에
간신히 일어나서 치료에 참여했지만, 지금은 파트타임으로 일을 하고, 자녀와
더 많은 시간을 보내면서 치료를 마치게 되었다면 이것은 치료 향상을 확인하
는 훌륭한 수단이 될 것이다.

제3장에서 면접 이외의 또 다른 많은 평가도구들에 대해 토의하였다. 이 도구
들 역시 치료의 과정에서 변화된 정도를 알도록 하는 데 유용한 방법이 될 수
있다. 예를 들면, 한 내담자가 공포 자극에 얼마나 가까이 접근하는지를 알기
위해 관찰 기법을 사용하는 것을 토의하였다. 행동검사는 변화를 측정하기 위
해 치료의 마지막에 다시 시행될 수 있다. 거미에 대한 특정 공포의 예에서, 치
료 초기에는 단지 병에 봉인되어 있는 거미와 함께 방에 있을 수 있었던 내담자
가 치료의 마지막에는 손으로 거미를 잡을 수 있다는 것은 주목할 만한 큰 변화다.

자기 탐색이 똑같은 방법으로 사용될 수 있다. 자기 탐색을 토의할 때, 우리
는 발모광을 지닌 16세 소녀의 사례를 예로 들었다. 평가기간 동안 내담자는
하루에 얼마나 많은 머리카락을 뽑는지 기록하도록 하였다. 치료가 시작되었
을 때, 내담자는 머리카락 뽑는 행동을 계속 탐색하였고, 매주 이 자료를 그래
프로 그렸다. 매주 머리카락을 뽑는 행동이 감소하고, 심지어 하루에 수백 개
의 발모에서 치료의 마지막에는 한 번의 발모도 없었다는 것을 알게 됨으로써
내담자는 큰 변화를 확인하게 되었다.

만약 치료 중에 불안 상황의 위계가 만들어졌다면 치료의 마지막에 위계를
다시 작성하는 것이 도움이 될 수 있다. 내담자들은 이 상황들에 대한 반응에
서 불편함이 얼마나 많이 감소하였는지를 알고 싶어 하고, 과거의 문제 상황이
더 이상 걱정이 되지 않을 때 매우 기뻐한다.

마지막으로 질문지들도 내담자의 변화를 보여 주기 위해 사용될 수 있다. 비
록 우리가 내담자에게 측정치의 원점수를 제공하고 싶지는 않지만(이것이 그들
에게는 의미가 없을 것이므로), 내담자들은 종종 치료 도중의 과정에서 그들이

변한 정도를 듣고 싶어 한다. 예를 들면, 치료에 처음 온 이후에 증상이 80% 감소하였다고 말해 줄 수 있다.

어떤 내담자들은 치료에서 기대하였던 변화를 달성하지 못한다. 이런 내담자와 함께 치료의 향상에 대해 토의하는 것은 훨씬 어렵다. 그러나 대부분의 내담자들은 치료에서 약간이라도 좋아진다. 이런 관점에서 최소한의 변화일지라도 진전에 대해 토의하는 것은 도움이 되며, 그런 다음 내담자의 더 나은 진보를 위해 할 수 있는 몇 가지 안을 제시하는 것이 좋다.

치료에서 잘하지 못하는 많은 내담자는 치료의 몇몇 측면에 대해 저항을 한다. 예를 들면, 한 내담자는 회기 사이에 어떤 인지재구조화도 스스로 하기를 거부할 수 있다. 이들 내담자들은 꽤 좋다는 느낌을 갖고 회기를 마치지만 주중에 자신의 어려움을 극복하기 위해 아무것도 하지 않고, 처음 시작했던 지점으로 돌아와 다음 주에 온다. 비슷하게 어떤 내담자들은 치료자들이 치료의 향상에 중요하다고 생각되는 어떤 행동실습을 거부한다.

이런 경우에는 왜 치료가 기대했던 것만큼 잘 진행되지 않았는지를 내담자들이 알 수 있도록 돕는 것이 중요하다. 여기서 내담자들에게 사려 깊게 대하는 것이 중요하다―일반적으로 내담자들이 치료에서 해야 하는 일을 하지 않을 때, 치료자들과 논쟁을 하려고 하거나 게으르기 때문은 아니다. 가끔 내담자들은 그들의 생활에서 의미 있는 변화를 해 나갈 준비가 되어 있지 않다. 치료 전 과정에서 내담자가 해야 할 것들이 계속 논의되기 때문에 '적극적인 참여'를 반복하여 강조하는 것이 나쁜 것은 아니다. 내담자가 치료에 전념할 준비가 되었을 때 참여를 촉진하면 원하는 목표에 도달할 가능성이 더 커진다.

내담자의 미래를 위한 목표 설정을 돕기

치료를 종료하는 것은 어떤 내담자에게는 어려울 수 있는데, 그 이유는 문제가 완벽하게 '해결되지' 못한 것처럼 느끼기 때문이다. 매주 이루어지는 치료자와의 만남이 끝나면 무엇을 어떻게 해야 할지 더 이상 알지 못할 것이라고 걱정을 하게 된다. 이런 걱정을 완화시키는 좋은 방법은 치료의 마지막 몇 회기를 미래의 목표 설정을 위해 작업하는 것이다. 이 목표들은 치료에서 배운 것을 유지하고, 확장하도록 돕는 데 맞추어져야 한다. 목표를 달성하기 위해 시간표를 작성하는 것이 좋으며(예, 다음 두 주 안에 커피를 마시거나 영화를 보기 위해 두 명의 친구를 초대하고 싶다. 한 달 안에 내가 미루어 왔던 집안일을 하고 싶다. 세 달 안에 나는 새로운 직업을 갖고 싶다.), 그 시간표가 현실적인지를 확인하는 것이다(예, 세 달 안에 새로운 직업을 갖는 것은 현실적일 수 있으나 다음 주에 새로운 직업을 갖는 것은 현실적이지 않을 것이다). 단순히 목표를 나열하는 것을 넘어서(예, 나는 직업을 갖기를 원한다) 치료자와 내담자는 어떻게 각 목표를 달성할 수 있는지와 그 과정 중에 도달할 수 있는 더 적은 목표들이 있는지를 고려해야만 한다. 예를 들면, 새로운 직업을 찾을 때 내담자는 직업상담사를 만나 모의 면접을 하고, 이력서를 작성하며, 관심 분야에서 이미 일하고 있는 사람과 이야기하기를 원할 수 있다. 또 치료자와 내담자는 이 목표를 달성하는 데 있어서 가능한 한 장애물을 고려하고 숙지하고 있어야 한다.

미래를 위한 현실적인 기대를 수립하기

치료의 거의 마지막 단계에 도달하면, 치료가 종료된 이후에 미래에 대한 내담자의 기대를 검토할 필요가 있다. 많은 내담자는 미래에 다시는 문제에 직면하지 않을 것이라는 기대를 갖고 치료에 온다. 몇몇의 사례에서 내담자들은 그들이 도움을 필요로 했던 어려움을 더 이상 갖고 있지 않은 상태로 치료를 마친다. 또 다른 사례에서는 내담자들은 약간의 지속되는 어려움 또는 잔류 증상 — 여전히 다룰 필요가 있는 것들과 아마 미래의 언젠가 다룰 필요가 있을 것 — 을 지닌 채 치료를 마치게 된다. 치료의 초기에 내담자들과 그 기대에 대해서 토의하는 것은 중요한 일이다. 인지행동치료는 문제가 발생하였을 때 그것에 대처하는 기술을 제공한다는 것을 전제로 하고 있다. 그러므로 고통의 감소와 기능의 향상이 치료의 목표인 것은 분명하지만, 아마도 더 중요한 목표는 치료 후에 남은 어려움과 미래에 일어날지 모르는 새로운 문제를 계속 대처할 수 있도록 새로운 기술을 습득하는 것이다.

만약 증상이 다시 나타난다면 무엇을 할 것인지를 내담자와 토의하기

내담자는 치료 종결이 영원히 혼자만의 힘으로 자신을 돌보아야 함을 의미하는 것이 아님을 알아야 한다. 어려움이 다시 나타나고, 가끔 내담자는 인지행동치료에서 배웠던 것을 잊거나 치료에서 적용했던 문제를 다시 경험하기 시작한다. 이 시점에서는 몇 회의 지지 회기나 또 다른 치료과정이 필요할 수 있다.

이러한 점 때문에 현실적 기대의 중요성이 다시 제기된다. 심리적인 어려움을 한 번 경험하였던 내담자들은 어떤 시점에서 다시 문제를 경험하게 될 가능성이 충분히 있다. 섭식장애의 치료를 받았던 한 내담자는 임신 후에 외모와 체중에 대해 새로운 걱정을 하게 될지도 모른다. 마찬가지로 알코올 의존치료를 완료한 한 내담자는 알코올이 빈번하게 제공되는 휴가 기간을 걱정하기 시작할 것이다.

이들 '도로의 요철'이 순식간에 완전한 재발로 진행되는 것을 막기 위한 가장 좋은 방법은 재발을 준비하고, 그것을 흔히 '있을 수 있는' 사실로 보편화하는 것이다. 모든 내담자는 도로에는 '요철'이 있다는 것을 배워야 한다. 만약 그 요철을 예상하지 않는다면 그것을 경험할 때 큰 문제가 될 수 있다. 내담자는 자신을 실패자로 간주할지도 모른다 ─ "나는 내가 배운 모든 것을 잃어버렸어요.” 또는 “이것은 내가 계속 실패해 왔던 것 중 다른 한 가지일 뿐입니다.” 이런 부정적인 진술 때문에 사람들은 역기능적 행동에 빠질 수 있다. 예를 들면, 임신한 내담자는 자신에 대한 부정적인 감정에서 벗어나기 위해 폭식을 할지 모른다.

내담자들은 치료를 마치기 전에 완전한 재발(relapse)에 앞서 ‘과거의 습관적 행동(lapse)’이 일어난다는 것을 이해해야만 한다. 과거 문제로 재발하는 것을 방지하기 위해 내담자가 할 수 있는 일들이 많이 있다. 첫째, 그들은 과거의 습관적 행동을 치료에서 배운 기술을 적용할 신호로 이해할 필요가 있다. 이것을 위해 치료 종결 전에 내담자들과 함께 치료에서 유용했던 기술에 관해 요약 노트를 만드는 것이 좋다. 자동적인 사고에 대항하기 위한 합리적 반응 목록(예, “사람들은 체중이 아닌 내가 어떤 사람인가에 따라 나를 평가한다.”)과 역기능적인 행동에 빠지는 것을 방지하기 위한 생각(예, 하루에 규칙적인 세 끼 식사와 간식 두 번 먹기, 폭식 충동이 일어날 때 친구에게 전화하기, 산책하기, 충동이 사라지는 것을 확인하기 위해 주의 전환하기)이 포함될 수 있다. 내담자는 힘든 시간을 경험할 때, 이 요약 노트를 참고하여 인지행동치료 기간 동안 유용하였던 것을 기억할 수 있다.

또 내담자들은 치료자에게 전화할 적절한 시점을 알고 있어야 한다. 다시 말하면, 과거의 습관적 행동으로부터 완전한 재발로의 진행은 하루아침에 일어나지 않는다. 재발이 진행되어 치료자를 만날 때까지 기다리지 않도록 내담자를 격려해야 한다. 그들은 아마 사소한 문제로 전화하는 것을 어리석게 느낄지 모르지만(예, 며칠간의 역기능적인 사고, 건강에 도움이 되지 않는 행동을 하고 싶은 약간의 충동), 만약 그들이 전화하는 것이 도움이 된다는 것을 미리 알고 있으면 그렇게 할 것이다. 치료자들은 그 상황을 평가할 수 있고, 그런 다음 어떻게 진행할지 결정할 수 있다. 때로는 지지 전화와 치료에서 배웠던 것을 적용하도록 약간의 조언을 하는 것은 내담자들에게 매우 큰 도움이 될 것이다. 또 다른 경우, 치료자는 내담자가 과거의 습관적 행동 이전의 상태로 돌아갈 수 있도록 돕기 위해 약간의 '지지' 회기를 제안할 것이다.

요약하면 내담자들과의 치료를 종결하기 전에 해야 하고 또 유념해야 하는 몇 가지가 있다. 첫째, 가장 우선적으로 우리는 내담자들이 인지행동치료의 핵심 기술과 그것을 사용하는 방법을 확실하게 알기를 원한다. 이미 이야기했듯이 내담자들은 어떻게 그들 자신의 치료자가 되는지를 알 필요가 있다. 또 치료가 끝난 후에 달성하고자 하는 목표 설정을 돕는 것이 중요하다. 치료의 종결 시점에서 '완벽하게' 느끼는 내담자는 거의 없으며, 대부분의 내담자는 치료에서 배웠던 기술들을 치료가 끝난 후에도 적용하는 방법을 미리 생각해 볼 수 있었다는 것을 고맙게 느낀다.

우리는 내담자들이 치료에서 달성하였던 모든 진보를 아는 것과 미래에 도달할 수 있는 것에 대한 현실적인 사고방식을 유지하는 것 간의 균형을 강조하고자 한다. 비록 그들이 여전히 약간의 어려움을 갖고 있다 해도 그것이 치료가 실패했다는 것을 의미하지는 않는다. 마찬가지로 내담자들은 어떤 어려움이 미래에 다시 일어날 수 있다는 것을 생각해야만 한다. 다시 말하면, 이것이 내담자를 실패자로 만드는 것은 아니다—삶의 여정에서 만나는 어려움은 인간 경험의 한 부분이다. 내담자들이 알아야 할 것은 이런 도로의 요철들을 다루는 기술을 자신이 갖고 있다는 것이다.

❖ 치료 종결하기: 과정에 머물거나 조정하기

우리는 이제 치료의 종결 전에 무엇을 할 필요가 있는지를 알게 되었으나, 정확하게 종결이 언제 이루어져야 하는지에 관한 의문은 남아 있다. 이미 언급하였듯이 인지행동치료자들은 내담자들을 처음 만났을 때, 치료가 얼마나 오래 지속될 것인지를 예상한다. 그 예상은 대부분 정확하며, 치료는 예정한 시간 동안 진행된다. 그러나 다양한 이유 때문에 치료는 때로 우리가 예상한 것보다 더 일찍 끝나거나 더 오래 지속된다.

조기 종결

▣ '바람직한 이유'로 인한 조기 종결

예상보다 일찍 치료 종결을 생각할 때, 그것을 부정적인 관점에서 보는 경향이 있다. 비순응적이거나 치료자가 생각하는 것보다 더 일찍 치료를 도중하차하는 내담자들은 조기에 종결된다. 그러나 때로는 내담자가 예상보다 빠르게 치료의 이득을 얻는 경우에도 조기 종결된다. 내담자에게 인지행동치료의 이론적 근거가 제시될 때, 어떤 사람은 그것을 재빠르게 '이해'한다. 비록 치료에서 적극적으로 개입을 하기 전일지라도, 그들은 이론을 자신의 문제에 적용하고 향상을 보인다. 이들 내담자들은 아마 치료의 전체 과정을 진행할 필요가 없을 것이다. 이미 언급하였듯이, 인지행동치료의 중요한 목표는 내담자들에게 기술을 가르치고 이런 기술을 적용하는 방법을 배우도록 돕는 것이다. 몇몇 내담자는 이런 목표를 다른 사람들보다 빠르게 성취하고, 생활에서 긍정적인 변화를 매우 빠르게 경험하기 시작한다.

상대적으로 짧은 기간에 치료를 중단하는 것은 가끔 불안을 일으킬 수 있다. 비록 치료자와 내담자가 치료 성과에 대해 매우 만족해할지라도 내담자는 이런 성과를 빨리 얻은 것에 대해 걱정할 수 있다. 이 걱정에 대한 좋은 해결책은 치료를 완전히 중단하기보다는 회기 사이의 시간을 늘리는 것이다. 매주 온 내담자의 경우, 몇 주간 정도는 격주 회기를 시행할 수 있다. 마찬가지로 만약 내담자가 회기를 종료하게 되면 매주 1회의 전화통화를 통해서 종결 후 첫 몇 주는 내담자가 치료 성과를 유지하는 것을 확인할 수 있다.

▣ 치료자가 조기 종결을 결정할 때

내담자의 동기를 높이고 치료에 전념하도록 하기 위한 최선의 노력에도 불구하고, 어떤 내담자들은 단순히 그렇게 하는 것을 거부한다. 아마도 치료를 배우는 가장 어려운 것 중의 하나가 무반응적인 내담자에 대한 집착을 멈추고 치료를 중단하는 시점을 이해하는 것이다. 다른 사람을 돕기 위해 치료자가 되고자 한 사람에게 내담자를 치료에서 '쫓아내는 것'은 매우 고통스러운 경험이다. 특히 초보 치료자들이 내담자를 거부하는 것은 치료에 대해 매우 부정적인 의미가 내포될 수 있다. 치료자들은 흔히 상황을 개인화하여 만약 그들이 보다 더 능숙했다면, 일이 다른 식으로 진행됐을 텐데 하는 믿음을 가지고 있다. 또 초보 치료자들은 사람들이 항상 스스로를 도울 수 없거나 또 기꺼이 도우려고 하지 않는다는 현실을 수용하기가 어려울 수 있다. 치료를 계속해야 할지 중단해야 할지를 알 수 있는 마법적인 방법은 없다. 우리의 경험으로 보면 하나의 좋은 방법은 구체적인 징후에 초점을 두는 것이다. 가장 간단한 수준에서 스스로 "내담자가 치료에 기꺼이 참여하는가?" 하는 질문이 중요하다. 만약 회기에서 인지행동치료의 이론적 근거를 확신시키거나, 과제를 해 오지 않은 이유 또는 이번 회기에서 해야 하는 것을 강조하는 데 많은 시간이 소비된다면 내담자는 치료에 참여하지 않는 것이다. 때때로 내담자들이 무엇인가 좀 하기는 하기 때문에 분명히 말할 수는 없겠지만, 노력하지 않는 것은 치료에 참여하지 않는 것이다. 다른 말로 하면, 이런 내담자는 치료에 최선을 다하며 참여하는 것이 아님을 알게 될 것이다.

내담자들이 치료에 참여하지 않는다면 인지행동치료의 효과는 있을 수 없다. 이런 경우에 내담자를 계속 치료에 머물게 하면 내담자를 실패로 이끌게 되는데, 거기에는 두 가지 잠재적인 부정적 결과가 있다. 첫째, 내담자들은 자신에 대한 나쁜 감정을 지닌 채 치료를 마치게 될 것이다. 그들은 어떤 변화도 경험하지 못한 채 몇 주 또는 몇 달간 회기를 하게 될 것이다. 둘째, 그들은 인지행동치료에 대해 부정적인 관점을 가진 채 치료를 떠날 것이다. 그들은 인지행동치료가 효과가 없는 또는 자신에게는 효과가 없는 치료라는 관점을 갖게 될 것이다. 이것은 미래를 위해 나쁜 징조가 된다. 즉, 내담자들이 치료를 위해 보다 더 동기화된 시점이 되었을 때도 치료가 효과가 없다는 믿음 때문에 동기가 저하될 것이다.

이런 측면에서 내담자를 거부하는 것이 그들에게 도움이 된다. 처벌이라는 관점보다는("내가 당신에게 요구한 것을 하지 않았기 때문에 더 이상 당신을 치료하지 않을 것이다.") 조기 종결을 일시적인 결정으로 간주할 수 있다. 치료자와 내담자는 이 시점에서 치료를 계속 하는 것이 좋은 것은 아니지만, 내담자가 치료에 참여할 준비가 될 때 언제라도 다시 돌아올 수 있다는 점을 논의해야 한다. 준비가 되지 않은 채 치료과정에 참여하여 실패하는 것보다는 준비가 되었을 때 돌아와 치료를 계속하는 것이 더 좋다는 것은 의심의 여지가 없다.

만약 인지행동치료를 중단하기로 결정하였다면 다른 치료방법을 사용할 수 있는 다른 치료자를 찾는 것이 내담자에게 적절한지를 토의하는 것이 중요하다. 앞의 단원에서 언급하였듯이, 인지행동치료는 생활의 변화를 포함한 어려우면서도 적극적인 치료방법이다. 종종 치료의 핵심적인 부분은 실제적으로 고치려고 하는 바로 그 문제에 접근하는 것이다. 예를 들면, 불안의 경우 내담자들은 결국 덜 불안해지기 위해 불안을 촉발하는 상황에 접근해야 한다. 때때로 내담자들은 아직 이런 종류의 치료를 할 준비가 되어 있지 않다. 그러나 이것이 치료를 하지 않고 지내야 한다는 것을 의미하는 것은 아니다. 치료를 종결할 때 중요한 부분은 약물 상담을 위해 정신과 의사에 의뢰할 필요가 있는지 또는 지지치료와 같은 다른 종류의 치료나 앞 장에서 토의한 다른 치료방법에 의뢰할 필요가 있는지를 결정하는 것이다.

▣ 내담자가 조기 종결을 결정할 때

때로는 내담자가 치료의 조기 종결을 결정한다. 이것은 내담자의 종결 결정이 치료자가 이 사례에 대해 느끼는 것과 일치하지 않을 때 문제가 될 수 있다. 확실히 내담자가 원하지 않을 때, 치료를 계속 강요할 수는 없다. 그러나 단순히 내담자의 결정을 수용하기 전에 그들이 종결하고자 하는 이유를 탐색하는 것이 중요하다.

내담자들은 수많은 이유로 종결을 결정하지만 가장 일반적인 이유는 치료가 효과가 없다고 믿기 때문이다. 이것은 내담자들의 기대가 치료의 결과에 영향을 미치기 때문에 논의되어야만 하는 주제다. 치료는 많은 이유 때문에 '효과가 없게' 된다. 첫째, 치료는 효과를 보기 위해 어느 정도의 시간이 필요하다. 결과를 즉각 기대해서는 안 된다. 내담자는 인지행동치료의 기술을 배워서 적용하고, 그런 다음 주어진 상황에서 그들의 믿음이 변화하는 경험을 할 때까지 시간이 주어져야 한다. 이것과 연관된 주제로써 치료는 내담자의 모든 어려움을 해결하는 것이 아니다. 치료자들은 합리적인 목표를 세우고, 이 목표를 달성하기 위해 필요한 단계를 세분화함으로써 내담자가 치료과정에 대해 희망적인 관점을 유지하도록 도울 수 있다.

어떤 내담자들은 치료자가 요구하는 작업을 원하지 않기 때문에 치료를 조기에 종결한다. 우리가 이미 논의하였듯이, 어떤 내담자들은 치료에 올 때 아직 변화를 위한 준비가 되지 않았다는 것을 아는 것이 중요하다. 어떤 내담자들은 배우자, 부모, 가족 또는 친구의 강요에 의해 치료에 온다. 내적 동기가 없을 때 치료에 참여하는 것이 훨씬 힘들다. 비록 내담자가 자진해서 왔다고 할지라도 문제는 일어날 수 있다. 만약 치료를 하는 것에 대한 지각된 이득이 비용(예, 치료 시간을 내기, 어려운 변화를 시도하기)보다 크지 않다면 내담자들은 치료에 참여하는 데 어려움을 겪게 될 것이다. 내담자가 진심으로 치료에 참여할 준비가 되어 있지 않다면 그들의 생활이 더 어려워질 거라는 사실이 치료자의 입장에서 힘들긴 하지만 그것은 어쩔 수 없는 사실이다. 가장 좋은 방법은 내담자의 결정을 받아들이고 그들이 좀 더 준비가 되었다고 느낄 때 다시 치료에 참여하라고 권하는 것이다. 그때가 돼서야 아마 더 성공할 가능성이 있으며, 치료 작업을 함께하는 것이 더 부드럽게 진행될 것이다.

다음 주제로 넘어가기 전에 한 내담자가 치료를 조기에 종결할 때, 초보 치료자가 갖게 되는 반응을 논의하는 것이 중요하다. 이것은 처음에는 대처하기 어려운 상황일 수 있다. 이미 지적하였듯이, 초보 치료자들은 가끔 만약 자신이 더 많은 경험을 했더라면 내담자가 치료에 참여했을 것이며 삶에서 의미 있는 향상이 있었을 것이라고 믿는다. 어느 정도는 이것이 사실일지 모른다. 경험이 더 많은 치료자들은 내담자의 비순응을 다루는 데 보다 더 숙달되어 있으며, 내담자를 더 잘 동기화시킬 수 있을지 모른다. 그러나 치료자들의 경험만으로 이런 상황의 모든 변화를 책임지울 수 없다. 비록 우리가 내담자들에게 동기를 부여하고 치료의 확신을 심어 주는 역할을 할 필요가 있다는 것은 분명하지만, 내담자들도 치료에서 준비가 되고 힘든 작업을 기꺼이 할 필요가 있다. 초보 치료자로서 문을 통해 들어오는 모든 사람을 도울 수 없다는 것을 받아들이기가 어렵다. 이런 깨달음에 도달하는 쉬운 방법은 내담자가 문을 통해 들어오는 바로 그 순간에 우리는 모든 사람을 도울 수 없다는 것을 알고 있어야 한다는 것이다. 비순응적인 내담자에게 준비가 되었을 때 다시 오도록 격려할 수 있다면 매우 잘한 일이다. 이것이 긍정적이고 비판적이지 않은 방식으로 이루어진다면 아마 내담자들은 돌아올 것이며, 그때 치료가 진행된다면 성공 가능성도 높아질 것이다.

치료 연장하기

▣ 치료자가 치료 연장을 결정할 때
사례개념화는 어떻게 치료가 진행되고 있는지에 대한 지속적인 평가를 포함하고 있다. 때때로 초기 사례개념화에 고려되지 않았던 새로운 문제들이 나타 난다. 이들 문제를 다루기 위해서는 추가로 시간이 필요할 것이다. 이와 비슷 하게, 어떤 내담자는 우리가 기대한 만큼의 향상을 보이지 않는다. 우리는 모 두 종결 시점에 가까워져서야 치료에 대해 실제로 '이해하고' 중요한 변화를 나타내는 내담자와 작업을 해 온 적이 있다. 이런 내담자는 다른 내담자보다 치료를 좀 늦게 따라올지 모르지만 단순히 종료 날짜에 도달했기 때문에 치료 를 중단하는 것은 아쉽다. 몇 회의 추가 회기가 시행될 수 있다. 이런 종류의 조 정은 치료를 무한정 연장한다는 것을 의미하는 것이 아니다. 오히려 치료의 원 계획이 수정되고, 그것을 조정하는 것을 확실히 할 필요가 있다. 예를 들면, 치 료자는 초기에 동의하였던 치료 종결 날짜에 가까이 와서야 치료의 기술을 이 해하기 시작한 내담자에게 5회기의 추가 회기를 제안할 수 있다.

▨ 내담자가 치료를 연장하기를 원할 때

때로는 내담자가 치료 종결을 원하지 않는 경우도 있다. 어떤 내담자들은 직 설적이고 단순하게 치료를 종결할 준비가 되지 않았다고 말할 것이다. 다른 내 담자는 매우 성공적인 치료과정이 종료되는 순간에 보다 의미심장한 새로운 문제를 가져오거나 성실하게 참여하였던 회기를 결석하기 시작한다.

왜 내담자들이 이런 행동을 할까? 아마도 가장 큰 가능성은 내담자들이 혼자 힘으로 잘 진행해 나갈 것을 주저한다는 것이다. 그들은 매주 치료자의 지지 없이 치료 성과를 유지한다는 것을 상상하기 어려워할지 모른다. 내담자가 자 신의 치료자가 되어야 한다는 인지행동치료의 지침을 다시 언급함으로써 이 걱정을 다룰 수 있다. 즉, 내담자에게 자신의 힘으로 생활을 조절해 갈 수 있는 기술을 획득했다는 것을 다시 확인해 줄 수 있다. 특히 치료가 점진적으로 끝 나갈 수 있도록 회기를 설정할 수 있다. 회기를 연장하는 것보다 마지막 몇 회 기를 매 주가 아닌 2주 간격으로 실시할 수 있다. 이것은 주기적인 검토를 통해 내담자가 안심하면서 스스로의 힘으로 생활을 조절해 볼 수 있는 기회가 된다. 어떤 내담자는 정기적으로 예정된 방문이 종료되는 것은 치료자와의 접촉이 완전히 끝나는 것이라고 간주한다. 이런 경우, 전화를 하거나 어느 정도 시간이 지나 상태를 다시 검토하기 위해(특히 그들이 다시 문제를 직면했을 때) 방문할 수 있다고 말해 줌으로써 내담자가 안심할 수 있다.

내담자들이 원하지 않는 치료 종결의 또 다른 이유는 치료적 관계가 삶의 유일한 긍정적인 부분일 수 있기 때문이다. 내담자를 그렇게 강화되도록 그냥 내버려 두는 것은 문제가 될 수 있다. 이미 언급하였듯이, 내담자는 필연적인 분리를 연기하기 위해 새로운 증상을 보고하거나 또는 '마지막 회기'에 참석하지 않을 수도 있다. 이 감정을 다루는 것은 중요하며, 아마 치료를 연장할 필요가 있을지도 모른다. 이것은 한편으로는 당신이 내담자의 치료 종결에 대한 회피를 강화하는 것이 될 것이다. 그러나 다른 한편으로는 얼마나 오래 치료가 연장이 되고, 어떤 문제를 토의할 것인가에 대해 특별히 동의가 이루어진다면 약간의 추가 회기가 내담자에게 이득이 될 수 있다. 새로운 문제로 갑자기 방향을 바꾸는 것보다는 시간을 유용하게 잘 사용함으로써 종결로 인한 분리의 문제를 다룰 수 있고, 또 치료 밖에서 내담자가 의미 있는 사회적 관계를 만들어 나가도록 도울 수 있을 것이다.

❖ 마이클의 사례로 돌아가기

마이클의 치료는 16에서 20회기 사이로 예정된 것이었다. 사회불안장애에 초점을 두어 치료를 하기로 계획되어 있었으며, 만약 다른 관련 문제가 나타나면 그것도 다루기로 되어 있었다. 마이클의 치료는 약 10회기까지 '교과서대로' 진행되었다. 그는 치료에 매우 순응적이었고, 다른 사람들과 잘 어울렸으며 예상해 왔던 것보다 더 빨리 치료의 효과를 얻었다. 사례개념화의 측면에서는 직업에 대한 불확실성은 주로 사회불안 때문인 것처럼 보이기 시작했다. 다양한 역할(학생, 성직자 등)에서 훨씬 더 편안해져감에 따라 그는 또한 성직이 자신에게 좋은 길임을 점점 더 확신하기 시작하였다. 지난 장에서 언급하였듯이, 마이클은 또한 가족이 그의 선택을 지지하고 가족이 지속적으로 보였던 의구심은 자신보다는 오히려 가족의 문제였다는 것을 믿기 시작하였다. 마이클이 가정을 꾸리는 주제는 언급되지 않았으며, 이것 때문에 치료를 받으러 온 것이 아니었기 때문에 치료자는 이 주제를 강요하지 않았다. 마이클은 이 문제를 가끔 신학대학원의 멘토들과 나누었으며, 치료자는 마이클이 이 주제에 관해 자신보다는 멘토들과 이야기하는 것을 편하게 느낀다는 것을 분명히 알 수 있었다.

치료에서 큰 진전이 있었기 때문에 치료자는 마이클에게 초기에 서로 동의하였던 16~20회기 사이의 기간 이전에 치료를 종결할 것을 이미 10회기에 제안하였다. 마이클은 이 제안에 매우 만족스러운 것처럼 보였으며, 그는 이제 자신의 치료자가 되는 기술을 지니고 있다고 느꼈다. 마이클이 원하는 특별한 노출과 재발방지 및 목표 설정을 시작하기 위해 2회기를 추가하기로 합의하였다. 마지막 회기는 요약 회기로 설정하였는데, 이 회기에서는 재발방지와 목표 설정에 대한 논의를 마치고 마이클이 자신이 이룬 모든 진전을 되돌아보게 될 것이다. 마이클이 11회기에 왔을 때, 임상적 상황이 변화하였다. 치료를 시작한 이후, 처음으로 마이클은 노출 훈련을 하는 것을 거부하였다. 그와 치료자는 아직 시연되지 않은 위계의 최상위 항목을 계획하였는데, 설사 그렇다 하더라도 이것을 거절한 것은 마이클의 경우 매우 특이한 것이었다. 그 후 그는 치료자에게 아직 치료를 중지할 준비가 되지 않았으며, 최소한 20회기는 필요할 것이라고 이야기했다.

마이클의 치료자는 처음에는 이 말을 액면 그대로 받아들였다. 그녀는 계획한 노출에 대한 불안 때문에 그가 뒤로 물러섰고 자신의 치료자가 될 준비가 정말 되었는지 스스로 확신하지 못한다고 가정하였다. 그가 만약 주마다 갖는 치료 회기에 오지 않는 상황에서 일이 발생한다면 스트레스 상황을 다룰 수 있을까? 그녀는 마이클이 회기에서 노출에 대해 더 자신감을 느끼기 위해서 무엇을 할 수 있었는지를 물어보기 시작하였다. 마이클은 치료자가 기대하였던 방법을 정확히 대답하였다―그는 약간의 인지재구조화를 시행하고, 유용한 합리적 반응을 생각해 냈으며, 처음에는 불안했지만 잘 진행된 다른 노출을 떠올렸고 또 계획한 노출이 너무 어렵지 않도록 수정하는 것을 치료자와 상의했을 것이라고 대답하였다. 마이클은 모든 가능한 한 해결책을 제시했으나 필요할 때 사용했던 것 같지는 않다. 치료자는 주제를 바꾸어 지난주에 어떤 특별한 중요한 일이 일어났는지를 질문하였다. 이 시점에서 마이클은 실제 일어난 매우 특별한 어떤 일을 이야기했다.

2주 전에 마이클은 어린 시절에 가까운 친구의 여동생인 사라에게서 전화를 받았다. 사라는 회사의 회의 때문에 이 도시에 왔는데, 시내 안내와 저녁식사를 몇 번 같이 할 수 있는지를 마이클에게 문의했다. 마이클은 그녀와 만나는 것에 대해 불안함을 느꼈지만 그녀와 함께 다니기로 결정하였다. 그는 사라를 어린 시절부터 알았기 때문에 그녀와 동행하는 것이 좋을 것이라고 생각했고, 특히 이것을 사회불안에 대한 또 다른 노출의 기회로 생각하였다.

지난 회기 이래, 마이클은 사라를 위해 시내 안내를 해 주고 매일 저녁식사를 같이 하였다. 그는 사라의 따뜻함과 사교성에 매료되었으며, 육체적인 면도 매우 매력적으로 느꼈다. 그는 이번처럼 즐거웠던 적이 없었다. 비록 약간 불안하기는 했지만, 상호작용 중에 사회불안을 많이 느끼지 않은 것에 대해 놀라워했다. 처음에 사라를 만났을 때, 그녀는 그가 성직자가 될 것이라는 것에 대해 "매우 아쉽다."라고 농담을 하였으나 지난 저녁에는 진지하게 마이클이 어떻게 이 직업을 선택하게 됐는지를 물어보았다. 마이클은 단지 일주일 전만 해도 자신의 직업에 대해 확신했지만 갑작스런 질문에 어떻게 대답해야 할지 몰랐다.

마이클이 이 이야기를 하였을 때, 치료자는 그의 감정을 타당화해 주었으며 그 여자와 있었던 이야기를 해 주어서 고맙다고 하였다. 그는 이것에 대해 이야기할 수 있는 사람이 유일하게 치료자라고 설명했다. 신학대학원의 상급자에게 말하는 것은 불가능했으며, 그의 가족에게 이야기하면 마이클이 어쩌면 대학병원에서의 직업으로 돌아와 결혼을 하여 자신의 가정을 꾸릴지도 모른다는 희망을 불필요하게 고취시키게 될 것이라고 느꼈다. 치료자는 우선 이것을 받아들였지만, 마이클이 주저하는 것이 실수와 거부에 대한 고통을 걱정하는 그의 특성과 잘 부합된다는 것을 기억해 두었다. 마이클은 다른 의견을 갖고 있는 사람들과 이야기를 하는 것을 매우 주저하고 있는 것처럼 보였다.

이후 마이클의 치료자는 마이클의 사례에 대해 수정한 사례개념화에 대해 이야기를 나누었다. 사실 그가 직면하고 있었던 것은 양날의 검과 같은 종류의 것이었다. 사회불안이 향상됨에 따라 그는 성직으로 나아가 일을 잘 하고, 그것을 즐길 수 있을 것이라고 더 확신할 수 있었다. 그러나 사회불안이 개선됨에 따라 마이클은 이제 '잘 할 수 있고' 즐길 수 있는 낭만적인 관계를 갖는 것을 고려할 수도 있었다. 사회불안이 성공적으로 치료됨으로써 그에게는 많은 문이 열리게 되었지만, 이것은 또한 많은 복잡한 것을 유발하기도 하였다. 마이클은 이 사례개념화에 대해 이야기를 하고, 회기의 마지막에 그날 계획한 노출을 했더라면 좋았을 것이라고 인정했다. 그는 단지 그것을 하기를 원치 않았는데, 그 이유는 갑자기 노출 훈련이 그렇게 중요한 것처럼 보이지 않았기 때문이었다. 치료자가 노출을 피하려고 했던 이유보다는 사라의 이야기를 그때 즉시 하지 않은 이유를 물어보았을 때, 마이클은 회기에 왔을 때 그것을 이야기할지 또는 말 것인지를 확신하지 못하였다고 설명하였다. 그는 그것을 공유함으로써 성직이 자신에게 맞지 않을지도 모른다는 진정한 가능성에 마음이 열렸음을 느꼈다. 바로 그것이었다는 느낌이 든 후에 이 새로운 의구심은 그를 매우 힘들게 하였다.

회기의 마지막에 마이클과 치료자는 '주제를 바꾸는 것'에 동의하고, 부인과 가족을 원하는 것과 성직자가 되기를 원하는 것 사이의 갈등에 대해 몇 주간을 토의하였다. 그들은 회기의 횟수를 정하지 않고 오히려 매주 일이 어떻게 진행되는지를 보기로 결정하였다. 그들은 이번 회기 이후에 추가 3회기의 시간을 가졌다. 이 기간 동안 마이클은 사라와 접촉을 유지하고 있었고, 그녀에 대한 긍정적인 감정을 계속 느끼고 있었다. 동시에 그녀는 멀리 떨어져 살았고, 결국 관계를 완성할 수 있을 것 같지는 않아 보였다. 그러나 마이클과 치료자는 만약 마이클이 성직자가 된다면 포기해야 하는 하나의 상징으로서 사라를 간주할 수 있었다.

남은 3회기 동안, 초기의 마이클의 문제의 기저에 깔려 있는 실수와 거부당하는 것에 대한 걱정이라는 기제는 아직 치료의 큰 부분으로 남아 있었다. 치료자는 직장 선배와 부모의 지지를 통하여 마이클이 도움을 얻을 수 있지만, 만약 그것을 이야기한다면 그들이 1년 동안 성직을 시도해 보려고 한 그의 결정을 치명적인 실수라고 생각하고, 그에 대한 기대를 포기할 것이라는 신념 때문에 말하기를 주저하고 있다는 것을 알았다. 마이클이 이 신념에 도전할 수 있도록 돕기 위해 인지재구조화가 사용되었다. 마이클은 이 '시범적인' 1년이 '중요한 삶의 결정을 심사숙고할 기회를 주기 위해서'라는 바로 그 이유 때문에 의미가 있었음을 깨닫게 되었다. 그는 1년의 시범적인 기간에 들어가서 성직을 하지 않고 나오는 비율을 조사한 교회의 문헌을 보았다. 이 자료에서 그는 많은 사람이 '마음을 바꾼다.'는 것을 알았다. 또 마음을 바꾸는 것은 가족을 혼란에 빠트리는 것이 아님을 깨닫게 되었다(사실 그는 가족이 매우 즐거워할 것을 알고 있었다). 그리고 비록 그것이 교회에 대해서는 약간의 혼란을 초래할지 모르나 결국 그들도 자신을 용서할 것이라고 느꼈다.

이러한 인지재구조화의 과정을 통해서 마이클은 가족과 신뢰로운 사제에게 조언을 얻기로 하였다. 가족과 사제는 그가 처한 힘든 상황을 매우 공감하였고, 만약 단지 치료자와만 이야기하였으면 받지 못했을 큰 통찰을 얻게 되었다. 마이클은 실수에 대해 부정적으로 평가된다는 것은 물론 거부될지도 모른다는 신념을 지지하는 어떤 증거도 찾을 수 없었다. 그는 사실상 실수도 하지 않았으며, 오히려 직업과 개인의 삶에서 매우 중요한 결정을 다시 한 번 고민하고 있었음을 깨닫게 되었다. 마이클의 사례에서 흥미로운 '전환'은 신의 '개입'이었다. 마이클은 성직자가 되는 신의 소명을 경험하였으며, 만약 이 소명을 따르지 않는다면 신을 실망시키게 될 것이라고 느꼈다. 마이클은 이 신념을 위한 노력으로써 그가 세속적 삶으로 돌아갔을 때의 행동의 변화를 생각하였다. 그는 지역의 병원에서 평신도 사제가 되는 것뿐만 아니라 지역의 교회에서 소외받는 아동들을 위한 몇몇의 프로그램에 자원봉사를 하는 것을 고려하였다. 이제 마이클에게 사회불안은 큰 문제가 아니었으며, 신에게 봉사할 수 있는 모든 종류의 방법을 고민해 볼 수 있었다. 실수와 거부당하는 것에 대한 마이클의 걱정은 여성과의 상호작용을 토의할 때도 나타났다. 만약 마이클이 성직을 떠나게 된다면 그는 교제를 시작하게 되고, 결국 어떤 사람과 결혼하게 될 것이다. 이것을 치료에서 다루지 않았기 때문에(여성과의 모든 일상대화가 임상 직원, 수녀 혹은 교구 주민과 이루어졌다) 마이클은 이성 교제 등의 평범한 일상대화를 할 수 없을 거라고 걱정하였다. 그는 모든 교제를 '망치고' 모든 기회를 잃고 결국 혼자 남게 되어 불행해지지 않을까 두려워하였다.

이러한 걱정에 대한 반응으로써 치료자는 그가 사라와의 만남에 대해 매우 즐거워했음을 인식하고 치료에서 배운 기술을 어떻게 교제에도 적용할 수 있을지를 알 수 있도록 하였다. 그것은 이미 다른 많은 사회적 상황에도 적용한 것이었다. 교제를 '망친다.'는 의미가 무엇인지 토의하였으며, 아마 어떤 교제는 망칠 수도 있겠지만(모든 사람이 그렇게 한다) 그렇다고 이것이 삶의 외로움을 의미하는 것은 아니다. 또 치료자는 교제가 크게 문제가 될 때 추가 회기를 통해 그것을 다룰 수 있을 것이라고 안심시켜 주었다. 비록 그가 성직을 떠나는 쪽으로 마음을 굳힌 듯했지만 치료자는 결코 결정하도록 압박을 주지 않았으며, 그 과정에 어느 정도 시간이 걸릴 것이라는 것을 알고 있었다.

이러한 토의는 마이클이 사라를 만나고 난 뒤 3회기의 치료를 통해 이루어졌다. 이 시점에서 마이클의 미래에 대한 확고한 결정이 이루어진 것은 아니다. 3회기가 지난 후에 치료자는 마이클에게 자동응답 전화기의 메시지를 받았다. 그는 신학대학원에서 나와 지금 고향에 가고 있는 중이며, 앞으로 무엇을 하게 될지 모르겠다고 하였다. 그러나 그는 성직이 그에게 맞지 않는다는 것은 알게 되었다고 하였다. 그는 아무런 연락처도 남기지 않았다.

마이클의 갑작스러운 결정 때문에 치료자는 당황하였다. 치료자는 이 여행을 함께할 기회를 갖지 못한 것에 대해 실망했다. 그러나 마이클은 결정을 했고, 그에게 이것은 고통스러웠을 것이다. 그는 단지 신학대학원이 여기에 있었다는 이유로 이 도시에 머물렀던 것이다. 치료자에게는 그가 이전의 도시로 다시 돌아간 것이 이해가 되었다. 거기에는 집이 있고 친구들이 있으며, 어느 때라도 다시 돌아갈 수 있는 직장이 있었다. 아마도 마이클은 새로 배운 기술을 갖고 집으로 돌아가 그가 필요로 하는 지원을 얻는 데 활용할 것이다.

제11장 수련감독의 과정

　이 책에서 우리는 내담자를 만나는 초기 접촉에서부터 평가, 치료 그리고 종결에 이르는 인지행동치료의 과정을 살펴보았다. 또 이 과정 중에 나타나는 어려움을 다루는 방법에 대해서도 토의하였다. 이것은 초보 치료자가 불안해하지 않고 이 과정을 거치는 길을 안내하기 위한 것이다. 지식과 임상 경험을 숙달하는 것 외에 초보 치료자에게는 수련감독자라는 또 다른 도구가 있다.

　이 장에서 우리는 치료과정에서 틀을 세운 것과 같은 방식으로 수련감독의 과정에 대한 틀을 세우게 될 것이다. 수련감독은 수련감독자와 치료자 사이의 협력을 포함하고 있다. 협력적 노력을 통해서 공통의 목표와 이 목표를 달성하기 위한 수단이 정의된다. 수련감독은 사례개념화, 감별 진단, 치료계획 그리고 개입의 기술을 습득하기 위해 중요하다. 그러나 수련감독의 과정은 그 자체로 일련의 어려움을 지니고 있으며, 때때로 이것은 바로 수련과 관계된 문제이기도 하다. 더 나아가 좀 더 대인관계적 특성의 문제가 수련감독자와의 관계에서도 일어날 수 있다. 이 장에서는 수련감독의 목표달성을 위해 이러한 문제를 가장 잘 해결하는 방법을 제시할 것이다.

❖ 수련감독의 목표

정신건강전문가를 위한 대학원 교육의 궁극적인 목표는 심리적인 어려움을 경험하는 개인들에게 치료 서비스를 탁월하게 제공하기 위해 학생들을 준비시키는 것이다. 이 과정의 첫 번째 단계는 정규 과정을 통해 훈련하는 것이다. 그러나 어떤 교실수업도 내담자와 함께 작업해 나갈 수 있도록 완벽하게 준비시켜 줄 수는 없다. 그러므로 학생들은 보통 임상 기술을 발전시키기 위해 교과 수업 이후에 현장수련을 한다. 수련 중인 치료자는 아직 자율적이고 독립적인 능력이 없기 때문에 임상 수련감독자에 의해 관찰될 필요가 있다. 이 수련감독자의 역할은 수련 기간 동안 지지와 피드백을 제공하는 것이다.

교육적인 측면에서 수련감독의 목표는 학생들에게 심리적인 서비스를 제공하는 데 필요한 기술을 가르치는 것이다. 좀 더 실용적인 측면에서는 학생들이 수련 프로그램을 이수하고 자격증을 획득하는 데 요구되는 수련을 받는 것 또한 중요하다. 학생들은 충분한 수련 시간을 확보하고(예, 직접적인 임상 활동에 참가하는 시간, 지도감독의 시간 등), 자격증에 필요한 수련의 종류를 명확히 할 책임이 있다. 또 수련감독자의 능력도 고려되어야 할 것이다. 대부분의 자격증 관련 규정은 자격이 있는 심리학자에게 수련감독을 받은 경우에 한해 자격증 취득을 위한 시간으로 '인정된다.' 다른 분야의 수련생(예, 정신과, 사회사업가, 정신과 간호사)은 그 관련 분야의 자격증을 위한 지침을 숙지해야 한다.

❖ 수련감독자의 역할

수련감독의 과정이 어떻게 진행되는지를 토의하기 전에 수련감독의 관계에서 수련감독자와 수련생의 역할을 생각해 보는 것은 흥미로울 것이다. 수련감독자는 세 가지의 주요 기능을 수행한다. 초보 치료자를 훈련시키고, 내담자가 효과적인 치료를 받을 수 있도록 책임지며 또한 대부분의 경우 조력자의 역할도 수행한다.

초보 치료자를 훈련시키기

수련감독자의 궁극적인 목표는 충분히 독립적이고 유능한 인지행동치료자를 양성하는 데 기여하는 것이다. 이 목표를 위하여 수련생이 평가, 사례개념화, 치료계획과 치료 기법 적용을 숙달하도록 돕는다. 일반적으로 기초 기법들은 수련감독자의 이론적 지향에 따라 교육이 이루어진다. 수련생은 심리적 어려움에 관해 생각하는 것을 배우고, 특정 관점에 기초하여(예, 인지행동적 관점) 그것을 치료하는 방법을 배운다.

수련감독자는 수련생에게 유능한 평가와 치료 회기를 가르치는 것 이외에, 치료자가 되는 것에 대해서도 가르친다. 수련감독자는 수련생이 치료의 과정에서 일어나는 예상치 못한 문제들을 다루는 방법을 가르친다. 또 초보 치료자에게 임상 업무에 규정되어 있는 윤리적 지침을 소개하고 또 윤리적 문제가 일어날 때 해결하는 것을 도움으로써 윤리적이면서 책임감 있게 심리학을 실행하는 방법을 가르친다.

또 수련감독자는 훈련이라는 맥락에서 수련생의 성과를 평가해야 한다. 수련생은 '평가'라는 것이 단지 수련감독이 끝나는 시점에서만 일어날 것이라고 가정한다. 비록 최종 평가가 있기는 하지만 수련감독자는 전체 기간의 수행에 대한 평가와 현재 진행 중인 것에 기초하여 평가가 진행된다는 것을 수련생들은 명심해야 한다. 다시 말하면 평가란 매번 수련감독 모임에서 피드백을 통해 제시되고, 이것은 다음 작업에 영향을 미치는 반복적인 과정이다.

만족할 만한 치료를 보장하기

아마 수련감독자의 가장 중요한 역할은 내담자의 안녕과 내담자를 효과적으로 돌볼 수 있도록 하는 것이다. 실제 수련감독자는 수련감독 하에 있는 수련생이 끼친 해로움에 법적·윤리적 책임을 진다. 그러므로 수련감독자는 항상 현재의 상황과 치료과정 그리고 각 내담자의 현재의 기능 수준을 잘 알고 있어야 한다. 이 정보를 공유하는 것은 당연히 초보 치료자들의 책임이지만 신뢰로운 관계를 형성하여 수련생이 편안하게 내담자뿐만 아니라 자신의 수행에 대해서 모든 가용한 정보를 공유하도록 하는 것은 수련감독자의 책임이다. 이러한 측면에서 수련감독자는 수련생이 제공하는 정보를 듣고 피드백과 안내를 할 준비가 되어 있어야 한다.

길잡이

많은 임상적인 수련감독자는 치료를 시행하는 방법을 가르치는 것 이외에도 수련생에 대한 길잡이(mentoring)의 역할을 한다. 길잡이의 임무는 수련생이 현재의 경험을 완료한 후에 어떤 수련감독 경험이 더 필요한지를 결정할 수 있게 돕는 것이 포함될 수 있고, 수련생의 진로 설계를 도울 수도 있다. 아마 가장 흔히 간과되는 길잡이의 측면은 초보 치료자가 미래의 수련감독자로서 역할을 할 수 있게 수련감독의 기술을 발전시킬 수 있도록 돕는 것이다. 수련감독자는 자신의 수련감독의 스타일과 자신의 경력 과정에서 그 스타일이 어떻게 발전되어 왔는지를 수련생과 토의할 수 있다. 더 나아가 어떤 수련감독자는 선임 수련생이 신임 수련생을 더 많이 수련감독하도록 하고, 그 수련감독에 대해 피드백을 제공하기도 할 것이다. 이런 방법은 매우 유익하고 가능한 한 활용하는 것이 좋을 것이다.

❖ 수련생의 역할

수련생의 주요한 역할은 심리적인 어려움 때문에 도움을 찾는 사람들에게 임상적인 서비스를 제공하는 것이다. 물론 수련생이 할 수 있는 최선의 서비스를 제공할 것이라는 기대는 있다. 이 책의 앞부분에서 언급하였듯이, 최선의 서비스를 위해 초보 치료자는 내담자의 치료를 위해 할 수 있는 모든 것을 준비해야만 한다. 초보 치료자는 윤리적·법적 기준을 알고 있어야 하며, 내담자를 치료하는 모든 과정에서 그것을 준수해야만 한다. 더 나아가 자신의 개인적인 문제를 인식하고, 이것이 치료에 어떤 영향을 미칠 것인지를 알아야 한다. 마지막으로 이 장의 중요한 부분으로써 수련생은 수련감독을 잘 활용해야만 한다. 뒤에서 자세히 설명하겠지만 이것은 일정에 따라 정기적인 수련감독 모임에 참석하고, 수련감독을 받을 준비를 한다는 것을 의미한다. 또 수련감독자의 피드백에 개방적이고 적극적으로 토의해야 하며, 필요한 경우에는 정기적으로 계획된 모임 이외에 추가적으로 수련감독자의 자문을 받아야 한다.

❖ 수련감독의 관계를 설정하기

수련감독자 선택

수련과정에서 당신이 수련감독자를 선택할 때, 다양한 기준이 있을 것이다. 어떤 상황에서는 수련감독자가 배당될 수 있는 반면에 다른 상황에서는 당신이 선택할 수도 있을 것이다. 수련감독자를 선택하는 경우, 당신에게 가장 최선의 수련감독을 제공할 것 같은 사람을 어떻게 결정하는가? 고려해야 할 많은 중요한 요소들이 있다. 1차적인 요소는 당신이 얻고 싶은 그런 종류의 경험이 어야 한다. 아동과 작업하고 싶은가? 청소년, 성인 또는 노인과 작업하고 싶은가? 섭식장애 혹은 부부 문제와 같이 특정 장애나 문제에 대한 경험을 얻고 싶은가? 병원 혹은 지역의 정신건강센터, 대학부설의 센터, 개인센터 혹은 교도소에서 일하기를 원하는가? 새로운 임상 수련의 경험을 선택할 기회가 있을 때마다 당신이 원하는 것이 무엇인지를 신중하게 고려하라. 그런 다음 이 경험을 얻는 데 도움을 줄 수 있는 수련감독자를 선택하라.

다른 중요한 요소는 당연히 수련감독자의 이론적 경향이다. 비록 이 책이 인지행동치료에 초점을 두었지만 수련과정에 있는 대부분의 사람들은 더 폭넓은 경험을 추구할 것이다(해야만 한다). 아마도 당신은 정신분석치료, 대인관계치료 혹은 정서중심치료에서 수련 경험을 하고 싶을 수도 있다. 당신이 원하는 이론적 경향이면서 그 치료적 기법에 전문가인 수련감독자를 찾는 것이 중요하다.

또 다른 요소는 수련생을 수련감독하는 사람이 얼마나 숙달된 사람인가 하는 것이다. 숙련된 수련감독자를 정의하는 것은 어렵다. 그러나 일반적으로 수련생에게 많은 시간을 낼 수 있고, 수련생의 입장을 존중하는 사람을 찾는 것이 중요하다. 특히 수련감독자가 치료결정에 대해 적절한 안내와 적극적인 역할을 하도록 기회를 주는 것 사이의 균형을 알 때, 수련감독은 가장 잘 이루어진다. 좋은 수련감독자는 수련생이 내담자의 평가와 치료에 더 숙달될 수 있도록 이 균형을 맞추는 방법을 알 것이다. 어떤 수련감독자가 이 특성을 갖고 있는지 알 수 있는 가장 좋은 방법은 주위에 물어보는 것이다. 당신이 전에 그 수련감독자와 함께 일했던 수련생을 알고 있다면 그 경험에 관해 물어보라. 만약 이전에 그 수련감독자와 함께 일한 어떤 수련생도 알지 못한다면 그것에 대해 물어볼 수 있는 과거 수련생의 이름을 수련감독자에게 물어보라. 대부분의 수련감독자는 이 질문에 개방적일 것이다—그렇지 않은 사람의 경우, 당신은 이것을 주저하는 이유에 관해 생각해 볼 수 있을 것이다.

물론 수련감독자를 알기 위한 또 다른 좋은 방법은 그들을 만나는 것이다. 그들의 치료(예, 이론적 경향, 치료하는 내담자의 종류)와 지도를 받는다면 어떤 종류의 기회가 있을 것인지를 물어보라. 얼마나 많은 수련감독을 받게 되고, 수련감독의 방식(예, 개인 수련감독, 집단 수련감독 혹은 개인과 집단 모두)에 대해 물어보라. 이러한 정보를 제공하는 방식을 통해 당신은 이 수련감독자가 수련생을 어떻게 대할지 예측해 볼 수 있다. 다시 말하면 수련생이 수련감독에서 기대하는 것을 한 마디로 말하기는 어렵지만 일반적으로 치료에 대한 열정이 있고 지식을 기꺼이 수련생에게 전달하지만, 다른 한편으로는 수련생으로부터의 배움에도 개방적인 사람이 가장 이상적일 것이다. 수련감독자와 수련생의 강력한 유대는 수련생의 임상적 능력 향상을 포함한 수련감독의 다양한 목표를 성취하는 데 중요한 도구일 수 있다.

관계에 수반되는 것을 명확히 하기

당신과 수련감독자가 수련감독의 관계를 수립하는 데 동의했다면 이 관계에서 수반될 것을 분명히 하는 것이 중요하다. 먼저 수련감독의 빈도와 내용을 결정하는 것이 중요하다. 또 초기에 받는 수련의 종류(예, 특정 평가 혹은 치료적 개입)와 사례의 양에 관해서도 토의해야 한다. 당신은 책임을 맡은 다른 일들도 많이 있을 것이기 때문에 사례에 압도되어 다른 의무를 소홀히 하지 않도록 하는 것이 중요하다. 또 전체 수련에 관한 평가와 수련 종료 시의 평가 등 수련 활동에 대한 전반적인 평가방법에 대해 토의하는 것도 중요하다.

❖ 수련감독의 방법

수련감독의 실시 방법은 임상 현장과 수련감독자에 따라 매우 다르다. 여기에서는 수련감독의 다양한 방법을 토의하고, 수련생이 수련감독을 통해 최상의 것을 얻을 수 있는 방법을 제안한다.

개인 수련감독과 집단 수련감독

어떤 수련감독자는 수련생을 개별적으로 지도한다. 다른 수련감독자는 모든 수련생을 집단으로 지도한다. 보통 개별적인 지도는 1주 1회에 최소 1시간 정도 진행된다. 집단 수련감독은 최소 2시간은 진행되어야 하지만 수련생의 인원과 사례 수에 따라 더 오래 진행될 수도 있다. 집단지도의 수련감독자는 보통 필요한 경우, 일대일의 수련감독을 진행하기도 한다.

개인 수련감독과 집단 수련감독은 장단점을 지니고 있다. 개인 수련감독에서 수련생은 집단 수련감독에서 보다 더 많은 관심을 받는다. 또 직업 선택과 차후의 임상 경험, 수련감독자의 선택과 같은 점에서 수련감독자로부터 조언받을 기회가 더 많다. 개인 수련감독에서는 다른 수련생과 시간을 공유할 필요가 없기 때문에 각 사례에 더 많은 시간이 할애되고, 수련생은 더 많은 사례를 지도받게 될 것이다.

집단 수련감독에서 수련생은 보통 어려운 사례를 선택하도록 요구되고 각 사례에 많은 시간이 할애되지는 않는다. 이러한 한계점이 있기는 하지만, 집단 수련감독에서는 당신이 직접 진행하는 사례보다 더 많은 사례를 경험할 수 있다. 이것을 통해 다양한 임상적 양상과 복잡한 진단 문제, 사례개념화, 치료계획 그리고 치료과정에서 일어나는 문제를 더 많이 경험하게 된다.

어떤 수련생은 집단 수련감독의 환경에서 수련감독자의 피드백을 받는 것을 불편하게 느낀다. 이러한 불편함을 다룰 수 있는 많은 방법이 있다. 첫째, 수련생은 자신의 관점을 재정립할 수 있다. 집단 수련감독의 좋은 점은 수련감독자뿐만 아니라 다양한 수준의 동료 수련생으로부터 피드백을 받을 기회가 있다는 것이다. 가끔 수련감독이 공격적인 것처럼 느껴질 수 있지만, 평가된다는 불안을 개의치 않을 수 있다면 한 사람보다 더 많은 사람으로부터 피드백을 받는다는 것은 치료자로서의 발전에 큰 도움이 될 것이다. 만약 수련감독의 방식이 사려 깊지 못하고 도움이 안 되며 부적절하다면 이 방식에 관해 수련감독자와 토의하는 것이 좋을 것이다. 이런 대화는 특정 행동이 문제가 될 때(예, "내가 사례에 대한 비디오를 보여 주자 당신은 사례가 어떻게 전개되는지 충분히 보지 않고 비난하기 시작합니다.") 또는 특정 행동이 변해야 수련감독이 유용하게 될 때(예, "사례를 토의하기 전에 좀 더 시간을 갖고 비디오를 관찰한다면 도움이 될 것입니다. 그렇게 하면 수련감독이 더 많은 도움이 될 겁니다.") 가장 효과적이다.

요약하면 개인과 집단 수련감독은 모두 장점과 단점이 있다. 현재의 수련감독 방식에서 뭔가 부족하다고 생각되는 것을 얻기 위해 노력하는 것은 수련생의 몫이다. 예를 들어, 가끔 집단 수련감독에서 토의되지 않은 어떤 어려운 사례가 있다면 당신은 그 사례가 정상적으로 진행될 수 있을 때까지 매주 개인 지도를 받을 수 있도록 노력해야만 한다. 비슷하게 당신이 개인 지도를 받고 있으나 많은 사례에 관해 듣는 것이 이득이 될 것이라 믿는다면 다른 수련생과 비공식적인 동료 집단지도 모임을 주선할 수 있다.

치료작업을 수련감독자와 공유하기

수련감독은 수련생이 준비하는 것만큼 유익하다. 필요한 피드백과 조언을 얻기 위해 수련감독자에게 정보를 공유할 준비를 하여 수련감독에 참여하는 것은 수련생에게 책임이 있다. 여기서 우리는 수련생의 다양한 정보 공유의 방법과 그 장단점을 토의하고, 수련감독에서 최선의 것을 얻기 위해 모임을 가장 잘 준비하는 방법을 설명하기로 한다.

▣ 자기보고방법

자기보고방법은 수련감독에서 가장 일반적으로 사용되는 방법이다. 이 방법은 일반적으로 수련생이 새 내담자의 평가나 현재 진행 중인 내담자의 최근 치료 회기 동안에 일어났던 것을 설명하는 것이다. 비록 자기보고방법에서 수련생이 준비할 것이 많지 않은 것처럼 보이지만 사실 그렇지 않다.

매 회기 이전에 모든 내담자의 목록을 작성하고, 지난 수련감독 모임 이후에 회기를 진행하였는지 아닌지를 기록하고, 회기에서 당신이 한 것을 간략히 기록하라. 당신의 사례개념화가 어떻게 발전하고, 회기 사이에 어떤 변화가 있었으며, 이 '최근'의 사례개념화가 치료계획에 어떤 영향을 미쳤는지를 생각하라. 어떤 환경에서는 내담자의 현재에 대한 양적 평가를 제공할 준비를 하는 것이 중요하다―예를 들면, 우울치료센터에서 그 주간의 Beck의 우울척도의 점수를 요청받을 수 있다. 아마도 가장 중요한 것인데, 당신은 또 수련감독자에게 하고 싶은 질문이나 제기할 관심사를 준비하여 수련감독에 참여하여야 한다. 요약 노트를 모임에 갖고 오는 것 이외에도 전체 차트를 갖고 와야 한다. 여기에는 두 가지 목적이 있다. 첫째, 수련감독자는 당신이 바로 알지는 못해도 차트에서 쉽게 찾을 수 있는 추가 정보를 요청할 수 있다. 둘째, 수련감독이 끝날 때 수련감독자는 수련생의 수련 기록에 서명을 해야 하고, 이것을 했다는 것을 확인하는 가장 좋은 방법은 차트를 가지고 다니는 것이다.

▣ 회기 기록하기

많은 수련감독자는 수련감독을 수행함에 있어서 비디오와 오디오의 녹음기록을 사용한다. 이 두 가지를 통해서 치료 회기에 잘 접근할 수 있고, 자기보고 방법에 내재한 왜곡을 제거해 준다. 녹음의 분명한 이점에도 불구하고 많은 수련생이 이 방법을 선호하지 않는다. 녹음한다는 것은 회기 동안 자기초점을 상승시키고 내담자에게 집중하는 것을 어렵게 한다. 특히 타인의 앞에서 녹음된 치료 회기를 보거나 듣는 것은 불안을 유발할 수 있다. 그러나 다행스럽게도 회기를 녹음하고, 녹음 속에서의 자신을 보거나 듣는 것에 익숙해지면 이러한 불안은 빠르게 사라진다.

이 방법의 가장 큰 이점을 얻기 위해서 수련생은 모임 이전에 스스로 자신의 녹음을 듣거나 보아야 한다. 수련감독은 당신이 특정 질문이나 관심사를 기록하고, 중요한 부분의 녹음 위치를 기록할 때 효율적이 될 것이다. 이렇게 '표시된' 부분의 녹음 기록을 모임 이전에나 모임 시간에 수련감독자에게 제시하거나 보여 줄 수 있다. 보통 수련감독자는 매주마다 모든 수련생의 녹음 기록을 들을 시간이 없을 것이기 때문에 도움이 필요한 회기의 부분을 수련감독자에게 표시하여 주는 것은 수련생의 몫이다. 때때로 수련생에게 어떤 회기가 매우 어려워서 수련감독자에게 보여 줄 특정한 부분을 찾기가 어려울 수 있다. 이런 경우, 수련감독자는 기꺼이 전체 녹음을 관찰하고 토의를 할 것이다. 다른 경우, 수련감독자는 무작위로 특정 부분을 선택하여 논의할 것이다.

수련감독과 관련하여 제기되는 공통적인 질문은 녹음에서 단순히 '어려운' 부분만 제시되어야 하는가 또는 '좋은' 부분도 제시되어야 하는가다. 비록 우리가 부정적인 것만 초점을 두고 싶지는 않지만, 시간이 한정이 되어 있기 때문에 일반적으로 어려운 내담자에 대한 조언을 받을 수 있도록 해야 한다. 그러나 집단 수련감독에서는 수련생이 가끔 회기의 '좋은' 부분을 제시하는 것이 도움이 될 수 있다. 아마도 당신은 개념을 잘 설명하고, 내담자의 어려운 문제를 잘 다루었으며, 내담자와 행동 실험을 잘하여 결국 긍정적인 변화를 가져왔을 것이다. 집단에서 이런 부분을 보여 주는 것은 다른 수련생을 위해 매우 교육적이 될 수 있다.

▣ 실시간 관찰

수련감독은 실시간 관찰을 통해서도 일어날 수 있다. 어떤 수련감독자는 수련생과 함께 내담자를 '공동치료'하기도 한다. 이렇게 함으로써 수련감독자는 수련생의 '실제 활동'을 관찰하고, 회기가 진행됨에 따라 안내할 기회를 제공한다. 수련감독자는 또 일방향 거울 뒤에서 회기를 관찰하여 회기가 진행 중일 때(이어폰을 통하여) 혹은 회기 종료 후에 즉시 피드백을 줄 수 있다. 공동치료의 경우와 마찬가지로, 이 방법에서는 수련감독자가 실제 치료 회기에서 일어나고 있는 것을 볼 수 있다는 것이 큰 장점이다. 그러나 비디오와 오디오 녹음과 비슷하게 실시간 관찰은 초보 치료자에게 큰 불안을 야기할 수 있다. 언급하였듯이, 이 불안은 시간이 지나면서 사라진다. 그렇게 되면 실시간 관찰은 매우 역동적이고 도움이 될 수 있다.

▣ 다양한 방법 활용하기

비록 여기서 뚜렷이 구분되는 수련감독의 방법을 토의하였지만 대부분의 수련감독자는 여러 방법을 사용한다. 수련감독자는 수련감독의 과정에 대해 개방적이다. 예를 들면, 당신의 수련감독자에게 회기를 녹음하는 수련생이 없다 할지라도 이 방법이 도움이 될 것이라고 생각하면 수련감독자에게 그것을 제안하라. 수련생이 수련에서 가능한 한 최상의 경험을 하는 것은 중요하다. 즉, 수련감독의 관계에서 주도적인 입장을 취하는 것은 매우 긍정적인 이득을 가져다줄 것이다.

❖ 수련감독의 관계에서의 장애

　수련감독의 과정에서 수련감독자와 수련생은 사례개념화와 내담자에게 어떤 기법을 적용할 것인지에 관해 의견이 다를 수 있다. 또 대인관계와 윤리적 갈등에 기인한 긴장관계가 발생할 수도 있다. 많은 수련감독자가 수련생과의 갈등을 자연적으로 일어나는 것으로 생각하고 있으며, 때때로 유용하고 심지어 수련감독과 수련의 목적을 달성하기 위해 필요한 것이라고 생각한다 (Nelson, Barnes, Evans, & Triggiano, 2008). 갈등과 불일치는 가끔 일어나는 일이기는 하지만 수련감독의 관계에서 긴장을 해결한다는 것은 어려운 일일 수 있다.

　다음 부분에서 우리는 수련감독의 관계에서 발생할 수 있는 것보다 잠정적인 문제 상황에 대해 토의하고, 이 상황을 해결할 방법에 관해 몇 가지 제안을 할 것이다. 비록 각각의 상황을 해결하는 방법에서 차이가 있을 수 있으나, 많은 연구들에 따르면 수련감독의 갈등을 해결하는 것은 강력한 작업동맹에 좌우되며, 수련감독의 관계에 대한 기대와 역할은 초기에 명백하게 토의되어야 한다는 것을 보여 주고 있다(Nelson et al., 2008).

사례를 이해하고 치료하는 방식에서의 어려움

▣ "내 수련감독자는 자신이 치료자라고 생각한다."

　수련감독의 가장 훌륭한 기술은 수련생들을 안내하는 것과 그들 스스로 '성장할 수 있도록' 하는 것, 즉 수련생이 내담자 치료에 대한 책임감을 갖도록 하는 것 사이에 균형을 유지하는 것이다. 어떤 수련감독자는 수련생이 많이 성장했는데도 불구하고, 이 균형을 잘 찾지 못하고 안내를 너무 많이 하고 충분한 독립성을 제공해 주지 못한다. 이것은 초보 치료자에게는 곤란한 상황이다. 수련감독자의 계속되는 압박은 초보 치료자에게 기술이 부족하다는 느낌을 주게 된다. 게다가 수련생이 이와 같은 수련감독자의 조언에 주의를 기울이지 않고 자신의 방식으로 회기를 진행해 나간다면 비난에 직면하게 될 것이다.

▣ 문제 해결

이 상황은 당신의 수련 기간에 따라 다르게 다루어져야 한다. 만약 당신이 치료를 막 시작하는 중이라면(혹은 새로운 종류의 치료를 시작한다면) 일반적으로 조언을 따르는 것이 가장 좋다. 그러나 수련이 어느 정도 지난 다음에 수련감독자가 그의 조언을 따르지 않는다고 당신을 비난한다면 이 주제는 수련감독자와 상의해야 한다. 수련감독자를 비난하기보다는 그것이 당신에게 어떻게 영향을 미치고 있는지를 알려 주라. 수련감독자의 과도한 통제가 당신의 치료 능력과 임상적 결정 능력의 부족을 지적하는 것처럼 느끼게 한다고 말하라. 비판에 개방적이 되라. 당신이 한 것 또는 하지 않은 어떤 것 때문에 수련감독자가 당신이 아직 준비가 되지 않았거나 내담자를 직접 치료할 능력이 없다고 생각하는지를 물어보라. 만약 특별한 어떤 문제가 없다면 그의 조언 하에 도움을 받으면서 점차 독립적으로 작업할 기회를 갖고 싶다고 말하라.

비록 수련감독자와 이러한 문제를 토의하는 것이 언제나 바람직한 방향이기는 하지만, 수련감독과 관련하여 그의 입장을 이해하는 것 또한 도움이 된다. 수련감독자와 수련생의 배열에 있어서 수련감독자가 내담자의 건강과 안녕에 절대적인 책임이 있다. 즉, 수련감독자는 내담자가 경험하는 손상에 대해 법적인 책임이 있다는 것을 의미한다. 마찬가지로 수련감독자는 내담자가 어떻게 치료를 받고 있는지 불안해할지도 모른다. 이 불안 때문에 수련생의 세세한 행동을 조정하려 할 것이다. 특히 수련생이 초보의 경우에는 더 그렇다. 그러므로 수련감독자의 행동을 마치 그가 초보 치료자에게 항상 이런 방식으로 느끼고 행동하는 것처럼 성급하게 개인화하지 않도록 해야 한다. 비록 수련감독자가 당신에 대한 불안을 인정하지 않을지라도 그럴 가능성은 있을 것이다.

▦ "수련감독자와 나는 지향점에 관해 갈등한다."

수련과정에서 가끔 심리적 문제를 이해하고 치료하는 이론적 관점이 다른 수련감독자와 작업해야만 한다. 이것은 때때로 스스로 관심이 있는 수련감독자를 선택한 경우보다는 수련감독자가 배정된 수련생의 경우에 일어나는 일이다. 수련생은 수련감독자의 이론적 지향을 따라야 하는지에 관해 혼란스럽게 느낄 것이다. 만약 그렇게 한다면 수련생은 심리적 문제를 이해하고 치료하는 최선의 방법에 관한 신념과 어긋나는 방향으로 가게 될 것이다. 그렇게 하지 않는다면 수련감독자로부터 비난을 감수해야만 할 것이다. 게다가 수련생이 이론적 지향이 다른 수련감독자로부터 수련받을 때 자신의 지향점을 유지한다면 수련감독은 부적절하게 될 위험이 있다.

▦ 문제 해결

이 혼란을 다루는 최선의 방법은 수련감독자와 그것에 대해 토의하는 것이다. 대부분의 수련감독자는 수련생이 수련감독자의 이론적 지향과 일치하는 방식으로 내담자를 치료하기 원할 것이다. 이것이 반드시 부정적 결과를 초래하는 것은 아니다. 사실 다양한 치료방법의 능력을 구비하는 것은 궁극적으로 당신을 더 유능한 치료자로 만들게 된다. 다양한 수련감독 경험으로부터 배운 기술은 당신이 추구하고자 하는 이론적 지향과는 관계없이 당신의 작업에 영향을 미치게 된다. 게다가 다양한 수련감독 경험을 쌓는 것은 아주 긍정적인 방식으로 당신의 진로를 바꿀 수 있다. 예를 들어, 우리 동료 중 한 사람은 대학원 기간에 주로 인지행동치료를 실습하였으나, 마지막 졸업 연도에는 정신분석치료의 수련을 받았다. 그녀는 정신분석치료 경험이 매우 즐거웠으며, 자신이 심리적 문제를 이해하는 방식과 좀 더 일치한다는 것을 알았다. 그녀는 정신분석치료에서 더 많은 훈련을 하기로 하였으며, 자신이 경력을 쌓아감에 따라 이 진로를 꾸준히 유지하였다.

가끔 수련생은 자신의 이론적 지향점 때문에 특별한 수련감독자를 찾고, 그후 이 수련감독자가 자신이 기대했던 정도의 이론적 지향점을 보이지 않는다는 것을 깨닫게 된다. 예를 들어, 한 수련생이 인지행동치료의 수련감독자를 찾은 후, 이 수련감독자가 실제는 좀 더 정신분석적인 피드백과 조언을 하는 것을 알게 될 수 있다. 이런 상황에서 수련생은 자신이 원했던 수련을 받지 못한다고 느끼게 된다. 어떤 수련감독자는 이런 종류의 의견에 매우 수용적일 수 있다. 그들은 치료에서는 보다 통합적인 형식을 취하지만 수련감독의 관계에서는 다른 이론적 지향에 더 초점을 둘 수 있을 것이다(예, 내담자의 문제를 이해하고 치료하기 위해 인지행동적 접근에 기초하는 것). 다른 수련감독자는 덜 수용적이어서 수련생이 인지행동치료라고 이해하는 것과 다르더라도 자신의 충고를 따르기를 원한다. 이것은 매우 곤란한 상황이다. 왜냐하면 많은 경우에 수련생은 수련감독의 관계를 중단하고 도중에 자신의 욕구에 맞는 다른 사람으로 교체할 수가 없기 때문이다. 대부분의 경우, 합의한 기간 동안에는 수련감독을 유지하고 거기에서 배울 수 있는 것을 찾는 것이 최선의 방법이다. 그것이 당신이 원하지 않는 치료방법을 배우는 것이 되거나 다음에 더 좋은 수련감독자를 선택하는 방법을 배우는 기회가 되든 간에 그 불편한 경험은 긍정적인 결과를 도출할 수 있을 것이다.

수련감독자 – 수련생의 관계 형성의 어려움

▣ "수련감독자에게 부정적인 평가를 받는 것이 두렵다."

아마도 수련감독의 관계에서 수련생에게 가장 큰 걱정은 수련감독자의 평가를 예상하는 것이다. 전형적으로 수련감독은 '건설적 비판'을 받는 것을 포함하기 때문에 이 걱정이 근거가 없는 것은 아니다. 가끔 수련감독자는 피드백을 주는 데에 너무 초점을 두다 보면 최소한의 칭찬조차도 잊는다. 수련감독에서는 주로 잘못된 부분이 토의되기 때문에 긍정적 피드백을 받지 못할 때 수련생은 이것을 과장하여 해석할 수 있다. 수련생은 가끔 마치 자신의 치료가 매우 형편 없고, 좋은 치료자가 된다는 어떤 희망도 없는 것처럼 느끼면서 수련감독 모임을 마치게 된다. 더욱이 수련생은 이와 같은 '특별한' 수련감독을 받은 후에는 다음 회기에 대해 매우 큰 불안을 느끼게 된다. 이것은 치료에 부정적으로 영향을 미치게 된다. 왜냐하면 수련생이 수련감독 시간에 비난받는 것이 두려워 '정확한' 것에 지나치게 초점을 두게 되어 내담자에게 주의를 둘 수가 없기 때문이다.

▣ 문제 해결

부정적인 평가에 대한 두려움을 다루는 하나의 방법은 수련감독의 경험을 지각하는 관점을 바꾸는 것이다. 수련감독은 수련감독자와 동료들 모두가 종종 견디기 어려울 때라도 놀랄 만큼 교육적일 수 있다. 초보 치료자는 인내심을 개발하고, 피드백은 개인적인 모욕이 아니라 성장을 돕기 위한 수단이라는 것을 기억할 필요가 있다. 초보 치료자가 수련감독 모임에 참석하고, 피드백을 개인적으로 받아들이지 않는 것을 배우게 되면 보다 더 많은 것을 얻게 된다. 우리 경험에 의하면 초보 치료자가 수련감독자로부터 평가받는 것을 두려워하는 또 다른 이유는 평가의 특정 부분이 애매하고 분명하지 않기 때문이다. 당신이 개념 설명을 틀리게 하면 어떻게 될 것인가? 진전을 보이지 않는 내담자를 치료하는 것은 어떤 것인가? 이런 일들이 평가 점수를 나쁘게 하거나 다른 나쁜 결과를 초래할 것인가? 이런 걱정을 다루는 가장 좋은 방법은 수련감독의 관계를 시작할 때부터 수련감독자와 함께 당신이 평가받는 방법을 정확하게 정하는 것이다. 치료 기술을 평가하는 것은 어렵다. 나쁜 결과를 설명하게 되는 것, 치료에 반응하지 않는 내담자가 있다는 것 혹은 치료를 중단한 몇 내담자가 있었다는 것 등에 관해 너무 불편해하지 않도록 하는 것이 가장 좋은 방법이다. 수련감독자는 보통 "수련생이 치료에서 큰 노력을 기울이는가? 윤리적이며 열정적인 방식으로 행동하는가? 그리고 수련 경험을 통하여 치료 기술의 향상을 보여 주는가?"와 같은 '더 큰 그림'을 본다.

▣ "수련감독자가 나에게 내 줄 시간이 없다."

과도하게 관여하는 수련감독자와는 반대로 어떤 수련감독자는 단순히 그들의 수련생을 위해 내 줄 시간이 없다. 그들은 수련감독 모임에 참여하지 못하거나 수련감독을 조정하는 것도 거부할지 모른다. 수련감독 시간 이외에는 심지어 매우 어려운 임상적 상황에서도 수련감독자를 못 만날 수도 있다. 수련감독자를 만나더라도 매우 짧은 시간이고, 가끔 전화나 사무실에 찾아오는 다른 사람들 때문에 중단되기도 한다. 문제가 어떻든 간에 수련생은 부적절한 수련감독에 남겨지게 되는 것이다.

이것은 여러 가지 이유 때문에 문제가 된다. 가장 큰 첫째 이유는 그것 때문에 내담자에게 제공되는 서비스의 질이 저하된다는 것이다. 이미 언급하였듯이, 어떤 수련감독자도 수련생이 좋은 임상적 치료에 필요한 모든 기술을 소유하고 수련을 시작한다고 생각하지는 않는다. 수련생이 내담자에게 도움이 되는 것을 배우지 못하는 수련 경험(비록 상대적으로 부족하다 할지라도)을 상상하기란 힘들다. 이러한 도움을 달성하기 위하여 수련감독 모임이 실시되어야 한다.

내담자에 대한 질적 서비스의 저하와 더불어 질이 저하된 수련감독은 수련생에게도 나쁜 학습 경험을 초래하게 된다. 수련생은 새로운 기술과 지식을 배우지 못하는 것 같은 느낌에서 벗어나야 될 것이다. 그들은 또 도움을 받는 기회도 없을 것이다. 게다가 수련생일 때 수련감독 경험을 통해 가장 잘 배울 수 있는 수련감독의 기술도 배울 기회를 갖지 못하게 될 것이다.

▣ 문제 해결

시간이 없는 수련감독자의 문제를 해결하는 가장 어려운 일 중의 하나는 이 주제를 토의하기 위한 모임에 그가 참여한다는 약속을 얻어내는 일이다. 이것은 당신의 주장 기술을 실습하기 위한 좋은 시간이 된다. 당신은 그를 만나야만 하고, 그것도 가능한 한 빠른 시간 안에 이루어져야 한다는 것을 주장하라. 수련감독자에게 마치 당신이 '혼자서 동떨어진 사람'처럼 느낀다는 것과 더 책임감이 있는 수련감독이 필요하다는 당신의 걱정을 표현하라. 비록 수련생을 위해 어떻게 시간을 내야 하는지를 찾는 것은 확실히 수련감독자의 책임이지만 몇 가지 제안을 할 수 있다. 예를 들면, 모임을 다른 시간에 개최하거나 사례를 가끔 전화로 토의하거나 주 수련감독자가 너무 바쁠 때 보조 수련감독자가 대신할 수 있도록 요청한다면 더 좋은 수련감독이 될 수 있을 것이다. 어떤 수련감독자는 더 좋은 수련감독을 위하여 당신의 요청을 받아들이고, 자신의 행동이 당신과 내담자에게 나쁜 영향을 미친다는 것을 깨닫게 된다면 좀 더 성실해질 것이다.

그러나 이런 의사표현이 전혀 변화를 일으키지 않는다면 수련감독자에게 수련감독의 소홀함 때문에 일어날 수 있는 결과를 상기시켜라. 궁극적으로 수련감독자는 윤리적 · 법률적으로 당신의 내담자에 대한 안녕에 책임이 있다. 만약 그들이 내담자의 돌봄에 참여하지 않아 어떤 일이 발생한다면 그들의 자격증과 전문적 생활이 위협받게 될 것이다. 만약 이것이 그들의 행동을 효과적으로 변화시키지 못한다면 당신 자신과 내담자를 위해서 그 수련감독의 관계를 중단하고 새로운 계획을 세워야 한다.

▣ "수련감독자와 내가 도덕적 · 윤리적 문제에 의견이 다르다."

내담자들은 가끔 치료 회기 중에 위기 신호일 수도 있는 자료를 제시한다. 예를 들면, 내담자는 가끔 자살하고 싶은 느낌을 보고하거나 치료자에 대해 성적 생각을 하고는 치료자에게 선물을 갖고 오거나 불법적 행동에 참여한 것을 보고하거나 아동학대에 대해 알고 있다. 이 상황에서 수련감독자와 의논하는 것은 필수적이다. 이 문제를 해결하는 방법에서 수련생과 수련감독자가 서로 다른 의견을 갖고 있을 수 있다. 예를 들면, 수련생은 내담자의 자살 사고는 진지하지 않다고 믿는 반면에 수련감독자는 진지하다고 믿는 경우다.

▣ 문제 해결

이런 상황에서 수련생과 수련감독자의 견해 차이에 대해 토의하는 것이 중요하다. 또한 수련생들은 내담자에 대한 윤리적 · 법적 · 전문가적 책임은 궁극적으로 수련감독자에게 있다는 것을 기억하는 것이 중요하다. 그러므로 대부분의 경우에 있어서 수련감독자의 결정을 존중하고 따라야만 한다. 수련생은 임상적 판단의 차이가 해결되지 않는 사례에 대해서는 다른 사람, 가장 전형적으로 센터의 책임자나 임상 수련 책임자와 상의할 것을 요청해야 한다. 경험이 많은 치료자는 다른 동료와 상의함으로써 윤리적 · 도덕적 문제를 해결한다. 그리고 대부분의 수련감독자는 이 조정안에 대해 수용적일 것이다. 당신의 수련감독자가 수용적이지 않다면 사례 그 자체에 대한 것이 아니라 어려운 임상적 문제에 대해 다른 동료들과 상의하는 것을 주저하는 것에 대하여 센터의 책임자나 수련 책임자에게 이야기할 만한 가치가 있을 것이다.

▣ "수련감독자가 내게 치료자처럼 행동한다."

수련생은 자신을 치료하는 수단으로 수련감독의 관계를 사용해서는 안 된다. 이와 마찬가지로 수련감독자가 수련생의 치료자 역할을 하는 것은 적절하지 않다. 이것은 수련감독자가 수련생의 행동을 지시하거나 탐색하는 것이 확실히 합리적일 수 있기 때문에 때로는 경계를 설정하기 어렵지만, 이것은 수련감독자가 수련감독과 치료자의 이중 관계를 설정하는 것이다. 수련생의 사적 생활에 대해 많이 아는 것은 수련감독자의 평가를 왜곡할 수 있고, 분명히 한계가 준수되어야 한다(APA code 7.05b 참고).

▨ 문제 해결

개인적인 문제를 수련감독의 관계에 연루시키지 않는 것은 대부분 수련생의 책임이다. 그러나 가끔 수련감독의 관계에서 치료적 입장을 취하기 시작하는 것은 수련감독자다. 수련생이 수련감독 모임에서 자신의 사적 문제가 주제가 되지 않도록 노력할 수 있지만, 이런 어려움에 대한 가장 좋은 방법은 수련감독자와 직접 그것에 관해 이야기하는 것이다. 만약 이 시도가 실패한다면 수련생은 이 문제를 해결하기 위해 수련감독자, 수련감독자의 수련감독자 또는 다른 동료들과의 만남을 요청할 수 있다. 어떤 다른 합리적인 방법을 찾을 수 없는 경우에는 수련의 종료와 같은 다른 대안이 모색되어야 한다.

▨ "수련감독자가 내게 부적절한 행동을 한다."

초보 치료자가 다루기 힘든 가장 어려운 상황 중 하나는 수련감독자가 부적절한 태도로 행동할 때다. 수많은 연구가 수련감독자의 성희롱 발생 비율이 매우 높다는 것을 보여 준다(Fitzgerald et al., 1988). 수련감독자는 수련생의 용모나 복장에 대해 칭찬을 할 수 있으며, 사적인 질문을 할 수도 있고(예, 자신의 이성 교제나 혹은 수련생의 이성 교제에 관한), 심지어 성희롱과 같은 좀 더 공공연한 부적절한 행동을 할지 모른다. 이런 모든 행동은 수련생을 불편하게 하고, 수련생은 이 상황에 대해 어떻게 대처할지 혼란스러워한다.

이런 상황을 해결하는 것이 아주 어려운 이유는 많이 있다. 가장 중요한 첫 번째 이유는 수련감독에서의 힘의 차이다. 수련감독자는 성적을 주고 자격 취득에 필요한 서류에 서명을 하며, 차후의 수련과 직업에서 추천인으로서 역할을 할 수도 있다. 초보 치료자는 만약 수련감독자의 요구를 듣지 않는다면 좋은 결과를 얻지 못할까 봐 걱정한다.

또 이런 어려운 상황에 직면한 많은 초보 치료자는 누구와 상의해야 할지 잘 알지 못한다. 많은 임상 환경과 학교 부서에서는 직원과 교수가 서로 친밀한 관계를 유지하고 있기 때문에 수련생은 도움을 요청할 수 있는 신뢰로운 사람이 있을까 의아해할 수 있다. 또 자신의 보고가 진지하게 받아들여질지도 걱정하게 된다. 가끔 이런 종류의 부적절한 행동에서 일어난 일에 대한 어떤 '증거'가 없다는 것이 큰 문제가 된다. 많은 수련생은 부적절한 행동을 보고한다고 해도 남들이 믿지 않을 것을 걱정하게 된다.

▣ 문제 해결

이런 걱정들을 미루어 볼 때, 이런 상황을 해결하기 위한 방법은 결정하고 바로 시도하는 것이다. 이 책 전체를 통하여 우리는 치료적 관계와 수련감독의 관계에서 어려운 상황을 다루는 가장 좋은 방법으로써 직접적인 방법을 추천해 왔다. 문제와 관련이 있는 개인에게 그것이 당신에게 힘든 이유와 그 상황을 해결하는 가장 좋은 방법을 이야기하라. 그러나 이것이 수련감독자의 부적절한 행동을 대처하는 가장 효율적인 방법이 될 수 있는지를 판단하는 것은 어려운 일이다. 비록 수련생은 수련감독자가 부적절한 행동을 중단하기를 원하지만 상황이 더 악화되는 위험도 있을 수 있다.

어떤 경우에는 수련감독자가 피드백에 개방적일 것이고, 수련감독자의 행동이 어떻게 달라지면 좋을지에 대해 직접 이야기하는 것이 좋겠다고 생각할 수도 있다. 그러나 많은 경우에는 그렇지 않으며, 이 주제를 센터의 책임자, 수련책임자 혹은 부서의 장과 같은 상급자와 상의하는 것이 필요할 것이다. 수련생은 이 문제를 언제 다룰지(수련 기간이나 수련 기간이 끝난 후) 또는 전혀 다루지 않을지를 심사숙고해야만 한다.

우리는 수련감독자의 행동이 부적절할 때, 이것을 다룰 수 있도록 수련생에

게 용기를 주고자 한다. 과거에 이런 방식으로 다른 수련생을 대했던 수련감독
자는 아마도 미래의 수련생에게 같은 방식으로 행동할 가능성이 매우 크다. 이
것은 중요한 점을 시사한다. 첫째, 당신이 부적절한 행동을 보고한다면 그것은
처음 보고된 것이 아닐 것이다. 실제 당신의 보고는 다른 보고와 일치할 것이
며, 비윤리적 수련감독자라는 사실을 좀 더 분명히 하게 될 것이다. 둘째, 당신
의 보고는 유사한 상황에 빠질 수 있는 미래의 수련생을 보호하게 될 것이다.

  그렇다면 즉각적으로 행동할 것인가 또는 수련이 종료된 이후에 할 것인가
를 결정하는 것이 남아 있다. 많은 경우, 수련이 종료될 때까지 기다리는 것이
가장 최선의 방법이다. 만약 수련감독자의 부적절한 행동이 매우 은밀하다면
(예, 외모에 대한 언급, 사적 질문 등) 수련 종료 후에 진행하는 것이 가장 좋은 방
법이다. 즉각적인 행동은 몇 가지 조건 하에서 좋은 대안이 될 수 있다. 수련감
독자의 요구에 따르는지의 여부에 따라 당신의 평가점수가 결정되는 상황이라
면 매우 명백하다. 만약 수련감독자가 성적 교제를 하지 않는다면 당신을 낙제
시킨다거나 추천서를 매우 부정적으로 쓰겠다고 이야기한다면 즉각적인 행동
이 취해져야 할 것이다. 마찬가지로 어떤 식으로든 당신이 불안감을 느끼고,
수련감독자와의 모임에서 느끼는 불편감이 내담자를 치료하는 데 부정적인 영
향을 미치게 된다면 즉각적인 행동이 취해져야 한다.

  그런 경우에 취할 수 있는 가장 좋은 일반적 규칙은 모든 것을 문서화하는 것
이다. 비록 수련감독 회의를 은밀하게 녹음하는 것이 비윤리적일 수 있지만 수
련감독 회의에서 무슨 일이 있어났는지를 녹음하는 것은 나중에 매우 도움이
될 수 있다. 이 녹음은 부당함을 지적할 때 사용될 수 있다. 게다가 당신이 수련
이 끝날 때까지 기다리는 경우라면 어떤 사람은 (특히 고발된 수련감독자) 당신
이 제기한 부당함을 의심할지 모른다. 만약 사건이 일어났을 때 문서화된다면
당신의 사례는 더욱 강력해질 것이다.

❖ 긍정적인 것에 초점 두기

이 책의 다른 장에서와 마찬가지로, 이 장은 치료자의 일상생활에서 제기되는 도전에 초점을 맞추었다. 여기에 초점을 맞추다 보니 분위기가 부정적으로 흘렀다. 그러나 수련감독의 경험은 대부분 긍정적이라는 것을 명심하라. 많은 사람이 치료자의 길에 대한 많은 가르침뿐만 아니라 진로 설정에서 많은 조력을 해 준 수련감독자에게 빚을 졌다는 느낌을 갖는다. 수련감독의 관계가 종료되면 대부분의 수련감독자는 수련생을 평가한다. 수련생이 수련감독자를 평가하는 것 또한 매우 큰 도움이 된다(어떤 환경에서는 요구되기도 한다). 대부분의 수련감독자는 생산적인 비판에 대해 감사한다. 모든 수련감독자는 수련이 어떻게 도움이 됐으며, 수련생이 무엇을 배우게 됐는지에 대해 듣는 것을 좋아한다는 것은 의심할 여지가 없다.

끝맺는 말 인지행동치료자로 계속 성장하기

의무적으로 참석해야 하는 강의나 박사학위 논문의 완성, 실습과 수련을 모두 마친 후에 전문가로서 계속 성장하기 위하여 어떻게 할 것인가? 어느 누구도 자신의 지식과 기술이 정체되고, 졸업 학위를 받는 수준에 머물기를 바라지는 않는다. 이제 당신은 인지행동치료자로서 어떻게 성장을 계속해 나갈 것인가?

독서, 독서, 독서

수련 종료를 위해 한 가지 부정적인 것은 흥미가 없는 주제를 과도하게 읽도록 '강요받는' 것이다. 이제 독립적으로 업무를 수행하게 되면 자신이 흥미를 느끼고, 자신의 업무에 필요한 분야에 관심을 둘 수 있다. 스스로 관심 분야를 선택하게 되면 많은 학술 논문과 전문적 서적을 탐독하는 것이 피곤하지는 않을 것이다.

인터넷 시대에는 정보를 쉽게 접하게 된다. 당신의 분야에서 4개 혹은 5개의 유망한 학술지의 최신 정보를 구독하라. 임상에 초점을 맞춘 학술지(예, *Cognitive and Behavioral Practice*)와 좀 더 연구 중심(예, *Behavioral Research and Therapy*, *Journal of Abnormal Psychology*)의 학술지 사이에 균형을 맞추도록 하

라. 최신 정보를 접하게 되면 비록 당신의 분야와 직접적인 관련이 없다 할지라도 초록을 모두 읽어 보라. 이 과정을 통해서 현재 임상심리학에서 어떤 일이 일어나고 있는지에 대해 전체적인 인상을 갖게 된다. 그런 다음, 당신의 업무와 흥미를 포함하고 있는 학술지를 자세하게 읽어라. 또 당신이 흥미를 느끼는 책을 출판하는 출판사의 최신 정보와 서적 안내서를 받을 수 있도록 하라. 이것은 당신의 임상 업무를 돕는 최신의 서적에 대한 정보를 알려 준다.

또 어떤 치료자는 인지행동치료자에게 흥미가 있는 주제를 다루는 소식지와 블로그를 즐긴다[예, Beck의 연구소는 정보가 좋은 블로그(www.beckinstituteblog.org)를 운영한다]. 전문가협회에 의해 운영되는 리스트서브(listserv)도 도움이 되는 정보다. 예를 들면, The Association for Behavioral and Cognitive Therapies 와 The Academy of Cognitive Therapy는 활발한 리스트서브를 운영한다. 가끔 도전적인 사례를 어떻게 치료할 것인가에 대한 실시간 토의가 이루어지기도 한다. 또 회원들끼리 임상 주제에 관한 읽을 만한 논문과 책에 관해 의견을 교환하기도 한다. 흥미로운 블로그, 소식지와 리스트서브에 관해 부록 B의 제안을 참고하라.

현재 진행 중인 지도감독의 관계를 유지하라

앞 장에서 논의하였듯이, 수련 기간에 수련감독자와의 관계에는 많은 어려움이 존재한다. 수련을 마친 어떤 사람은 다시는 수련감독을 받지 않아도 된다는 사실에 안도감을 느낀다. 그러나 우리는 당신이 목욕물을 버리려 아이까지 버리는 우를 범하지 않기를 바란다. 좋은 지도감독에 대한 필요성은 끝이 없고, 지도감독은 전문적 삶의 훌륭한 한 부분이다.

특별히 학교나 큰 규모의 현장 밖에서 일하는 치료자에게는 동료 지도감독집단을 구성할 수 있다는 것은 하늘의 선물과 같은 것이다. 나는 다른 3명의 치료자와 지도감독 집단을 구성하였다. 우리는 정기적으로 사례를 토의하고, 지식을 공유하며, 우리의 좌절감도 물론 토로한다. 또 우리는 자살 위험 내담자를 병원에 입원시켜야 하는가와 같은 긴급한 상황을 토의하기 위해 항상 '전화 대기 상태'에 있다. 우리 집단의 좋은 점은 모두가 독특한 문제들을 토의 주제로 갖고 온다는 점이다. 우리들 중 2명은 성인치료에 더 많은 경험을 갖고 있으며, 2명은 아동치료에서 더 많은 경험을 갖고 있다. 그중 한 사람은 가족치료에 매우 숙달되어 있다. 또 다른 사람들은 변증법적 행동치료를 훈련받았으나 나머지 사람들은 그 치료 훈련을 받지 않았다. 인지행동치료의 관점에 기초하고 있는 다양한 지식을 지속적으로 공유하는 것은 유익하고, 이것이 내담자를 더 잘 치료할 수 있게 한다는 점에 의심의 여지가 없다. 우리는 꾸준히 내담자를 보는 치료자에게 동료 지도감독 집단을 구성할 것을 권한다. 혼자 개업하여 치료를 한다면 당신의 흥미를 공유할 수 있는 지역의 다른 인지행동치료자와 동료 지도감독 집단을 구성할 수 있을 것이다. 만약 멀리 떨어진 곳에 산다면 전화로 할 수 있는 지도감독 집단을 구성하는 것이 의미가 있을 것이다.

사례에 따라서는 다른 분야의 전문가와 특별한 지도감독 집단을 구성하는 것도 좋은 지도감독의 수단이 된다. 우리 모두는 능력 범위 안에 있는 것 같은 사례를 받는데, 가끔 좀 복잡한 '굴곡이 있는' 문제를 갖고 있는 사례를 다룰 때가 있다. 우리는 인지행동치료가 적절한 치료인 것을 알고 있으나, 우리의 전문 분야에서 하는 것처럼 특별한 사례를 치료하는 것은 숙달되지 않았을 수도 있다. 이런 경우, 그 분야의 다른 전문가와 협의하여 제한적인 지도감독을 받을 수 있다. 어떤 치료자는 그 지도에 대해 경비를 요청하기도 하지만 다른 어떤 치료자는 전문가의 관대함으로 봉사하기도 하는데, 왜냐하면 그 사람은 조만간 자신의 어려운 사례 때문에 당신에게 전화할 수도 있다는 것을 알고 있기 때문이다.

때때로 치료자는 새로운 일련의 기술을 습득하고 싶어 하고, 이 목적을 위해 정기적으로 지도감독을 받을 수 있다. 가끔 이와 같은 관계를 맺는 것은 사례비와 연관되어 있다. 나의 센터에서는 전문가를 위한 교육을 계속 제공하고 있다. 이 과정을 수료하는 어떤 치료자는 후에 그들의 임상 업무에서 교육적 자료를 적용하기 위해 지속적인 지도감독을 받기를 원한다. 그러한 경우, 우리는 한 달에 한 번 모임을 갖는 소수의 정기적인 지도감독 집단을 구성한다. 그들은 현재 자신들이 치료하고 있는 내담자에 관해 토의 주제를 준비해 온다. 이 경험이 많은 치료자는 우리 과정에 참석하기 전에는 지지적이고 통합적 치료를 하고 있었으며, 치료적 관점을 인지행동치료로 바꾸고자 하는 열정이 있었다. 지도감독의 기간 동안, 그들의 사례를 인지행동치료의 관점에서 개념화하고, 인지행동치료의 기법을 적절하게 사용할 수 있도록 도움을 주었다. 또 우리는 그들이 자신의 임상 업무에서 필요할 것 같은 다른 행동 변화를 조언하였는데, 예를 들어 좀 더 지시적이고 현재에 초점을 두며 한정된 시간 안에 치료를 수행하는 그런 행동이었다.

학회 참석과 교육 프로그램의 지속

최신의 경향을 계속 유지하는 훌륭한 방법은 흥미가 있는 분야의 학회에 참석하는 것이다. 그렇게 하는 것에는 많은 이득이 있다. 첫째, 자신의 전문 영역에서 최신의 경향을 유지하는 데 도움이 되는 강의나 워크숍에 참석할 수 있다. 둘째, 우리 중 한 사람은 학생들이나 동료들에게 시간과 노력을 아끼지 말고 그들의 전문 분야와는 다른 주제의 심포지엄이나 워크숍에 참석하도록 조언한다. 당신이 매일 접하는 동일한 주제에 관한 간단한 강의는 당신이 이미 알고 있는 것일 수도 있으며, 학술지, 소식지 또는 블로그 등에서 쉽게 접합 수 있을 것이다. 셋째, 당신은 동료들과 연결망을 구성할 수 있다. 비공식적인 방식으로 현장에서 일어나고 있는 것에 관해 들을 수 있다(예, 치료자라면 최근의 주제에 관해 연구를 수행하는 친구와 이야기하는 것은 매우 흥미가 있을 수 있다. 또는 연구 중심의 친구와 임상 경험에 기초한 연구 아이디어를 공유할 수 있을 것이다). 이것을 통해 참고 서적과 경력 향상의 기회를 얻게 된다.

학술회의는 비용이 비싸다. 어떤 초보 치료자들은 이 비용을 감당하기 힘들다. 다행히 최신 경향을 접하기 위한 다른 방법이 있기도 하다. 지역의 심리학과 정신과의 메일링 리스트를 받아 보라. 아마 점심시간의 토의(brown bag)나 세미나(colloquia) 그리고 의료현장의 그랜드 라운드(grand round)에 환영 받을 것이다. 당신이 있는 도시에 지역 인지행동치료협회가 있는지 찾아보라. 이러한 집단은 강의와 워크숍을 저렴한 비용으로 개최한다. 당신이 자격증을 취득하였다면 메일을 통해 지속적인 교육 기회에 대한 많은 종류의 정보를 받을 수 있다. 이러한 교육 기회에도 경비가 다양하지만 분명히 경비를 감당할 수 있는 교육이 있다. 특히 하루 일을 중단하거나 다른 지역으로 여행하지 않고도 온라인에서 지속적으로 교육을 받을 수 있는 기회가 많이 있다.

다른 전문가와 연계를 유지하기

배움을 계속 유지하는 또 다른 좋은 방법은 같은 분야의 전문가와 연계를 맺고 유지하는 것이다. 부끄러워 말라. 학회나 강의에 가서 관심이 가는 사람을 만나면 정보를 교환하고 관계를 유지하라. 당신이 다른 전문가에게 내담자를 의뢰하거나 다른 전문가가 당신에게 내담자를 의뢰한다면 점심 약속을 하고, 상대방의 전문 영역을 배울 수 있도록 하라. 한 예로, 내 동료와 나는 1년에 몇 번 정기적으로 같이 협력하는 정신과 전문의 집단과 점심을 같이 한다. 그들은 우리에게 최신 약물에 관한 정보를 제공하고, 우리는 궁금한 것을 질문한다. 우리는 인지행동치료의 최신 경향을 알려 주고 그들은 우리에게 질문한다. 또 우리는 서로 배우기도 하지만 즐거운 시간을 갖기도 한다. 이것을 통해 우리는 협력적 관계를 강화한다. 우리는 서로 머리를 맞대고 어려운 사례에 대해 협력한다. 이렇게 함으로써 우리는 지식을 확장하고 의뢰 관계를 강화한다. 내담자를 더 좋은 치료에 의뢰할 수 있게 된다.

내담자로부터 배우기

내담자로부터 배우는 것은 지식을 얻는 훌륭한 방법 중 하나다. 어떤 내담자도 똑같지는 않다. 가끔 내담자들은 똑같은 복잡한 증상에도 각자 서로 다른 '굴곡'과 서로 다른 삶의 이야기를 가지고 치료를 받으러 온다. 우리는 사례를 개념화하고, 작업의 장애물을 극복하며, 특히 내담자의 완고한 핵심 신념을 직면하도록 돕거나 적절한 행동 실험을 계획할 때마다 지식을 쌓아간다. 또 다른 종교와 인종적 집단 혹은 서로 다른 성적 관점 또는 독특한 삶의 경험을 지닌 내담자를 치료할 때마다 세상에 대한 우리의 지식을 확장하게 된다. 이전의 내담자로부터 얻은 우리의 지식을 통해 현재에 치료를 받는 내담자가 도움을 받는다. 한편으로는 책을 읽고 동료 및 다른 전문가로부터 지도감독을 받고 학회에 참석하고 교육 프로그램에 계속 참여하지만 또한 우리는 매일 매일 우리가 하는 일로부터 가치 있는 것을 배우기 위해 주의를 기울여야 한다. 인지행동치료를 배우는 것은 진실로 평생의 과정이다.

인지행동치료의 추천 도서

 최근 인지행동치료의 이론과 실제에 관한 많은 책을 접할 수 있어 다행스럽다. 단순성과 간결함에 중점을 두어 모든 실무에 종사하는 치료자가 알고 있어야 하는 분야의 '전통적'인 책을 소개할 것이다. 뿐만 아니라 2000년 이후 출간된 책도 소개한다. 우리는 전통적인 인지행동치료의 기법에 중점을 두었다. 저자가 2년 안에 같은 주제로 여러 권을 저술한 경우에는 그 도서 중에서 한 두 권만 목록에 실었다. 또 폭넓게 적용할 수 있는 책(예, 강박장애의 하위 범주보다는 강박장애치료 지침서)을 포함시키려고 노력하였다. 치료 지침서를 부록으로 포함한 내담자의 워크북은 지면 관계로 워크북에 대한 참고만 제시하였다. 이 책은 성인치료에 초점을 두었기 때문에 아동과 청소년의 치료에 관해서는 단지 간단한(개관의) 목록을 제시하였다.

인지행동치료의 기초

Beck, A. T. (1976). *Cognitive therapy and the emotional disorders*. New York: International University Press.

Beck, J. S. (1995). *Cognitive therapy: Basics and beyond*. New York: Guilford Press.

Bennett–Levy, J., Butler, G., Fennell, M., Hackmann, A., Meuller, M., & Westbrook, D. (Eds.). (2004). *Oxford guide to behavioural experiments in cognitive therapy.* Oxford, UK: Oxford University Press.

Bond, F., & Dryden, W. (Eds.). (2004). *Handbook of brief cognitive behaviour therapy.* New York: Wiley.

Clark, D. M., & Fairburn, C. G. (Eds.). (1997). *Science and practice of cognitive behaviour therapy.* New York: Oxford University Press.

Dobson, D., & Dobson, K. S. (2009). *Evidence–based practice of cognitive–behaviour therapy.* New York: Guilford Press.

Freeman, A. (2005). *Encyclopedia of cognitive behaviour therapy.* New York: Plenum Press.

Freeman, A., Pretzer, J., Fleming, B., & Simon, K. (2004). *Clinical applications of cognitive therapy* (2nd ed.). New York: Kluwer Academic/Plenum Press.

Gilbert, P., & Leahy, R. L. (2007). *The therapeutic relationship in the cognitive–behaviour psychotherapies.* New York: Routledge.

Hays, P., Iwamasa, G. (Eds.). (2006). *Culturally responsive cognitive–behavioral therapy: Assessment, practice, and supervision.* Washington, DC: American Psychological Association Press.

Kazantzis, N., Deane, F., Ronan, K., & L'Abate, L. (Eds.). (2005). *Using homework assignments in cognitive–behaviour therapy.* New York: Routledge.

Kazantzis, N., Reinecke, M. A., & Freeman, A. (Eds.). (2009). *Cognitive and behaviour theories in clinical practice.* New York: Guilford Press.

Leahy, R. L. (2003). *Cognitive therapy techniques: A practitioner's guide.* New York: Guilford Press.

Leahy, R. L. (Ed.). (2004). *Contemporary cognitive therapy.* New York: Guilford Press.

Leahy, R. L., & Dowd, T. E. (Eds.). (2002). *Clinical advances in cognitive psychotherapy: Theory and application.* New York: Springer.

Lyddon, W. J., Jones, J. V. (Ed). (2001). *Empirically supported cognitive therapies: Current and future application.* New York: Springer.

Neenan, M., & Dryden, W. (2004). *Cognitive therapy: 100 key points and techniques.* New York: Routledge.

O' Donohue, W., & Fisher, J. E. (Eds.). (2009). *Cognitive behaviour therapy: Applying empirically supported techniques in your practice* (2nd ed.). Hoboken, NJ: Wiley.

O' Donohue, W., & Fisher, J. E. (Eds.). (2009). *General principles and empirically supported techniques of cognitive behaviour therapy.* Hoboken, NJ: Wiley.

Reinecke, M., & Clark, D. (Eds.). (2003). *Cognitive therapy across the lifespan: Evidence and practice.* Cambridge, UK: Cambridge University Press.

Richard, D. C. S., & Lauterbach, D. (2007). *Handbook of exposure therapies.* New York: Academic Press.

Wright, J., Basco, M. R., & Thase, M. (2006). *Learning cognitive–behaviour therapy: An illustrated guide.* Arlington, VA: American Psychiatric Publishing.

사례개념화와 치료계획

Beck, J. S. (1995). *Cognitive therapy: Basics and beyond.* New York: Guilford Press.

Kuyken, W., Padesky, C. A., & Dudley, R. (2008). *Collaborative case conceptualization: Working effectively with clients in cognitive–behaviour therapy.* New York: Guilford Press.

Nezu, A., Nezu, C. M., & Lombardo, E. (2004). *Cognitive behavioural case formulation and treatment design: A problem–solving approach.* New York: Springer.

Persons, J. B. (1989). *Cognitive therapy in practice: A case formulation approach.* New York: Norton.

Persons, J. B. (2008). *The case formulation approach to cognitive–therapy.* New York: Guilford Press.

Woody, S. R., Detweiler–Bedell, J., Teachman, B. A., & O' Hearn, T. (2004). *Treatment planning in psychotherapy: Taking the guesswork out of clinical care.* New York: Guilford Press.

어려운 사례에 대한 도움

Antony, M. M., Ledley, D. R., & Heimberg, R. G. (Eds.). (2005). *Improving outcomes and preventing relapse in cognitive–behaviour therapy.* New York: Guilford Press.

Beck, J. S. (2005). *Cognitive therapy for challenging problems: What to do when the basics don't work*. New York: Guilford Press.

Leahy, R. L. (2001). *Overcoming resistance in cognitive therapy*. New York: Guilford Press.

Leahy, R. L. (2003b). *Roadblocks in cognitive–behaviour therapy: Transforming challenges into opportunities for change*. New York: Guilford Press.

McKay, D., & Storch, E. A. (Eds.). (2009). *Cognitive behavior therapy for children: Treating complex and refractory cases*. New York: Springer.

정신병리학의 특성, 치료, 평가

Antony, M. M., & Barlow, D. H. (Eds.). (2010). *Handbook of assessment and treatment for psychological disorders* (2nd ed.). New York: Guilford Press.

Barlow, D. H. (Ed.). (2008). *Clinical handbook of psychological disorders: A step–by-step treatment manual* (4th ed.). New York: Guilford Press.

Craighead, W. E., Miklowitz, D. J., & Craighead, L. W. (Eds.). (2008). *Psychopathology: History, diagnosis, and empirical foundations*. New York: Wiley.

개관적인 치료 지침서와 내담자 워크북

Burns, D. D. (1999). *The feeling good handbook, revised edition*. New York: Plume.

Claiborn, J., & Pedrick, C. (2001). *The habit change workbook: How to break bad habits and form good ones*. Oakland, CA: New Harbinger.

Davis, M., Eshelman, E. R., & McKay, M. (2008). *The relaxation and stress reduction workbook, 6th ed.* Oakland, CA: New Harbinger.

Greenberger, D., & Padesky, C. A. (1995). *Mind over mood: Change how you feel by changing the way you think*. New York: Guilford Press. (See also accompanying therapist manual.)

McKay, M., Davis, M., & Fanning, P. (2007). *Thoughts and feelings: Taking control of your moods and your life* (3rd ed.). Oakland, CA: New Harbinger.

불안/불안 장애의 특성과 치료

Andrews, G., Crino, R., Creamer, M., Hunt, C., Lampe, L., & Page, A. (2002). *The treatment of anxiety disorders: Clinician's guide and patient manuals, second edition.* New York: Cambridge University Press.

Antony, M. M., Orsillo, S. M., & Roemer, L. (Eds.). (2001). *Practitioner's guide to empirically-based measures of anxiety.* New York: Springer.

Antony, M. M., & Stein, M. B. (2009). *Oxford handbook of anxiety and related disorders.* New York: Oxford University Press.

Antony, M. M., & Swinson, R. P. (2000). *Phobic disorders and panic in adults: A guide to assessment and treatment.* Washington, DC: American Psychological Association.

Barlow, D. H. (2002). *Anxiety and its disorders: The nature and treatment of anxiety and panic, second edition.* New York: Guilford Press.

Beck, A. T., & Emercy, G. (1985). *Anxiety disorders and phobias: A cognitive perspective.* New York: Basic Books.

Butler, G., Fennell, M., & Hackmann, A. (2008). *Cognitive-behaviour therapy for anxiety disorders: Mastering clinical challenges.* New York: Guilford Press.

Clark, D. A., & Beck, A. T. (2009). *Cognitive therapy for anxiety disorders: Science and practice.* New York: Guilford Press.

Kase, L., & Ledley, D. (2007). *Anxiety disorders.* Hoboken, NJ: Wiley.

McLean, P. D., & Woody, S. R. (2001). *Anxiety disorders in adults: An evidence-based approach to psychological treatment.* New York: Oxford University Press.

Rosqvist, J. (2005). *Exposure treatment for anxiety disorders: A practitioner's guide to concepts, methods, and evidence-based practice.* New York: Brunner-Routledge.

Stein, D. J., & Hollander, E. (Eds.). (2002). *Textbook of anxiety disorders.* Washington, DC: American Psychiatric Press.

Taylor, S. (Ed.). (1999). *Anxiety sensitivity: Theory, research, and treatment of the fear of anxiety.* Mahwah, NJ: Erlbaum.

불안장애치료 지침서와 내담자 워크북의 개관

Antony, M. M., & Norton, P. J. (2009). *The anti-anxiety workbook: Proven strategies to overcome worry, panic, phobias, and obsessions.* New York: Guilford Press.

Bourne, E. J. (2003). *Coping with anxiety: 10 simple ways to relieve anxiety, fear, and worry.* Oakland, CA: New Harbinger.

Bourne, E. J. (2005). *The anxiety and phobia workbook, 4th edition.* Oakland, CA: New Harbinger.

Leahy, R. L., & Holland, S. J. (2000). *Treatment plans and interventions for depression and anxiety disorders.* New York: Guilford Press.

외상과 외상 후 스트레스 장애의 특성과 치료

Foa, E. B., & Rothbaum, B. O. (1998). *Treating the trauma of rape: Cognitive behavioral therapy for PTSD.* New York: Guilford Press.

Foa, E. B., Keane, T. M., Friedman, M. J., & Cohen, J. A. (2009). *Effective treatments for PTSD: Practice guidelines from the International Society for Traumatic Stress Studies, 2nd ed.* New York: Guilford Press.

Taylor, S. (2009). *Clinician's guide to PTSD: A cognitive-behavioral approach.* New York: Guilford Press.

Wilson, J. P., Friedman, M. J., & Lindy, J. D. (Eds.). (2001). *Treating psychological trauma and PSTD.* New York: Guilford Press.

Wilson, J. P., & Keane, T. M. (Eds.). (2004). *Assessing psychological trauma and PSTD.* (2nd ed.). New York: Guilford Press.

Zayfert, C., & Becker, C. B. (2007). *Cognitive-behavioral therapy for PTSD: A case formulation approach.* New York: Guilford Press.

외상 후 스트레스 장애의 치료와 내담자 워크북

Hickling, E. J., & Blanchard, E. B. (2006). *Overcoming the trauma of your motor vehicle accident: *A cognitive–behavioral treatment program (workbook)*. New York: Oxford University Press. (See also accompanying therapist manual.)

Resick, P. A., & Schnicke, M. K. (1996). *Cognitive processing therapy for rape victims: A treatment manual*. Newbury Pack, CA: Sage.

Rothbaum, B. O., Foa, E. B., & Hembree, E. A. (2007). *Reclaiming your life from a traumatic experience (workbook)*. New York: Oxford University Press. (See also accompanying therapist manual.)

강박장애의 특성과 치료

Abramowitz, J. S. (2006). *Understanding and treating obsessive–compulsive disorder: A cognitive behavioral approach*. Mahwah, NJ: Erlbaum.

Abramowitz, J. S., McKay, D., & Taylor, S. (2008). *Clinical handbook of obsessive compulsive disorder and related problems*. Baltimore: Johns Hopkins University Press.

Antony, M. M., Purdon, C., & Summerfeldt, L. J. (2007). *Psychological treatment of obsessive–compulsive disorder: Fundamentals and beyond*. Washington, DC: American Psychological Association.

Clark, D. A. (2004). *Cognitive–behaviour therapy for OCD*. New York: Guilford Press.

Frost, R. O., & Steketee, G. (Eds.). (2002). *Cognitive approaches to obsessions and compulsions: Theory, assessment, and treatment*. Oxford, UK: Pergamon Press.

Rachman, S. (2003). *The treatment of obsessions*. New York: Oxford University Press.

Tolin, D., Frost, R. O., & Steketee, G. (2007). *Buried in treasures: Help for compulsive acquiring, saving, and hoarding*. New York: Oxford University Press.

Wilhelm, S., & Steketee, G. S. (2006). *Cognitive therapy for obsessive–compulsive disorder: A guide for professionals*. Oakland, CA: New Harbinger.

강박장애의 치료 지침서와 내담자 워크북

Abramowitz, J. S. (2009). *Getting over OCD: A 10–step workbook for taking back your life*. New York: Guilford Press.

Foa, E. B., & Wilson, R. (2001). *Stop obsessing!: How to overcome your obsessions and compulsions, revised edition.* New York: Bantam Books.

Hyman, B. M., & Pedrick, C. (2005). *The OCD workbook: Your guide to breaking free from obsessive–compulsive disorder* (2nd ed.). Oakland, CA: New Harbinger.

Purdon, C., & Clark, D. A. (2005). *Overcoming obsessive thoughts: How to gain control of your OCD.* Oakland, CA: New Harbinger.

Steketee, G., & Frost, R. O. (2007). *Compulsive hoarding and acquiring (workbook).* New York: Oxford University Press. (See also accompanying therapist manual.)

범불안장애와 걱정의 특성과 치료

Davey, G. C. L., & Wells, A. (Eds.). (2006). *Worry and its psychological disorders: Theory, assessment, and treatment.* Chichester, UK: Wiley.

Dugas, M. J., & Robichaud, M. (2007). *Cognitive–behavioral treatment for generalized anxiety disorder.* New York: Routledge.

Hazlett–Stevens, H. (2008). *Psychological approaches to generalized anxiety disorder: A clinician's guide to assessment and treatment.* New York: Springer.

Heimberg, R. G., Turk, C. L., & Mennin, D. S. (Eds.). (2004). *Generalized anxiety disorder: Advances in research and practice.* New York: Guilford Press.

Rygh, J. L., & Sanderson, W. C. (2004). *Treating generalized anxiety disorder: Evidence–based strategies, tool, and techniques.* New York: Guilford Press.

범불안장애의 치료 지침서와 내담자 워크북

Craske, M. G., & Barlow, D. H. (2006). *Mastery of your anxiety and worry, 2nd edition.* New York: Oxford University Press. (See also accompanying therapist manual.)

Gyoeerkoe, K. L., & Wiegartz, P. S. (2006). *10 simple solutions to worry: How to calm your mind, relax your body, and reclaim your life.* Oakland, CA: New Harbinger.

Hazlett–Stevens, H. (2005). *Women who worry too much: How to stop worry and anxiety from ruining relationships, work, and fun.* Oakland, CA: New Harbinger.

Meares, K., & Freeston, M. (2008). *Overcoming worry: A self-help guide using cognitive behavioral techniques.* New York: Basic Books.

공황장애의 특성과 치료

Antony, M. M., & Swinson, R. P. (2000). *Phobic disorders and panic in adults: A guide to assessment and treatment.* Washington, DC: American Psychological Association.

Taylor, S. (2000). *Understanding and treating panic disorder: Cognitive and behavioral approaches.* Chichester, UK: Wiley.

공황장애의 치료 지침서와 내담자 워크북

Antony, M. M., & McCabe, R. E. (2004). *10 simple solutions to panic: How to overcome panic attacks, calm physical symptoms, and reclaim your life.* Oakland, CA: New Harbinger.

Barlow, D. H., & Craske, M. G. (2007). *Mastery of your anxiety and panic, 4th ed. (workbook).* New York: Oxford University Press. (See also accompanying therapist manual.)

Wilson, R. (2009). *Don't panic: Taking control of anxiety attacks, 3rd ed.* New York: HarperCollins.

사회불안장애의 특성과 치료

Antony, M. M., & Rowa, K. (2008). *Social anxiety disorder: Psychological approaches to assessment and treatment.* Göttingen, Germany: Hogrefe.

Crozier, W. R., & Alden, L. E. (Eds.). (2005). *The essential handbook of social anxiety for clinicians.* Hoboken, NJ: Wiley.

Heimberg, R. G., & Becker, R. E. (2002). *Cognitive-behavioral group therapy for social phobia: Basic mechanisms and clinical strategies.* New York: Guilford Press.

Hofmann, S. G., & Dibartolo, P. M. (Eds.). (2001). *From social anxiety to social phobia: Multiple perspectives.* Needham Heights, MA: Allyn & Bacon.

Hofmann, S. G., & Otto, M. W. (2008). *Cognitive behavioral therapy for social anxiety disorder: Evidence-based and disorder specific treatment techiques.* New York: Routledge.

사회불안장애의 치료 지침서와 내담자 워크북

Antony, M. M. (2004). *10 simple solutions to shyness: How to overcome shyness, social anxiety, and fear of public speaking.* Oakland, CA: New Harbinger.

Antony, M. M., & Swinson, R. P. (2008). *The shyness and social anxiety workbook: Proven, step-by-step techniques for overcoming your fear, 2nd ed.* Oakland, CA: New Harbinger.

Butler, G. (2008). *Overcoming social anxiety and shyness: A self-help guide using cognitive behavioral techniques.* New York: Basic Books.

Hope, D. A., Heimberg, R. G., Juster, H. R., & Turk, C. L. (2000). *Managing social anxiety.* New York: Oxford University Press. (See also accompanying therapist manual.)

Stein, M. B., & Walker, J. R. (2009). *Triumph over shyness: Conquering social anxiety disorder, 2nd ed.* Silver Spring, MD: Anxiety Disorders Association of America.

특정공포의 특성과 치료

Antony, M. M., & Swinson, R. P. (2000). *Phobic disorders and panic in adults: A guide to assessment and treatment.* Washington, DC: American Psychological Association.

Maj, M., Akiskal, H. S., López-Ibor, J. J., & Okasha, A. (2004). *Phobias.* Hoboken, NJ: Wiley.

특정공포의 치료 지침서와 내담자 워크북

Antony, M. M., Craske, M. G., & Barlow, D. H. (2006). *Mastering your fears and phobias (workbook)* (2nd ed.). New York: Oxford University Press. (See also accompanying therapist manual.)

See list maintained by Martin M. Antony at www.martinantony.com/links–RecReadingsandVideos.html for treatment manuals for other specific phobias.

기분장애(주요 우울장애와 양극성 포함)와 자살의 특성과 치료

Basco, M. R., & Rush, A. J. (2005). *Cognitive–behavioral therapy for bipolar disorder* (2nd ed.). New York: Guilford Press.

Beck, A. T., Brown, G. K., & Wenzel, A. (2008). *Cognitive therapy for suicidal patients: Scientific and clinical applications.* Washington, DC: American Psychological Association.

Beck, A. T., Rush, A. J., Shaw, B. F., & Emery, G. (1979). *Cognitive therapy of depression.* New York: Guilford Press.

Dozois, D. J. A., & Dobson, K. S. (Eds.). (2003). *The prevention of anxiety and depression: Theory, research, and practice.* Washington, DC: American Psychological Association.

Ellis, T. (Ed.). (2006). *Cognition and suicide: Theory, research, and therapy.* Washington, DC: American Psychological Association.

Johnson, S. L., & Leahy, R. L. (Eds.). (2003). *Psychological treatment of bipolar disorder.* New York: Guilford Press.

Joiner, T. (2006). *Why people die by suicide.* Cambridge, MA: Harvard University Press.

Martell, C. R., Dimidjian, S., & Herman–Dunn, R. (2010). *Behavioral activation for depression: A clinician's guide.* New York: Guilford Press.

McCullough, J. P. (1999). *Treatment for chronic depression: Cognitive behavioral analysis system of psychotherapy.* New York: Guilford Press.

Moore, R., & Garland, A. (2003). *Cognitive therapy for chronic and persistent depression.*

New York: Wiley.

Newman, C. F., Leahy, R. L., Beck, A. T., Reilly–Harrington, N. A., & Gyulai, L. (2002). *Bipolar disorder: A cognitive therapy approach.* Washington, DC: American Psychological Association.

Papageorgiou, C., & Wells, A. (2003). *Depressive rumination: Nature, theory, and treatment.* New York: Wiley.

Persons, J. B., Davidson, J., & Tomkins, M. A. (2001). *Essential components of cognitive–behavioral therapy for depression.* Washington, DC: American Psychological Association.

Reiser, R., & Thompson, L. (2005). *Bipolar disorder: Advances in psychotherapy–evidence–based practice.* Göttengen, Germany: Hogrefe.

Rudd, M. D., Joiner, T. E., & Rajab, M. S. (2001). *Treating suicidal behavior: An effective, time–limited approach (treatment manuals for practitioners).* New York: Guilford Press.

Segal, Z. V., Williams, J. M. G., & Teasdale, J. D. (2002). *Mindfulness–based cognitive therapy for depression: A new approach to preventing relapse.* New York: Guilford Press.

Whisman, M. A. (Ed.). (2008). *Adapting cognitive therapy for depression: Managing complexity and comorbidity.* New York: Guilford Press.

우울의 치료 지침서와 내담자 워크북

Basco, M. R. (2006). *The bipolar workbook: Tools for controlling your mood swings.* New York: Guilford Press.

Bieling, P. J., & Antony, M. M. (2003). *Ending the depression cycle: A step–by–step guide for preventing relapse.* Oakland, CA: New Harbinger.

Gilson, M., Freeman, A., Yates, M. J., & Freeman, S. M. (2009). *Overcoming depression: A cognitive therapy approach, 2nd edition (workbook).* New York: Oxford University Press. (See also accompanying therapist manual.)

Knaus, B. J. (2006). *The cognitive behavioral workbook for depression: A step–by–step program.* Oakland, CA: New Harbinger.

Leahy, R. L., & Holland, S. J. (2000). *Treatment plans and interventions for depression and anxiety disorders.* New York: Guilford Press.

Martell, C., & Addis, M. (2004). *Overcoming depression one step at a time: The new behavioral activation approach to getting your life back.* Oakland, CA: New Harbinger.

Miklowitz, D. J. (2002). *The bipolar disorder survival guide: What you and your family need to know.* New York: Guilford Press.

Otto, M., Reilly-Harrington, N., Knauz, R. O., Henin, A., Kogan, J. N., & Sachs, G. S. (2008). *Managing bipolar disorder: A cognitive behavior treatment program (workbook).* New York: Oxford University Press. (See also accompanying therapist manual.)

집단 인지행동치료

Bieling, P. J., McCabe, R. E., & Antony, M. M. (2006). *Cognitive-behavioral therapy in groups.* New York: Guilford Press.

Free, M. E. (2000). *Cognitive therapy in groups: Guidelines and resources for practice.* New York: Wiley.

White, J., & Freeman, A. (2000). *Cognitive-behavioral group therapy for specific problems and populations.* Washington, DC: American Psychological Association.

다른 1축 장애의 치료 지침서에 관한 책

주의력 결핍/과잉행동 장애

Safren, S. A., Sprich, S., Perlman, C. A., & Otto, M. W. (2005). *Mastering your adult ADHD: Client workbook. A cognitive-behavioral treatment program.* New York: Oxford University Press. (See also accompanying therapist manual.)

신체기형 장애

Claiborn, J., & Pedrick, C. (2002). *The BDD workbook: Overcome body dysmorphic disorder and end body image obsessions.* Oakland, CA: New Harbinger.

Wilhelm, S. (2006). *Feeling good about the way you look: A program for overcoming body image problems.* New York: Guilford Press.

신체-초점 충동 통제 장애

Franklin, M. E., & Tolin, D. F. (2007). *Treating trichotillomania: Cognitive–behavioral therapy for hair pulling and related problems.* New York: Springer.

Keuthen, N. J., Stein, D. J., & Christenson, G. A. (2001). *Help for hair pullers: Understanding and coping with trichotillomania.* Oakland, CA: New Harbinger.

Penzel, F. (2003). *The hair pulling problem: A complete guide to trichotillomania.* New York: Oxford University Press.

섭식장애

Apple, R. f., & Agras, s. (2008). *Overcoming your eating disorder (client workbook).* New York: Oxford University Press. (See also accompanying therapist manual.)

Fairburn, C. G. (1995). *Overcoming binge eating.* New York: Guilford Press.

Fairburn, C. G. (2008). *Cognitive behavior therapy and eating disorders.* New York: Guilford Press.

Fairburn, C. G., & Brownell, K. D. (Eds.). (2002). *Eating disorders and obesity: A comprehensive handbook* (2nd ed.). New York: Guilford Press.

Fairburn, C. G., & Wilson, G. T. (Eds.). (1996). *Binge eating: Nature, assessment, and treatment.* New York: Guilford Press.

McCabe, R. E., McFarlane, T. L., & Olmstead, M. P. (2004). *Overcoming bulimia: Your comprehensive, step–by–step guide to recovery.* Oakland, CA: New Harbinger.

건강염려증과 건강 불안

Abramowitz, J. S., & Braddock, A. E. (2008). *Psychological treatment of health anxiety and hypochondriasis: A biopsychosocial approach.* Göttengen, Germany: Hogrefe.

Asmundson, G. J. G., & Taylor, S. (2005). *It's not all in your head: How worrying about your health could be making you sick – and what you can do about it.* New York: Guilford Press.

Asmundson, G. J. G., Taylor, S., & Cox, B. J. (Eds.). (2002). *Health anxiety: Hypochondriasis and related disorders.* Chichester, UK: Wiley.

Furer, P., Walker, J. R., & Stein, M. B. (2007). *Treating health anxiety and fear of death: A practitioner's guide.* New York: Speinger.

Taylor, S., & Asmundson, G. J. G. (2004). *Treating health anxiety: A cognitive behavioral approach.* New York: Guilford Press.

조현장애

Beck, A. T., Rector, N. A., Stolar, N., & Grant, P. (2008). *Schizophrenia: Cognitive theory, research, and therapy.* New York: Guilford Press.

Kingdon, D., & Turkington, D. (Eds.). (2002). *The case study guide to cognitive behavioral therapy of psychosis.* New York: Wiley.

Kingdon, D., & Turkington, D. (2005). *Cognitive therapy of schizophrenia.* New York: Guilford Press.

Marco, M. C. G., Perris, c., & Brenner, B. (Eds.). (2002). *Cognitive therapy with schizophrenic patients: The evolution of a new treatment approach.* Toronto, Ontario, Canada: Hogrefe & Huber Publications.

Morrison, A., Renton, J., Dunn, H., Williams, S., & Bentall, R. (2003). *Cognitive therapy for psychosis: A formulation based approach.* New York: Routledge.

Morrison, A. (2002). *A casebook of cognitive therapy for psychosis.* New York: Brunner – Routledge.

수면장애

Edinger, J. D., & Carney, C. E. (2008). *Overcoming insomnia: A cognitive – behavioral therapy approach workbook.* New York: Oxford University Press. (See also accompanying therapist manual.)

Morin, C. M., & Espie, C. A. (2003). *Insomnia: A clinical guide to assessment and treatment.* New York: Plenum Press.

Perlis, M. L., Junqquist, C. R., Smith, M. T., & Posner, D. (2006). *The cognitive behavioral treatment of insomnia: A treatment manual.* New York: Springer Verlag.

약물사용 장애

Beck, A. T., Wright, F. D., Newman, C. F., & Liese, B. S. (1993). *Cognitive therapy of substance abuse.* New York: Guilford Press.

Daley, D. C., & Marlatt, D. C. (2006). *Overcoming your alcohol or drug problem: Effective recovery strategies, 2nd edition.* New York: Oxford University Press. (See also accompanying therapist manual.)

Denning, P., Little, J., & Glickman, A. (Eds.). (2003). *Over the influence: The harm reduction guide for managing drugs and alcohol.* New York: Guilford Press.

Marlatt, G. A., & Donovan, D. M. (Eds.). (2005). *Relapse prevention* (2nd ed.). New York: Guilford Press.

Najavits, L. M. (2001). *Seeking safety: A treatment manual for PTSD and substance abuse.* New York: Guilford Press.

2축 성격장애의 치료 지침서에 관한 책

Beck, A. T., Freeman, A., Davis, D. D., & Associates. (2003). *Cognitive therapy of personality disorders* (2nd ed.). New York: Guilford Press.

Linehan, M. (1993). *Cognitive–behavioral treatment of borderline personality disorder.* New York: Guilford Press.

Linehan, M. (1993). *Skills training manual for treating borderline personality disorder.* New York: Guilford Press.

그 밖의 다른 문제의 치료 지침서에 관한 책

분노

Deffenbacher, J. (2000). *Overcoming situational and general anger.* Oakland, CA: New

Harbinger. (See also accompanying therapist manual.)

의사소통기술/발표

McKay, M., Davis, M., & Fanning, P. (2009). *Messages: The communications skills book, 3rd edition.* Oakland, CA: New Harbinger.

Monarth, H., & Kase, L. (2007). *The confident speaker: Best your nerves and communicate at your best in any situation.* New York: McGraw-Hill.

부부와 가족 문제

Baucom, D. H., & Bozicas, G. D. (1990). *Cognitive behavioral marital therapy.* New York: Brunner/Mazel.

Dattilio, F. M. (2009). *Cognitive–behavioral therapy with couples and families: A comprehensive guide for clinicians.* New York: Guilford Press.

Epstein, N. B., & Baucom, D. H. (2002). *Enhanced cognitive–behavioral therapy for couples: A contextual approach.* Washington, DC: American Psychological Association.

산후 주제

Kleiman, K. R., & Raskin, V. D. (1994). *This isn't what I expected: Overcoming postpartum depression.* New York: Bantam Books.

Ledley, D. (2009). *Becoming a calm mom: How to manage stress and enjoy the first year of motherhood.* Washington, DC: American Psychological Association.

비만과 체중 감소

Beck, J. S. (2007). *The Beck diet solution: Train your brain to think like a thin person.* Des Moines, IA: Oxmoor House.

Beck, J. S. (2008). *The complete Beck diet for life: Featuring the think thin eating plan.* Birmingham, AL: Oxmoor House.

Cooper, Z., Fairburn, C. G., & Hawker, D. M. (2004). *Cognitive–behavioral treatment of obesity: A clinician's guide.* New York: Guilford Press.

완벽주의

Antony, M. M., & Swinson, R. P. (2009). *When perfect isn't good enough: Strategies for coping with perfectionism, 2nd ed.* Oakland, CA: New Harbinger.

다양한 인구학적 배경의 인지행동치료

Hays, P., & Iwamasa, G. (Eds.). (2006). *Culturally responsive cognitive–behavioral therapy: Assessment, practice, and supervision.* Washington, DC: American Psychological Association Press.

Laidlaw, K., Thompson, L. W., Dick–Siskin, L., & Gallagher–Thompson, D. (2003). *Cognitive behaviour therapy with older people.* Chicester, UK: Wiley.

Martell, C. R., Safran, S. A., & Prince, S. E. (2003). *Cognitive–behavioral therapies with lesbian, gay, and bisexual clients.* New York: Guilford Press.

Wright, J. H., Thase, M. E., Beck, A. T., & Ludgate, J. W. (1993). *Cognitive therapy with inpatients: Developing a cognitive milieu.* New York: Guilford Press.

아동과 청소년의 인지행동치료의 기초

Friedberg, R. D., & McClure, J. (2002). *Clinical practice of cognitive therapy with children and adolescents: The nuts and bolts.* New York: Guilford Press.

Friedberg, R. D., McClure, J. M., & Garcia, J. H. (2009). *Cognitive therapy techniques for children and adolescents: Tools for enhancing practice.* New York: Guilford Press.

Kazdin, A. E., & Weisz, J. R. (Eds.). (2003). *Evidence based psychotherapies for children and adolescents.* New York: Guilford Press.

Kendall, P. C. (Ed.). (2005). *Child and adolescent therapy: Cognitive–behavioral procedures* (3rd ed.). New York: Guilford Press.

Reinecke, M. A., Dattilio, F. M., & Freeman, A. (Eds.). (2003). *Cognitive therapy with children and adolescents (2nd ed.): A casebook for clinical practice.* New York: Guilford Press.

Weisz, J. (2004). *Psychotherapy for children and adolescents: Evidence–based treatments and case examples.* Cambridge, UK: Cambridge University Press.

포괄적인 아동의 인지행동치료 지침서

Chanksy, T. (2004). *Freeing your child from anxiety: Powerful, practical solutions to overcome your child's fears, worries, and phobias.* New York: Broadway Books.

Chansky, T. (2008). *Freeing your child from negative thinking.* New York: Da Capo.

Curry, J. F., et al. (2005). *Cognitive behavior therapy manual from the Treatment for Adolescents with Depression Study* (TADS). Available at trialweb.dcri.duke.edu/tads/tad/manuals/TADS_CBT.pdf.

Kendall, P., & Hedtke, K. (2006). *Coping cat workbook* (2nd ed.). Ardmore, PA: Workbook Publishing.

March, J. S. (2007). *Talking back to OCD: The Program that helps kids and teens say "No Way"—And parents say "Way to Go."* New York: Guilford Press.

Rapee, R. M., Spence, S. H., Cobham, V., Wignall, A., & Lyneham, H. (2008). *Helping your anxious child: A step–by–step guide for parents, 2nd ed.* Oakland, CA: New Harbinger.

Stallard, P. (2002). *Think good—feel good: A cognitive behaviour therapy workbook for children.* West Sussex, UK: Wiley. (See also accompanying therapist manual.)

학술지, 웹사이트, 다른 자료 원천

인지행동치료 관련 학술지

Acat Psychiatrica Scandinavica

Addiction

Addictive Behaviors

American Journal of Family Therapy

American Journal of Geriatric Psychiatry

American Journal of Psychiatry

Anxiety, Stress and Coping

Archives of General Psychiatry

Australian and New Zealand Journal of Psychiatry

Behavior Modification

Behavior Therapy

Behaviour Research and Therapy

Behavioural and Cognitive Psychotherapy

Biological Psychiatry

Bipolar Disorders

British Journal of Clinical Psychology

British Journal of Psychiatry

Canadian Journal of Psychiatry

Clinical Psychology and Psychotherapy

Clinical Psychology Review

Clinical Psychology: Science and Practice

Cognitive and Behavioral Practice

Cognitive Behaviour Therapy

Cognitive Therapy and Research

Comprehensive Psychiatry

Depression and Anxiety

European Eating Disorders Review

International Journalof Eating Disorders

Journal of Abnormal Psychology

Journal of Affective Disorders

Journal of Anxiety Disorders

Journal of Behavior Therapy and experimental Psychiatry

Journal of Clinical Psychiatry

Journal of Clinical Psychology

Journal of Cognitive Psychotherapy

Journal of Consulting and Clinical psychology

Journal of Family Psychology

Journal of Marital and Family Therapy

Journal of Marriage and the Family

Journal of Nervous and Mental Disease

Journal of Personality Disorders

Journal of Psychiatric Research

Journal of Psychopathology and
behavioral Assessment

Journal of Studies on Alcohol

Journal of Traumatic Stress

Obesity Research

Personality and Individual Differences

Professional Psychology: Research and
Practice

Psychiatric Clinics of North America

Psychiatry Research

Psychological Assessment

Psychological Medicine

Psychology of Addictive Behaviors

Schizophrenia Bulletin

Suicide and Life-Threatening Behavior

인지행동치료 관련 웹사이트

Academy of Cognitive Therapy
www.academyofct.org
Association for Behavioral and Cognitive Therapies
www.abct.org
Association of State and Provincial Psychology Boards (ASPPB) Roster of Member
Jurisdictions
www.asppb.org
Beck Institute for Cognitive Therapy and Research   www.beckinstitute.org
International Association for Cognitive Psychotherapy
www.the-iacp.com
Society of Clinical Psychology (APA Division 12)
www.div12.org

인지행동치료자에게 흥미로운 블로그, 리스트서브, 소식지

Beck Institute Blog

      www.beckinstituteblog.org

Beck Institute Newsletter

      www.beckinstitute.org (click on Newsletters~Blog~Press)

Academy of Cognitive Therapy Listserv

      (members only: see *www.academyofct.org to join*)

Psychotherapy Brown Bag

      www.psychotherapybrownbag.com

ABCT Listserv

      www.abct.ogt/dMembers/?m=mMembers&fa=ListServ

About Our Kid

      www.aboutourkids.org

International Association for Cognitive Psychotherapy Listser

      www.the–iacp.com/Listserve.html

The Clinical Psychologist (Division 12 Newsletter)

      www.div12.org/clinical–psychologist

American Psychiatric Association. (2000). *Diagnostic and statistical manual of mental disorders* (4th ed., text rev.). Washington, DC: Author.

American Psychological Association. (2002). Ethical principles of psychologists and code of conduct. *American Psychologist, 57,* 1060−1073.

Arkowitz, H., Westra, H. A., Miller, W. R., & Rollnick, S. (Eds.). (2007). *Motivational interviewing in the treatment of psychological problems.* New York: Guilford Press.

Barlow, D. H. (Ed.). (2008). *Clinical handbook of psychological disorders: A step−by−step treatment manual* (4th ed.). New York: Guilford Press.

Basoglu, M., Marks, I. M., Kilic, C., Brewin, C. R., & Swinson, R. P. (1994). Alprazolam and exposure for panic disorder with agoraphobia attribution of improvement to medication predicts subsequent relapse. *British Journal of Psychiatry, 164,* 652−659.

Beck, A. T. (1976). *Cognitive therapy and the emotional disorders.* New York: International Universities Press.

Beck, A. T., Rush, A. J., Shaw, B., & Emery, G. (1979). *Cognitive therapy of depression.* New York: Guilford Press.

Beck, J. S. (1995). *Cognitive therapy: Basics and beyond.* New York: Guilford Press.

Beck, J. S. (2005). *Cognitive therapy for challenging problems: What to do when the basics don't work.* New York: Guilford Press.

Brown, T. A., DiNardo, P. A., & Barlow, D. H. (1994). *Anxiety Disorders Interview Schedule for DSM−IV (ADIS−IV).* San Antonio, TX: Psychological Corporation.

Burns, D. D. (1999). *Feeling good: The new mood therapy: Revised and updated.* New York: Avon Books.

Canadian Psychological Association. (2000). *Canadian code of ethics for psychologists* (3rd ed.). Ottawa, Ontario: Author.

Casas, J. M. (1988). Cognitive−behavioral approaches: A minority perspective. *The Counseling Psychologist, 16,* 106−110.

Craske, M. G., & Barlow, D. H. (2006). Panic disorder and agoraphobia. In D. H. Barlow (Ed.), *Clinical handbook of psychological disorders* (4th ed., pp. 1−64). New

York: Guilford Press.

Crits-Christoph, P., Baranackie, K., Kurcias, J., Beck, A. T., Carroll, K., Perry, K., et al. (1991). Meta-analysis of therapist effects in psychotherapy outcome studies. *Psychotherapy Research, 1*, 81-91.

Driscoll, K. A., Cukrowicz, K. C., Reitzel, L. R., Hernandez, A., Petty, S. C., & Joiner, T. E. (2003). The effect of trainee experience in psychotherapy on client treatment outcome. *Behavior Therapy, 34*, 165-177.

Duberstein, P. R., & Conwell, Y. (1997). Personality disorders and completed suicide: A methodological and conceptual review. *Clinical Psychology: Science and Practice, 4*, 359-376.

First, M. B., Spitzer, R. L., Gibbon, M., & Williams, J. B. W. (1997). *Structured Clinical Interview for DSM-IV Axis I Disorders (SCID-I), Clinician Version.* Washington, DC: American Psychiatric Publishing.

First, M. B., Spitzer, R. L., Gibbon, M., & Williams, J. B. W. (2002). *Structured Clinical Interview for DSM-IV-TR Axis I Disorders, Research Version, Patient Edition (SCID-I/P).* New York: Biometrics Research, New York State Psychiatric Institute.

Fitzgerald, L. F., Shullman, S. L., Bailey, N., Richards, M., Swecker, J., Gold, Y., et al. (1988). The incidence and dimensions of sexual harassment in academia and the workplace. *Journal of Vocational Behavior, 32*, 152-175.

Garner, D. M. (1993). Eating disorders. In A. S. Bellack & M. Hersen (Eds.), *Psychopathology in adulthood* (pp. 319-336). Needham Heights, MA: Allyn & Bacon.

Greenberg, L., & Paivio, S. (2003). *Working with emotion in psychotherapy.* New York: Guilford Press.

Greenberger, D., & Padesky, C. A. (1995). *Mind over mood: Change how you feel by chaning the way you think.* New York: Guilford Press.

Groth-Marnat, G. (1997). *Handbook of psychological assessment* (3rd ed.). Oxford, UK: Wiley.

Hall, G. C. N. (2001). Psychotherapy research with ethnic minorities: Empirical, ethical and conceptual issues. *Journal of Consulting and Clinical Psychology, 69*, 502-510.

Hardy, G. E., Cahill, J., & Barkham, M. (2007). Models of the therapeutic relationship and prediction of outcome: A research perspective. In P. Gilbert & R. L. Leahy (Eds.), *The therapeutic relationship in the cognitive behavioural psychotherapies* (pp. 24–42). London: Routledge.

Hayes, S. C., Strosahl, K., & Wilson, K. G. (1999). *Acceptance and commitment therapy: An experimental approach to behavior change.* New York: Guilford Press.

Hays, P. A. (2006). Introduction: Developing culturally responsive cognitive behavioral therapies. In P. A. Hays & G. Y. Iwamasa (Eds.), *Culturally responsive cognitive-behavioral therapy: Assessment, practice and supervision* (pp. 3–19). Washington, DC: American Psychological Association.

Heimberg, R. G., & Ritter, M. R. (2008). CBT and ACT for the anxiety disorders: Two approaches with much to offer. *Clinical Psychology: Science and Practice, 15,* 296–298.

Hope, D. A., Heimberg, R. G., Juster, H. R., & Turk, C. L. (2000). *Managing social anxiety: A cognitive-behavioral therapy approach.* San Antonio, TX: Psychological Corporation.

Hope, D. A., Heimberg, R. G., & Turk, C. L. (2006). *Therapist guide for Managing social anxiety: A cognitive-behavioral therapy approach.* New York: Oxford University Press.

Huppert, J. D., Bufka, L. F., Barlow, D. H., Gorman, J. M., Shear, M. K., & Woods, S. W. (2001). Therapists, therapist variables and cognitive-behavioral therapy outcome in a multicenter trial for panic disorder. *Journal of Coneuro and Clinical Psychology, 69,* 747–755.

Huppert, J. D., Roth, D. A., & Foa, E. b. (2003). Cognitive Behavioral Treatment of Social Phobia: New Advances. *Current Psychiatry Reports, 5,* 289–296.

Iwamasa, G., & Smith, S. K. (1996). Ethnic diversity and behavioral psychology: A review of the literature. *Behavior Modification, 20,* 45–59.

Joiner, T. (2005). *Why people die by suicide.* Cambridge, MA: Harvard University Press.

Joiner, T. E., Van Orden, K. A., Witte, T. K., & Rudd, M. D. (2009). *The interpersonal theory of suicide: Guidance for working with suicidal clients.* Washington, DC: American Psychological Association.

Jones, M. C. (1924). A laboratory study of fear: The case of Peter. *Pedagogical Seminary, 31,* 308–315.

Kaplan, H. I., Sadock, B. J., & Grebb, J. A. (1994). *Kaplan and Sadock's synopsis of psychiatry: Behavioral sciences, clinical psychiatry* (7th ed.). Baltimore: Williams & Wilkins.

Kazantzis, N., Deane, F. P., Ronan, K. R., & L'Abate, L. (Eds.). (2005). *Using homework assignments in cognitive behavioral therapy.* New York: Routledge.

Keijsers, G. P. J., Schaap, C. P. D. R., & Hoogduin, C. A. L. (2000). The impact of interpersonal patient and therapist behavior on outcome in cognitive-behavioral therapy: A review of empirical studies. *Behavior Modification, 24*, 264-297.

Kleespies, P. M., Deleppo, J. D., Gallagher, P. L., & Niles, B. L. (1999). Managing suicidal emergencies: Recommendations for the practitioner. *Professional Psychology: Research and Practice, 30*, 454-463.

Lambert, M. J., & Bergin, A. E. (1994). The effectiveness of psychotherapy. In A. E. Bergin & S. L. Garfield (Eds.), *Handbook of psychotherapy and behavior change* (4th ed., pp. 143-189). Oxford, UK: Wiley.

Leahy, R. L. (2001). *Overcoming resistance in cognitive therapy.* New York: Guilford Press.

Leahy, R. L. (2003a). *Cognitive therapy techniques: A practitioner's guide.* New York: Guilford Press.

Leahy, R. L. (2003b). *Roadblocks in cognitive-behavioral therapy: Transforming challenges into opportunities for change.* New York: Guilford Press.

Linden, D. E. J. (2006). How psychotherapy changes the brain: The contribution of functional neuroimaging. *Molecular Psychiatry, 11*, 528-538.

Linehan, M. M. (1993). *Cognitive-behavioral treatment of borderline personality disorder.* New York: Guilford Press.

Martell, C. R., Dimidjian, S., & Herman-Dunn, R. (2010). *Behavioral activation for depression: A clinician's guide.* New York: Guilford Press.

McManus, P., Mant, A., Mitchell, P. B., Montgomery, W. S., Marley, J., & Auland, M. E. (2000). Recent trends in the use of antidepressant drugs in Australia, 1990-1998. *Medical Journal of Australia, 173*, 458-461.

Nelson, M. L., Barnes, K. L., Evans, A. L., & Triggiano, P. J. (2008). Working with conflict in clinical supervision. *Journal of Counseling Psychology, 55*, 172-184.

Norcross, J. C. (Ed.). (2002). *Psychotherapy relationships that work: Therapist contributions and responsiveness to patient needs.* New York: Oxford University Press.

Padesky, C. A., & Greenberger, D. (1995). *Clinician's guide to mind over mood.* New York: Guilford Press.

Persons, J. B. (1989). *Cognitive therapy in practice: A case formulation approach.* New York: Norton.

Persons, J. B. (2008). *The case formulation approach to cognitive-behavior therapy*. New York: Guilford Press.

Roffman, J. L., Marci, C. D., Glick, D. M., Dougherty, D. D., & Rauch, S. L. (2005). Neuroimaging and the functional neuroanatomy of psychotherapy. *Psychological Medicine, 35*, 1385-1398.

Rogers, C. R. (1957). The necessary and sufficient conditions of therapeutic personality change. *Journal of Consulting Psychology, 21*, 95-103.

Rosengren, D. (2009). *Building motivational interviewing skills: A practitioner workbook*. New York: Guilford Press.

Rudd, M. D. (1998). An integrative conceptual and organizational framework for treating suicidal behavior. *Psychotherapy, 35*, 346-360.

Sadler, J. Z. (2002). *Descriptions and prescriptions: Values, mental disorders, and the DSMs*. Baltimore: Johns Hopkins University Press.

Saxena, S., Gorbis, E., O'Neill, J., Baker, S. K., Mandelkern, M. A., Maidment, K. M., et al. (2009). Rapid effects of brief intensive cognitive-behavioral therapy on brain glucose metabolism in obsessive-compulsive disorder. *Molecular Psychiatry, 14*, 197-205.

Shapiro, D. A., & Shapiro, D. (1982). Meta-analysis of comparative therapy outcome studies: A replication and refinement. *Psychological Bulletin, 92*, 581-604.

Smith, M. L., & Glass, G. V. (1977). Meta-analysis of psychotherapy outcome studies. *American Psychologist, 32*, 752-760.

Striegel-Moore, R. H., & Bulik, C. M. (2007). Risk factors for eating disorders. *American Psychologist, 62*, 181-198.

Sue, S. (2003). In defense of cultural competency in psychotherapy and treatment. *American Psychologist, 58*, 964-970.

Suinn, R. M. (2003). Answering questions regarding future directions in behavior therapy. *The Behavior Therapist, 26*, 282-284.

Vitousek, K., Watson, S., & Wilson, G. T. (1998). Enhancing motivation for change in treatment-resistant eating disorders. *Clinical Psychology Review, 18*, 391-420.

Wenzel, A., Brown, G. K., & Beck, A. T. (2009). *Cognitive therapy for suicidal patients: Scientific and clinical applications*. Washington, DC: American Psychological Association.

Wierzbicki, M., & Pekarik, G. (1993). A meta-analysis of psychotherapy dropout. *Professional Psychology: Research and Practice, 24*, 190-195.

Wiger, D. E. (1998). *The psychotherapy documentation primer.* Oxford, UK: Wiley.

Williams, T. M., Teasdale, J. D., & Segal, Z. V. (2007). *The mindful way through depression: Freeing yourself from chronic unhappiness.* New York: Guilford Press.

Wilson, G. T., Fairburn, C. G., & Agras, W. S. (1997). Cognitive behavioral therapy for bulimia nervosa. In D. M. Garner & P. E. Garfinkel (Eds.), *Handbook of treatment for eating disorders* (2nd ed., pp. 67−93). New York: Guilford Press.

| 찾아보기

【저자 소개】

Deborah Roth Ledley, PhD

미국 펜실베이니아의 플리머스 미팅에 있는 강박장애와 불안의 아동센터에 소속되어 개인 임상센터를 운영하는 심리학자다. 그녀는 2001년부터 2005년까지 펜실베이니아 의과대학교의 정신과에서 심리학 조교수로 있었으며, 펜실베이니아 불안치료와 연구센터에서도 근무하였다. 사회불안의 특성과 치료, 강박장애 그리고 다른 불안장애에 관한 많은 논문을 발표하였고 관련 책의 일부분을 저술하였다. 그녀는 *Improving Outcomes and Preventing Relapse in Cognitive-Behavioral Therapy*의 공동 편집자이며, *Wiley Concise Guides to Mental Health: Anxiety Disorders*의 공저자이고, *Becoming a Calm Mom: How to Manage Stress and Enjoy the First Year of Motherhood*의 저자다.

Brian P. Marx, PhD

'미국 재향군인회 보스턴 헬스케어 시스템(VA Boston Healthcare System)'의 외상 후 스트레스 장애의 국립센터에서 심리학자로 근무하고 있다. 그는 외상 후 스트레스 장애와 기능의 손상, 외상의 어려움에 대한 위험요소의 확인 그리고 외상 후 스트레스 장애에 대한 간략하고 효율적인 치료를 개발하는 것에 관심이 있다. 행동치료와 평가에 관한 많은 논문을 발표하였고 관련 책의 일부분을 저술하였다.

Richard G. Heimberg, PhD

    Davis Kipnis의 특별 연구원이고, 미국 필라델피아의 템플 대학교 심리학과 교수이며, 성인 불안 연구소의 소장으로 근무하고 있다. 그는 '인지행동치료협회(The Association for Behavioral and Cognitive Therapies: ABCT)'의 전임 회장이며, 소속 학술지인 *Behavioral Therapy*의 전임 편집자다. 사회불안과 범불안장애의 인지행동치료의 평가와 개발에 대한 업적으로 잘 알려져 있으며, 이 주제에 관한 많은 논문을 발표하였고 관련 책의 일부분을 저술하였다. 그는 *Social Phobia: Diagnosis, Assessment, and Treatment*, *Managing Social Anxiety: A Cognitive–Behavioral Therapy Approach*, *Cognitive–Behavioral Group Therapy for Social Phobia: Basic Mechanisms and Clinical Strategies*, *Generalized Anxiety Disorder: Advances in Research and Practice*, *Improving Outcomes and Preventing Relapse in Cognitive–Behavioral Therapy*와 같은 저서의 공동 편집자 또는 공저자다.

【역자 소개】

김정모

영남대학교 심리학과를 졸업하고 독일 뮌스터(Müenster) 대학교에서 임상심리학 석사학위와 오스나브뤽(Osnabrück) 대학교에서 임상심리학 박사학위를 취득하였다. 한국심리학회에서 인증하는 임상심리전문가이며, 한국인지행동치료학회의 인지행동치료전문가, 한국명상치유학회의 명상치유전문가다. 인지행동치료와 마음챙김 명상에 기초한 인지행동치료의 최근 발전에 관한 다수의 연구와 치료 및 상담 활동을 하고 있으며, 한국임상심리학회 회장을 역임하였고, 현재 영남대학교 심리학과에 재직하고 있다.

전미애

부산대학교를 졸업하고 대구대학교와 영남대학교에서 임상 및 상담심리학을 전공하여 석사학위와 박사학위를 취득하였다. 한국심리학회에서 인증하는 임상심리전문가, 상담심리전문가이며, 한국인지행동치료학회의 인지행동치료전문가, 한국명상치유학회의 명상치유전문가다. 학교와 병원, 지역의 클리닉, 교도소 등에서 심리치료자로 다년간 활동하면서 관련 논문을 발표하였으며, 영남대학교와 대구사이버대학교 등에서 심리학과 심리치료를 가르쳐 왔다. 현재 캐나다의 캘거리(Calgary) 대학교에서 Visiting Scholar로 K. S. Dobson 박사와 함께 인지행동치료와 마음챙김에 기반한 인지치료 등 증거 기반 심리치료에 관한 연구를 수행하고 있다.

초보자를 위한
인지행동치료

MAKING COGNITIVE-BEHAVIORAL THERAPY WORK (SECOND EDITION)

2014년 1월 15일 1판 1쇄 발행
2023년 6월 20일 1판 6쇄 발행

지은이 • Deborah Roth Ledley · Brian P. Marx · richard G. Heimberg
옮긴이 • 김정모 · 전미애
펴낸이 • 김 진 환
펴낸곳 • (주) **학 지 사**

  04031 서울특별시 마포구 양화로 15길 20 마인드월드빌딩 5층
대표전화 • 02) 330-5114 팩스 • 02) 324-2345

등록번호 • 제313-2006-000265호

홈페이지 • http://www.hakjisa.co.kr
페이스북 • https://www.facebook.com/hakjisabook

ISBN 978-89-997-0257-0 93180

정가 **19,000원**

출판미디어기업 **학 지 사**

간호보건의학출판 **학지사메디컬** www.hakjisamd.co.kr
심리검사연구소 **인싸이트** www.inpsyt.co.kr
학술논문서비스 **뉴논문** www.newnonmun.com
원격교육연수원 **카운피아** www.counpia.com